天生机密

美国核保密史

[美]亚历克斯·韦勒斯坦 著 李永霞 彭建明 译

RESTRICTED DATA

The History of Nuclear Secrecy in the United States

中信出版集团 | 北京

图书在版编目（CIP）数据

天生机密 /（美）亚历克斯 · 韦勒斯坦著；李永霞，彭建明译 . -- 北京：中信出版社，2023.10
书名原文：Restricted Data: The History of Nuclear Secrecy in the United States
ISBN 978-7-5217-5812-2

I. ①天… II. ①亚… ②李… ③彭… III. ①核战略－保密－研究－美国 IV. ① E712.0

中国国家版本馆 CIP 数据核字（2023）第 164276 号

天生机密
著者：［美］亚历克斯 · 韦勒斯坦
译者：李永霞 彭建明
出版发行：中信出版集团股份有限公司
（北京市朝阳区东三环北路 27 号嘉铭中心 邮编 100020）
承印者：河北鹏润印刷有限公司

开本：787mm×1092mm 1/16 印张：29 字数：400 千字
版次：2023 年 10 月第 1 版 印次：2023 年 10 月第 1 次印刷
京权图字：01-2022-6705 书号：ISBN 978-7-5217-5812-2
定价：88.00 元

服务热线：400-600-8099
投稿邮箱：author@citicpub.com

目录
CONTENTS

引言

对原子的严厉抑制

我担心科学家已经把我们带入了一个可怕的世界。

——莱斯利·理查德·格罗夫斯将军，1948 年

1945 年 8 月 6 日上午，白宫发布了一份足以改变世界的新闻稿。这份新闻稿以寥寥数语，便将一个伟大的科学项目存在的事实及其所取得的实质性成果公之于世：一种全新的、革命性的武器摧毁了日本广岛。新闻稿中称："这枚原子弹体现人类驾驭了宇宙的基本力量。"而在此之前，从美国制造核武器的初衷，到真正着手制造、测试并部署核武器的过程，一直都是最高机密。从原则上来讲，泄密者可能会被处以死刑。

核武器一直是核心机密，美国原子弹也是秘密问世的。从科学家开始研究其可能性的那一刻起到大规模研发的过程，美国一直在极力阻止相关信息的传播，所有新的研究成果都在美国的掌控之中。这种控制欲源于恐惧。对于第一批研究美国原子弹的科学家来说，他们所惧怕的是可怕的敌人——纳粹德国——会利用这些信息制造核武器。后来，这种恐惧转变为担忧，官员们担心

过早地将这种新型武器公之于众会削弱其对日本人的震慑作用，并对项目本身的成功造成潜在威胁。虽然这种保密工作源于第二次世界大战背景之下的各种忧惧，但此后的形势演变造成了新的恐惧，保密工作也在因时而变，因为新的敌人正不断地出现。不管是一些小麻烦（如外交困局），还是世界末日般的灾难（如全球热核战争），都让美国感到恐惧，正是这种分散的、多样化的恐惧激起了美国的控制欲。

然而从一开始，各方对核保密的立场就是互相矛盾的。制造出原子弹的科学家已习惯于执行保密制度，时时保持警惕。有些人出于恐惧心理，支持完全保密；有些人觉得，即使曾经有必要保密，但一直保密会令人感到窒息。随着战争临近尾声，人们开始面临新的问题与忧思。

原子弹是科学和工业结合的产物，但其基本原理在战争爆发前就已被科学家所熟知。如果任何国家、任何实验室的任何科学家都能成功地复制或发现某个现象，它怎么能实质性地变成国家机密呢？一名士兵构思出的军事计划能无限期地保密，但是物理、化学学科中可验证的原理可以吗？

许多科学家和决策者进一步质疑是否应该对科学研究保密，以及这样做是否会对安全产生反作用。原子弹不仅是科学在战争中的应用，也是几十年来科学教育、基础设施投入和全球合作的结果。许多在保密制度下工作的科学家认为，该制度遏制了科学的发展。如果让保密成为一种规范，科学还会繁荣发展，甚至科学还能存续吗？到底怎样做才对国家安全更有好处，是保守秘密，还是尽可能快速、公开地推进科学研究？

核科学造就了核武器，也带来了廉价、丰富的清洁能源，以及其他造福大众的用途。人们对原子能技术应用于军事的恐惧，是否会压倒以核科技造福民生的希望？保密，一直是原子弹研制工作的重要组成部分，但在未来应该长期如此吗？白宫在核爆广岛的新闻稿的最后部分提出了上述几个问题，却故意不予回答。新闻稿中还特别指出，“向全世界隐瞒科学知识从来都不是美国科学家的习惯，也不是美国政府的政策”。在正常情况下，所有相关工作的信息都会被公布。但是第二次世界大战刚刚结束，动荡的国际局势要求对原子弹的制造技术继续保密，至少在短期内应当如此。白宫在新闻稿中解释说，为了保护美国乃至世界其他地区免受“突然毁灭的威胁”，将对这个问题做“进一步审慎的研究”。

与原子弹相关的全面科学保密工作是全新且非同寻常的，达到了前所未有的高度。对于信奉科学和民主的美国而言，核保密是一个陌生事物，它与上述两者的兼容性备受争议。但催生了原子弹的国际局势，以及原子弹本身，似乎都在要求延长保密期，以免产生不必要的风险。这种核保密状态“不断演进且丝毫未见松懈”，并延续至今。

蓦然回首，第二次世界大战结束距今已 70 多年，苏联解体距今已 30 多年，核武器、核保密和核恐惧却一直存在于我们的世界里，没有发生任何变化。若非如此，世界又会怎样？这一切让人细思极恐。

本书讲述了美国的核保密制度的历史，时间跨度从原子弹最初被认为具有实现可能性的 20 世纪 30 年代末，一直到 21 世纪上半叶的今天。本书记录的故事涉及一群身份各异的人——科学家、管理者、军人、政治家、律师、法官、记者、社会活动家和大众。他们都深受同一个问题的困扰：核信息是否应当被视为需要管控的对象，以及有多少经过讨论的结果、精心实施的政策和干预，塑造了美国延续至今的国家安全体系。在本书中，这一反复出现的新奇主题令人感到紧张。原子弹可能是在保密中诞生的，但这种保密的正当性一直备受争议。

人们对科学与保密之间关系的关注，常常伴随着对民主与保密之间关系的担忧。自 18 世纪美国建国以来，一直将开放和言论自由的启蒙思想奉为圭臬。这些理想虽从未被视为绝对法则，但它们又在事实上具备法律、政治和话语力量。这意味着虽然第二次世界大战后美国支持核保密的一方势力兴盛，但其影响力也并非无限扩张，即使是在全球核武器不断发展，核威胁愈演愈烈，几乎已经造成人类生存风险的情况下。

同时，核政策和保密制度改革一直与民主愿景之间存在着某种张力。物理学家罗伯特·奥本海默在研发核武器及创立保密制度方面做了大量工作，他把政客阻碍推行公众审议的举动称为“对原子的严厉抑制”，这对于了解核秘密的人来说既是奖赏，也是负担。许多赞同奥本海默的人认为，这种保密制度从根本上扭曲了美国政策制定的基础，让美国民众对不断变化的美国国内和世界形势一无所知，这很危险。

在上述这些充满张力的对立关系中，既有保持科学理想与坚守核保密之间的对立，也有要求核信息公开与严守核安全性之间的对立，正是这些对立关系使美国的核保密演进历程变得不可预测，有时甚至怪异得匪夷所思。这里给出一个很有说服力的例子（第三章中将详细讨论）：美国可能是第一个制造原子弹的国家，也是第一个公布原子弹技术发展史的国家，公布时间仅在第一次使用原子弹后的几天。这样做既是为了提升自身在资本主义世界的话语权，也是为了进一步保护机密。以简明而直白的语言，将之前用暗语和严格限制知情人员等方式重重保密的“曼哈顿计划”用一份文件公布出来，这本身就很奇怪，此后没有其他国家做过类似的事情。但是，该项目的最高科学、军事和政治代表都认可该文件的实际效力，并在美国使用原子弹轰炸长崎的几天后就亲自游说总统将其公之于众。这是一个了不起的例子，说明保密和解密不仅是相匹配的，亦可服务于诸多不同的意识形态和不同的机构目标。

本书重点关注那些以实现核保密为目标的人和机构，他们试图实现“永保核机密的理想”（让一些人知道秘密，同时确保其他人不知道），关注他们辗转腾挪的现实语境，以及现实语境对他们思想和行动的影响，也关注那些发起挑战、批评和试图改革、否定或颠覆前者努力的人。这是一部关于创造核保密制度与抵制核保密制度的历史，因为这两者从来都相伴而行。这也是一部核信息公开与封禁的历史，正如书中所示，这两种举措恰似一枚硬币的两面。

这不是一个关于支持核保密或核解密中的哪一方最终赢得胜利的故事。相反，这个故事讲述了一场场混乱的战争，其中没有明确的赢家和输家，也没有英雄或恶棍。那些试图创造新的保密制度的人，也同时关注着它所带来的不良影响和民主社会的呼声。在那些旨在实现核保密的机构中，关于保密的性质、目的和手段的深刻辩论经常发生，对核保密制度进行改革几乎是自它创建以来一成不变的目标。而在美国国家安全机构之外，是庞大的、不可压制的美国民众，他们曾经相信美国政府试图隐瞒信息是出于善意的，但在20世纪之后，民众对美国政府的信任度在持续走低。

美国特殊的国情也值得一提。美国科学家和决策者在核保密方面的矛盾远超其他国家。其他拥有核武器的国家似乎并未面临美国社会那么深刻的矛盾，其他国家的政府和社会似乎更能容忍核保密。美国一直很难在自身的各种理想之间找到平衡，而且一直无法勾勒出这种平衡的具体形态。核保密可能已经在美国根深蒂固，但这种做法始终令人深感不适或留有遗憾。

核保密并非指某个单一的目标、做法或机构。英语中的“秘密”（secret）一词来自拉丁文 sēcrētus，意为切割、拆散、分离。知识是短暂存续的、非物质的，除非人们以某种物理的方式使它展现于这个世界，比如把知识变成存在于人类头脑中的东西、写在纸上的东西，或应用于某种物质技术。当然，知识还有其他存在方式。保密则是一种将特定知识与世界分隔开来的愿望。要想将这种愿望变成现实，就涉及非常真实的社会分隔的行为，例如，允许某些人打开某些特定的门，但不能打开其他门。有时，这种分隔行为非常简单粗暴，以过去的文本处理方式为例，在过去，想要隐藏信息的文档管理者会用一把剃须刀将文本中的秘密裁剪剔除（今天人们用软件操作）。

核保密源于一种恐惧，实现核保密的愿望需要成千上万人的努力。随着时光流逝，保密的动机和理由发生了变化，全世界范围内实施保密的做法和手段也发生了变化，负责阐述这些动机和执行这些做法的机构与相关单位也发生了变化。虽然核保密工作本质上不具备单一性或整体性，但我们可将其视为一种“制度”，将其视为各种思想、活动和组织的聚合体。为了使核保密在世界范围内成为现实，相关机构需要在认知层面大规模实施刻意的分隔行为，以达到使一些人了解实情，同时确保其他人不知情的目的。

美国的核保密制度出现于 20 世纪 30 年代末，发展至今经历了数次演变。本书的每一章都探讨了以下关键问题：核保密制度是如何被构想出来的？ 它是如何在世界范围内成为现实并受到挑战的？ 我们可以将美国的核保密历史粗略地分为三个主要部分：核保密的诞生、冷战时期核保密制度的巩固，以及始于冷战后期并延续至今的对该制度的各种挑战。

第一部分（第 1~3 章）讲述了第二次世界大战背景下核保密的起源。这种保密最初是由一小群以难民身份来到美国的核物理学家发起的一场非正式的“自我审查”运动。他们担心，公开发表核裂变这一新现象的任何研究结果，都会引发纳粹德国研制核武器的计划。随着核武器成为现实的可能性越来越大，美国政府对其兴趣也有所提升，这种非正式的内部检查升级为更严格的做法，但仍主要由科研人员管理。在战争时期，范内瓦·布什和詹姆斯·科南特这两位强有力的科学家创建了名为“科学家负责制”的保密制度，逐渐发展出围绕核武器的各种保密措施。当这项工作交由美国陆军工程兵团负责，并发展成为“曼哈顿计划”时，相关工作内容成倍地扩展，该项目已俨然发展成为一个虚拟帝国。控制几十万员工已经很不容易了，但当美国人计划在战争中使用他们的新武器时，这些科学、军事和美国政府管理人员，还要审慎地思考如何在宣传时不造成保密违规，这是他们需要面对的最棘手的问题。

第二部分（第 4~6 章）探讨了战时保密制度，保密从一个被认为是权宜之计的制度转变为某种永久性的做法。在第二次世界大战后期和第二次世界大战结束后持续不断的关于“保密问题”的辩论中，一个新的制度出现了，其核心是新成立的原子能委员会和“限制性数据”。后者是一个新颖且涵盖范围异常广泛的法律类别，只适用于核机密。这一初创的保密制度强调要持续改革并保持思想开放，但这些努力在 20 世纪 40 年代末因为三个可怕的冲击而消失殆尽：苏联第一次原子弹试验、氢弹大讨论和“苏联核间谍”案的曝光。这些事件加大了原子弹的神秘性，同时凸显了美国在核领域的脆弱性。在这些事件发生之后，出现了一种全新的、两极化的保密制度。冷战体制下，在不适当的情况下泄露原子弹秘密可能会面临死刑的极端后果；但如果原子弹信息被认为是安全的（也许是有利可图的），那它就应该尽可能地被广泛传播。

第三部分（第 7~9 章）记录了 20 世纪 60 年代至今，新冷战思维在核保密方面遇到的种种麻烦。其中许多问题是由它自身造成的：冷战时期的核保密制度体现了限制和披露的两个极端，该做法从根本上基于一种可疑的主张，即它所管理的技术可以被简单地划分为安全和危险两类，而核科技天生就具有双重用途。20 世纪 70 年代，这些固有的冲突因强大的反保密政治的兴起而被激化，它激励着社会各界人士——从核武器设计者到大学生和积极的反战人士——尝试全部或局部废除这个保密制度。冷战的结束只带来了片刻的喘息，受困于美国国内的党派政治和源自国际各类变化造成的恐惧，美国改革保密制度的初步尝试遭受了挫折。

我是一名专业的历史学家，这意味着我主要使用档案资料来开展研究，你可以通过扫描本书最后的二维码来找到我引用的文章和书目。有时会有人问我：你怎么能写出尚未完全解密的东西的历史，更进一步说，你怎么能写出关于秘密本身的历史呢？你是否需要获得相关密级授权才能正确地进行相关研究？难道核保密的真实历史在不危及美国自身和全球安全的情况下就应该公之于众吗？即使你能写出一些关于这段历史的内容，但缺失了那么多事实，同时可能包含谬误和遗漏，你的书又有什么价值？

值得注意的是，尽管许多关于美国核武器历史的信息至今仍是秘密，但有相当数量的信息已经解密。造成核保密问题成为众矢之的的那股力量也促成了某种机制，并导致大量信息最终被公之于世。很多与核武器本身无关而与核武器管理有关的文档，就是这样被公布的。因此，正如本书参考的大量文章书目所证明的，大量的信息其实是关于保密制度是如何酝酿、实施以及进行内部讨论的。就连核武器的相关解密信息也超出了大多数人所知晓的范围，本书在一定程度上描述了解密的过程（有些源自官方信息，有些不是）。具有讽刺意味的是，正如原子能委员会的官方历史学家理查德·休利特在几十年前指出的，保密制度实际上使关于这段历史的资料搜集工作变得更容易。因为它要求相关部门保存那些文件，不得抛弃、丢失或将其作为纪念品拿走，否则须承担严重的法律后果。当然，这并不意味着美国政府会让人们看到那些文件。

关于美国核保密史，我们的知识中仍然存在着空白和缺漏，而且将永远存在。档案信息不可能讲述完整的故事，因为不是所有的事情都会被记录下来，同时，并不是所有记录下来的事情都是完整的、真实无误的。研究当代历史的学者有时会与历史的参与者展开讨论，以补充自己的研究。尽管这些讨论也有其自身不足，比如糟糕的记忆、陈年积怨；而且，生者与死者相比更具有话语权。空白和缺漏总是存在的，即使是以前没有被归类为保密的历史档案也是如此。在一度保密的文档中，有时句子中会突然出现一段空白，有的是标记为“已删除”，有的则不做标记。这是保密审查人员的工作。对需要“消毒”的文档，要删除一切他们认为可能会影响安全的信息，他们必须遵循的指南已经确立了这些规则（这些指南的演进历史也构成了核保密历史的一部分，而且这些指南均是在“曼哈顿计划”实施之后制定的）。有时，我会根据《信息自由法案》赋予的法律权利来申请获取尚未归入档案的文件，但该法律只允许保密审查人员进行内部检视，而不得对外公布信息。同时，该法案不允许某些人接触仍被美国政府视为应保密的信息，并且美国国会赋予美国政府很大的自由裁量权来决定哪些信息仍处于保密状态。

利用删改严重的档案记录来书写历史固然存在局限性，但我从未寻求或渴望获得官方的密级授权许可。这无疑会在故事中留下诸多空白，但也让我既可以分享自己的发现，又不受到惩罚，这是一种权衡。一直以来，研究涉密主题的学者都很清楚，即使获得了密级授权许可，也无法保证能看到自己想要的一切，而且在研究成果出版的过程中可能会面临巨大的困难，美国政府机构有权对此做出修改甚至禁止出版相关成果。在我看来，那样会得不偿失。我曾与拥有密级授权许可的历史学家接触过，他们自鸣得意地认为，密级授权许可使他们拥有特殊优势（我对此持怀疑态度，因为密级授权许可还可能使他们高估那些秘密的价值）；还有一些人则承认，这给他们带来的是痛苦，而非深刻的理解。归根结底，作为一名历史学家，如果我不能将自己知道的事情告诉任何人，那知道它又有什么意义？我宁愿冒着犯错误的风险（拥有密级授权许可的人也同样容易犯错误），也不愿保持缄默。

所有的历史学家都要处理历史记录中的空白：历史记录可能遭到雨水浸泡、战火毁损，以及不明智的销毁文档的行为。另外，即使是在“事无巨细皆存档”的今天，大部分的人类经验也未被保存在记录中。保密之所以让人感觉特殊，就在于它的刻意性。也就是说，很有可能我想要的信息其实是可知的，甚至可能是已知的，只是我还不知道，至少现在还不知道。这很令人沮丧。但保密也遵循一个逻辑，那就是对信息的保密通常具有正当理由（如出于对美国国家安全的考虑）。问题由此变成了我关心的信息是否属于保密审查人认为应被审查的信息——在某些情况下属于，但在许多情况下不属于。保密制度的历史本身并不总是与秘密相伴，在某些方面它与当今的美国国家安全关切有交集（例如，关于氢弹设计保密性的讨论可能涉及氢弹设计的细节），但也有许多方面并不涉及美国国家安全问题。

我不希望读者对“保密审查人员”有消极看法，在书中我是以一种极具幽默感的方式使用了这个词。保密审查人员也是人，他们往往以极大的自豪感和极高的敏感意识完成自己的工作。不过作为人，他们也确实会犯错。本书绝不会为既有的保密制度辩护，更不会将其合理化，但我确实想让保密审查人员和他们的部分观点“复活”，因为他们的观点经常被自己遵照执行的保密做法所抹杀。因此，他们的动机和目标往往只能由外部人士——他们的批评者推断出来。批评者对保密审查人员的看法构成了保密制度相关文章的核心，主导着大众对保密制度的理解。我们不可能对保密制度保持中立，就像我们不可能对一般的国家权力保持中立一样。但为了理解保密制度是如何运作的，我们必须从催生它的系统的角度来理解它，从紧盯着它不放的批评者的角度来理解它。在本书中，我试图充实并将这两种观点历史化，也许这样做会让那些仅认同其中一种观点的读者感到沮丧。

尽管我作为一名历史学家，一度在获取保密资料时遇到了种种挫折，但相比那些经历过这段历史的人，相比那些享有密级授权许可的人，我有一大优势：时间。随着时间的推移，美国的保密体系会渐生疏懈，甚至在那些本不应该解密的领域也出现了种种疏漏。各个机构会慢慢地懈怠松弛（各个机构的情况有所不同），而且世人曾经关注的重要议题也会渐渐地淡出人们的视野（尽管核武器的秘密不会自动消失，不像美国政府的某些活动那样似风潮般倏忽即逝）。与生活在 20 世纪 50 年代的人相比，我有时能接触到更多曾经的机密信息，甚至比那些曾享有高密级授权许可的人所能接触到的信息还要多（因为他们的访问权限受到分隔式管理的限制）。

得益于解密行动，也得益于美国的《信息自由法案》已应用于司法实践，我可以同时重建多个机构和美国政府机关的（部分）档案，而此前，我只可能勉强重建一两个档案。如果某个东西现已解密，那么不需要出具特别资质证明就能了解其内容。我还可以接触到私人日记、信件，并且可以利用我搜集到的音像回忆录。因此，虽然保密文档会经过删减处理，给我的研究平添阻碍，但其实并没有那么糟糕。作为历史学家，我有一个独特的优势来“居高临下”地了解过去，当时摸索前行的人也会妒忌我的独特优势，即使他们认为今天的我们肯定无法了解到某些信息。我怀疑仍存在大量信息缺漏的地方，或者某些必须进行更大胆的关联性阐释的地方，我都尽量在文中指出。没有一部历史作品是完美的，本书也不例外，但我已经尽力地讲述了一个连贯的故事——从“曼哈顿计划”的最初阶段一直到当今世界。毫无疑问，随着时间的推移，未来的历史学家（甚至可能是我自己）会了解到更多的东西。不管是什么主题，历史知识都是这样产生的。就像任何尖端研究领域一样，只有当它不再引起任何人的兴趣时，它才会停下前进的脚步。

在广岛和长崎核爆炸三年后，曾主持“曼哈顿计划”的美国陆军将领莱斯利·理查德·格罗夫斯将军向国会的某个秘密委员会哀叹，认为美国不可能控制正在应时而现的各种危险武器。他说：“我担心科学家已将我们带入了一个可怕的世界。我想不出我们要怎么做才能阻止知识的传播，除非有一道完整的铁幕。”然而，即使是“铁幕”也不能完全阻止秘密的传播，而美国从来不曾有“铁幕”降临。美国的核保密历史是一部关于麻烦的历史，因为在一个不容易控制信息的国家，对危险知识的恐惧会使其陷入棘手的窘境。更为重要的是，这段历史仍在演进，尚未结束。

第一部分

核保密的诞生

第一章

通往保密之路：链式反应，1939—1942 年

> 刻有“秘密”二字的印章，是有史以来人类创造的最强大的武器。
>
> ——利奥·西拉德

核保密的根源在于恐惧：一个可怕的敌人（国家）可能拥有一种全新的、巨大的军事力量，使其他国家都可能成为潜在的受害者。这个敌人就是纳粹德国，而这种军事力量当然就是原子弹。这种恐惧在第二次世界大战期间成为许多决策的指导原则，但在原子弹的研制仍不确定的情况下，许多人认为这种恐惧是不合理的，但正是这种恐惧促使人们尝试建立科学保密制度。回溯历史，就可以看出这一尝试的不同寻常之处。最初，科学家到处宣扬“保密制度如同洪水猛兽”，因为这种说法能够满足他们的利益诉求。

最初的保密做法是一种自我审查，科学家提议不对他们认为敏感的课题发表文章（事实证明，他们还是发表了）。但这一举措出人意料地迅速演化为美国政府对科学出版物的体系化控制，并

由此演变为美国政府对几乎所有与原子相关研究信息的控制。当核物理学家提议建立保密制度时，他们认为这仅仅是权宜之举，并将由他们掌控，可他们失算了。

对裂变的恐惧

核武器和核反应堆都基于“核裂变”这种科学现象，即重原子（尤其是铀）吸收中子后发生裂变。1938 年 12 月，在柏林工作的德国科学家奥托·哈恩和弗里茨·施特拉斯曼以及他们的奥地利合作者莉泽·迈特纳和奥托·弗里施发现了裂变（迈特纳和弗里施当时居住在瑞典）。哈恩和迈特纳等人的这一新发现，是关于物质本质研究的最新成果，基于威廉·伦琴于 1895 年发现 X 射线，亨利·贝可勒尔于 1898 年发现放射性，也源于欧内斯特·卢瑟福关于 α 辐射和原子结构的研究，玛丽和皮埃尔·居里夫妇关于放射性物质的研究，尼尔斯·玻尔、维尔纳·海森伯等人领导的量子力学革命，弗雷德里克和伊雷娜·约里奥-居里夫妇关于人工放射性的研究，以及恩里科·费米和他在意大利的团队在使用低能中子（慢中子）制造新放射性化合物的技术创新。

哈恩、迈特纳和他们的合作者正在跟进费米的工作，几年前费米曾声称通过将铀暴露在慢中子下，创造出了新的化学元素。化学家哈恩发现，辐照铀的残留物并不是费米所认为的新的重元素，相反，这些残留物中含有一种放射性元素钡，该元素大约只有原始铀一半的大小。他把自己的发现结果写信告诉了合作者——流亡中的物理学家迈特纳。她和侄子弗里施对该实验做了物理解释：铀核并不是像费米认为的那样从中子中生长出来的，而是分裂成了两块。他们称这种现象为“核裂变”。

这在物理上是趣味盎然的，在科学上是匪夷所思的，但未必是骇人听闻的。从“核裂变”到“核武器成为可能”需要跨越巨大的鸿沟。从原子的角度来看，单个核裂变反应所释放出的能量是非常大的。但从人类的角度来看，能量非常小：大约只能移动一粒灰尘。要把它变成一种武器，就需要在百万分之一秒内让大约 1 兆兆个原子发生核裂变。这件事是否可能成功尚不确定，而且即使有可能成功，也无法确定核武器是否能在战争中被及时地制造出来。

有一位科学家很快在核裂变的发现中看到了可能存在的威胁。哈恩、迈特纳的成果通过口口相传，在全球物理学界迅速地传播开来，并于 1939 年 1 月，传到了正在普林斯顿大学访学的科学家利奥·西拉德的耳朵里。犹太裔匈牙利物理学家西拉德在纳粹上台前一直生活在德国。国会纵火案*发生后不久，他就逃往英国，这一经历塑造了他的世界观。1933 年 4 月的一天，当他决定从柏林逃往维也纳时，他乘坐了一列几乎空载的火车。一天后，同一车次的火车因过度拥挤而在边境被拦下，车上的每个人都得接受盘问。利奥·西拉德后来讲述了此事对他思想的影响：“这表明，如果你想在这个世界上取得成功，你不需要比其他人聪明多少，你只需要比大多数人早一天。明白这一点，足矣。”

这番话也概括了利奥·西拉德的科学研究风格：高效工作，站在思想的前沿。他之所以比大多数人更敏锐地看出核裂变的军事意义，是因为他已研究核反应长达 5 年，并且比其他人花了更多时间思考其后果。1933 年 9 月，利奥·西拉德还在伦敦，他在报纸上读到了英国物理学家欧内斯特·卢瑟福的一次演讲内容，卢瑟福把以工业规模释放原子能的想法斥为“镜花水月”。卢瑟福

---

* 国会纵火案是德国纳粹党策划的一场焚烧柏林国会大厦活动，借以打击德国共产党和其他反对纳粹主义与法西斯主义力量。——编者注

只是重复了当时正统物理学的观点，即放射性转化可以释放出大量能量，但如果不能控制转化，并大规模增殖能量，就不会有什么作用。卢瑟福指出，那些谈论以宏观方式释放原子潜在能量的人，很可能是在胡说八道。而在其后5年，尚未发现核裂变之前，卢瑟福的说法一直是对的。

但在敢于逆向思考的西拉德看来，卢瑟福还是过于保守了。中子是于1932年被发现的一种亚原子粒子，具有许多新的可能性。因为中子是电中性的，所以更有能力穿透围绕着带正电荷的原子核、带负电荷的电子云，进入原子的核心。西拉德的判断是，一个由中子引发的核反应，其本身所产生的中子可以诱发进一步的反应，有可能产生一个快速增殖的链式反应。如果一个中子反应产生了两个中子，而这两个中子中的每一个反应又各自产生两个中子，以此类推，将形成粒子数量和能量的“指数爆炸”*。只需要30次这样的增殖，就可以达到超过10亿个中子；进行到第80次增殖时，就能达到1万亿个中子。只要找到合适的反应，就会有一个虚拟的中子炉供人们使用。如果你能使反应进行得足够快，你就有了一种武器。据西拉德说，他之所以痴迷于这个想法及其重大意义，是受到了赫伯特·乔治·威尔斯极富远见的科幻小说的启发。威尔斯曾在几十年前写过造出“原子弹”的可能性，并指出其破坏力不仅会改变战争的性质，而且会改变全球政治的本质。

但西拉德并不了解什么样的核反应可以产生这样的中子链，这一研究在1933年的时候还未起步。不过，他并没有因此而停止思考。他转而考虑，如果真有这样的反应，他能够做些什么。到1934年，西拉德列出了一个可能发生的链式反应的粗略大纲，

---

* 即指数函数的爆炸性增长现象。——编者注

其中包含一个早期的“临界质量”概念（所需反应材料的数量，以使反应维持自持）和链式反应的属性。为了吸引英国官方对其研究工作的关注，并对该研究实施一些管控，他在英国申请了专利，将其转让给英国海军部，并敦促英国海军部对其加以保密。西拉德的行为可以说是实施核保密的第一个实例，而这居然是在发现核裂变和原子弹具备技术可行性之前。

这些举措对西拉德来说是非常大胆的，原因有二：第一，其实他并没有发明什么，只有一个基于某个物理过程的想法，而该物理过程尚在探索之中；第二，他的首个举动便是使其成为专利和秘密，这两者都不符合科学的理想主义精神。西拉德就这一想法写信给英国的物理学家，他们当时肯定认为他很古怪，甚至很偏激。当西拉德试图向卢瑟福推销这个想法时，卢瑟福把他赶出了办公室，因为西拉德在核物理方面投机、业余的做法，以及为这个想法申请专利的举动触怒了他。英国政府愿意为西拉德的专利保密，但他们并未对此表现出明显的兴趣。在当时，西拉德的专利还只是一种假设。现在回想起来，我们可以看到西拉德的计划中充满希望的部分，但有很多东西显然依赖于在当时尚未实现的反应或尚未被发现的粒子。

西拉德并未气馁，开始研究向各种元素发射中子，观察是否会产生更多中子。这是一项费力、乏味且耗费钱财的工作，而且他未能引起其他科学家对他创见的重视。鉴于西拉德本人并非一位全情投入的实验者，他没有得到有用的结果也就不足为奇了。1938 年，他预见了第二次世界大战的爆发，移民去了美国。当时他已失去了对实现链式反应的信心，但不久之后，他又听说了有关核裂变的发现。

当西拉德听闻哈恩和迈特纳的研究时，他立即想到了自己假设的中子诱发链式反应。核裂变是由一个中子引起的，但它是否会产生更多的中子，也就是所谓的次级中子？哈恩和迈特纳的论文并没有提到这种可能性。但西拉德已经准备好寻找中子了，这不一定是因为他更聪明，而是因为他再一次比其他人领先了一天。一夜之间，关于链式反应的想法从科幻小说变成了可能——只要能发现次级中子。

在这一关键时刻，他的思想再次转向了保密。正如他后来回忆道："我想，如果中子确实是在裂变过程中释放出来的，那么应将这一事实对德国人保密。"因为对于一个欧洲犹太裔难民来说，没有什么比面对拥有核武器的纳粹德国更糟糕了，如果科学的新发现确实会带来一种新武器，那么他希望这种武器能受到控制。正是在这些迫切的恐惧中，在科幻小说和新的物理发现先后涌现的时代，第一次出现了尝试开展核保密工作的一群人。

1939 年，也就是发现核裂变的信息传遍全球的那一年，著名的英国晶体学家和科学领袖约翰·戴斯蒙德·贝纳尔提出了这样一个命题："现代科学与否定保密的观念正在同时发展。"他认为，信奉保密就是信奉中世纪的做法，就是炼金术和自我禁锢的神秘主义。贝纳尔把科学保密与工业、国家控制和军事研究联系在一起，他对保密制度与科学的观点即受此影响。他将国家试图控制科学知识（他称之为"更为危险的保密形式"）与纳粹试图"规定"自然真理进行类比。他认为，保密制度和国家控制将融为一体，"科学家将成为国家的仆人，或者更准确地说是国家的奴隶"。对贝纳尔来说，科学保密制度不仅低效，而且将导致国家对科学的完全控制，甚至会导致科学的毁灭。

与之类似，在 1942 年，美国社会学家罗伯特·金·默顿在尝试制定科学活动的规范时抨击了保密制度。默顿认为，科学领域的核心理念之一，就是个人不享有对科学思想的专有权，所有科学思想都应当广泛且无限制地传播。没有公开性，科学主张就不能得到独立研判，科学就会停止进步。默顿曾指出“保密是规范的对立面”“充分与开放的交流才是规范的法则”。贝纳尔和默顿二人对此观点一致。到了 20 世纪初，科学家——尤其是拥有影响力的科学家——倾向于认为，科研事业在一定程度上是由开放的国际交流来定义的。

然而，科学知识与保密二者之间并非界限清晰，历史学家和科学社会学研究者对此早有实证。长期以来，科学家出于各种原因采取保密措施，他们害怕失去领先优势，害怕政治或宗教报复，也害怕军事上的滥用。选择这样做的科学家并不是什么怪人，在那些利用保密获益的人中，有伽利略、牛顿和达尔文这样的知名人士。在工业时代，科学知识往往被视为是专有的（即使这一概念影响了科学的“纯洁性”）。在第一次世界大战期间，科学与可能造成危险的、必须保密的军事知识联系在一起。默顿和贝纳尔对各种有关科学的论述，描绘的是假设中的理想，而非现实。但即使在与商业、国家安全或军事无关的领域，科学从业者长期以来出于专业原因，也会在决定传播信息的方式和时机时保持谨慎，比如在需要保持科研领先优势时。

但在发现核裂变之后，贝纳尔和默顿对当时的科学保密做法提出了具有参考性的意见，他们是现代学术界卓越的指路人。保密被视为与科学进步背道而驰，它会阻碍科学进步，并对科学事业本身构成潜在的威胁。今天，科学家仍然普遍认同此观点，包括那些从事致命性科技研究的科学家。他们始终对保密制度有着强烈的反感，尤其是对由他人设计、掌控的保密制度。

20 世纪 30 年代，想要主动掌控自己工作的物理学家，往往不是通过保密手段，而是利用专利。申请专利与大型工业和牟取暴利之间存在着某种负面联系，但做学术研究的物理学家找到了一条解决之道，即将专利分配给一个中立的、非营利性的组织，比如成立于1912年的美国科学进步研究公司。所有商业专利的收益将用于进一步研究，以使所有科学家受益。这种方法兼顾了理想主义和实用主义：理想主义主张保持科学的“纯洁性”，而实用主义则主张通过信贷和基金循环投资来促进科学事业的发展。

在此背景下，我们可以看到西拉德的做法在许多方面超越了科学界同行共同遵守的规范。西拉德申请专利的行为本身是可以容忍的，但他并没有为了实现自己的构想而真正地投入中子链式反应的研究工作中，也没打算放弃专利控制权。他诉诸专利保密的做法令人十分不安。

在了解核裂变的信息后，西拉德回到了哥伦比亚大学，他移民到美国后一直在那里工作。他向朋友、同事和同为移民的恩里科·费米提出了自己的担忧。费米在几年前完善了用中子轰击各种元素的方法，并于1938年利用接受诺贝尔物理学奖的机会逃离了法西斯统治下的意大利。在当时，要论对核裂变本质的理解之深，防止纳粹获得核武器的决心之坚定，全世界无人可与费米匹敌。

费米已经开始计划做实验，如果能产生裂变，就要确定裂变产生的次级中子的数量。如果裂变反应产生的次级中子的数量平均超过一个，那么就可能引发威力巨大的链式反应。如果没有，那么一切就只是“镜花水月”。西拉德建议费米，为了保持自身优势，不要将科研结果发表。费米对此建议极为愤慨，西拉德要求自己隐藏最前沿的研究成果，而这些成果正是他荣膺诺贝尔奖的研究的延续。西拉德的理由是，该成果有可能被纳粹用来恶意制造一种受科幻小说启发的武器。学术上的成就，自古以来就是“文出喜洋洋，无作凄凄藏”，第二个发现的人往往得不到任何奖赏。费米认为，链式反应成功的概率只有一成，而妨害其实际应用的“未知因素”则数不胜数。

从 1939 年初的实际情况来看，费米言之有据。反观西拉德这边，无论是他的科学构想，还是对纳粹德国针对核裂变信息采取行动的能力、工业基础设施的调配，以及将基础科学研究转化为军事应用时限的判断，大多基于假设。我们现在知道，西拉德对自然科学的理解是正确的，而对纳粹德国核研究的看法是错误的，但在当时根本没有人两者皆知。

费米的拒绝让西拉德感到沮丧，但他们的工作地点相距不远，所以西拉德知道费米的研究工作和计划。除了费米和西拉德，还有谁可能在思考链式反应？对西拉德来说，下一个目标是显而易见的，巴黎法兰西学院的弗雷德里克·约里奥－居里。众所周知，约里奥雄心勃勃，能力出众，主攻与中子和辐射相关的前沿科学研究。约里奥也曾尝过错失科研领先优势的苦涩。1932 年，他与正电子和中子的发现失之交臂，关于这两个发现的诺贝尔奖均落入他人之手。1934 年，他和妻子伊雷娜发现了人工放射性核素，最终赢得了他们梦寐以求的诺贝尔奖。但约里奥知道，20 世纪 30 年代，在核物理学领域保持领先优势极为困难，一个科学家团队只需要几个月的时间就能发现另一个团队正在苦苦探寻的结果。伊雷娜自己也曾错失发现核裂变的机会——哈恩、迈特纳的实验就是参照了伊雷娜和她的一位合作者一年前所做的实验，可惜伊雷娜当时对那项实验体悟不深。

约里奥在巴黎的团队拥有测试次级中子所需的资源、经验和想象力。1939 年 2 月，西拉德收到信息说约里奥正在进行某种“秘密”实验。西拉德（错误地）认为，只有裂变方面的工作才配得上这种保密性。他写信给约里奥，（误导性地）在信中表明哥伦比亚大学的科学家正在考虑对链式反应研究进行自我审查，并声称哥伦比亚大学要求约里奥的团队也这样做。信中没有提出任何明确的建议，而且在许多方面都很含糊。几个星期过去了，法国团队没有再收到西拉德的信件，他们认为此事已经过去。

与此同时，哥伦比亚大学寻找次级中子的工作仍在继续。1939 年 3 月初，实验装置完成。西拉德后来回忆说：“一切都准备就绪，我们要做的就是打开仪器，向后靠稳当，盯紧屏幕。如果屏幕中图像亮光闪闪，那就意味着铀在裂变的过程中释放出了中子，这也意味着原子能的大规模‘解放’指日可待。我们打开仪器，看到了闪光。我们只看了一会儿，就把所有设备都关掉，各自回家了。那天晚上，我基本断定，整个世界已走上了一条令人悲哀的道路。”

这是一个具有重大意义的物理学发现，但此发现加深了西拉德对纳粹德国未来拥有核武器的恐惧。当科学家记录下这些结果时，希特勒正在入侵捷克斯洛伐克。此时，西拉德提出的科学家需进行自我审查的观点显得格外有分量。哥伦比亚大学的物理学家再次召开会议，并达成了妥协：他们将采取一种保密制度。任何关于核裂变的新论文都将被寄送到《物理评论》，后者将对收到的论文进行登记。这些登记记录今后可用来仲裁科研领先优势争端，但这些论文均不得发表，直到未来的某一天。这是一个理想的方案，既可以满足记录科研发表顺序的需要，又不会使研究内容立即公之于众。

尽管这只是权宜之计，涉及范围不大，仅仅是一种试探性的做法，但它仍可算作是第一个核保密措施。它是一道程序，而尚未形成一种制度，作为一种权宜之计，违反者无须承担后果。任何不愿意遵从这道程序的人都可以把自己的研究结果交给《物理评论》以外的出版机构。这种保密要求的约束性很弱，然而它在哥伦比亚大学的物理学家之间引起了争议。费米仍然对任何形式的自我审查持反对态度。但西拉德已经说服了另一位移民来美国的物理学家——同为匈牙利裔的爱德华·泰勒进行自我审查，泰勒也意识到了可能存在的危险。少数服从多数，费米最终同意了，但他仍然认为不可能在短期内造出原子弹。

费米的保守态度并不是由于缺乏远见，而是由于仍然存在诸多未知数：他们尚不清楚两种铀的同位素中只有一种能发生裂变反应；不知道对铀进行浓缩是必要的，而且确实还没发展到那一步；不知道反应堆会产生一种新的可裂变元素（钚）；也不了解反应的速度、临界质量等。西拉德提出了一个不同寻常的要求，他认为应该停止当前正常的研究程序，因为担心核武器研究仍然需要 10 年时间才可能成功。其他此前站在西拉德对立面的科学家最终还是同意了他的观点，这证明他们也有此顾虑。

下一步，西拉德要将哥伦比亚大学这边的结果告知约里奥，并通知他们要求进行自我审查的决定。但就在西拉德起草发往法国的电报时，哥伦比亚大学的研究小组收到通知，约里奥的研究小组刚刚在英国《自然》杂志发表了一份研究报告，宣布他们发现了次级中子。费米极为生气，他建议立即发表自己在哥伦比亚大学的研究结果。但西拉德仍然认为应该有所保留。法国的研究报告没有说明每个裂变反应探测到了多少中子，而对于研发核弹或反应堆的人来说，这才是至关重要的信息。

费米认为，应该把这件事上报哥伦比亚大学资深教授乔治·佩格拉姆，交由他来解决。但佩格拉姆也难以做出决断。西拉德进一步与哥伦比亚大学的其他物理学家讨论了这个问题。一些人认为，此项研究确实可行，而且其性质足以引人担忧，希特勒对全世界造成的威胁只会随着时间的推移越来越大。同为移民的另一位物理学家维克托·维斯科普夫同意写信给约里奥的一位合作者，提议他们可以像哥伦比亚大学的科学家一样，利用某家期刊作为中介，以同时满足记录科研成果发表顺序和保密的双重要求。

维斯科普夫还给英国物理学家帕特里克·布莱克特发了一封电报，请他说服《自然》和《英国皇家学会学报》的编辑同意这个方案。布莱克特回电报说，他已经把这个要求转达给了杂志社，并表示他们“肯定会合作”。哥伦比亚大学科学家移民小组与丹麦物理学家尼尔斯·玻尔达成额外协议，以确保丹麦不会泄露任何研究成果，但玻尔对这个计划持怀疑态度，因为公众已经知道了核裂变消息。最后，哥伦比亚大学的研究小组联系了从事相关领域研究的美国各科学实验室的负责人，让他们知悉这个新的自我审查计划。《物理评论》同意了该计划：他们不仅会暂不发表与核裂变相关论文，还会告知哥伦比亚大学的物理学家投稿人是谁。

但法国人仍然置身于审查计划之外，而且在美国还出现了让局势变得更为复杂的意外。卡内基研究所一个没有参与自我审查计划的小组检测到了“延迟中子”，它是一种由裂变的放射性副产品释放的中子，而不是源自裂变反应本身。虽然这一发现可能不会实现自持的中子链式反应，但科学期刊上相关文章的发表仍使人们对原子能的未来充满乐观。约里奥团队看到了该文章，并得出了如下结论：美国的科学家嘴上喊着要实施他们的保密计划，实际上却毫无节制地发表文章。他们并不知道西拉德正在努力地协调期刊编辑的保密工作。不管怎么说，保密计划的逻辑仍让人怀疑。德国也有能干的科学家，他们无疑也在积极地工作。约里奥在 1939 年 4 月初给西拉德发电报称，“针对相关问题已做研究”，“我的意见是现在就发表论文”。

就在约里奥给西拉德发电报的同一天，他的研究团队给《自然》杂志寄去了一份简短报告，称他们已经得出结论，铀原子核裂变释放的中子数为3.5个，足以使核裂变链式反应成为可能。这并不一定意味着核弹研制可能成功（仍然存在许多不确定性），但至少核反应堆可以作为重要的军事技术投入使用，而且现已基本研制成功。《自然》杂志随即发表了该研究报告。

一旦法国团队打破了出版禁令，其他国家的科学家就会立即跟随其步伐。在阅读了这份篇幅不长的报告后，法国、英国、美国、苏联、日本和德国的科学家纷纷开始了自己的研究项目。在一年内，许多人向美国政府请愿，称迫切需要为军事目的开展核裂变研究。到1939年底，纳粹坦克越过波兰边境后，已有100多篇与核裂变相关的科学论文发表，其中有10多篇研究与链式反应及其潜力有关。试图利用保密手段来控制核裂变链式反应研究的努力几乎刚一开始就失败了。西拉德亲自公开了自己被《物理评论》雪藏的论文内容。在写给英国的布莱克特的信中，他遗憾地说："目前美国不会按照维斯科普夫建议的路线采取行动。"

我们应该如何看待这种自我审查的早期尝试？在通常情况下，人们强调的是它的失败，而不是它有较大的成功的可能性。20世纪30年代，科学界的文化氛围并不认同以科学可能产生的负面结果为借口反对发表、出版相关研究内容。而竞争激烈的、目标内容高度重叠的研究工作，意味着任何工作都可能只比竞争对手提前几周做出结果。第二次世界大战结束后几个月，加州大学伯克利分校辐射实验室的负责人欧内斯特·O. 劳伦斯说，他的实验室只差一点儿就发现了核裂变。"我们做出的结果只比德国科学家公布的时间晚了几周而已。因此，从任何角度来看，搁置这些重要的基础性科学发现都没有好处。其实，无论在任何地方，科学都会因知识的广泛传播而受益。”

试图在视彼此为竞争对手的科学家之间建立一个临时的、非国家的、非强制性的国际保密协议，也许是西拉德众多疯狂想法中最疯狂的一个。他设法让一帮科学家和期刊编辑接受了自己的想法，这证明了西拉德极具说服力，以及科学家内心的恐惧正日益增长。他阻止“次级中子”信息公布的尝试失败了，但其影响并没有随着约里奥文章的问世而完全消失。相反，正如我们将在后文中所见，西拉德搭建起来的这套系统成为后来核保密制度的基础。通过把各大洲的科学家联系在一起，让大家关注某些信息可能带来的威胁。同时，通过建立一个期刊编辑联络网，他成功地让这些编辑聚焦保密问题。西拉德的自我审查制度的影响远远超出了“次级中子”的问题。虽然物理学家对保密的怀疑态度不会完全减弱，但他们很快就会习惯在保密制度下工作。

从自我审查到政府管控

我们可以把西拉德的保密尝试分为三个阶段：第一个阶段是个人的自我审查，他试图说服自己的同事自愿搁置研究成果；第二个阶段是他做出了妥协，同时他的同事同意将研究论文提交给期刊，但要与期刊达成协议，需等到时机合适才可发表；第三个阶段更加大胆，他与《物理评论》的编辑达成协议，在成果发表之前将所有关于核裂变的文章筛选出来，无论文章的提交者是否参与自我审查协议。从一个阶段过渡到另一个阶段的每一个步骤都是微调，且颇为微妙，但最终的结果与最初的尝试相比已经完全不同。主导权正逐渐从科学家手中转移到其他人手中。

法国研究团队公布链式反应后引起了全世界物理学界的关注。在美国，西拉德在阿尔伯特·爱因斯坦等人的帮助下，成功地引起了富兰克林·罗斯福总统的注意（西拉德曾多次试图引起美国政府普通官员的兴趣，但都以失败告终），部分原因是西拉德指出了约里奥研究的重要意义，并引用了“德国人对此抱有浓厚兴趣”的资料。

1939 年 10 月，罗斯福总统授权成立了一个铀咨询委员会，由美国标准局局长莱曼·布里格斯领导。这群人认为没必要开展大规模的协调工作，也无甚紧迫性。而且，由于布里格斯本人觉得事不关己，自然态度保守，但他又希望将此事保持在有限的讨论范围内，铀咨询委员会的工作因此受阻。该委员会的目标是调查核技术是否具有潜在的重要军事意义。无论如何，在这个阶段，这根本不是一项生产工作，它至多算是一项可行性研究，只能产出一些报告和建议，而不是实质的原子弹。

官方对这一项目缺乏热情的原因之一是制造核武器的技术可能性显得越发渺茫。1939 年 3 月，尼尔斯·玻尔和约翰·惠勒发表了一篇关于铀裂变理论的权威论文，结论是所有观测到的裂变都来自一种同位素——铀-235。铀-235 是可裂变的，这意味着它会从铀裂变产生的中子中裂变，从而产生链式反应。但在自然界中发现的铀几乎都是另一种同位素——铀-238，这种同位素不会裂变。相反，它会在没有裂变的情况下吸收大部分中子，从而抑制链式反应。由于铀-235 和铀-238 具有化学同质性，因此很难将两者分离。要在物理上将它们区分开，需要依靠它们微小的质量差异（3 个中子，它们的质量差仅为 1%），科学家从未全面考虑过这一问题。由于天然铀中的铀-235 占比不足 1%，制造核弹的可行性显得越来越小，而铀–235 仍然被视作核反应堆的关键要素。

然而，在 1940 年 4 月下旬铀咨询委员会的一次会议上，西拉德再次提起限制有关核裂变研究结果发表、出版的话题。作为与会观察员，美国海军上将哈罗德·鲍文建议，科学家应该进行自我审查，而无须美国政府介入。西拉德一方面继续自我审查，另一方面再次运用自己强大的说服力，使普林斯顿大学物理学家路易斯·特纳放弃发表一篇理论研究论文，该文得出结论：中子对铀–238 的轰击将产生一种新的裂变元素，即后来被其他几位研究者称为“钚”的元素。此事至关重要，需要保密，因为新发现将开启一种可能性，即核反应堆可用于制造原子弹所需的另一种燃料。

西拉德把这个新发现当作一次机会，再次提议对核裂变研究进行集中管理，但他还没来得及真正地推动实施，1940 年 6 月中旬加州大学伯克利分校的《物理评论》上就又出现了一篇文章，宣布从对铀的轰击中发现了新元素“镎”。镎本身并不是非常有趣，但大多数物理学家都很容易看出镎会发生放射性衰变，变成可裂变的钚。其实，德国人在该文发表后的一个月内就做出了这个判断。

钚存在的理论可能性使威斯康星大学的一位物理学家格雷戈里·布赖特加入了西拉德的阵营。布赖特加入铀咨询委员会已有一段时间，并且跟踪了那篇关于镎的论文的发表情况，他觉得是时候对核裂变研究进行有组织的审查了。此外，布赖特成为美国国家科学院的新成员，并被任命为美国国家科学研究委员会下辖的物理科学部负责人。布赖特写信告诉西拉德，他已经成立了一个委员会来审查核裂变研究方面的出版物。已经要求“通过官方渠道”实施正式管控，但事情的进展遭遇了“不可避免的延误”。

西拉德和布赖特开始强化他们新的保密意图。他们再次与英国人接触，担心法国的沦陷将意味着约里奥会试图在美国以外的国家发表一系列文章。西拉德鼓励科学家进一步自愿保密的观念催生了一个即将出现的概念——机密期刊。他在给布赖特的信中指出，“我比以前更强烈地感觉到，除非我们以私人出版物的形式创造一个令人满意的替代物（机密期刊），否则你阻止出版的努力将付之东流”，“如果不这样做，就会出现越来越明显的放纵倾向，最后几乎所有的研究结果都会像过去那样出版面世”。

一周后，布赖特又给西拉德写信。阻止关于核裂变的新研究结果发表是一回事，但那些值得信赖的、研究该问题的科学家也有权看到这些成果吧？布赖特赞成在信得过的人中间“广泛传播”这样的作品。但铀咨询委员会的其他成员表示反对，他们对谁来做出这个决定，以及西拉德会把哪些人列入名单心存疑虑。这是一个重要问题：任何有希望成功的保密制度都必须确定谁应该接触到秘密，以及谁不应该接触到秘密。是否会有美国科学家轻率行事，或者出现更糟糕的情况？是否会有人背信弃义？如何能知道相关情况呢？

布赖特和西拉德开始建立的体系仍然是一个非常初级的保密制度，但他们已经开始设计一套系统来识别他们认为危险的信息。他们在考虑哪些人应该获得这些信息，因为完全保密反而会阻碍他们的步伐。他们设计了一个原始的系统来处理被认定为机密的信息，却仍然对违反保密制度造成的后果缺乏考量，在第二次世界大战期间发生的事情就提供了实际例证。

说起来可能令人惊讶，但从法律角度来看，在 20 世纪之前，美国政府在保密方面的制度非常少，这个国家在保密上是个后来者。美国的立国文书中没有有关保密的具体规定，反而对信息公开给予强有力的保护。建国后，美国政府之所以能在宪法的框架下行使巨大的权力，是基于美国政府可以在维护国家安全方面采取行动的假设。直到进入冷战时期，美国才把维护国家安全的任务转化为具体实在的法律条例。

确定美国第一部关于保密的法律的日期不太容易。例如，在美国内战期间，虽然美国军队在限制记者的行动和新闻出版方面有很大权力，并且可以处决可疑的军事间谍，但这些制度并没有得到法律法规的支持。在很大程度上，这只是一个非正式制度，实施时颇为随意，也不需要假装有多严谨，这些制度后来延续到了和平时期。人们可以在文件上标注“秘密”，但这并不意味着赋予该文件特殊的法律地位。对上述文件的读者来说，这只是一个暗示，即他们应该小心对待正在阅读的东西，但这并不意味着有某些具体规定适用于该文件的处理或使用，也不意味着如果有人滥用保密规则将会受到某种法律惩处。直到 19 世纪末，美国军事部门才制定了有关接触相关设施或信息的正式规定；直到 20 世纪初，该部门才对保密分级制度的统一性做了仔细审查。美国的第一部国防机密法案——《1911 年国防机密法案》于 1911 年实施，它效仿了英国《1911 年官方保密法》，规范了与国防有关的船舶和设施的照片拍摄标准以及草图绘制要求。

大约在第一次世界大战爆发之初，美国官方开始更加关注美国政府和军事保密工作的正规化。涉及信息管理，特别是技术信息管理的军事法规数量成倍增加。新技术武器的部署——飞机、先进火炮、毒气装置，以及潜艇——意味着管理松懈的科学技术知识可能造成史上未曾有过的严重威胁。与美国以往参与的任何一场战争相比，在第一次世界大战中科学技术不仅越来越被视为现代奇观，而且越来越被视为决定武装冲突胜负的强大因素。当时，美国在军事技术方面储备不足，因而迅速对技术知识产生了畏惧之心。在第一次世界大战后期，美国陆军缺乏防毒面具、攻击性化学品和训练军队适应新武器所需的专业知识。尽管威尔逊政府在参战前的几年曾尝试紧急动员美国国家科学院，让科学家把他们的技术知识更好地与军事机构建立联系，但情况未见改观。美国的科学家最终响应了政府的号召，但那是一种无序的、很难算作成功的合作。参与该工作的几位年轻科学家在几十年后，也就是在下一次世界大战迫近时，才在美国政府组织的国防科学研究工作中发挥关键作用，他们从当年杂乱无章的经历中获取经验，并将曾经的经历视为一种灵感之源。

在美国卷入第一次世界大战后不久，美国国会颁布了《1917年间谍法案》，这是一项有争议的立法，至今仍然有效。《1917年间谍法案》取代了既有的《1911年国防机密法案》，涵盖了大量被禁止的情报收集活动，包括任何会提供“与国防有关的船只、飞机、国防工程、海军船坞、海军基地、潜艇基地、加油站、堡垒、炮台、鱼雷发射站、运河、铁路、兵工厂、营地、工厂、矿山、电报、电话、无线电报站、信号站、建筑、办公室或其他场所”信息的情报。这份清单所列出的值得被保护的秘密几乎都与具体的物理空间有关，而不是抽象的科学。针对保守秘密的形式还有详细论述，包括：禁止复制、拍摄、制作“与国防有关的任何草图、照片、摄影底片、蓝图、计划、地图、模型、仪器、设备、文件、文字或笔记”。

从这个角度来看，由于其对秘密的狭义定义主要与具体的物理空间有关，因此这项立法的可扩展性可能不如后来出现的技术保密制度。根据对《1917年间谍法案》的狭义解读，任何科学秘密，如涉及化学武器开发的秘密，被定密的主要原因在于研发它们的工作是在美国政府设施中进行的，而不是其本身具有危险性。然而，“与国防有关的任何草图、照片（等）”这种表述的模糊性将最终被证明在法律解释上过于灵活。再加上与国防有关的各类法规（主要由总统行政令颁布），《1917 年间谍法案》将在美国保密工作中起到法律支柱的作用。除了该法案在后来的应用，直到今天，它还因 1918 年新增的附录而臭名昭著，即众所周知的《1918 年煽动叛乱法案》，该附录赋予了美国政府审查媒体的广泛权力。

1917 年还颁布了一项针对专利保密的法律，提出的明确目标是控制有害技术的传播。从后来的保密标准来看，它的运作方式相对粗糙。如果在战时，一位发明家提交了一份专利申请，而专利专员认为该专利落入敌手可能会对美国的战争优势造成威胁，那么该专利就会被暂时保密。如果发明者在其他地方披露该发明，他将丧失在美国的专利权。在战争结束后，根据专利专员的决定，该申请将获准继续在专利局进行正常的审核。如果被批准，并且在战争期间曾被美国使用，那么发明者可以申请司法赔偿（并且在此类情况下，可以提起任何关于科研优势权利的诉讼）。这项新法律的灵感源于对潜艇的极度恐惧。这种新武器在当时属于技术奇迹，且关乎人类生存，正如一名众议院议员在 1917 年的一次听证会上所说，“它是我们在这场战争中要面对的最致命武器”。由此产生的立法是第一部专门针对危险技术信息的保密法案，但它的最初形式只限于专利申请，而且仅限于战时。

如果说第一次世界大战标志着美国现代保密制度的诞生，以及对技术保密的首次尝试，那么第二次世界大战则见证了其“青春期”的成长。正是在这一阶段，保密制度成为日常条例，在战争期间创造的规则、条例、习惯和文化，包括但不限于那些关于核保密的规则和条例，一直沿用到第二次世界大战后一段时期和冷战时期。1939 年，纳粹德国在欧洲采取行动后，美国也缓慢地开始了动员和准备，远早于珍珠港事件的发生。背景调查和各类审查的重要性达到了空前的高度，仅美国联邦调查局就对大约 1 000 万人做了背景调查。当时，信息管理时代尚未到来，面对巨大的任务量和对存储能力的迫切需求，美国联邦调查局征用了华盛顿军械库（也是具备多重功能的体育场和礼堂）来存放新增的指纹卡片柜。

从法律视角来看，20 世纪 30 年代末颁布的各种法规是在第一次世界大战时期制定的法规的基础上进行了更新和扩展，比如更新的专利保密法规，这很明显是在为美国参战做准备。从其他视角来看，这可能只是立法方面的准备工作。例如，1940 年 3 月，罗斯福总统发布了第 8381 号行政令，以“保护某些重要的军事和海军设施设备”，正式采用了“机密”“秘密”和“限制”的军事机密分类类别（“绝密”类别直到 1944 年才出现）。这也成了有史以来第一条将美国的保密制度按照编号编纂成册的总统行政令。每届总统的此类行政令都比军事条例的修改具有更高的法律权威性，而且比美国国会修订法案更容易。即使在今天，这仍是美国保密制度的法律框架。《1917 年间谍法案》规定了惩罚措施及法定权力，而总统行政令（自第二次世界大战以来，几乎每届总统都发布了关于保密程序的行政令）为该制度的普遍运用提供了更正式的框架（例如，保密的分级分类和相关定义，还包含对有争议情况的具体指导和解释，如是否赞成保密或解密），而军队和行政机构则依照这些规定来制定本领域或本单位的具体条例，以推动美国整体保密制度的发展。

原子弹就是在这样的背景下出现的：这些法律、技术保密制度已在美国存在，但它们刚刚问世，尚未经过检验，从未被应用在像美国原子弹计划这样规模庞大的事情上。

在第二次世界大战之前，美国政府与科学技术发展之间的关系，即使是在军事应用方面，也通常是临时性的，彼此之间既缺乏热情，也没有进行很好的协调。它们之间确实存在过一段关系，但并不深厚。美国工业技术的价值毋庸置疑，但基础科学的作用是不确定的。直到20世纪，科学技术在美国的地位才开始逐步接近欧洲。从某种程度来讲，20世纪30年代欧洲难民潮带来的人才流失，助推了美国科技地位的提升。在整个第一次世界大战期间，军队和科学研究者的关系普遍不好，但第一次世界大战让世界各国政府开始关注科技创新，各国政府发现，在某些情况下，科技创新对战斗结果的积极影响会超过战术、士气和训练。

第二次世界大战开始几个月后，美国政府终于开始认真对待科学。这一转变在很大程度上要归功于范内瓦·布什，他是一位颇具影响力的科学家兼行政官员。布什是电气工程专业出身，曾担任麻省理工学院副校长，1939年起他任卡内基学院负责人，并很快被任命为美国国家航空咨询委员会主席。委员会成员包括：哈佛大学校长詹姆斯·科南特、麻省理工学院校长卡尔·康普顿、加州理工学院研究生院院长理查德·托尔曼、美国国家科学院院长弗兰克·尤厄特等新崛起的领袖人物。他们都相信，有组织的科学行动在和平时期和战争时期都可以为社会做出显著贡献。该小组在罗斯福总统助手们的帮助下制订了一个计划，即要创建一个新的政府组织，该组织将负责推动、资助和协调美国科学界对国防项目的研究。1940年6月，当德国入侵法国时，罗斯福总统颁布行政令，设立国防研究委员会，并任命布什为主席。

在此之前，美国政府已决定铀咨询委员会将隶属国防研究委员会。布里格斯继续担任铀咨询委员会主席，而布什在铀咨询委员会名册上添加了其他学界领袖的名字。美国国防研究委员会下辖的铀咨询委员会直接向布什报告，这与美国国防研究委员会的大多数其他部门不同。为了符合美国陆军和海军的安全标准，只有出生于美国的科学家才能在铀咨询委员会任职，并且继续由美国国家科学研究委员会内部布赖特负责的部门管理科研成果的发表。

保密制度此时还未成为核裂变研究的决定性因素。该研究是秘密的，但还不是“特殊”的秘密。有关该计划的信件没有使用代号，而且往往根本不包含保密标记。布里格斯领导的委员会被称为“铀咨询委员会”这一事实本身就说明了这项工作看起来确实没什么前途——它在名字中就昭示了自己的研究主题。然而，具有讽刺意味的是，对布里格斯工作的主要批评却是它“太秘密了”。正如卡尔·康普顿在 1941 年初向布什所抱怨的：

> 据我分析，布里格斯生性慢条斯理且保守，习惯于以和平时期政府官僚的节奏开展工作。他一直遵循的原则也和他的性格一样，政策执行的过程又因保密要求受到进一步抑制……考虑到目前战争的紧急情况，快速实现目标肯定比过度保密更重要，如果德国科学家真的将一些应用投入实战，速度所起的作用将是非常明显的。

为了保密而忽视紧迫性是可以理解的，原子弹能否被造出来尚未可知，而那些内心惶恐的人最害怕德国人会领先。毕竟，美国还没有正式参战。科南特在 1941 年 4 月写给布什的信中充分表达在这个科学方面的保守观点，他说：“在我看来，无论密集研发的最终结果如何，所耗时间必定很长……我实在不愿意看到，我们这一小群顶尖人才中有太多人投入铀项目。”在这样一个不确定的项目上投入大量的时间和精力，将是对资源的糟糕利用，也是对布什和科南特组织的美国国家科学研究委员会擘画的一切目标的破坏，而他们二人一直为这些目标积极游说。

但情况从1941年开始迅速变化。布什在担任美国国防研究委员会主席后，基本上不再参加核裂变研究工作，但他很快再次获得提拔，他主管的美国国防研究委员会有能力协调研究工作，但没有办法进行大规模的技术开发和生产管理。于是布什再次去找罗斯福总统。1941年6月底，罗斯福总统再次颁布行政令，一个新的组织得以创建——科学研究和发展办公室。该机构拥有更大的权限和更多的预算，工作重心开始从实验室转移到与前线有关的工作上（虽然美国尚未参战）。布什也被赋予了更高的权限，他仅向罗斯福总统一人报告。布什领导了这个新组织，而科南特接替布什领导了国防研究委员会，该委员会作为科学研究和发展办公室的一个咨询小组继续存在。这些调整给布什职权范围内的各个项目赋予了更大的自由度，包括刚刚起步的铀项目。

在布什为科学研究和发展办公室争取各类权限的同时，加州大学伯克利分校欧内斯特·劳伦斯负责的辐射实验室取得的新数据表明，制造钚炸弹也许是可行的。同样，科学家对大规模铀浓缩的可行性也更有信心，且已经发现了若干浓缩铀的备选工艺。有了两种制造核武器的可行方法，布什对核裂变研究工作的重要性给予了更高的评价。芝加哥大学的阿瑟·康普顿为美国国家科学院做了一项可能性评估，他的结论是，核武器制造是困难的，但并非不可能。不过，比上述两者更重要的是来自英国原子能主管部门穆德委员会的报告。

尽管穆德委员会与铀咨询委员会的接触有限，而且事关保密问题，该报告并没有被广泛传播，但布什和科南特通过其他渠道收到了穆德委员会完成于7月的一份报告草案。英国物理学家确信，分离出几千克的铀-235，就可以进行快速链式核裂变反应，同时指出一颗原子弹的爆炸威力超过 1 000 吨梯恩梯炸药，而且按照目前的计划进度，预期在两年内就可以分离出足量的铀-235。这对于英国来说是个大工程，但对于美国或德国来说可能不是。事后证实，这份报告对所需的铀-235 数量、攻克铀-235 生产难关的速度等问题的预期均过于乐观。但对布什和科南特来说，这份报告令人振奋，它表明英国人认为可以制造出原子弹，而且他们已经制订了一个制造原子弹的计划。布什和科南特与加州大学伯克利分校的劳伦斯、芝加哥大学的康普顿一起制订计划，以期大幅提高美国的速度。

1941 年 10 月，布什终于从布里格斯手中夺取了铀咨询委员会的控制权，在急速推进铀项目的同时，他和科南特也开始快速推进保密工作并强调保密纪律。当科南特招募科学家参与这个项目时，他会强调他们工作的高度机密性，并敦促他们注意自己在人前的言行，即使面对军事人员也必须谨言慎行。10 月 9 日，布什前往白宫会见罗斯福总统和亨利·华莱士副总统。布什向罗斯福总统报告了英国科学家的乐观结论，并获批了一个内容更广泛的研究项目，且该项目独立于国防研究委员会。这还不是一个原子弹生产项目，但已经进入了一个新阶段。如果该项目被证明很有前景，其目标就是为未来工业化、大规模的原子弹生产提供基本概念、建设试点工厂并制订具体计划。罗斯福总统表示，可以根据需求“从一个特殊来源提供资金，投入这一不寻常的项目”。该“黑色预算”的资金来源特殊，可自由支配，不需要美国国会批准。罗斯福总统也给了布什明确指示，即“由今天上午出席会议的人，加上美国陆军部部长亨利·史汀生、乔治·马歇尔将军和您本人组成的小组来审议有关这个问题的政策”。布什询问其中是否包含海军部部长。布什后来写道，罗斯福总统“看着我，奇怪地笑了笑，说：‘不，我想现在还不行。’”

布什随即开始重组铀相关的项目，以便迅速地建立一个试验工厂，验证从天然铀中分离铀-235的可行性，并验证从核反应堆中获得钚的可能性。11月初，布什会见了罗斯福总统的“最高政策小组”成员，讨论铀问题，并敦促他们付出更多努力。也正是在此次会议上，美国陆军部部长亨利·史汀生第一次意识到原子弹的可能性。

在1941年11月，布什用一个月时间审查了整个计划并建议进一步加快进度。在获得了布什和科南特的同意后，该计划在科学研究和发展办公室的主持下全面展开。布什将直接向罗斯福总统报告此事，并向史汀生通报进展情况。铀相关的部门被重组，由阿瑟·康普顿负责芝加哥大学的基础物理测量工作，欧内斯特·劳伦斯在加州大学伯克利分校研究电磁同位素分离，哈罗德·尤里在哥伦比亚大学研究通过离心机和气体扩散的方式进行同位素分离。这几位科学家均为诺贝尔奖得主，且都有管理大型项目的经验。同时，让军队建造试验工厂的计划也正在被制订。这些工作最终完成于日本偷袭珍珠港的前一天。

绝对保密

1941年秋天，布什和科南特开始越来越关注如何做好项目的保密工作，这个项目的基本原则已经为许多科学家所熟知，甚至成为科学记者文章报道的主题。《纽约时报》的科学记者威廉·劳伦斯从核裂变的报道在各类科学杂志上出现后就一直持续跟踪关注此事。1940年9月，他在《星期六晚邮报》上发表了一篇关于核裂变研究的报道，令人瞠目结舌。这篇报道题为《原子投降了》，他将铀-235的发现描述为一个可能的“人类历史转折点”，并指出“0.45 千克纯铀−235 的爆炸威力相当于 1.5 万吨梯恩梯炸药”。劳伦斯的报道表明，核裂变很容易成为与原子能相关的、潜在的夸张对象。

布什认为这些文章“使人们对原子能蕴含的可能性加以疯狂地猜测”，使保密目标难以实现。在公共领域，人们对核裂变抱有很大的兴趣，任何秘密都会引起人们的注意。1941 年 8 月，全美科学作家协会主席、《纽约先驱论坛报》科学编辑约翰·奥尼尔公开指责美国政府正在秘密研发核武器，还对所有与之有关的人进行了审查。他说这相当于“一场针对美国公民的极权主义革命”，并声称政客正在控制科学家，强迫他们把自己的研究用于战争。奥尼尔的言论被广泛报道，这令布什和科南特深感不安，他们发表了一份声明，否认正在进行任何与原子弹开发有关的工作，但承认正在开展核能方面的工作。正如布什在 9 月向一位英国代表解释的那样，“事实情况表明，美国没有直接针对原子弹生产的计划”。该能源项目工作“与原子弹生产可能存在联系，但这是不可避免的，纯属巧合”。这一说法其实半真半假，因为这项工作与原子弹的联系并非“巧合”。

随着科研工作的深入开展，针对科研工作的信息管理开始发生微妙而深刻的变化。一个关键的变化是在代号使用方面。曾被毫不掩饰地称为“铀咨询委员会”的部门变得更加隐蔽，它被称为“S−1 部门”。人们并不清楚“S−1 部门”具体代表什么，如果它有某种特定意思的话，有人认为“S”代表“特殊”，这有合理之处。而“特殊”成了后来“曼哈顿计划”的一个概括性形容词。即使是今天，在美国官僚机构的词汇库中，某个组织名称中的“特殊”一词仍是一个不同寻常的保密代号，在那些保密制度已经成为常规的系统中，仍沿袭着此传统。

最终，布什在他的信中不再谈及“铀”。当他提到有关核裂变的工作时，会故意含糊其词，表示它是“我们正在考虑的重要事项”，而这仅是其中一个例子。对英国人来说，这个项目的代号仍然是“穆德”，而有一次布什却把它说成是“与某位女士的婚外情”。12 月，科南特建议，如果他们把铀-235 称为“镁”，把铀-238 称为“铝”，那么也许可以避免他们的信件被列为“机密”级（当时的最高机密），可降级为“秘密”级（处理要求相对不那么苛刻和烦琐）。布什不同意降级，但科南特认为，在实施“秘密”分级制度时，他们也应该继续使用替代性表达“作为额外的预防措施”。保密工作已经扩大到要么所有事情都保密，要么都不保密的地步，其间不存在中间地带。

除了这些暗语，布什还坚持要求所有 S-1 部门的人员执行宣誓程序，以约束他们“严格保密”。布什非常重视宣誓，尽管不清楚他是否认为这样的宣誓具有法律约束力。当一位已退出项目的科学家被发现向其他美国人透露了过多有关自己工作的内容时，布什就宣誓是否具有法律效力咨询了美国联邦调查局。当布什注意到一位已退出项目的科学家同其他美国人讨论的内容超出了合理范围时（这不是间谍活动），美国联邦调查局给出了判断，“根据宣誓语中的措辞，不能因一位美国公民向另一公民披露秘密信息而发起诉讼”。尽管如此，保密宣誓的措施仍在持续使用。

布什和科南特越来越担心保密措施不够充分。1941 年底，布什收到的一份报告指出俄亥俄州立大学的一位科学家与 S-1 部门没有关系，但他“知道 S-1 部门的很多事情，包括项目负责人的名字和工作分工”。显然，他是从 S-1 部门成员爱德华 · 康顿那里获取信息的。布什在给科南特的信中写道：“英国人说我们无法保密，看来他们是对的。”为了解决这个问题，阿瑟 · 康普顿建议他们将所有 S-1 部门的工作集中在一个实验室，比如，集中到劳伦斯领导的伯克利实验室（因为那里的粒子加速器太大，无法运送到另一个实验室）。在那里，“借助守卫制度并开展保密制度学习教育，使大家建立起保密意识，应该是可行的”。但现实恰恰相反，加州大学伯克利分校作为项目中心的地位不变，但康普顿在芝加哥大学的实验室开始兼并其他地方的团队和工作，如哥伦比亚大学和普林斯顿大学的人员，并让他们加入了新成立的冶金实验室。

1942 年初，科南特向所有 S-1 部门的负责人发出了一封题为《保密这个重要的问题》的信，提出了一个新的要求：所有对工作的最终目标有所了解的参与者，都必须经过美国国家安全局的审查。他想要一份从事“哪怕是相关工作最微小细节”的人员名单，这份名单最终都将交给美国陆军或海军进行审查。理论上，这听起来不错，但在实践中，要把这样的制度落到实处，需要做大量的工作。即使是保密工作中非常普通的环节，如使用“秘密”印章，也需要组织与安排。康奈尔大学的物理学家贝克在 1942 年春天完成的一份长篇报告的每一页上都不辞辛劳地手书“秘密”二字，他在最后一页上留下了一个请求：“我们需要一枚印章。”

提供一枚印章很容易，而棘手的问题在于人。在美国军方看来，许多从事铀研究的科学家都是“古怪异常之人”（布什的说法）。海军前期处理了许多 S-1 部门工作的密级授权审核，但在签发对阿瑟·康普顿的审核时犹豫不决，这是因为康普顿在一生中的不同时期签署了不少请愿书，其中一些被认定为与共产主义组织有关。布什告诉海军代表，不可能将康普顿排除在项目之外，因为他身份特殊。无论如何，把像康普顿这样的人留在身边更安全，让他待在项目里，并受保密约束才更好。布什进一步思考，即使他们不太了解项目的情况，让“怪人们”加入并宣誓，可能是更明智的做法：

> 在这个国家，许多人研究物理学且拥有相当完整的知识体系，而这些人绝非都处在控制之下……其实我倾向于认为，如果希望这项研究在合理的时间内取得实际成果，那么最好是把美国国内所有具有相关背景知识的物理学家都吸收进来，并置于彻底的控制之下，但这样做的时机尚未到来。

布什发现，要使保密工作成为现实，需要接受一些激进的想法，甚至需要让科学家参与到工作中来，以使他们处于控制之下。但仅仅告诉科学家这是一项秘密工作还不够，他们还需要被教导如何处理秘密文件，科学研究和发展办公室努力地把规章制度传达给每一个人，让大家了解每个“密级”的具体含义。在许多情况下，这意味着要责罚违规者，直到他们展现出负责任的态度。1942 年 1 月中旬，康普顿向科南特发送了一份进展报告，概述了在哥伦比亚大学召开的会议的讨论情况。科南特回信指责了他，因为与会者名单上有几个人“未获批准”，而且在讨论期间“披露了关于整个项目的总体计划”。布什和科南特发现，实施保密并不是一件容易的事，既要控制好保密体系之内的人，也要控制好保密体系之外的信息传播。

布什和科南特为保护好原子弹的秘密所采取的新方法之一，是将保密与另一种更传统的技术控制形式相结合，即申请专利。具体而言，为了应对竞争性的核反应堆专利申请（特别是约里奥团队的前成员，他们后来移民到了英国），同时避免旷日持久的法律纠纷，布什开始利用专利保密法案，该法律允许他将一切会在战时产生影响的专利申请“打入冷宫”，包括与原子能有关的专利。布什和科南特进一步确保与每位从事铀问题研究的科学家都签署了合同，将他们的知识产权转让给美国政府，并强迫他们秘密地提交专利申请，且该专利只有在其内容不再具备秘密属性后才会被批准。此方法后来在整个“曼哈顿计划”中受到重视并被沿用。作为一种技术控制手段，上述方法给了美国政府对一个全新的科学和工业领域的所有权，同时也提供了一种法律手段来压制那些未参与该项目的研究者。

1942 年 3 月，布什给罗斯福总统呈报了一份关于铀研究进展的热情洋溢的报告。报告中预测，只需 2.26~4.53 千克的裂变材料（铀-235 或钚-239）就可以引发 2 000 吨梯恩梯当量的爆炸，其威力比当时杀伤力最大的常规武器还大数百倍，科学家正在寻求各种有希望的方法从天然铀中提取铀-235。在布什的报告中，安全和保密的话题占据了很大的篇幅。他解释说：“在此问题上做好保密异常困难。”因为在美国政府实施控制之前，大量信息和各种猜测就已在公共领域传播开了。为做好保密工作，他们开始对工作内容进行细分，“不向每个工作人员提供全部信息”，该举措被称为“分隔式管理”或“工作知情权”原则。

布什总结指出，该项目“在合理的程度上得到了控制”，但“比预想中更易受到间谍活动的影响”。他认为，这项工作“一旦进入实际生产阶段，就应置于严格的军队控制之下”。罗斯福总统用其典型的精练语言做了批复，敦促布什从试验阶段转向生产阶段。关于移交给陆军的问题，罗斯福总统只有一个要求：“我不反对将未来的工作移交给陆军，条件是你必须确保陆军已为绝对保密做好了充分准备。”

为什么罗斯福总统会要求“绝对”保密，这是一个越探究就越有趣的历史问题。从一开始，罗斯福总统就坚持把铀研究工作与其他研究工作分开。随着原子弹制造变得越来越具备可行性，他更是一步步推动了保密工作的开展。对比，人们轻易地做出判断，罗斯福总统这样做是因为他明白原子弹的重要性。但这是不可能的，即使是科学家也不确定这一点，尽管一枚 2 000 吨梯恩梯当量爆炸威力的核弹令人印象深刻，但它不一定需要“绝对”保密。在第二次世界大战期间，美国还开发了许多其他秘密武器，它们既不需要“绝对”保密，也不需要“常规”军事保密。或许罗斯福总统这样做是出于对纳粹的担心。许多参与其中的科学家都是如此，这并非不可信。也许，和他们一样，罗斯福总统担心美国核计划的任何蛛丝马迹都可能刺激纳粹的研究计划，而纳粹的计划被认为是与美国核计划同步进行的。

对于如此不同寻常的保密程度，通常的解释是，原子弹攸关人类的生死存亡。也就是说，原子弹是“特殊的”，因为它的存在关乎国家的存亡和国际秩序的本质。在某种程度上，这在当时是值得赞赏的。但在原子弹尚未诞生的情况下，关于其“在这一阶段的爆炸威力还只能与大型常规轰炸相比较”这一说法本身的可信度就值得怀疑，彼时原子弹的发展还处于初级阶段。即使有科学家的协同努力，原子弹研制也需花费漫长的时间，而且它是否真的是一些人想象中攸关人类生死存亡的武器，在 1942 年初尚无法确定。要么是罗斯福总统极具先见之明，要么是他出于其他的动机实施保密。

保密对罗斯福总统来说是很容易实现的。他善用外交手段，很清楚如何将某些人和公众排除在研讨会议之外。他使许多重要的决定仅保留少量的文件线索，甚至有时还会宣布自己认为公众想要听到的东西。正因如此，历史学家很难全面评估他的真实动机。尽管文件记录没有反映这一点（也没有排除这一点），但布什的敦促可能是罗斯福总统要求尽快实现保密的一种合理解释。布什对有计划的保密工作很感兴趣，他关心的不是某个特定的技术，而是美国即将投入大量资源来制造原子弹这件事。轴心国可能是推动这件事的最关键因素，但显然还存在着更多的现实威胁。布什已经花了相当长的时间来面对众多威胁中的一个——美国国会。

1941 年 7 月，美国国会将科学研究和发展办公室的预算削减了 100 万美元，这让布什感到自己倾力组织的科学研究工作“受到了非常明显的阻挠”。（当然，美国国会并没有阻止原子弹的研发工作，他们还不知道原子弹的存在。）1941 年 11 月初，美国国家科学院院长弗兰克・尤厄特写信给布什，说核裂变炸弹的可行性似乎太低，需要花费“几百万美元”才能最终确定。这很难向非科学领域人士解释清楚。“当然，如果在认真考虑为铀 -235 浓缩厂提供巨额拨款，我们必须考虑好，如何面对拨款机构的那些非专业人士，以及如何讲好一个更有说服力的故事。”布什同意尤厄特的观点，他也认为需要谨慎处置这笔巨额资金，因为“这简直就是一件无法提交给美国国会委员会审议的事情”。此外，如果原子弹看起来真的会“涉及长期规划”，那么它“必须在最严格的保密状态下得到妥善处置”。

监管问题不仅不是小问题，还是无法逃避的问题。在 1941 年末到 1942 年初，像原子弹这样昂贵且具有高风险的武器确实很难被解释清楚，而当开支远超几百万美元时，解释就越发困难了。有些人会怀疑在物理学项目上花费数百万美元是否明智，因此不让他们知道原子弹的秘密，可能比不让德国人知道原子弹的秘密更为重要。纳粹无法阻止美国在原子弹研究方面的工作，只有美国国会才能阻止。

在1942年的上半年，与核裂变相关的工作规模迅速扩大。S-1部门的项目还不是一个生产计划，但它看起来极有希望。布什对罗斯福总统说，可能最早于1944年就能生产出原子弹，也许赶得上在战争中使用。为实现罗斯福总统“绝对保密”的要求，各部门已经积极努力，但还是遭遇了重重困难。

1942年5月，格雷戈里·布赖特给莱曼·布里格斯写了一封长信，解释自己打算辞职的原因。布赖特当时在冶金实验室负责炸弹反应物理学。这并不是说他认为这项工作不重要。相反，他对研究进展和康普顿对保密工作的严重漠视感到非常沮丧：

> 我认为，S-1部门工作实质的重要性很可能远超大多数军事项目。正在研究中的这种武器（原子弹）的攻击力将远超普通武器几个数量级。据我所知，保密措施不充分是很危险的。我认为，S-1部门的保密工作应比其他军事研究部门更为严格。为了美国国家安全，不仅在战争期间，在战后几十年都必须保密。

布赖特在信中报告说，在芝加哥大学，科学家公开表现出对“分隔式管理”政策的不屑一顾，并经常违反这一政策。在他看来，康普顿本人也反对这一政策，特别是希望消除核反应堆研究和核弹研究之间的障碍。秘密座谈会的内容和报告已分发给项目组的所有成员，会议的敏感信息一直都在被泄露。“在这个问题上，我根本劝阻不了他，”布赖特抱怨说，“不遵循这一政策的后果可能是灾难性的。”布赖特还建议，原子弹研究工作必须转移到其他可以实施更多控制的地方，也许还需要组织军队来执行真正的保密措施。

布赖特的这封信被作为备忘录转交给了科南特，他已经意识到芝加哥大学的安全状况并不理想。科南特写信给布什，说布赖特的信“让我有些不安，却证实了我的发现”。必须建立一个新的组织，以确保原子弹的研发工作不受康普顿不严谨工作的影响。布什随后做了简短答复：

> 这并不是真正严重的指控，而是由于康普顿的天真而产生的不安情绪。在制订新计划时，我们可以采取两个步骤：一是要求每个小组都设计一套保密规则，他们同时应说明，将如何遵守该规则；二是原子弹研究部门必须完全独立。

科南特是这个项目中少数几个有严格保密经验的科学家之一，他曾在克利夫兰郊区管理一家秘密工厂，生产一种砷基气体——路易氏剂，该气体原计划在第一次世界大战期间用于德国。在那家秘密工厂工作的人给该工厂起了个绰号叫“捕鼠器”，因为正如后来所解释的那样，“进去的人直到战争结束才出来”。这与第二次世界大战中发生的许多事情一样，尽管这些武器是新的、“特殊的”，但早就产生了管理控制它们的想法。科南特被委以重任，负责推动此项科学工作，并进行彻底的隔离管理，绝非巧合。

布赖特离开后，需要一位新的物理学家来协调管理重要的快速裂变计算（炸弹物理学）的工作。康普顿已经有了一个合适人选——加州大学伯克利分校的理论物理学家罗伯特·奥本海默，他是在那一年3月被欧内斯特·劳伦斯引入这个项目的。那年夏天，奥本海默在加州大学的物理系大楼里主持了一个秘密的夏季会议。勒孔特大厅的研讨室外的阳台上，挂满了带刺的铁丝网。在这次会议上，理论物理学家得出结论，根据他们目前的知识，尽管仍存在许多未知因素，但一定可以造出原子弹。

1942 年 6 月中旬时，布什和科南特认为，他们有足够的证据证明，把原子弹的研发工作从单纯的研究转向大规模生产是合理的。这意味着项目范围将发生重大变化，即从科学项目转变为工业项目。他们向最高政策小组建议，在非军事领域科学家的协助下，将同位素分离工厂和反应堆开发工作移交给美国陆军工程兵团。科学研究和发展办公室将继续指导研究和开发阶段的工作。布什和科南特向罗斯福总统提交了一份关于原子裂变炸弹的报告，建议建立一个“全面应急计划”。保密工作将是重中之重：

> （我们建议）对本项目实施最大限度的保密，特别是涉及其目的、用于开发最终产品的原材料、最终产品以及生产最终产品所涉及的制造过程等方面。一旦实际的建设施工工作开始，就不可能对外隐瞒正在建设的工厂。因此建议对这些工厂进行适当的伪装，并以伪装的方式宣布它们的用途。

罗斯福总统在建议书封面上做了简单的批示——“批准。罗斯福”。他们已经进入一个新阶段，对保密的需求也随之加强。“曼哈顿计划”已经开始，随着这一军事、工业和科学帝国在全美范围内扩张，与之相关的保密工作也随之发展起来。

从核裂变的发现到“曼哈顿计划”的实施，这段核机密的萌芽期对于理解后来的事情至关重要。如前所述，保密始于某种恐惧，这种恐惧起初对许多接触过秘密的人来说似乎并无影响，但随着科学技术的发展和世界局势的演变，这种恐惧变得越来越明显。科学界对保密的厌恶感，或者至少说，科学家对失去科研领先优势的厌恶感非常强烈。各方需要为保密制度绞尽脑汁，进行充分考量，还要充分想象纳粹统治世界的威胁，只有这样，保密才显得是一个谨慎的决策。

科学家以为最初的保密工作是由他们自己负责的。这与当时科学界对保密的普遍态度一致，甚至直到今天基本上也是如此。科学家普遍认为保密是一件坏事，但当他们认为自己居于主导地位时，则会选择保密。但外部强加的、系统性的保密要求激起了许多科学家对保密制度的反感，有趣的是，科学家对保密所做的努力变成了一次滑稽的失败。西拉德提议的自我审查的做法首先是将权力放在科学家手中，然后放在期刊编辑（也是科学家）手中。但一旦美国政府开始介入，这些权力就将随之被转移。在铀咨询委员会的领导下，技术上仍由（美国政府雇用的）科学家掌握，但保密管理很快就与军队的要求混为一体。范内瓦·布什管理的组织机构将它们进一步混合。正如我们将看到的那样，一旦军队加入进来，任何表面上的科学自主权都会变得虚无缥缈。

现在回想起来，值得注意的是，在这一时期，很少有科学家对这种保密制度提出任何原则性的反对意见。那些拒绝保密的科学家（如约里奥）在这种叙事中通常被描述成反面人物，他们与科学保密的标准观点完全相左。不过，我们可以看到，当时还做不到让科学家轻易接受保密制度，科学家需要被说服，他们需要非常明确地获知保密背后的理由。保密制度的力量直接来自武器，保密制度本身就将武器的可行性与威胁的严重性联系起来。可以确定的是，纳粹与这些物理学家遇到的其他威胁一样可怕。在思考这些事情的科学家中，有不少是从纳粹主义魔爪下逃出的难民，这绝非偶然。这就是为什么欧洲难民（其中许多是犹太裔），在这个故事的早期阶段发挥了如此重要的作用。

在将这种控制欲望转化为行动的过程中，科学家屡屡碰壁。当你不想让纳粹知道某些事情时，应该如何做？自我审查是一种软弱无力的做法，科学家无法有效地执行它，因为违反它不需要付出任何代价。软弱的措施，加上相对软弱的机构（如各种科学期刊，没有强大的权力来进行监管），形成了一个几乎毫无作为的保密制度，亦可说是一个极易被破解的制度。只有当管理者认真实施保密制度时，它才开始发挥作用，而这涉及严格的惩戒措施，要用到真枪实弹。美国政府机构与美国军方合作，并以与科学家所习惯的截然不同的思维方式，为这种保密工作装上“牙齿”，而代价就是牺牲掉科学家的自主权。

当美国陆军工程兵部队加入制造原子弹的工作时，这一项目已开始在极端保密的情况下运作。各种做法正在逐一落实：文件控制（使用“秘密”印章）、混淆视听（使用代号）、错误信息（诱导媒体）、分隔式管理（实施“工作知情权”的政策）、人事监管（进行安全许可审查和背景调查）、场地隔离（使用秘密实验室）、人身安全控制（使用铁丝网和警卫）、出版物审查（最初是自愿的，后来是强制的），以及保密誓言（意图在心理上和法律上形成约束作用）。虽然在科学研究和发展办公室的其他项目中，这些措施没有那么大张旗鼓地严格实施，但没有一项措施是原子弹项目所独有的。

即使是这样，科学研究和发展办公室其他工作的总体保密特点与即将到来的保密工作仍有很大不同。有趣的是，科学研究和发展办公室的第一条安全指令不是强调保密的重要性，而是强调过度保密的危险性：

> 避免过度保密。如果你能安排好自己的信件，使其无须

经保密程序就能发出，你将为自己和其他人省去不必要的麻烦。不要刻意对材料进行分类。仔细研读“机密”和“秘密”的定义，勿轻易使用保密图章。谨慎的措辞，将可以使很多现在被视为涉密的内容作为公开事项通过普通邮件发送。

科学研究和发展办公室对人员审查的侧重点也不相同，他们相信工作人员会建立自己的安全系统。铀相关项目从一开始就被归入不同类别，不属于国防研究委员会以及科学研究和发展办公室的组织结构。美国陆军接管后，核相关工作的特殊性将继续存在，但这种另类的处理方式将促成第二次世界大战中一些最极端的保密做法。

许多参与其中的科学家在战后数年内讲述了多个伟大的“堕落”故事，其中一些人讲的是他们失去了工作的自主权，这一连串事件的始作俑者利奥·西拉德的讲述最具代表性，他后来感叹道：“刻有‘秘密’二字的印章，是有史以来人类创造的最强大的武器。”但问题的核心是，正是一连串“跬步”之积，才最终形成了“曼哈顿计划”的完整保密制度，其实美国军方所奉行和不断细化、深化的每一项政策，在他们参与之前早已由非美国军方的科学家在恐惧的刺激下付诸实施了。

第二章

“战争中最隐蔽的秘密”：“曼哈顿计划”，1942—1945年

保密如同慈善，都要先从家里做起。

——欧内斯特·劳伦斯，1943年

美国陆军工程兵团要在第二次世界大战结束前制造出可用于战争的原子弹，项目代号为“曼哈顿计划”。这涉及一项繁重的任务：在全美各地同时动员几十万人兴建前所未见的大型设施，以生产一种全新的、壮观的超级武器。同时，不能让关于此项目的任何重要消息过早地披露，更不用说其细节和目标。他们不仅要对轴心国保密，要对英国以外的所有美国盟友、美国国内和国际媒体，以及美国国会保密，还需要在不同程度上对几乎所有参与该项目的人保密，他们的“知情权”仅限于完成其本职工作之所需。即使是在相对较短的时间内（三年）保守这样一个秘密，也是一项艰巨的任务。

尽管“曼哈顿计划”被誉为“战争中最隐蔽的秘密”，但完全保密其实是一项几乎不可能完成的任务。在规定的时间内，“绝对保密”其实是不可能实现的。仔细观察战争中令人印象深刻的

保密做法，就可以发现秘密其实是多么脆弱和难以保护。无论是在美国国内，还是在美国国外，保密工作失败的案例都在提醒人们上述事实。即使如此，执行“曼哈顿计划”的军事和民事管理部门在战时建立的广泛的保密基础设施，也预示着战后动向，它们所谓的成功神话将成为构建新的美国国家安全体系的基础。

安全的核心

1942 年 6 月，经罗斯福总统批准，核裂变工作推进到了一个新阶段，范内瓦·布什的建议为加强与美国陆军工程兵团合作奠定了基础。美国陆军工程兵团将开始在田纳西州诺克斯维尔附近建设铀浓缩试验厂。美国陆军工程兵团通常要建立工程师管理区来协调特定管辖范围内的活动。詹姆斯·马歇尔上校是该项目的第一任负责人，他在纽约市曼哈顿下城的百老汇设立了一个临时总部。因为那里是许多大工业承包商总部的聚集地，该项目选择了一个代号——“替代材料开发实验室”，即使是这样一个含混的名称也被认为过于暴露工作的性质。于是该项目又被赋予了一个更普通的名称：“曼哈顿计划”，以其位置命名。1942 年 8 月初，曼哈顿工程师管理区作为“一个没有地域限制的新工程师管理区”正式成立，其名称在一定程度上造成了人们的误解。

1942 年 9 月，这项工作由科学研究和发展办公室与美国陆军共同承担，管理权完全集中于曼哈顿工程师管理区。其掌舵人美国陆军上校莱斯利·理查德·格罗夫斯是出了名的粗暴、缺乏变通、冷酷无情，正是他帮助马歇尔完成了早期的组织工作。在所有对战时研制原子弹有功的领导人中，也许没有人能像格罗夫斯那样赢得了如此多的赞誉。作为一名训练有素的工程师，他起初对承担这项任务并不热情，因为他难以保证该任务的成功，而且该项目远离前线。但一旦他接受了这份工作，就会一心推动并完成它。在接下来的三年时间里，他把自己的每一分精力都奉献给了原子弹制造工作，使之及时成为现实，在战争中发挥应有的作用。在任职前，他所提出的唯一条件是自己应先被提拔为准将，以便更好地推行自己的命令。他认为许多参与项目的学究型科学家不会愿意接受一名普通上校的命令。为了推动项目进展，他制订了一项计划，通过确保铀库存和获得最高军事优先等级来扩大项目规模，而且他开始将稀缺的人力和物力资源抽调到这个只有少数人了解其目标的项目，该计划也使项目之外的其他美国陆军将领对其难以掣肘。

1942 年秋，格罗夫斯开始寻觅一个与世隔绝的地点，以创建一个新的秘密实验室来处理该项目最敏感的工作——设计一枚真正的原子弹。设计环节不一定是制造原子弹最困难的部分（尽管事实证明它比预期的更困难），最难的是实现罗斯福总统的“绝对保密”目标，因为任何从事这项工作的人都必须清楚项目的预期目标。格罗夫斯选择理论物理学家罗伯特·奥本海默担任新实验室的负责人。奥本海默是量子学研究方面的顶级科学家，是加州大学伯克利分校和加州理工学院两校联聘的教授。众所周知，奥本海默的成功超出了所有人的想象。奥本海默的主要角色之一是格罗夫斯与各个学究型科学家的联络人，格罗夫斯后来把那些科学家描述为“自命不凡的人”。奥本海默是科学家中的科学家，也是一位在核裂变发现之前从未参与过军事项目的理论家，他的儒雅与格罗夫斯的粗鲁形成了鲜明的对比，奥本海默的极“左”政治立场也广为人知。然而奥本海默完全忠于格罗夫斯，并推行格罗夫斯要求他推行的每一项政策，这种情况在后期屡屡得到验证。格罗夫斯每制定出一项政策，奥本海默便会表示支持，如果其他科学家不接受，他会尝试通过谈判让双方达成一致。正是奥本海默建议格罗夫斯前往新墨西哥州建立秘密的原子弹设计实验室，因为奥本海默年轻时曾在那里待过一段时间。随着美国政府成功收购洛斯阿拉莫斯牧场学校，洛斯阿拉莫斯国家实验室诞生了。

在 1942 年，原子弹项目仍被视为一场赌博，但达到赌赢的结果比当时所有参与者预期的更加耗时。预算、人员需求和完工时间都被严重低估。洛斯阿拉莫斯国家实验室最初计划只需要 300 名科学家和助手，而到战争结束时，工作人员几乎是初期拟定数目的 10 倍。最初的成本预估约为 4 亿美元，结果最终花费是其 5 倍之多。原计划是在 1944 年初完成武器制造，结果直到 1945 年夏天才完成。值得注意的是，“曼哈顿计划”的完成时间仅为三年多，是世界上有史以来进展速度最快的核武器计划。这项技术是全新的，而且许多科学研究内容当时还不为人所知。

随着核弹项目规模不断扩大，安全措施也相应完善。为武器提供燃料的裂变材料量产工厂被刻意地与周围社区隔离开来，部分原因是为了公共安全，但主要是为了确保其自身安全。1942 年末，美国政府在田纳西州的橡树岭购买了一大片土地，用于建造数个铀浓缩设施。橡树岭的“X 基地”在战争期间雇用了超过 8 万名技术人员、建筑工人和其他工人，他们的家属也随行来到此地。只有一小部分居民知道这个巨大的“秘密城市”的真正目的。在华盛顿州的汉福德，另一个秘密基地（“W 基地”）于 1943 年底开始建设，那里是第一个工业规模的核反应堆所在地，还建有从乏燃料中提取钚的设施。层层武装警卫和带刺铁丝网的掩护，营造出了一种严格保密的氛围。在汉福德一座矗立的水塔上写着：“安静意味着安全。”在“Y 基地”——洛斯阿拉莫斯国家实验室，数以千计的科学家、技术人员和军事人员及其家属聚居于新墨西哥州一个与世隔绝的平顶山上，形成了一个秘密的原子弹研究中心。

与世隔绝，作为一种保密的做法，也有其缺点。比如物品采购变得困难重重，要把物品运送到洛斯阿拉莫斯这样的地方，必须经由其他地方作为前端转运站，以避免暴露平顶山上的秘密科学基地。与世隔绝的地点也意味着与世隔绝的条件：糟糕的道路和基础设施，以及资源匮乏。说服数万名员工和技术人员搬到偏远地区从事他们无法理解的工作绝非易事，尤其是在全美因其他战争需求而出现人力短缺的情况下。1943 年 10 月，詹姆斯·科南特抱怨说，由于自己无法明说该项目的具体目的，所以很难招募到顶尖科学家，而且仅仅依靠该项目具有较高优先级还不足以说服科学家放弃其他与战争有关的重要项目。但随着越来越多的科学家加入“曼哈顿计划”，招募人员的成功率也有所提高，因为到新墨西哥州工作开始被视为一个令人兴奋的诱人机会、一个参与重大项目的机会，以及与几位诺贝尔奖得主亲切交谈的机会。

随着人员数量的增长，格罗夫斯成为分隔式管理的坚定拥护者。分隔式管理的原则是，每个员工只需要知道足以完成分配给自己的工作所需的最少信息。格罗夫斯在战后的回忆录中明确表示，对他来说，分隔式管理在保密工作中起到了关键作用，而且这种管理方法还是控制科研人员的工具：

> 对我来说，知识的分隔式管理是安全的核心。我的规则很简单，也不会被曲解——每个人都应该知道自己工作所需要知道的一切，除此之外别无他求。遵守这一规则不仅提供了充分的安全保障，而且通过使我们的员工专注自身工作，大大提高了整体效率。由此向所有相关人员表明，该项目的存在是为了生产特定的最终产品，而不是为了满足个人的好奇心或者增加他们的科学知识。

格罗夫斯并不是分隔式管理的发明者，这个想法早已是一种标准的反间谍措施，我们可以看到布什和科南特在他们的非军事研究工作中已经使用了细分管理，但格罗夫斯确实把它推向了新的高度，将其变成了一种全方位的生活方式，并以此前无法想象的规模全面地贯彻。在每个主要项目地点，由于各点的工作性质不同，分隔式管理的运作方式也有所不同。在工业生产基地，如橡树岭和汉福德，几乎所有的员工都对自己的工作目标一无所知。这严重影响了员工的士气和持续工作的意愿。在橡树岭和汉福德工作的平民并不是在胁迫下工作的，如果他们愿意，可以随时离开并从事其他备战工作。在生活条件很差的汉福德，员工流失率为 20%；在橡树岭，这一比例为 17%。因此，虽然在“曼哈顿计划”实施期间一度保持着每月增加数万名新员工的速度，仍然不得不每月额外增招数千名员工，以弥补流失员工的数量。约有 50 万美国人曾陆续在不同时段受雇于与原子弹相关的工作，几乎占战争期间所有平民劳动力的 1%，远远超过该项目高峰时的 12.5 万人（如图 2-1 所示）。

橡树岭的一份战后研究报告将保密问题和员工士气问题紧密联系起来：

> 迄今为止，田纳西州橡树岭战备工厂的工人一直在最独特的条件下工作。由于项目的保密性质，工人从未见过其劳动的最终产品。没有东西可以给他带来自豪感。因此，工作中常见的结果性激励对他而言是不存在的。在完成本职工作后，工人完全没有满足感。而这自然造成了罕见的士气低落问题。

在橡树岭，除了“守岗敬业”的集会，还采用了其他更特殊

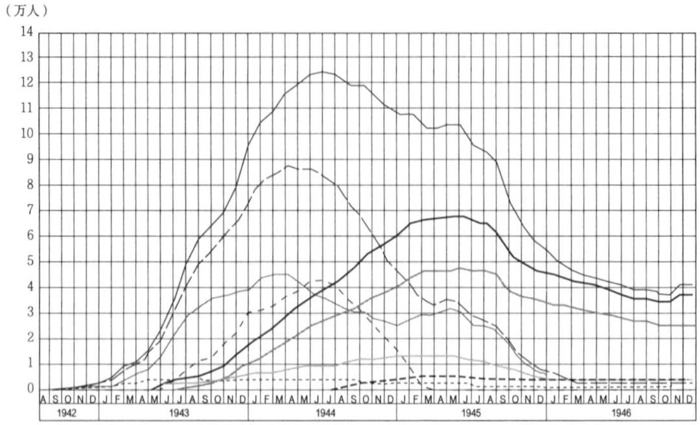

图 2-1 1942—1946 年“曼哈顿计划”承包商统计的月度就业人数

资料来源：曼哈顿工程师管理区历史：1947—1948 年，第 8 卷，第 1 册，“人事”，附录 A1。

的解决方案，旨在为工人寻找积极的方式来打发业余时间。橡树岭为大规模的娱乐活动拨了款，组织了羽毛球比赛和联赛，10 支球队参加的棒球联赛，10 场垒球联赛（共 81 支垒球球队参加），迷你高尔夫和乒乓球联赛，以及 26 支触身式橄榄球球队。换言之，厂区内体育运动可以算是对保密制度所造成的心理创伤的一剂救赎良药。

但是，除了士气上的损失，分隔式管理还有更阴暗的一面。保密制度降低了安全标准，工人们没有被告知放射性材料存在的特殊危险。战后，橡树岭的一个广播节目讲述了一位女工的故事，她唯一的工作是清洗制服，然后把洗好的衣服托举到一个会发出咔嗒声的机器上。如果咔嗒声响很大，制服就需要多洗一遍。直到战争结束，她才知道那台发出咔嗒声的机器是盖革计数器，而她一直在测量放射性污染，以维持衣物符合安全标准。她当时在广播节目中声称，为自己的战时贡献感到“真正的自豪”，但人们不禁要问，有多少人是出于无知而做着这些琐碎而卑微的工作。特别是在橡树岭，大规模的铀浓缩作业需要大量的雇员，这些雇员在战争年代盯表盘、转旋钮、拨开关，却不知道面板后面发生了什么，甚至不知道他们的工厂正在生产什么。这些人（通常是从当地城市招募的妇女）其实是被机器异化的人，雇用他们只是因为自动化的生产机器在战时尚未得到完善。

在洛斯阿拉莫斯，分隔式管理是物理意义上的对人员和空间的划分。洛斯阿拉莫斯实施密室分类管理，其中的技术区有各类内部密室，进入该区需要员工专属的密级授权。不同颜色的徽章区分了获取不同密级的知识的权限。佩戴黄色徽章的人，如安全人员，可以进入实验室的技术区域，但不会被告知任何机密信息。蓝色徽章是为办事员和仓库员工准备的，他们需要知道一些机密信息，如时间表、名册等，但不被允许接触技术信息。红色徽章是为技术人员和秘书准备的，他们可以在自己的工作范围内接触到相当深入的信息，但绝不能超过这个范围。

最后一种，白色徽章表示可以全面了解自己在洛斯阿拉莫斯所做的全部工作内容。尽管这部分人对具体技术信息的获取将由他们的部门和小组领导决定。对于那些佩戴白色徽章的人来说，如果他们能够证明自己应享有“工作知情权”，那么洛斯阿拉莫斯就显得相对自由。一旦科学家被归入这一类别，他们就有资格选择可以谈论的内容和对象。科学家还签署了一份与其他项目员工不同的保密协议。虽然所有员工都签署了一份“保密声明”，表明他们会收到《1917 年间谍法案》所定义的敏感信息，因此有法律义务遵守安全规定，但只有“物理学家、化学家和其他具有类似专业或科学水准的员工”需要声明他们“将个人和科学声誉与这种服从捆绑在一起”。

奥本海默还从极不情愿的格罗夫斯那里获得许可，在实验室范围内举行每周一次的系列座谈会，所有持白色徽章的人都可以参加，讨论具体的与项目目标有关的科学问题。这种活动显然没有发生在与原子弹工作有关的其他科学实验室（如加州大学伯克利分校或芝加哥大学），这使洛斯阿拉莫斯成了一个特殊的地方，恰恰同它与世隔绝的现实相契合。座谈会的主题往往是与武器设计直接相关的实际问题。"阿克曼上尉谈到了为内爆球体准备高能爆炸物的形状""格里森谈到了内爆检查的 X 射线技术""伯奇指挥官谈到了裂变材料的枪触发式结构组装问题，并配以说明性的幻灯片"。座谈会的主题包括根本性的问题，如：尼尔斯·玻尔发表了有关中子与重核反应的物理学演讲；也包括最实际的问题，如：诺曼·拉姆齐谈到了他们打算如何将炸弹"投送"到目标点，威廉·彭尼则谈到了"一个小物件的爆炸效应所造成的损害"。

似乎只有一个科学家因为不堪忍受太多保密要求而退出了这个项目。1943 年 4 月，洛斯阿拉莫斯的物理学家爱德华·康顿辞去了工作，因为他觉得保密政策让他感到过度压抑。在给奥本海默的信中，康顿解释道：

> 我强烈地感觉到，这种分隔式管理政策，让人在双手被绑在背后的同时，还要完成一项极其困难的工作，因此我无法接受"在大项目内部实施分隔式管理是适当的"这一观点。我可能迟早会因为没有完全理解这些规则而在无意中违反它们，每每想到这些，都会加剧我的不安感。

一份由当时物理学家、化学家以及其他具有类似专业或科学水平的雇员签署的保密声明样本（如图 2–2 所示）。

保密声明

由所有的物理学家、化学家以及其他具有类似专业或科学水平的雇员执行

考虑到美利坚合众国在成功完成 ______________ 所进行的工作中的重大利益，并进一步考虑到我的雇用与 ______________ 工作有关：

我在此毫无保留地声明，我完全忠于美利坚合众国，我在过去和将来都将确保美利坚合众国获得任何发展的唯一利益，我在此所做的实验、发现或发明，或我所获得的任何信息，不涉及其他国家、公司、政党、组织或个人，除非我与他签订了任何专利协议的临时条款。

我以个人和在科学界的名誉担保这一声明的真实性。

认识到保护与本项目或相关工作的所有尚未正式公布的机密信息对美国国家利益的重要性，我在此同意，我不会向任何履职权限和职责范围不同的人士交流或传递与项目有关的机密信息、文件、笔记、备忘录、图纸、照片、蓝图、计划、地图、模型、材料或设备。

我确认，除了出于官方目的，我没有，也不会根据曼哈顿工程师管理区的既定规则，带走或使用前款所列的任何机密物品。

我完全清楚，如果我故意或因严重疏忽而未能遵守上述规定，将违反《联邦间谍法案》，我将因此被处以 10 年以内的监禁，并由法庭酌情决定，可处以不超过 1 万美元的罚款。

证人签名：

我证明，在该雇员离职时签署本声明之前，已向他口头强调了保护军事信息的重要性以及违反本声明须承担的相关惩罚。

入职时签名：

离职时签名：

参加离职面谈官员签名：

图 2-2　由物理学家、化学家及其他具有类似专业或科学水平的雇员签署的保密声明样本

资料来源：曼哈顿工程师管理区历史：1947—1948 年，第 14 卷，第 1 册，“情报和安全——补充内容”，附录 CS-8，（安全手册，曼哈顿工程师管理区，1945 年 11 月 26 日），证据二。

这些担忧并非空穴来风，格罗夫斯、奥本海默和其他人都在认真考虑这一现实的忧患，保密会降低士气、阻碍进步，特别是阻碍科学的进步，但是又没法像许多科学家希冀的那样，真正地解决因实施保密管理带来的问题。这并不是说科学家缺乏对保密实践的理解，让他们感到不安的是，科学家在讨价还价中失去了自主权。他们并未对他人强加保密要求，但保密已如枷锁般束缚着他们。

在参与该计划的科学家看来，分隔式管理应该是格罗夫斯实施的最有争议的政策。每位科学家后来都会讲述自己如何为了完成工作而不得不违反这一政策的故事。有时，分隔式管理的故事可以被认为是一种幽默，正如一位科学家在《纽约客》杂志中所说：

> 我那时在指导两个项目。一个项目是关于同位素的分离，另一个是关于链式反应。参与其中之一的人不允许和另一个项目的人说话。我处于不得与自己交谈的窘境。

但在战后，许多科学家对他们所看到的保密所带来的不利于科学的影响进行了激烈的批评，有些人甚至认为保密拖慢了工作进度。对许多人来说，分隔式管理造成的挫败感是他们反对保密的主要原因，其他措施诸如空间隔离、电话监听、邮件拆检等，都可以一笑置之，而分隔式管理则被视为对科学工作本身的一种威胁。

格罗夫斯的分隔式管理不仅适用于各基地的内部管理，也适用于各基地之间的管理。例如，除了预先安排的特定类别，芝加哥大学的科学家不能接收来自洛斯阿拉莫斯的信件，而且这些信件不能透露太多有关原子弹工作的信息。汉福德基地和芝加哥大学可以互动，因为芝加哥大学在指导汉福德基地的反应堆建设，而橡树岭的科学家甚至不应该知道“W 基地”的位置或设置目的。当格罗夫斯得知，英国对“曼哈顿计划”的一部分贡献是允许大量法国移民服务于加拿大蒙特利尔的一个反应堆实验室时，他制定了一个几乎完全单向的交流规则：加拿大的科学家可以向芝加哥大学的科学家报告他们的成果，但得到的回复则少之又少。

这种项目间的保密管理也是为格罗夫斯的目标服务。正如格罗夫斯后来所说，分隔式管理“让员工专注于本职工作”，也使他们远离了一切有关工作用途的讨论。而有些人，比如芝加哥大学的科学家，就有可能进行相关的讨论，但这些报告谁都看不到，因为格罗夫斯下了禁令。格罗夫斯不仅推动了原子弹的制造，也几乎推动了实现原子弹终极目标的每一个决定。敢于挑战这种严格控制的科学家必然面临风险。其中，利奥·西拉德的举动最为激烈，逼得格罗夫斯起草了一份准备在战争期间一直拘禁他的文件，不过西拉德很幸运，拘禁文件不久就被美国陆军部部长否决了。

格罗夫斯及其反间谍特工为了阻止各种威胁，会采取哪些措施？会采取比拘禁更严厉的做法吗？有传言说，他们可能会在某些情况下采取极端措施，不过这难以证实。奥本海默的前女友琼·塔特洛克在战争期间死因可疑。安全部门认为塔特洛克是共产主义者或同情共产主义者，1943 年夏，奥本海默在她旧金山的公寓过夜时受到监视。1944 年 1 月，塔特洛克的父亲在她的公寓里发现了她的遗体，“她躺在浴缸一端的一堆枕头上，头浸在浴缸里，浴缸中只有半缸水”。死因是溺水窒息，在她的体内发现了巴比妥酸盐和水合氯醛（一种俗称“米基·芬恩”* 的混有麻

* 1896—1906 年，一位名叫米基·芬恩的人在芝加哥开了一家酒吧。据称，他会在单身客人的饮料里下药，待他们昏迷后，夺取其财物。因此人们将暗中掺了蒙药、泻药等的饮料称为“米基·芬恩”。——编者注

醉药的酒，含有迷药的有效成分）。现场有一封笔迹颤抖的遗书。她是死于自杀还是其他原因？ 这听起来像是阴谋论。但后来美国安全部队在第二次世界大战和冷战期间采取“积极措施”的信息被披露，让人很难完全否认这样一种观点，即塔特洛克可能被视为一种过于危险、难以容忍的安全风险。

格罗夫斯的情报组织最初规模很小，仅是一个防护性的安保部门，在 1942 年其职责只限于厂区安保、保障人员安全和进行安全教育。仅在一年内，这个部门已经扩大为一个羽翼丰满的情报部门，拥有自己的反情报部队官员和活动，且与常规的美国陆军情报活动脱钩。尽管情报和安全部门只有大约 140 名官员和 160 名特工人员同时工作，但在“曼哈顿计划”两年半的集中活动中，该部门处理了超过 1 000 起“一般性颠覆”案件、1 500 余起“将机密项目信息泄露给非法人员”案件、100 余起间谍活动、200 余起破坏活动案件。他们还监督着“曼哈顿计划”关键人物的安全情况，以及重要材料的运输情况，开展秘密行动，阻止间谍活动。战后不久，该部门做了工作总结：他们在“发现间谍企图”的同时，确保了“每个案件都没有出现大量项目信息泄露的情况”。

格罗夫斯对始创于科学研究和发展办公室的所有保密措施进行了拓展，并增加了一些新措施。科学研究和发展办公室借助海军进行背景调查，而格罗夫斯则开展内部调查，这在一定程度上显示出他所管理的安全机构规模越来越大、自主性越来越强。1943 年 12 月，格罗夫斯获得授权，全权负责“曼哈顿计划”相关工厂的安保工作，这使他基本上拥有了自己的情报机构，该机构后来甚至发展成为一个涉外情报机构，评估并没收了与德国原子研究有关的阿尔索斯小组项目。

当涉及具体的某位科学家时，格罗夫斯却比人们想象的要开明得多，尤其是当涉及与共产党有联系的项目成员时。格罗夫斯的安全部门本不打算批准奥本海默的密级授权，但格罗夫斯推翻了他们的决定。在冷战初期，格罗夫斯遭到了抨击，因为按照20世纪40年代末和50年代初的标准，在洛斯阿拉莫斯国家实验室工作的员工中，有数十名科学家具有“比较明显的共产主义”倾向和背景。格罗夫斯在回忆录中煞费苦心地强调，对他来说，“完成任务的速度才是最重要的”：

> 保证安全并不是“曼哈顿计划”的主要目标。我们的任务是研制出一种威力强大的原子弹，以尽早结束战争。安全是一项基本要素，但不是要凌驾于一切……所有有关安全的程序和决定，包括人员检查，都必须以最重要的目标为前提和基础，那就是完成原子弹项目。

这些言论本质上是自我辩护性的，显然受到后期势力猖獗的麦卡锡主义的影响。但这些言论确实符合战时的优先事项，并解释了其中一些失误的原因。虽然战时的主要焦点是日本和德国，但格罗夫斯在自己的反间谍报告中差不多花了同样多的篇幅阐述苏联的情况。当美国陆军情报部门指出，加州大学伯克利分校的一些年轻科学家（都曾是奥本海默的学生）与苏联间谍交谈时，格罗夫斯使用了多种方式阻止这些年轻科学家从事进一步研究。在一个案例中，一名科学家的论文被列为机密，因此他本人无法再使用该论文；在另一个案例中，一名科学家发现自己的兵役豁免权被撤销，随后被征召入伍。具有讽刺意味的是，格罗夫斯对苏联在加州大学伯克利分校的一些间谍活动的关注，可能使他和他的安全部门没有多余的精力去关注其他地方正在发生的真正的间谍活动。

格罗夫斯采取的保密方法不同于科学研究和发展办公室的措施。科学研究和发展办公室的方法侧重于协调科学家的活动，被动性和应对性特征明显。其措施包括：发出严厉的警告，让新成员庄严宣誓，并将人事安全问题交由武装部门管理。而格罗夫斯的方法更加积极主动，他想追求是全面的反间谍工作，即全时段进行安全监测以防范违法违规行为发生，积极发现并破获各种企图实施破坏的间谍活动。最终，格罗夫斯的安全计划甚至衍生出了半自主的美国国内和国外情报部门，办案人员只向他报告，这一点完全不同于战争期间其他武器的生产项目。

格罗夫斯认为，针对原子弹项目采取最严密的安全措施是享有正当理由的，可以超越任何战时秘密活动。这方面的一个迹象是，他甚至拒绝按照常规的密级分类来实施管理。到1944年3月，政府使用的官方密级只有三类：由高到低为“机密”级、“秘密”级和“限制”级。每个类别都有官方定义的涵盖内容及相关规定。“机密”级信息是指“披露后可能危及美国国家安全，或对美国及任何美国政府活动造成严重危害的信息”，这已经是一个覆盖范围广泛的定义，但对格罗夫斯来说还不够。为了与分隔式管理政策相一致，他已经在使用一个新的内部密级分类，即“秘密—受限”类别，只适用于项目部门的领导人。

1944年3月，战争信息办公室发布了新的规定，创建了一个新的密级分类——“绝密”。它的定义为“安全方面最重要的信息，未经授权的披露将对美国造成特别严重的威胁”，涵盖所有可能影响战争走向的秘密，如1944年6月6日诺曼底登陆的细节。1944年8月，格罗夫斯指示奥本海默，所有有关原子弹技术的信件都应由“机密”重新定密为“绝密”。奥本海默对此感到惊讶，正如他在给格罗夫斯的信中所写，他曾以为“绝密”密级是为宏大的战争计划保留的，或者至少是用在原子弹可能准备就绪的时间安排上。最终，与大多数其他问题一样，奥本海默听从了格罗夫斯的意见："我理解更加广泛应用的用意，我们将遵照执行。"如果原子弹的使用对大规模军事战略至关重要，那么原子弹的存在意义也同样重要。这样一来，该核心行动秘密的重要性就会扩大到项目的几乎所有方面，因此一切都将成为"绝密"。

泄密、谣言和间谍

"曼哈顿计划"试图对很多人隐瞒各种各样的事情。它从很大程度上来说是成功的，因为当原子弹被用来对付日本时，日本人、德国人和美国人都感到非常震惊。但在另一方面，它也是一个巨大的失败，因为直到数年后，人们才发现几个极具才能的苏联间谍渗透进了"曼哈顿计划"。1950 年，物理学家克劳斯·富克斯承认，他在洛斯阿拉莫斯从事高度敏感的武器设计工作期间，一直把大量的技术信息传递给苏联人。后来几年，更多有关间谍活动的证据才浮出水面：包括洛斯阿拉莫斯的机械师戴维·格林格拉斯、物理学家西奥多·霍尔，以及橡树岭负责保健物理学的官员乔治·科瓦尔，皆是"曼哈顿计划"中核心的"原子间谍"，其中一些人一生都逍遥法外。"曼哈顿计划"中实际的间谍数量相当有限，但都极为重要——最多只有十几人，而这个项目有超过一万名技术工人和数十万名非技术工人。几乎所有能直接接触到机密的人都是"鼹鼠"，即自愿为苏联人服务的科学家或工程师，而不是受过训练的苏联特工。

这么多的"鼹鼠"是如何通过"曼哈顿计划"的安全系统的层层审查的？格罗夫斯显然知道苏联人正试图渗透到该项目。1944 年 12 月，格罗夫斯在与罗斯福总统见面时（这可能是两人最后一次见面）解释说："各种证据表明，苏联人正在持续监视我们的工作，特别是在伯克利。”这件事并没有被视为重大丑闻，其主要意义在于让相关人员考虑是否应该把苏联“拉进来”了解这个秘密。格罗夫斯最终拒绝了这一选项，他认为“在我们确信能够从坦诚中获得真正的交换条件之前，不能完全信任他们，这一点非常重要”。在此框架下，秘密成了今后交易的关键。格罗夫斯在自己的会议记录中进一步强调了这一点。“我对永久保守秘密不抱有幻想，但我认为现在还不是与苏联分享它的时候。”罗斯福总统表示同意。

格罗夫斯认为苏联得到的信息非常少，但事实证明他大错特错。问题不在伯克利，而是出在洛斯阿拉莫斯，也就是出在整个项目的核心。1950年，在富克斯事件*曝光后的一次听证会上，格罗夫斯在为美国国会委员会的一次秘密会议作证时给出了一个奇怪的回答，他解释说，洛斯阿拉莫斯的所有安全机制“主要是为了防范不端行为，而不是间谍”。虽然这种解释有自我辩护的意味，但它确实反映出，在战争期间，格罗夫斯的秘密部队花在防止泄密上的时间，远远多于追踪间谍的时间。要追踪间谍，特别是内奸，需要密切监视项目成员，并仔细审查每一位获准进入项目的人员。格罗夫斯采取了一种与众不同的路径，与试图阻止传播得更广的谣言和泄密，或是杜绝外人参与项目都不相同。如前所述，“曼哈顿计划”属于紧急任务，所有的优化都是为了效率，它需要几乎所有能参与进来的科研人员，而且格罗夫斯更害怕的是失败，而非间谍。

具有讽刺意味的是，格罗夫斯试图通过科学出版和新闻媒体

---

* 克劳斯·富克斯，参加“曼哈顿计划”的德国物理学家，并且从1949年开始帮助英国发展核计划。他主动联系苏联，1941—1949年，将大量美国、英国的核弹、氢弹资料交给苏联。1950年2月，身份为英国哈鲁艾尔原子中心理论物理部门负责人的富克斯被捕，随后被判14年刑期，并在入狱9年后获释。1988年在德国去世，终年77岁。——译者注

等传统渠道限制信息泄露，却使对该项目感兴趣的科研人员更加关注。正如前一章所述，铀裂变的许多科学发现已经被公开发表。布什想要让几乎所有熟悉这一主题的人都与美国政府签订某种形式的合同，这样他们就会知道，在官方圈子里，此事为机密。对核裂变相关研究科学文献的控制，在政府参与到这个项目之后仍在持续。美国国家科学研究委员会的格雷戈里·布赖特一直在审查科学论文，寻找一切与核裂变有关的内容，但是到了 1942 年 7 月，他向科学研究和发展办公室抱怨，已有很长时间没看到此类论文了。另一位为科学研究和发展办公室工作的科学家表示，这可能是因为“几乎每个有资格写这类论文的人都在 S-1 部门工作”。

但在科学领域之外，存在着一个更大、更多样化的媒体环境。原子能在 20 世纪 40 年代初是一个大新闻，它不会因为有关该问题的科学出版物被禁而完全消失。科学出版物罕见于世，其实是令人起疑的。《时代》周刊指出，1942 年 5 月的科学会议参加人数不足，而且对与原子有关的内容的表述极为含糊，“物理学家的首要兴趣——对原子的探索，已被画上休止符”：

> 诸如此类的情况简直成了 1942 年最大的科学新闻，那就是科学新闻越来越少……一年前，每 4 个物理学家中只有 1 个在研究军事问题，而今天，几乎每 4 个物理学家中就有 3 个在做这样的研究。来自全世界战场前线的消息经常被刻意延迟几天或几周时间公布，但今天的重大科学成就恐怕要到战争结束后才会被披露……纯粹的研究现在已不是秘密。在大多数科学领域，纯粹的研究已不复存在。

并非只有美国科学记者观察到了这种突然的信息缺位。已应征入伍的苏联物理学家格奥尔基·弗廖罗夫注意到，盟国似乎已经停止发表与核裂变研究进展有关的文章。他由此推断，严格的保密制度已经付诸实施，而这一定是军事干预的结果。1942 年 4 月，由于其他人都不在意他的担忧，他冒险给约瑟夫·斯大林本人写信，“这种沉默不是因为缺乏研究……简言之，现在已经彻底缄默，这恰恰证明其他国家正在快马加鞭地推进研究工作”。尽管苏联情报机构已经听到了有关盟国核项目的“窃窃私语”，但正是弗廖罗夫的这封信最终迫使官僚机构开始采取行动。

在美国，被审查的已不仅仅是科学期刊。珍珠港事件后，罗斯福总统启动了一项战时新闻审查计划。1942 年初，新成立的新闻审查办公室负责人、美联社前新闻执行编辑拜伦·普莱斯发布了第一批指导方针，以规范美国新闻界的“战时行动”。新闻媒体对此表示赞同，一方面是出于战时的爱国主义，另一方面也是因为他们完全基于自愿原则遵守这些指导方针。第一批指导方针未涉及任何具体的铀或裂变内容，只是全面禁止了关于“新的或秘密的军事武器”的信息。

新闻审查办公室最初对原子弹只字不提，因为他们对原子弹的事情本就一无所知。但美国政府对原子能的兴趣本身就是最大的秘密，所以提醒所有报纸编辑不应该讨论原子能似乎是一个轻率的举动。但到了 1943 年 2 月，“曼哈顿计划”的工作开始推进，大型基地之间也开始建立联系，布什向一位军事顾问建议，他们考虑将核裂变内容纳入新闻审查指导方针：

> 给新闻界代表提出此项建议确实会带来一定的危害。但在我看来利大于弊。科南特博士和我都担心这件事会引起公众的讨论。

最终迫使他们采用新闻审查制度的，是美国陆军在田纳西州橡树岭和华盛顿州汉福德附近为其大规模工程征用土地时遇到的困难。美国陆军利用征用权取得了土地的所有权，并以美国政府认为公平的价格对业主做了补偿。然而，土地所有者并不一定都对此认同，他们通过司法程序要求获得比格罗夫斯所能允诺的更高额的补偿金。这给保密工作带来了一个巨大的问题：法庭记录必然会被公开，而关于征用土地的新闻报道，特别是在汉福德，有可能使军队对该地区的浓厚兴趣暴露无遗，甚至可能泄露那里工作进展的细节。

汉福德项目的美国陆军负责人富兰克林·马提亚斯上校在1943年4月初写信给格罗夫斯，解释说虽然当地的新闻媒体愿意遵守新闻审查指导方针，但“非常嫉妒美国军方在限制性内容方面享有的特权”。新闻工作者认为，土地使用问题是可以公开报道的，新闻审查指导方针对此并没有明确禁止。马提亚斯建议，格罗夫斯应敦促新闻审查办公室与华盛顿州的所有报刊编辑联系，强调做好对汉福德项目报道的审查。他还建议报刊编辑考虑向当地媒体发布经过仔细“消毒”的故事，其中包含“一般无害的、涉密程度最低的信息”，而不是建起纯粹的信息隔离墙。他的逻辑很简单，也很合理：记者们肯定会觉得官方的直接否认是一种挑衅，而沉闷的、半真半假的描述倒是会提供他们所需要的故事，让他们手头有活儿可干。

新闻审查办公室建议给美国西海岸的所有报纸编辑发一封信，通知他们，美国陆军在汉福德地区的利益受到“新型和秘密的武器”以及与生产此类武器的过程有关的审查条款的保护。格罗夫斯认为这封信内容太深入了，他想要一个关于汉福德地区的简单而全面的审查令，而不是一封表明此地涉及制造新武器的公函。新闻审查办公室回复说，“将军应该记住，遵守审查指导方针完全出于自愿，不能肆无忌惮地将其强加于媒体”。

1943 年 6 月底，新闻审查办公室向 2 000 家报社、11 000 家周刊和所有广播电台的编辑发出通知，禁止出版或广播所有与“原子粉碎、原子能、原子裂变、原子分裂”或重水、回旋加速器和铀的军事用途有关的“战争试验”消息。在接下来的战争岁月里，新闻审查办公室一直试图阻止那些已泄露出去或即将付印的故事。不过还是有一些例外情况，某些高调的新闻规避了禁令，发表了挑衅性的文章，提及政府在该领域的工作或原子弹战争发生的可能性。1944 年 9 月，格罗夫斯汇集了超过 100 篇新闻报道，其中均有他认为不符合规定的内容。虽然保密工作涵盖范围很广，但是想要在公共领域完全消除对核物理的所有猜测是不可能的，特别是基本上全美所有的新闻机构都显示出美国人对这个问题抱有强烈的兴趣。在美国的各大报纸上，关于铀和原子能的报道一直都没有停，并持续到美国对日本使用原子弹那一天。

今天，我们利用现代的、数字化的、可搜索的报纸数据库，可以分析这些“禁用术语”在许多美国主要报纸上的使用趋势。从发现核裂变到 1941 年底，有数十篇关于“原子粉碎”甚至“原子弹”的文章被发表。在 1941 年底和 1942 年初，相关主题的文章数量急剧减少，但关于这些问题的出版物依然保持了一定的数量，新闻审查办公室的禁令对总体出版率并没有产生明显的影响（如图 2–3 所示）。禁令产生的影响似乎体现在美国核裂变研究计划的加速和 1941 年底 S–1 部门成立之后。随着更多在这一领域工作的专家被吸纳到战时研究之中，能发表该主题相关文章或能与记者交谈的人越来越少。揣测性的文章并没有完全消失，但禁令确实减少了许多新课题的出现。

泄密的主要威胁，特别是在项目后期，不是来自项目内部的科学家，而是来自项目的外围人员。例如，1943 年 2 月，加利

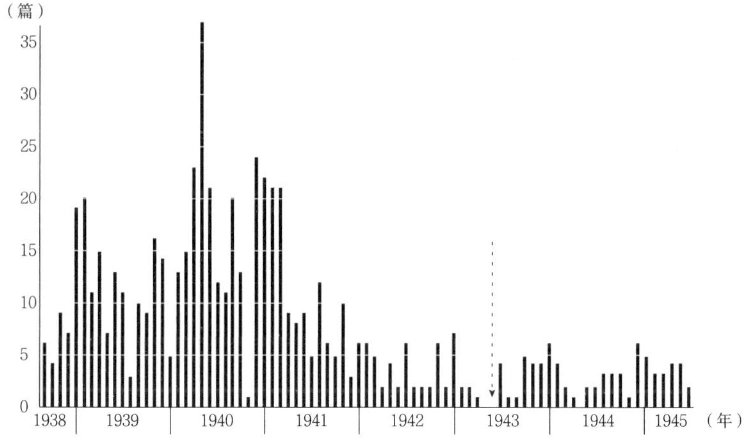

注：虚线箭头表示新闻审查办公室正式颁布自愿审查条例的时间（1943年6月）。

调查术语："原子能""原子弹""原子粉碎"和"铀"。

使用ProQuest查询的数据库包括《巴尔的摩太阳报》《波士顿环球报》《芝加哥论坛报》《洛杉矶时报》《纽约时报》《纽约先驱论坛报》《华尔街日报》《华盛顿邮报》。

图2-3　1938年9月—1945年7月，
美国8家主要报纸刊登与原子能有关的文章数量

福尼亚大学校长罗伯特·斯普罗尔发表演讲，声称加州大学伯克利分校的科学家正在研究一个项目，其结果将决定战争的走向。《芝加哥太阳报》援引他的话指出："如果我们首先解决这个问题，美国就会获胜……如果德国人——我们知道他们也在做此项研究——首先解决了这个问题，他们将赢得战争。"然而，斯普罗尔手中并不掌握加州大学伯克利分校的科学家在辐射实验室工作的第一手资料。他所在的大学承接了一部分"曼哈顿计划"中的重要工作，而且还是洛斯阿拉莫斯的主承包商，但他只被告知这项工作很重要，而且是秘密的。斯普罗尔的话见诸报端后，曼哈顿工程师管理区的一位官员给欧内斯特·劳伦斯写了一封信表达愤怒之情，批评辐射实验室充满漏洞的安全文化：

> 很明显，上述文章中所包含的信息披露可能会损害整个项目。此外，斯普罗尔博士这样的声明可能会使加利福尼亚大学遭受一次灾难性的爆炸袭击，这绝非不可能发生的事。至少可以说，这将让潜伏于美国的敌方特工知道哪里有一个重要的待攻破目标。

劳伦斯对此所做的回应是给辐射实验室的全体员工发了一封信，敦促他们加强保密。他向曼哈顿工程师管理区的官员指出，要在媒体上控制这类事情总是很困难，因为“受欢迎的作家和公众演说家，往往意识不到他们所造成的危害，他们总是急于进行骇人听闻的推测，只是为了吸引受众的兴趣”。但总的来说，劳伦斯还是接受了加强保密工作的要求，并且相信这是可以实现的：

> 我非常同意你的观点，当美国民众知道保密的原因时，他们是信得过的，会保持沉默……保密如同慈善，都要先从家里做起。

但问题是，保密的原因本身就是一个秘密。在这种情况下，即使是美国军方也可能成为泄密方，因为美国军方的大多数成员都被排除在外。1943 年 12 月，田纳西州兵役局局长托马斯·弗雷泽准将发布了一份关于新法规草案的声明，其中包括这样的表述：在田纳西州，人们正在为“一场重大的秘密战争而努力”。“在新的上诉委员会的管辖范围内，进行的是克林顿工程项目（克林顿工程项目是橡树岭项目的正式名称），这里正在执行秘密战争武器的生产任务，它可能是终结这场战争的武器。”弗雷泽的此番言论稍早前在《纳什维尔旗帜报》上刊登过，后被“曼哈顿计划”相关人员发现，并终止了该期报纸的发行。当弗雷泽被问及泄密事件时，他表示无法理解这种大惊小怪，因为每个人都知道田纳西州正在建设一个巨大的秘密战争工厂，关于工厂的目的已有无数的谣言。最后，弗雷泽只是受到了警告处分，因为格罗夫斯并不打算与田纳西州兵役局撕破脸。

弗雷泽说得没错，如果你创建一个如橡树岭或汉福德这般规模的项目，人们肯定会注意到。在汉福德，一个“当地流传的谣言”是“罗斯福总统和杜邦公司在搞一个赚大钱的项目”。在田纳西州，美国退伍军人协会在当地的一个分支声称，橡树岭的工作比其他战时工厂要保密得多，并声称“其规模和成本前所未有，建设投入不计成本，而且根据可靠消息，项目可能在战争结束前都没法完成”。令格罗夫斯沮丧的是，谴责之声传到了许多美国政府机构。“曼哈顿计划”的安全人员一路追查找到了说法的源头——一个“一事无成的、糊涂的老家伙”对调查人员絮絮叨叨地谈论橡树岭的“疯狂的或社会主义的计划”。另一个在田纳西州流传的谣言是，橡树岭工厂被用来印刷罗斯福总统的竞选徽章；还有一个谣言说，整件事“就是罗斯福总统夫人再一次在住房和社区管理领域搞的社会主义试验”。

随着“曼哈顿计划”规模扩大、建设支出增加，控制媒体的问题变得更加棘手。几乎是在汉福德周围的媒体制造麻烦的同时，瑞典报纸《瑞典日报》报道了盟军破坏挪威重水工厂的消息。这是为了防止纳粹获得足够的重水来进行反应堆的研究和开发。瑞典的文章提到，重水可用于制造“一种前所未闻的强力爆炸物”。该消息被一家英国报纸转载，随后又被《纽约时报》的一篇重要文章引用。《纽约时报》的文章和瑞典的文章一样，在描述重水在武器生产中所起的作用时，措辞都比较隐晦。“重水，或者更准确地说，重氢水，被认为提供了一种分解原子的方法，从而释放出毁灭性的力量。”这篇文章做出这种解释，其实是在故意混淆科学问题。（重水可以作为核反应堆中的慢化剂，慢化剂可以用来生产钚，而钚可以用来制造核弹。）但是，同盟国有意破坏纳粹原子研究工作的想法可能意味着它们认为原子弹是可行的，因此，它们可能正在自己研制原子弹。

格罗夫斯试图找出这个传言的来源，以及它是如何逃过英国方面的新闻审查的。参加“曼哈顿计划”的英国代表声称这是一个疏忽，尽管后来他们指出，英国的新闻审查政策并不适用于在该国以外首次出版的文章，因此为这些材料提供了一个“可乘之机”。范内瓦·布什向美国陆军部报告说，他“对这样一篇文章的出现感到非常震惊，我已采取措施，看看是否能搞清楚为什么它获准发表”。他被告知，乔治·斯特朗将军也对《纽约时报》的文章感到“不安”，并“就此采取了某种行动”。具体来说，斯特朗将军在 1943 年 6 月给美国陆军参谋长写了一封信，强调陆军保密的重要性：

> 为了不让敌人知道我们所做的努力和工作进展，我认为有必要限制所有关于该问题研究的书面揣测性报道。这不能借助法律的力量，而只能通过确保……各种宣传渠道的合作来实现。

这促使“曼哈顿计划”的官员采用了一种比较阴险的做法：故意散布错误信息。自铀咨询委员会成立以来，重水的发现者、美国核武器工作的重要参与者哈罗德·尤里给多名询问此事的报纸编辑回了信，否认重水有任何已知的军事用途。尤里的否认本身就将成为《纽约先驱论坛报》的一篇报道，该报的编辑确实很乐于报道《纽约时报》中未经证实的无稽之谈。尤里的回应在技术上算是正确的，重水本身不能用作爆炸物。但从实质上说，此举就是刻意误导。

格罗夫斯被怀疑公布了虚假信息。如果官方的谎言被发现是谎言，那么它很容易产生事与愿违的效果，然后激起民众更强烈的兴趣。1944 年夏，美国联邦调查局抓获了奉命调查美国核反应堆研究状况的德国特工，他们交代的内容极为粗浅。很明显，德国人当时根本不知道美国核反应堆的发展规模。格罗夫斯建议应该允许德国特工向他们的联络负责人汇报虚假信息，向他们透露美国正在进行小规模的、学术性的裂变研究，而不是否认正在进行的研究，因为这样说不太可能引起争议。在“曼哈顿计划”中，还有其他一些故意误导信息的例子，但与其他保密做法相比，这种做法占比很小。

每当“曼哈顿计划”的安全人员发现有谣言在流传，无论多么微不足道，他们都会追查下去，一方面是为了让散布谣言的人对法律产生恐惧，另一方面也是为了确认他们是否真的知道些什么。此间有一个著名案例是对《超人》的审查。1945 年，“曼哈顿计划”的情报人员联系了出版方 DC 漫画公司，谈及报纸上每日连载的关于回旋加速器的故事。显然，在战争期间他们不希望回旋加速器和其他核相关研究引起太多的关注，他们也不希望美国公众在真相大白时将这些事情与漫画联系起来。结果，故事情节线被修改了。《超人》并不是唯一受到严格审查的虚构出版物。1944 年 3 月出版的《惊奇科幻故事》刊登了一篇谈不上严谨的科学故事，探讨了在炸弹中使用铀-235 的问题，其作者和编辑也受到了美国联邦调查局特工的盘问和威胁。

“曼哈顿计划”的安全官员对许多“典型”的泄密或“随意言论”的例子做了分类和调查。有这样一个案例，芝加哥的一名专利工程师向公司提议研究铀-235 的分裂过程。他的上司就联系了芝加哥大学的阿瑟·康普顿。康普顿告知“曼哈顿计划”的安全人员这一潜在的泄密事件，安全人员追踪到了这位工程师。结果发现，他的想法来自芝加哥穆迪圣经学院出版的一本小册子，这本小册子中提到“上帝赋予基督徒圣灵作为礼物，其能量远比原子爆炸的能量更为巨大”，核裂变就是在此语境之下被提及的。特工后来说，这是一个“无害”案例，但表明他们为防止泄密所做的努力是全面且彻底的。

最奇怪的案例发生在 1945 年初，当时战时工厂刚刚开始生产裂变材料。7 名来自印度的科学家被邀请拜访位于美国几座主要城市的科学同侪，这是美印官方文化合作项目中的一项。他们受到了热烈欢迎。然而，当“曼哈顿计划”的安全官员听闻他们在访问加州大学时，其中一名来自加尔各答大学的教授——梅格纳德·萨哈开始公开谈论他知道“诺克斯维尔附近有一个大型设施在尝试进行铀的同位素分离，目的是要生产‘核弹’”时，接待方的热情迅速降温。当印度科学家被安全官员盘问时，用官员的话来说，印度人变得“粗鲁且好斗”，并坚持认为“任何有一点技术知识的人都能清楚地看出美国正在进行这方面的研究，因此美军将这一学科列为高度机密真的非常愚蠢”。他们拒绝透露到底是谁给了他们相关信息，并称“持续的质问属于审讯性质”，他们对此强烈反对。美国特工声称，他们已尽一切努力避免冒犯那些声名显赫且骄傲的国际访客。印度人同意，他们不会与任何人进一步讨论这个问题，不过他们强调，面对显而易见的项目规模，他们觉得力图保密是愚蠢的。格罗夫斯总结说，这种互动“最令人不满意的是印方显然没有体现出对东道主——美国政府，意愿的尊重”。

就潜在影响而言，也许最糟糕的“曼哈顿计划”泄密事件发生在 1944 年 3 月，源于克利夫兰新闻社的一名记者约翰·雷珀在新墨西哥州度假时的一次偶然发现。在这个充满魅力的地方，雷珀偶然发现了一个重磅新闻：一座名为洛斯阿拉莫斯的“神秘之城”，其周围布满铁丝网和武装警卫，员工被以一种不可思议的方式分隔开来。他们在著名的罗伯特·奥本海默博士的领导下从事秘密军事工作，这里偶尔会有“巨大的爆炸”发生。同时，他鼓励自己的读者进一步了解：“如果你喜欢神秘的东西，并有强烈的解决问题的愿望，这将是你扮演一名小侦探的机会。如果你成功地了解到任何东西，然后将其公开，你将满足数十万新墨西哥州人强烈的好奇心。”

雷珀不知道洛斯阿拉莫斯到底在做什么，但他所知道的已经足够危险。雷珀文章中的许多内容既具体又正确，敌方间谍几乎不费吹灰之力就能把这些线索联系起来。格罗夫斯因此勃然大怒。除了阻止已经发表的内容进一步转载传播和细致地审查该报道，格罗夫斯甚至考虑将雷珀征召入伍。但此举没有成功，因为这位记者已年过六旬。

尽管“曼哈顿计划”的安全特工做了大量的工作，但还是出现了有关原子弹的高调新闻报道。如果德国或日本的情报机构一直在找寻线索的话，那么它们在公开的消息来源中就已经找到了线索。1941 年 8 月，《纽约时报》和《洛杉矶时报》报道提出：全美科幻和奇幻作家协会主席声称，美国政府对与铀-235 的军事用途有关问题做了审查。1943 年 12 月，德国和日本情报机构会再次在《纽约时报》上看到，铀已被列入商品审查清单。日本人可能也会注意到 1945 年 7 月《洛杉矶时报》的一篇文章，即在代号为“三一”的试验完成后的几天，该文章称“尝试描述（原子弹）威力的记者被告知，让日本人注意到这种武器的试验是很危险的”。

与核相关的种种新闻报道以及核裂变研究出版物数量突然减少本应成为某种提示，但轴心国显然没能完备地收集整理出相关情报，所以没法形成对“曼哈顿计划”的合理理解，这可被视为“曼哈顿计划”安全人员的成功或轴心国情报机构的失败。但应该指出，基于这样的趋势做出判断，在今天回头来看，确实显得比较容易。新闻报道中的每一篇内容都有重大错误，第二次世界大战中与秘密武器相关的信息环境是混乱的。如果不仔细研究，这一切可能只是战时后方传来的一些噪声而已。

当时还出现了一些文章，声称德国人已经研发出了原子弹、“冰冻炸弹”、可以使飞机引擎熄火的光束武器，以及许多异想天开的武器，但后来发现它们都是用于宣传的幻想。在战争期间，美国媒体也流传着许多有关纳粹研究原子弹的谣言。1944 年 1 月，阿瑟·康普顿在美国科学促进会发表演讲（后来被刊发在《科学》杂志上），他十分坚定地表明不可能出现如下情况，即“小规模、秘密地研发出某种威力巨大的新武器，让全世界都对拥有这种武器的人束手无策”。康普顿言辞谨慎，他并没有排除武器的可能性，却排除了小规模的可能性。“这样的开发是很难隐藏的……如果我们足够警觉，在此类新军事开发项目尚未对各个国家造成危害之前，我们就应搞清楚这些项目，各国要团结起来保护公共安全。”今天回溯这番话，可以从康普顿的言语中感受到他所从事的安全管理工作难度确实不小。

格罗夫斯后来说，当他们的系统旨在阻止泄密和谣言，而不是间谍活动时，换一种说法可能会更合适：与反间谍工作相比，他们在阻止泄密和谣言方面花费的时间和精力要多得多，两者完全无法比拟。“曼哈顿计划”的安全官员调查了“超过 1 500 起有关‘随意言论’或泄露信息的案件”，也就是说，在整个项目期间，几乎每天都有两起泄密事件发生。

逃避责任

在决定“曼哈顿计划”成功与否的诸多因素中，德国人和日本人其实并没有构成显著威胁。破坏活动可能会对计划的某些方面造成阻碍，但大量的复制工作和地理上的距离意味着这种尝试不太可能成功。太平洋和大西洋保护着美国免受远程轰炸威胁，这意味着其庞大的设施不会受到敌人的重大攻击。

然而，有一个机构被格罗夫斯和其他人视为真正能够阻碍他们开展工作——美国国会。如前所述，范内瓦·布什尤其认为核裂变计划无法承受多疑的美国国会议员的审查，他们很可能认为整个事件充其量只是一种对科学家的放纵。随着美国陆军不断扩大项目规模，将其置于外部审计人员视野之外的努力也面临着越来越大的困难。

1942 年 12 月，布什向罗斯福总统请求为他们的“特殊项目”长期提供资金。布什力谏罗斯福总统避开正式的预算请求：“如果必须为此项目向拨款委员会申请资金并试图做出辩护，将从根本上破坏其保密性。因此建议您在春季的某个时候向国会申请所需的资金（3.15 亿美元），这些资金将由您酌情安排调用。”但没有美国国会的许可，大额资金不可能被无限期地抽走（未来预计还需要更大数量的资金），国会原则上控制着政府的钱袋子。布什会见了国会拨款委员会的成员，并向他们提供了一个内容含混的工作大纲，他们并没有向他施加压力，而是帮助他推动了拨款进程。

但是美国国会的兴趣与日俱增。1941 年春，密苏里州参议员哈里·杜鲁门被任命为参议院国防计划调查委员会主席，该委员会后来被称为“杜鲁门委员会”。杜鲁门委员会的目标是调查针对国防欺诈和资金浪费的指控，并以公正、高效和彻底闻名。1943年6月初，杜鲁门委员会听到传言称：杜邦公司计划在华盛顿州的农村建立一家新工厂。杜鲁门委员会的工作人员向杜邦公司的总裁发函询问谣言是否属实，并询问他是否愿意“善意地说明所生产的产品以及建立新工厂的原因”。杜邦公司的人把这一请求转达给了美国陆军部，美国陆军部部长亨利·史汀生劝杜鲁门不要调查汉福德工厂。

史汀生在电话中告诉杜鲁门，“请务必充分信任我，作为少数几个知道工厂用途的人之一，我不能透露任何信息”。杜鲁门说他只想知道该工厂是出于何种特定目的而生产。史汀生表示，它不仅是出于某个具体的目的，而且是出于“一个独特的目的”。杜鲁门同意让步。不过，有证据表明，杜鲁门能够大概了解该项目情况。1943年7月中旬，杜鲁门给斯波坎市的一位法官写了一封信，内容是关于美国陆军征用汉福德附近土地的问题。“我对那笔数额巨大的地产交易有所了解，我被告知，它是为了建造一个工厂，为制造一种可怕的秘密武器，这将会是一个奇迹。”

相关的审计工作接踵而至。1943年9月，美国战争动员办公室主任詹姆斯·贝尔纳斯写信给史汀生表示他听说了“在‘曼哈顿’类别下秘密进行的陆军建设项目”，该项目耗资5亿美元。大量的资源似乎被用于某个无人知晓其目的的项目，这让贝尔纳斯心生疑窦：

> 从这些数字来看，有可能超过一半的陆军军事建设项目将归属于“曼哈顿”类别……我知道，陆军部可能有某个极为重要和秘密的重大项目，连战争动员办公室都不可获知其

目的或细节。但是，我们应该保证，列入“曼哈顿”类别的项目都应具有这样的性质：热心的官员不会利用“曼哈顿”类别的高优先级和保密的便利，为不相关的项目获取材料。

史汀生不得不再次亲自出面干预，以避免该项目被置于更严格的审查之下。1943 年 11 月，美国众议院军事委员会开始调查各项关于橡树岭大规模建设的报告。12 月，杜鲁门委员会派出另一名调查员调查汉福德项目，因为某位参议员向杜鲁门转述了“各种传言”。两天后，《华盛顿邮报》的一位专栏作家报道说，美国陆军部正在“尽己所能地在杜鲁门展开调查的道路上设置保密障碍”，而正在接受调查的“华盛顿州 5 亿美元事件”事关“美国历史上新建工程最大的单一项目”，这正说明了这些审计行为的危险性，即使没有获取信息，它们也会引起关注。

1944 年 1 月，参议员罗伯特·塔夫脱*想要了解情况，他担心田纳西州的项目是在试图将关键产业移出俄亥俄州。1944 年 3 月，应选民投诉，4 个独立的美国国会调查得以启动。杜鲁门委员会向美国陆军部发出了一封“丑陋的信”（史汀生的说法），但仍被史汀生等人劝说不要进行进一步调查。史汀生提醒杜鲁门，他之前已经同意不再参与此事。美国陆军部副部长也告诉杜鲁门，“这是我们拥有的最重要和最机密的项目”。史汀生在日记中记录了杜鲁门“用可怕的后果威胁我。我告诉他，我在按照总统的指示行事。杜鲁门非常讨人厌，是一个相当不值得信任的人。此人处事圆滑，但行为卑鄙”。

1945 年 2 月，美国国会议员阿尔伯特·恩格尔写了一封措

---

* 罗伯特·塔夫脱（1889—1953 年），美国保守主义政治人物，共和党领袖。——译者注

辞严厉的信，谴责这项开支，并表示他听到了一些谣言，说这项开支涉及“分解原子”，所产生的武器可以“摧毁柏林并使之陷入火海长达一年时间”，他还听说了其他同样荒谬的说法。恩格尔威胁说，除非提供更多的信息，否则他就要在公开会议上否决他们的预算请求，并将自己获得的小道消息公之于众。他试图获得访问秘密工厂的许可，但被拒绝了。恩格尔认为这是对他的侮辱。“我告诉他，在我看来相当奇怪的是，（美国陆军部副部长）允许 6 万名工人，包括男性和女性，黑人、黄种人和白人，墨西哥人、中国人等，不同种族、信仰和肤色的人每天去这些工厂。而我——一名国会议员和监督处理这些巨额资金的小组委员会的成员，竟然不被允许去看看正在发生什么。”

1945 年 3 月初，詹姆斯·贝尔纳斯试图再次推动审计工作，因为该项目支出已接近 20 亿美元，“但还不能做出明确的投产保证”。贝尔纳斯提出，虽然他知道该项目“得到了知名科学家的支持”，但即使是这些科学家“也可能只是在不断推进项目，而不承认其失败”。他还表示，这也许会伤害到这些科学家的感情，但浪费 20 亿美元“足以抵消这样的情感伤害了”。格罗夫斯和史汀生立即否决了独立审计的要求。格罗夫斯认为，这需要一大批人负责任地进行审计，而美国几乎没有哪位核物理学家和化学家与该项目没有干系，因此无法进行独立审查。

在这些情况下，史汀生不得不亲自出面干预，以阻止美国国会的调查人员，并且取得了不同程度的成功。随着战事的发展，资源不断流向神秘的“曼哈顿计划”，这个名字出现在几十份美国国会报告中。作为一个渴求人力、多地分布的组织，它“拥有战时生产活动和劳动力需求的最高优先级”。那些试图审计该项目的人只知道对它的投入巨大且极为机密，不过他们还没有产生该项目与欧洲或日本有关系的联想。

1944年2月，布什、史汀生和格罗夫斯一致同意，将该项目的性质告知少数关键的美国国会议员，以便在后期有人提起审计要求时，其他人可以向他们咨询，并使预算拨款更加顺利。大概在同一时间，美国陆军部副部长向史汀生抱怨说："如你所知，既要从美国国会获得该项目必要的资金，又要保护项目的机密性，这始终是个问题。鉴于项目的规模和成本，也因为国会议员无法获得任何关于项目性质的官方信息，他们感到越发不安和不耐烦。"进行项目审计的要求开始以几乎每月一次的频率被提出。

1944年2月18日，布什、史汀生和美国陆军参谋长乔治·马歇尔前往众议院与资深议员讨论"曼哈顿计划"。他们强调了这项工作的重要性和其具备极高的科技水平，并说他们"很可能是在与敌人展开竞争"。布什暗示了这种炸弹"可能造成的破坏的总体规模之大"，国会议员对此表示支持。同年6月，史汀生、布什和乔治·理查兹少将又以类似的方式会见了国会参议院的资深议员。史汀生告诉与会代表这种炸弹将如何被制造，并强调"万一第二次世界大战争陷入僵局，它可能会决定战争的结果"。他进一步指出，他们曾认为自己在与德国竞争，但现在不那么肯定了。参议员们同意完全保密，并且表示他们能够通过听证会来指导预算拨款申请。

1945年3月初，格罗夫斯对正式获悉原子弹情况的国会议员总数做了统计：7人。他认为，也许他们应该带领一个由参议员和众议员组成的小型代表团去参观汉福德和橡树岭，这样他们就能亲身验证关于资金浪费或误用的最糟糕的传言是毫无根据的。洛斯阿拉莫斯是完全禁止开放的。格罗夫斯向史汀生指出，这种访问是可取的，"仅从安全的角度和尽量减少战后我们将面临美国国会调查的角度来看"。这种对战后调查的恐惧点醒了格罗夫斯。1944年12月，他派了一名助手去查看主要项目的财务记录，以了解战后人们会如何看待它们。这位助手在几周后回到华盛顿，向美国陆军部副部长报告说："如果项目成功，就不会有任何调查；如果不成功，他们将不会调查其他事情。"

保护原子弹项目不受美国国会和其他政府部门的调查，已成为原子弹保密总体计划的一部分。他们最担心的是，美国国会中的那些外行难以接受将巨额费用和各种卓绝的努力投入难以保证成功的原子弹项目。尽管这种担心看起来很有道理，但当时美国陆军部确实找过国会议员，他们在"了解这个秘密"后，为美国陆军部提供了强有力的支持。研究保密问题的社会学家早就注意到，"了解"一个秘密的仪式，如宣誓、沉默的仪式和严肃的警告，可以加强忠诚度。这种举动似乎加强了集体归属感，激起了同谋感，并且可能是做成大事的必要之举。

"了解这个秘密"的国会议员人数被有意地控制在最低水平，仅占国会议员总数的1%。这与第二种担心有关，即国会议员不善于保守秘密，是积习成癖的泄密者（一向如此）。上文中提及杜鲁门在1943年7月中旬写给斯波坎市法官的信件，它并未加盖密件印章，以平邮方式发送，并且由未获密级权限的秘书誊抄。由此可见，保密恰是他们试图回避的事情。更糟糕的是，军队很难对国会议员执行保密条例。科学家和技术人员慑于间谍法案的相关规定而守规矩，但国会议员则难以被恐吓，而且这种尝试很容易遭到对方的反击。对于格罗夫斯、史汀生和布什，甚至罗斯福总统来说，核弹的重要性远胜于对透明的民主机构的追求。这种遗留下来的传统也许正是"曼哈顿计划"最令人不寒而栗的地方。正因如此，"曼哈顿计划"在战后被审查得最少。国会愿意接受该计划必须置于事外的传统，而且出于安全考量，需要酌情减少问责。

保密问题

原子弹是在罗斯福总统要求“绝对保密”的原则下诞生的，但在许多参与“曼哈顿计划”的科学家和管理者看来，这仅是一种源于战时要求的临时状态。在原子弹为世人所知后，原子弹相关的棘手问题经常被称为“保密问题”。人们不禁试想，在一个拥有原子弹的世界里，科学怎么可能是自由的？如果原子弹的制造是基于任何人在任何地方都可做的科学研究，那么该如何控制它？原子弹、科学、政府工作的透明度，以及出版自由的民主理想将面临怎样的未来？

在战时项目的不同阶段，项目参与者探讨了战后控制原子弹的方案。其中一些方案在某种程度上得到了实施，而另一些方案则在项目参与者提议推翻的保密系统中消失。有些方案在今天看来还是很熟悉，而有些则已与实际发展情况脱节，甚至离谱得让人惊讶。纵观这些战时对战后控制原子弹的设想，有两点非常突出：第一，“原子弹”的含义尚不为人所知；第二，通过控制知识或信息——保密——来实现长期的技术控制，被大多数参与原子弹制造的人视为徒劳之举。

战后保密制度最值得探讨的话题，是关于1944—1945年在芝加哥大学冶金实验室的那批科学家的。该实验室对“曼哈顿计划”的早期工作至关重要，特别是在建造第一个核反应堆（“芝加哥堆”）以及帮助设计和调试汉福德基地反应堆的过程中贡献极大。然而，出于对安全的担忧，以及对其中一些芝加哥大学科学家（如利奥·西拉德）政治信念的担忧，格罗夫斯和其他人被迫创建了一个新的实验室（洛斯阿拉莫斯）来进行武器的核心设计工作。随着项目的推进，芝加哥冶金实验室的许多科学家转移到了其他战时项目基地，但仍有许多人被留在冶金实验室，那里仿佛是一个可以开展科学研究的拘留所，他们仍然需要遵守安全规定，他们与武器研发工作的接触也受到限制。其结果是，这些科学家中的许多人对原子弹计划非常熟悉，但无法在技术上进一步做出贡献，他们开始认真思考接下来会发生什么。

他们其实被隔离在现实政策影响之外，这让这些科学家对保密制度感到五味杂陈。在 1944 年 4 月完成的一份关于冶金实验室未来工作的报告中，芝加哥大学的科学家将普林斯顿大学物理学家亨利·德沃尔夫·史密斯对“和平时期计划”的研究成果收录其中。史密斯对未来的许多设想，都是基于战前科学研究成果“在全球范围内自由发表”这一事实。他认为，美国的原子能计划是在欧洲的推动下开始的，且需要美国和各国的共同努力才能持续。因此，美国原子能研究的任何进步，包括军事工作，“最终都必须依赖基础性的、不受限制的研究，以及训练有能力进行此类研究的人才”。

史密斯认为，原子弹直接来自关键性的基础研究。因此他做出推断，为了保持领先，美国必须进一步投资更多基础研究。在他看来，“曼哈顿计划”的做法显然无法延续到战后，因为它对来自大学的科学家保持着垄断，这样下去无法培养出新的科学家，而优秀的科研人员也不愿意与这样一个耽于务实目标的、由美国政府管理的实体合作。他进一步指出，“如果目前的保密规则继续在项目的各个阶段实施，那么从长远来看，这些规则将被证明是愚蠢的”。他认为，保密问题通常难以衡量，那么在战后除了要处理好其他问题，还需要针对保密问题展开深入讨论。他对战后管理的建议包括：按照研究目标分成不同的实验室，每个实验室都实施差异化的保密管理。但他也承认，这种做法仍然“相当大而化之”。

另一个冶金实验室委员会则展现出了更为强硬的态度。1944

年7月，阿瑟·康普顿任命扎耶·杰弗里斯担任一个委员会（当时被称为“核子学委员会”）的主席，以展望原子能的未来。1944年11月，杰弗里斯委员会完成了一份最终报告，就战后原子能领域及其组织的各种前景做了深入思考。他们也担心发生秘密的军备竞赛，但他们强调，美国如果试图继续压制科学家，将会面临各种问题。他们认为，“在持续的战时保密制度的约束下，将整个‘核子学’的发展限制在那些由美国政府资助的实验室内，既不可能，也不可取”“从国家安全的角度来看，应尽快公布关于该主题大部分阶段的全部信息”。

1945年3月，史密斯本人在《保密问题和“曼哈顿计划”的未来》这一报告中再次提到这个问题。这份报告是在史密斯开始进行有关“曼哈顿计划”技术史写作的一段时间后撰写的，他计划发表自己的技术史研究（我们将在下一章中讨论）。报告完成前，他还与该项目的科学家讨论了他们的工作和保密问题。这为他的观点增加了一些基于实际情况的深度和细微的差别。他从一个熟悉的命题出发：在战后，将有很多已为人知的信息会因保密制度而受到限制，而且随着曼哈顿计划人员不可避免地解散，政府在原子领域的工作也必然会减少。因此，他推断，“问题不在于如何像现在这样进行组织化保密，而在于和平时期这一领域的工作应维持何种程度的保密管理”。

史密斯将保密的立场分为以下两种观点：第一种为“理想主义”观点（利于科学家），即认为科学工作需要对大自然进行客观研究，并无限制地传播信息；第二种为“军事优先或民族主义”观点，即认为未来战争不可避免，美国有责任保持最强的军事地位。

史密斯发现，从政策角度来看，第一种观点很容易实现，因为只需要废除所有的保密规定即可。而要弄清楚第二种观点的界限就比较棘手了，因为“乍一看，保持军事优先的最佳政策可能是保持目前的保密限制，但进一步研究这种政策的后果，就会发现它既不可行，也不可取”。这个问题与他在第一份报告中概述的问题类似：来自大学的科学家会在战后回到大学，而一个被保密扼杀的领域不会对新人产生吸引力。他认为，通过让所有科学家宣誓加入一个秘密的“行会”来保持目前的保密程度是不可能的。不论是在过去，还是将来，美国都是一个自由国家。

因此，有必要进行分类划定，即目前“曼哈顿计划”的哪些部分将在战后面向社会公开，以实现信息自由流通，哪些部分将继续保密。关于这一点，史密斯把许多科学研究和技术发展成果纳入考量，并权衡了把它们向社会解密或继续保密的利弊。此外，如果“曼哈顿计划”的文件密级可以降为“限制”级或“秘密”级（其限制远远低于“机密”级，更不用说“绝密”级了），那么在战时制度结束后必经的“过渡期”内，相关成果就可以更广泛地传播。正如下一章将表明的那样，史密斯转而采取区别分类的方法很可能是基于这样一个事实，即他此前一直试图套用在进行“曼哈顿计划”技术史研究时做出的判断，那就是凭空想象废除保密制度是一回事，但实际将这些原则应用于具体现实则是另一回事。

史密斯对“保密问题”的分析，即高等院校科学家的想法与美国军方的保密要求不相容的问题，以及保持军事领先和保持沉默之间的平衡问题，最终将成为战后考虑保密问题的主流框架。尽管他认真考虑了技术秘密的安全问题，但同时他也认为科学进步不能容忍这种控制。同时，考虑到科学由普遍真理组成，任何形式的科学保密最终都会被证明是无效的。人们忍受着战时“绝对保密”制度造成的剧痛，这种心态的产生其实并不像听起来那样出人意料，它是战前就已存在的、对科学和保密的态度与当前现实认知的结合体。事实上，大量的秘密已经产生，并且在某种程度上很可能会继续存在下去。

大多数战时所做的关于保密的科学评估，至少是那些留下文字记录的评估，都对保密的实用性和有效性表示怀疑，但有一个让人好奇的例外。威廉·舒克利夫——一位在范内瓦·布什手下工作的物理学家，在未经批准的情况下写了许多关于战后保密的备忘录。舒克利夫曾在科学研究和发展办公室的联络办公室担任高级技术助理，负责向科学研究和发展办公室的相关部门发送有关敌人技术发展的情报。作为私人专利的审查员，他因工作与"曼哈顿计划"产生交集，并于 1942 年 5 月加入了该计划。舒克利夫获知了原子弹的情况，但他保持着局外人的视角。舒克利夫主要负责行政管理，并未直接参加与原子弹有关的工作，尽管身为物理学家的他已了解原子弹研发工作的各个方面。他经常主动写一些备忘录，而他的上司布什似乎以一种既宽容，又感激的态度接受了这些备忘录。

舒克利夫多次就保密问题写过内部备忘录。在 1944 年 3 月的一份关于战后核政策的非正式备忘录中，舒克利夫提出，长期坚持保密可能是有必要的，尽管偶发的泄密是不可避免的（知情者在某些时候透露出秘密"几乎是不可抗力的"），而且当科学家"重新发现"机密原理时，无疑会造成混乱：

> 在美国，"重新发现"机密原理的科学家可能被要求把自己的科学发现提交给政府，如果政府表示不感兴趣，或将整个事项置于保密状态后表示不感兴趣，科学家会感到困惑甚至愤慨。这些科学家会为这些已被政府所熟知，或是已投入使用的科学发现反复与政府纠缠（也许还会去纠缠新闻媒体和国会议员），那么他们很快就能对这个秘密项目形成整体判断。

布什本人阅读了舒克利夫的上述备忘录，并为此向他表示感谢，指出两人之间的任何信息交流都“必须是单向的”，但他有兴趣在将来了解舒克利夫对此事的更多想法。布什还将舒克利夫的备忘录转发给科南特，并指出舒克利夫的备忘录中包含“一些有趣的想法，但我认为尚没有哪个非常重要的想法是我们还未考虑过的”。

1944 年 12 月，舒克利夫又写了一份备忘录，这一次是对以下说法的分析：“对目前武器的细节继续保密并不能确保安全”“安全将来自‘保持领先’”。舒克利夫将这份备忘录发送给物理学家理查德·托尔曼，他是格罗夫斯的技术顾问和战后政策委员会主席，舒克利夫偶尔也为他工作。舒克利夫指出，许多科学家已经向该委员会提出了这一观点。但从舒克利夫的角度来看，这些说法虽然“真多于假”，但“它们显然有严重不足之处，而且颇具误导性”。

舒克利夫认为，第一个论点，即对核弹进行保密并不能确保安全是一种误导，因为你可能通过严守秘密，而使另一个国家研发核弹的时间推迟。反对保密的科学家将问题归结为能否利用保密来彻底地阻止另一个国家获得核弹，而舒克利夫则指出，仅仅争取时间本身就能够成为一个目的。舒克利夫承认，“公众感兴趣的”项目会被泄密，而且可能是由于间谍活动。但他指出，根据他在联络处处理破获敌国机密的经验，除非有“合理的完整样本”，否则秘密信息很难转化为技术理解。这是一个复杂的观点。正如研究科学和技术史的学者多年来所指出的，“显性知识”（如蓝图、公式和其他书面信息）本身往往不足以实现技术转移。复杂技术发明成功复制的关键，往往在于具备实物样本、地理条件和“隐性知识”（如关键技术、经验和思维模式）。

总的来说，舒克利夫认为，任何能够推迟敌国进展的保密工作都可转化为美国的安全收益。他承认，一个专心致志的国家完全可以重新创造出美国已经实现的成果，但他判断，这种努力一定规模巨大，而且会被发现。

关于第二个论点，即安全将来自“保持领先”，他认为在原子时代，这也许并不重要。如果这种炸弹可以摧毁整座城市，那么它是旧的、原始的模型，还是新的、现代的模型有什么区别？彻底毁灭就是彻底毁灭。

最后，舒克利夫认为，保守的立场就是严格的保密。“把自己的信心依托在保密上可能是轻率的，但大范围解密可能是更为轻率的行为。”

布什认为舒克利夫的想法十分悲观，但应该对此想法认真考虑。托尔曼的战后政策委员会计划于两周后完成一份长篇报告，该报告的最终意图是展望“曼哈顿计划”的未来，特别是针对技术和行政管理方面。报告对“战后保密政策”的讨论与舒克利夫的分析相似：

> 本委员会认为，关于科学和技术成果、活性材料的制备方法、军事武器的性质和使用方式，以及方位和时间安排等诸多信息，在战后仍将尽可能地保密。一个常被提及的观点是：“这些信息无论如何终将被泄露。”但这并不意味着不能通过适当的安全政策延迟信息的传播。而另一常见论调——军事安全主要取决于在开发高级核武器方面保持领先——并不足以涵盖所有情况，在不宣而战的情形下，一方即使使用较不先进的武器，也足以造成灾难性的后果。

然而，该委员会确实注意到，在基础研究中过度保密将是“令人窒息的”。在尚不存在限制核武器生产国际条约的情况下，每一项提议信息都需“仔细考虑其发布所造成的利弊影响”。

正如第四章将讨论的那样，布什和科南特都对战后保密的可能性极为怀疑，并认为一定要避免保密。史密斯和冶金实验室的科学家也反对在战后继续保密，包括像尼尔斯·玻尔这样的泰斗级科学家。即使是声名不彰的“鹰派”人物爱德华·泰勒也在 1945 年 7 月声称，在未来的核政策方面，他认为自己为之工作的唯一原因就是要废除保密制度，他认为“我们研究出的这一让人厌憎之物应被视为事故，我们没有责任去说明该如何遵守该制度”。

舒克利夫的意见，是记录在案的少数几个主张保密的科学意见之一，但托尔曼的战后政策委员会基本上采纳了他的观点，而托尔曼的保守主张无疑受到了格罗夫斯的影响。科学家的主流意见建立在完全的承诺和信任之上，他们认为如果秘密确实重要，那么泄密将是灾难性的，因为秘密一旦泄露，就无法被“召回”。如果秘密对美国国内科学研究进展的重要性微乎其微，那么唯一的不利因素就是减慢美国的创新速度。但是，正如舒克利夫所指出的，只有当你相信一颗相对原始的原子弹可以被一颗更复杂的原子弹所取代时，这一切才有意义。不过，科学家采取极端反对保密的立场可能是故意为之，因为他们预料到官方可能默认采取保守立场，而且他们鼓吹公开作为科学规范的重要性时，其实是在明目张胆地呼吁恢复他们已经失去的自主权。

1945 年 4 月 12 日，富兰克林·罗斯福总统去世，自 1944 年选举以来担任其副总统的哈里·杜鲁门接替他成为新总统。罗斯福总统从未告诉过杜鲁门任何有关原子弹的情况。与杜鲁门的前任亨利·华莱士相比，罗斯福的厚此薄彼更加引人注目——华莱士当年是监督“曼哈顿计划”的最高政策小组成员。罗斯福总统将杜鲁门排除在外的动机不得而知，这是热衷于保密的罗斯福总统让人猜不透的，或是他随性而为的招数。

就在新政府第一次内阁会议结束之后，史汀生把杜鲁门拉到一边，隐晦地提到一种新武器的存在，并表示将在未来的某一天向他说明清楚。全面的讨论发生在两周后，史汀生和格罗夫斯将军来到白宫向杜鲁门汇报工作。两人都提交了供杜鲁门审阅的报告。史汀生的报告直奔主题：在几个月内，美国将可能拥有“人类历史上最可怕的武器，一枚炸弹足以摧毁整座城市”，而一旦使用，其他国家获得自己的核武器也只是时间问题。为避免文明的毁灭，需要做好长远谋划。

格罗夫斯的备忘录要长得多，技术性也更强。备忘录采用双倍行距打印，总共有 24 页，介绍了核武器生产的工作进展，初步阐释了在建的“威力巨大的武器”背后的科学概念。给出了工作进度表，指出一种武器准备在 7 月进行测试，另一种在 8 月初可投入使用，还有更多种武器将按照时间安排逐步完成。报告也列明了针对英国的外交工作安排，并指出，自 1943 年初以来，苏联已经动员了其外交、情报和间谍小组，以“获取有关该项目的特定信息”。报告援引罗斯福总统的个人命令，“对项目所有阶段采取特别的保密和安全措施”。报告中解释，尽管早先对德国曾有所顾虑，但随后发现德国和日本都没有能力制造原子弹。同时，最适合使用原子弹的目标就是日本，而且一直是日本。杜鲁门对长期以来的工作及其发展方向表示满意，并为自己在担任参议员时花了那么多时间试图了解该项目感到好笑，他告诉史汀生，他现在完全理解为什么自己的质询一再受挫。

在 10 多年后的 1958 年，格罗夫斯将军基于自身立场逐一列出战争期间原子弹保密的主要目标。在格罗夫斯的清单上，第一条就是不让德国人知道有关“曼哈顿计划”的信息，当然也不能让日本人知道。对此，格罗夫斯有几个相互关联的忧虑，如果德国知道美国正在研制原子弹，他们就会加倍努力，并利用美国的研发成果来制订自己的计划。更进一步，如果他们知道美国研究的地点或主要人物的名字，就可以破坏这项工作。事实证明，德国的原子弹计划进展得相当迟缓，远未达到在战争结束前制造出原子弹的程度（德国人没有采用类似“曼哈顿计划”的保密级别。按照美国分析家的解析，这表明他们对武器制造缺乏严肃态度）。

日本人对格罗夫斯来说也是一个问题。他并不担心美国是否真的自己制造出核弹，而是担心核弹能否真正地形成“心理上的震慑效果”。他强烈地希望“在使用原子弹之时能够产生军事上的震慑”。格罗夫斯（和其他人）认为，“休克”战略将是迫使日本领导人无条件投降的最佳手段，如果日本事先知道原子弹的存在，其效果就会减弱。核武器潜在的破坏力，特别是针对日本西海岸投弹区域的破坏，也是出于这种考虑。

格罗夫斯名单上的第二位是苏联。格罗夫斯本就不信任苏联，尽管两国当时是盟友。他预计，美国对发展核武器手段的垄断将成为战后谈判的一个潜在筹码。罗斯福总统和杜鲁门都有此想法。格罗夫斯也暗示，苏联对美国的裂变工作感兴趣。至少早在 1943 年，格罗夫斯就担心苏联人在加州大学伯克利分校周围从事间谍活动。这也与他的下一个目标相一致，即“尽可能全面地对所有国家做好知识保密工作，以尽可能确保美国在战后的地位”。这些未指明的“所有国家”肯定包括英国，尽管它们是该项目的合作伙伴，还有法国，这两个国家在战争期间被格罗夫斯视为未来的核国家。格罗夫斯在回溯过往的记录时表示，战时保密的目的很明确，在某种程度上来说，就是为了影响战后局势。

在明确了“外部”威胁后，格罗夫斯又将视野转向了“内部”。他对自己的儿子解释说，分隔式管理可以用来“使项目成员专注本职工作，而不是思考和担心其他人的任务”。同样，这是在组织管理方面实施的保密措施。作为人事管理措施，毫无疑问，它反映了格罗夫斯对不守规矩的学者的蔑视。如果不把科学家纳入正规的管理体系，他们最终会把这个项目当作“一所高级的博士后大学”。

格罗夫斯还表示，他强烈希望将知识“与那些会直接或间接干扰工作进展的人”隔绝开来。他将项目之外的科学家，甚至是美国国会议员的所有询问都归入这一模糊的类别。格罗夫斯的最后一个目标可能更有针对性，他希望“避免出现有关如何使用（或是否应该使用）这种武器的大范围政治讨论”，因为“讨论将阻碍一切进展”。这种想法不能完全归因于格罗夫斯军事化的思考模式，有证据表明，范内瓦·布什和罗斯福总统其实都有这种想法，他们把所有关于政策的讨论都限制在最高决策层。如果对原子弹这样重要的问题进行公开审议，反而会影响其发展和使用的可能性。

在战后，“曼哈顿计划”被其员工谄媚地描述为“战争中最隐蔽的秘密”。具有讽刺意味的是，新闻审查办公室的种种作为，在为原子弹保密方面似乎只发挥了很小的作用。无论取得了多大的成功，都是众多保密措施协同产生的结果，保密措施基本上覆盖了这个遍布美国各地的全新产业。格罗夫斯是否成功地实现了自己的目标？在某些方面，我们也许可以给他一个及格的分数，尽管有这样或那样的泄密事件发生，但最终日本人和德国人确实看起来对核弹的存在感到震惊。不过，苏联并未被有效地挡在“秘密”之外，后来解密的俄罗斯国家档案显示，他们能够获得有关武器设计、各种科学新发现，甚至是各种有关裂变材料生产的信息。因此，我们可以做如下评价：“曼哈顿计划”的保密制度是为了战时目的而尽量保密，尽管未能达成全部预期，但结果是可以接受的。虽然没有具体的标准来衡量该项目是如何实施分隔式管理的，但我个人的估计是，在袭击广岛之前，整个项目中只有大概几千人（约占 1%）知道他们正在建造什么。

然而，我们也许不应过于苛刻地下论断说，该项目未能严格控制所有信息。“绝对保密”确实是一项不可能完成的任务。这个资源使用量和员工数量都如此庞大的项目达到了空前的规模，它一直要守住一个最基本的秘密，即美国正在研究一种全新的武器。在此后的冷战中，美国未再尝试去做此般伟业。虽然武器的细节得以保密，但武器开发的事实在很大程度上难以维持保密。“曼哈顿计划”从零开始创建了一个全新的工业帝国，同时也试图对外做到完全保密，包括新闻界、美国各个政府部门，以及英国以外的所有国家政府。即便不能说这是“战争中最隐蔽的秘密”，但他们能够取得如此大的成功，本身就是真正的奇迹。

“曼哈顿计划”的参与者和外部观察者都感受到了保密的新奇之处，这体现在一些更平凡的地方。机密文件的“封面页”将成为美国国家安全文件的典型样式，任何接触过这些封面页的人，在特定场合只要看一眼就能明白，他们进入了保密空间。格罗夫斯使用的“绝密”文件封面上是精心设计的字体，一眼看上去通常不会觉得是美国国家安全机密文档，倒像是青少年喜欢的活页夹（如图 2-4 所示）。

然而，尽管封面页显得有些粗糙，但是达到了目的——它既可起到视觉警示作用，也可作为文件记录，以此实施文件负责制和流通管理制，并强化了保密管理。该措施确实很有用，若干年后，在追踪当年连格罗夫斯都未察觉的间谍时，美国联邦调查局

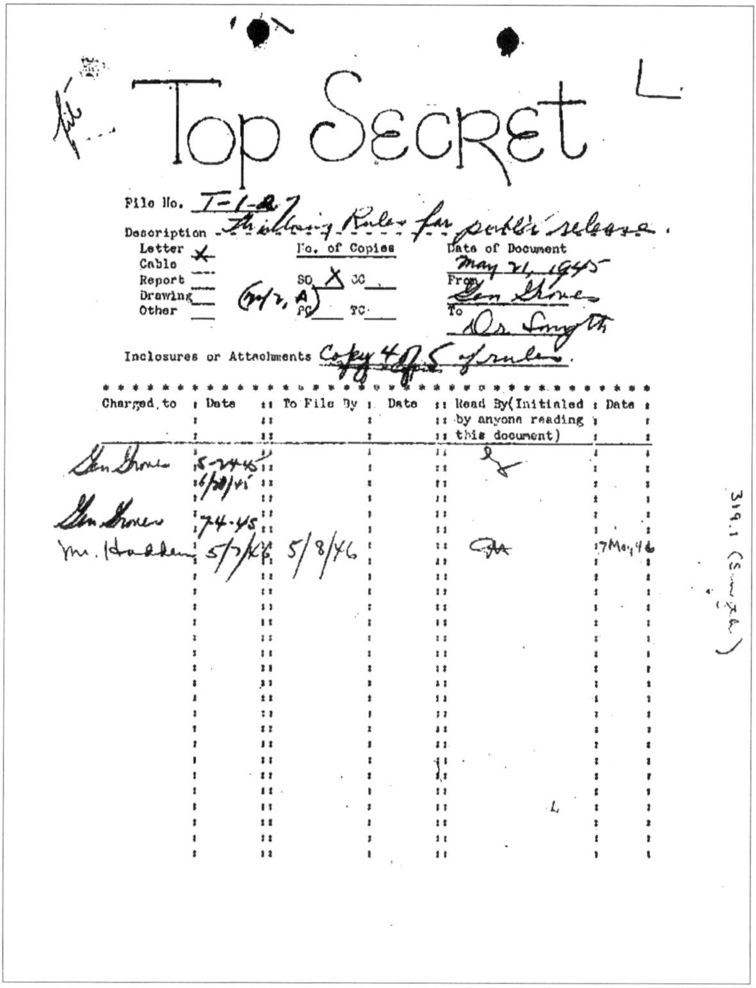

Top Secret

File No. T-1-27

Description Publishing Rules for public release.

Letter X
Cable
Report
Drawing
Other

No. of Copies
SC X CC
PC TC

Date of Document May 21, 1945
From Gen Groves
To Dr. Smyth

Inclosures or Attachments Copy 4 of 5 of rules.

Charged to	Date	To File By	Date	Read By (Initialed by anyone reading this document)	Date
Gen Groves	5-24-45 6/20/45				
Gen Groves	7-4-45				
Mr. Hadden	5/7/46	5/8/46			7 May 46

319.1

注：上图展示了保密制度管理文档中的一个例子。（“L”可能表示“有限”）这张封面源于格罗夫斯写给亨利·德沃尔夫·史密斯的一封信，前者要求《史密斯报告》遵守该规则。

图 2–4　格罗夫斯档案中的“绝密”封面页实例

资料来源：曼哈顿工程师管理区通信（“绝密”），1942—1946 年，（CTS），第 2 卷，第 6 号目标，第 12 号文件夹，“情报与安全”。

就依靠这项措施了解到哪些科学家曾接触到哪些报告。

虽然围绕“曼哈顿计划”形成的庞大的保密制度在很大程度上应该归功于格罗夫斯，但如果没有成千上万人的合作，就不可能实现此般成就。保密制度不仅仅依赖于制度执行者，它涵盖所有生活在此制度中的人，以及所有不在其中，但愿意置身事外的人。格罗夫斯在推动信息审查、监控科学家，甚至监控美国政府和军队的其他部门的工作上取得了显著的成功。然而，在此过程中他树敌众多，其中也包括许多科学家。他们认为，作为战时的权宜之计，也许可以容忍这种镣铐，但他们坚决反对任何将其延续到和平时期的企图。对保密制度的最大挑战即将到来：广岛事件发生后的几个小时内，世界不仅会知道原子弹的存在，而且会疯狂地搜索信息，美国又该如何应对这一局面?

第三章

为“宣传日”做准备：一个战时秘密的披露，1944—1945 年

> 向世界隐瞒科学知识从来都不是美国科学家的习惯，也绝非美国政策。
>
> ——“美国总统关于在广岛使用原子弹的声明”
>
> 1945 年 8 月 6 日

“曼哈顿计划”遵循了“绝对保密”的指令。但是，对日本使用原子弹必然会导致大量信息被公之于众。最重要的信息就是，原子弹能够被制造出来，而且已成事实。对于战时的科学家、管理人员、军事官员，甚至政治领导人来说，这一前景预示着新的复杂情况和问题。他们应该解密多少信息，如果有必要保守秘密，又应该保留多少？应以何种形式发布？一旦外围信息保护层被突破，应该在什么情况下封闭所有信息？这些讨论围绕着“宣传”这一基本问题展开，正是基于这些考虑，在一个已知原子弹存在的世界里，出现了关于核保密问题的一系列根本性的、彼此对立的观点。

高层规划人员花费了大量时间考虑在原子弹使用后需立即

发布的信息内容，与之密切关联的是这些武器的使用方式，以及使用这些武器的必要性等更复杂的政策问题。许多参与项目的科学家，包括身处高层的科学家，都认为战时的保密工作基本上是权宜之计，其目的就是让轴心国蒙在鼓里，任务完成后就自然废止。但是，在原子弹首次使用后，负责“曼哈顿计划”的官员从全局考虑了保密政策之后，最终决定向一个持久的、更灵活的保密制度迈出第一步，这个制度在和平时期也将发挥作用，而且其存续时间比“曼哈顿计划”长得多。

第一部关于原子弹的历史

在涉及原子弹宣传的活动中，最能说明问题的莫过于《史密斯报告》的公开面世，这是第一部关于“曼哈顿计划”的技术史。这也是一份空前的文件：在一项新的秘密技术首次披露和投入使用后的几天内，开发该技术的美国政府就发布了一份关于其发展各关键阶段的长篇报告，并解释了其工作原理。这同样引起了巨大的争议，此后，科学家和政治家都质疑报告是否透露了太多的信息。尽管《史密斯报告》“出身并不显赫”，但它将成为宣传战略的焦点，原因既在于其动机，它显然是民主理想和安全关切这样一对矛盾的组合；也在于它所引发的棘手问题和质疑，即一旦核信息不再享有“绝对秘密”地位，那么如何对核信息进行分类管理将成为问题。

《史密斯报告》的起源可以追溯到 1944 年春，当时“曼哈顿计划”正在如火如荼地进行，距离原子弹研制成功还有一年多的时间。当年 3 月，范内瓦·布什给詹姆斯·科南特写了一份备忘录，询问他是否应该考虑为“曼哈顿计划”找一个“历史学家”。布什知道格罗夫斯正在创建一个完全保密的关于项目工作的内部记录，以备美国国会要求他提供这样一份记录。但布什认为还是应该由“某位科学史学家来做全文写作，这并不是说整个‘曼哈顿计划’的记录可能在未来得到出版，而是可以为将来在适当时机发布该计划的局部内容奠定一个良好的基础”。

科南特欣然接受了此想法。他说自己也有过类似的想法，尽管出发点有些不同：

> 我觉得，应该准备好这样的报告，在适当时机向公众发布。可以在美国总统愿意宣布这个装置已经成功使用的时候，或者已经证明它可以成功使用的时候，或者，尽管前两个目标均未达成，但是他不得不做出披露的时候，也应该准备好报告对外发布。

此外，“在特定时间发布一份一流水准的文件，对于保障核心军事机密安全以及促进理性的公众讨论都具有重要意义”。他认为，该报告可以作为遏制信息泄露的手段：

> 当这样一份文件（即将）发布时，那些管理项目中日益增多的机密材料的负责人可以下令，除了总统正式批准发布的文件内容，任何人都不能透露或讨论任何关于“曼哈顿计划”的细节。这将有助于限制私下的讨论和各家报刊上的言论，但该措施也同时提供了足够的材料和信息，使公众能够就“曼哈顿计划”的各类国内和国际问题展开探讨。

科南特的设想是，该历史研究既可以作为公众了解原子弹的基础，也可以作为涉核言论讨论尺度的样板。他认为这个想法对于科学家和军人来说都是可接受的，即有所公开，但终究还是要保密。这样做一方面是为了民主的理想主义，另一方面是作为安全保障的手段，这种双重目的成为后来所有宣传工作的核心。对科南特来说，从安全的角度来看，最重要的是“关于生产裂变材料工厂的设计、建造和运作的知识”，他认为这是“军事秘密，完全不同于世界上任何东西”。

至于历史学家的人选，布什最初的建议是卡尔·达罗，他是物理学家，时任美国物理学会秘书，曾出版过几本畅销书。然而，科南特倾向于就近选择。他的意向人选是亨利·德沃尔夫·史密斯，他是普林斯顿大学物理系主任，自 1941 年夏“曼哈顿计划”规模扩大以来，他就以不同身份参与了项目建设。他曾在普林斯顿研究过一种后来被放弃的铀浓缩方法（同位素分析器法），此后担任芝加哥冶金实验室的副主任，一直在该实验室负责一些行政管理工作。他在芝加哥参与起草了战后政策规划的文件，涉及战后保密，脾气古怪的科学家，以及由于原子弹是基于战前的科学发现而带来的种种难题。史密斯后来回忆说，他可能向阿瑟·康普顿提过类似的想法，并且与科南特讨论过，大概就在布什提出这个想法的同一时期。1944 年春，当“曼哈顿计划”的各位负责人深入思考“后保密时代”的棘手问题时，公开原子弹历史的想法就已浮出水面。

格罗夫斯认可了科南特的这个想法，并在 1944 年 4 月邀请史密斯担任“曼哈顿计划”历史学家。史密斯接受了任命，并全力投入其中。他享有非同寻常的自由，可以绕过分隔式管理政策的阻碍，全面了解该项目。他访问了彼此相隔遥远的各项目基地，查看了各基地的记录，并采访了各基地参与者。最初的报告基本上是以未经审查的方式写成的，因为史密斯认为，报告中的涉密内容必须根据特定原则进行审查，并据此对整个报告进行编辑修改。唯独在原子弹设计这部分，史密斯从一开始就要求自己严格执行保密制度。

从 1944 年一直到 1945 年初，史密斯奋笔疾书，为一个仍在开发建设进程中的项目撰写历史。《史密斯报告》的草稿被分发给了各基地负责人，请他们校阅或提出建议。奥本海默在看到关于洛斯阿拉莫斯的章节后，认为“需要改动”，因为所有关于原子弹设计的内容都必须被删除。在史密斯定稿前，这一章还进行了多处修改，因为初稿中谈及了“内爆法”，而在报告定稿时，“内爆法”已被彻底地禁止提及。最后，奥本海默成了唯一一个反对发表由他本人审核章节的项目领导人，他认为最好是不发表，因为该内容“实际上会对不了解这里工作的人产生误导”。但是奥本海默的反对意见被驳回，不过报告中增加了一个简短声明，强调该报告中略去了很多内容。正如史密斯给奥本海默的信中所写：“我之前真没料到撰写这份报告如此不易。”

在格罗夫斯看来，史密斯的工作是“描述记录整个项目，包括记录负责各个发展阶段的众多科学家的科学贡献”。该报告的目的是“在必要的时候以全文或节略的形式公开发布，告诉美国民众我们长期不懈地做什么、取得了什么成就，以及由哪些人牵头负责”。报告中对功劳的关注，似乎在很大程度上体现着格罗夫斯本人对报告价值的执着和构想。对格罗夫斯来说，论功行赏不仅是符合道义的必要之举，也是出于安全需要。因为他担心，希望获得奖励的人，在原子弹投入使用后，会在追求奖励的过程中暴露出很多秘密。

在这方面，一个关于《史密斯报告》的有趣的发现是，它将制造原子弹的主要功劳归于物理学家和物理学。正如历史学家丽贝卡·普雷斯·施瓦茨指出的，史密斯对物理学的关注可能源于多种因素。史密斯本人就是一名物理学家，而且他确实认为原子弹的物理学性质使之迥异于过去的所有武器。没有核裂变，就不会有原子弹。但这种关注遮蔽了化学家、冶金学家和工程师对项目的贡献。像原子弹这样复杂的、科学和工程相结合的项目，涉及各个门类的专家，而“曼哈顿计划”的组织结构图就很好地体现了这一点，即物理学并非王道，尽管许多顶级科学家兼行政人员确实是物理学家。但实际上，即使在洛斯阿拉莫斯（更不用说汉福德或橡树岭），工程师和化学家的人数也远超物理学家。

强调物理学重要性的另一个原因在于，与其他方面相比，原子弹在物理学方面的秘密更少，这确实颇具讽刺意味。原子能在第二次世界大战前已被发现，基本的核物理学知识并不算是秘密。化学和冶金学科都经常涉及像钚这样学术性质深奥的物质，但如果没有大规模的设施就很难生产，而工程师的职责就是帮助建造这些设施。因此，史密斯的最终报告读起来就像一篇关于建造大型工厂的行政决策的、内容枯燥的论文，同时对基本原理做了些许物理学方面的解释。报告聚焦行政层面的决策，略去了一些基础物理学知识，以维持技术保密性。这是因为制造原子弹的真正难点居于行政决策和物理学知识之间。史密斯在纯粹的物理知识和大规模生产之间画了一条分割线，故意避开了他和格罗夫斯认为最重要的“关键技术”。正如普雷斯·施瓦茨所言，对物理学的关注使保密变得更加容易，当然也遗留下一个副作用，即原子弹仅变成物理学的产物，而其他领域的重要贡献则被无视。

原子弹很快就要被投掷出去，而此时该报告是否会公之于众仍未获决断。即使做了删减，发布如此详细的历史，对美国的战后立场是否有利也尚未形成定论。布什和科南特支持广泛传播报告内容，并早在 1944 年 9 月，即在核爆广岛的前一年，就试图将发布该报告的想法植入美国陆军部部长史汀生的脑海。他们如此积极地推动此事，就是要促请高层思考战后原子弹政策和保密政策等棘手问题。

随着原子弹的研发工作即将完成，确定公布内容的任务变得越发紧迫。格罗夫斯与担任他个人技术顾问以及战后政策委员会主席的加州理工学院物理学家理查德·托尔曼，于1945年5月联合起草了适配《史密斯报告》的安全准则——《科学信息发布管理条例》。参与“曼哈顿计划”的高级领导层将首次尝试在战后发布涉核消息，在可解密和不可解密内容之间划出界线，这是原子能时代的第一个保密分类管理办法。

《科学信息发布管理条例》的基本理念是，只有在保密举措毫无意义的情况下，才会发布信息。如果信息已经公开（也就是说，在战前已发表），或者可由科学家轻易发现，那么就不值得保密。除了必要的有助于理解项目整体的信息，或相关科学信息，其他信息都不予公布。如果某个信息事实或言论符合此标准，那么它就可以自由发布。如果不符合，那么将暂时保密（如表3-1所示）。

表3-1　科学信息发布管理条例

拟列入发布的信息将排除所有与实际原子弹建造有关的事项。任何披露的信息都必须满足以下两部分中至少一项要求。 一、 （a）该信息对合理理解整个项目所做的工作很重要。 （b）该信息具有真正的科学意义，并可能对本国的科学工作者有真正的帮助。 二、 （a）该信息已为有能力的科学家普遍了解。 （b）有能力的科学家可以从已知信息中推断出或猜测出该信息，结合相关知识明白该项目在总体上已获成功。 （c）该信息对原子弹的生产没有实际影响。 在信息数量有限的情况下（例如5个），这些信息将收录在一个单独的备忘录中，以便在有需要时消除所有信息。 （d）一小群（15人，其中资深科学家不超过5人）有能力的科学家，无法在一年或更短的时间内在设备齐全的大学实验室中得出该信息的研究成果。

资料来源：格罗夫斯写给史密斯的备忘录（1945年5月21日），见曼哈顿工程师管理区的通信（“绝密”），1942—1946年，第2卷，第6号目标，第12号文件夹，“情报与安全”。

尽管这些规则乍看起来非常明智，但在战后很长一段时间内一直备受争议。这种方法的局限性在于，重要的知识被解密，而较小的、孤立的知识反倒不可以解密。有人可能会说，这是物理学家的观点，而不是管理者的观点。因为科学是知识的集合，而不是人的组织，更不是融汇知识和技术生产的系统。

战后，《史密斯报告》的批评者指责“曼哈顿计划”的真正秘密不在于个别知识，而在于项目整体。利奥·西拉德后来认为，《史密斯报告》“清楚地展示了发展路径，别的国家完全可以据此前行”。报告明确指出了美国认为哪些铀浓缩方法是成功的，以及从反应堆中产生钚是可能的，还说明了对每种方法所应给予的重视程度。“如果沿着这条路走下去，”西拉德批评说，“它们将亦步亦趋地做出我们的研究成果，然后一步一步地取得我们已经取得的成就。”

1945年夏，史密斯和托尔曼以最终稿标准仔细地审阅了《史密斯报告》草稿全文，也参照格罗夫斯的《科学信息发布管理条例》指导思想充分地考虑了安全问题。7月底，他们将这份报告呈报格罗夫斯，还附上了一些涉及美国国家安全指导原则的说明，也对他们以保障美国国家安全的名义故意做了模糊处理的地方进行了注解。细致的编辑工作将持续到最后一刻。物理学家威廉·舒克利夫担任文字编辑，改进了史密斯简洁却颇为“笨拙”的风格。“他似乎不懂怎么使用主题句。”舒克利夫后来回忆道。然后，由一位秘书把整本报告打在油印表格上，舒克利夫和另一位“曼哈顿计划”助理主管两人油印了50份报告，他们无法把这项乏味的工作委派给别人，因为没有其他职员拥有该级别“秘密权限”许可。这些报告被分发给格罗夫斯和他的工作人员，在印刷排版前又做了一些小改动，并在高级别安保条件下印制了1 000份，此时距核爆广岛仅剩一周时间。这部作品有一个简单而又吸引人的名字:《原子弹》。出于对泄密的担忧，在报告获准发布之前，标题不允许出现在封面上。直到发布前的最后一刻，一枚镌刻着标题名“原子弹”的红色大印章才被盖在封面上。

《史密斯报告》是一份史无前例的报告，无论是过去，还是现在，从未有过秘密武器的开发和它的发展研究史同时完成的案例。除此之外，它还起到了非常了不起的催化作用，报告引发人们思考“曼哈顿计划”的保密政策和宣传方式。它设想了这样一个世界：在这里，原子弹不再是一个“绝对”秘密。由此，“曼哈顿计划”的军事领导人和科学家也面临挑战，要求他们思考这个世界将试图维持怎样的信息管理制度。在某些方面，该制度非常自由，描述了开发这种新武器所需的复杂基础设施，并概述了新武器的工作原理；而在其他方面，该制度又相当保守，对大部分技术内容做了限制，而且那些是全球科学家已经知道的或显而易见的内容。这不是一个全面的保密制度，而是一次性的披露，是在公开了原子弹确实存在的重大秘密，且经过了长时间的缜密考虑之后进行的披露。在本章后面我们将看到，此时对是否要披露报告这一问题尚无定论。

新闻稿、公关与华而不实的语句

《史密斯报告》是最早的（且终将是争议最大的）宣传工作的一部分，但这只是格罗夫斯等人希望实现的更大目标的一部分，他们既试图告知公众，又保留了很多信息。为实现这个目的，尤其要在两个特定方面做足文章，一方面是以高级政要名义发出新闻稿，包括以美国总统的名义；另一方面是首次核爆日本之后需提供给媒体的现成新闻通稿。两者目的相近又略有不同：政要新闻稿是为了加速日本投降，使原子弹的存在现实不容否定，而报纸新闻通稿是为了满足公众对信息的渴望，同时防止记者误涉保密领域。

1944 年底，在呈报给美国陆军部部长史汀生的一系列备忘录中，已经提出了要让政要发布新闻稿。1944 年 12 月，史汀生的助手哈维·邦迪起草了总统关于“S-1 部门启用后”发表声明的指导方针，当时原子弹将很快投入使用。邦迪的建议较笼统，要求“对该产品的重要性和美国政府对它的重视程度做简短陈述，并提供一个世人皆知的科学事实背景”。下面这个“总统可能发表的声明”的初稿是在 1945 年 2 月写就的（作者不详，可能由邦迪起草），其文风并不优雅：

> 194× 年 × 月 × 日，美国武装部队对敌人使用了一种全新的毁灭性武器，该武器基于一种迄今为止未经证实的方法研制而成，可产生极具毁灭性的爆炸威力。结果现已公布。它是如此伟大，显而易见，这种武器不仅可能改变了战争的本质，而且与之相伴的是它可能对未来世界和平产生了至关重要的影响……这一问题一直高度保密，在今后一段时间内，其生产方法也将继续保密。

草稿内容含混（甚至没有明确指出核弹可能使用的年份），而且文笔粗糙，似乎未经深思熟虑，但这只是一个开始。

1945 年 3 月初，范内瓦·布什和詹姆斯·科南特与邦迪进行了一番争论，并说服他立即对原子弹的使用进行规划，包括准备公开声明。邦迪在谈到史汀生时说：“如果不做充分筹划，将会出现混乱的局面……可能会引发公众的歇斯底里。”值得注意的是，此处谈及的对象不是想象中的日本领导人，而是想象中的美国大众。作为回应，史汀生成立了临时过渡委员会，将原子弹公之于世到建立战后秩序的这段时间定为“临时过渡时期”，并对这一时期的管理提出建议，他们把越来越多的注意力集中在宣传问题上。

在当月的晚些时候，格罗夫斯写信给美国陆军参谋长乔治·马歇尔，表达了自己对核武器使用后审查制度无法贯彻实施的担忧。他认为，战时的审查制度基本上成功地守住了这条防线，但要让记者遵守规定“越来越难”。他们不能“指望永远成功”，而且“在首次使用”原子弹后，“将会发生严重突破防线的情况……这些突破很可能发展成我们无法控制的情况”。对应举措就是在必要时准备好“精心撰写的新闻稿”。格罗夫斯补充说，他正在考虑雇用“一名合适的记者，准备在必要时担任通稿记者，撰写稿件供所有报纸采用”。

格罗夫斯心目中的最佳选择是记者威廉·劳伦斯，他是美国科学新闻事业的早期创始人之一。劳伦斯是来自立陶宛的犹太裔移民，1905 年俄国革命后偷渡到德国，然后从德国来到美国。在改名为劳伦斯并加入美国国籍后，他最终来到了马萨诸塞州的剑桥市，进入当地的哈佛大学学习。在 20 世纪 20 年代，他披荆斩棘地闯入新闻业，并在 1930 年成为《纽约时报》的科学记者。劳伦斯认为科学和技术具有救世意义，因此他的报道通常具有狂放不羁、天马行空的华丽文风。作为最早笃信原子能研发可能成功的狂热者之一，他在新闻审查令实施之前就发表了有关铀能源的耸人听闻的文章。1940 年 9 月，他在《星期六晚邮报》上发表了一篇令人瞠目结舌的文章——《原子投降了》，文章中令人不安的猜测引起了布什和科南特的注意，劳伦斯其他关于核裂变的报道也让他成了格罗夫斯的眼中钉。因此，格罗夫斯认为把劳伦斯收入麾下可能会更好。

1945 年春天，格罗夫斯来到劳伦斯在《纽约时报》的办公室，问他是否愿意被派往军队做新闻报道。劳伦斯说，只有当他能得到工作所需的一手资料并获准自由访问秘密基地时，他才会接受这项工作。格罗夫斯同意了。劳伦斯获准花几天时间在纽约处理好个人事务，随后正式接受了关于“曼哈顿计划”的“填鸭式”培训，成为该项目唯一的“驻内”记者。

劳伦斯开始参与新闻发布工作。1945 年 5 月，临时过渡委员会决定在即将进行的“三一核试验”后发表一份公开声明。毫无疑问，许多人将从远处看到或听到巨大爆炸，但在试验前，并没有人仔细地研究过其对周边的影响程度。如果试验结果微不足道，那么一篇弹药库爆炸的简讯就足以作为掩护。而如果结果具有出乎意料的有效性或破坏性，总统可能需要在正式使用原子弹之前就提前宣布该武器的存在。他们指派劳伦斯起草两份声明，并附带一个要求，即这两份声明必须由另一位经验丰富的公共关系代理人、美国电话电报公司的副总裁阿瑟·佩奇审阅。

在临时过渡委员会开会的同一天，有人写了一份备忘录，详细说明了为什么“三一核试验”声明不应出现太多实质信息。我猜作者就是格罗夫斯，他觉得有必要阐明为什么试验成功后不能如实发布新闻稿。“故事可以保持在一定范围内。”备忘录的作者解释道。他们不必说实话，因为试验并不要求他们必须说实话。“新墨西哥州地广人稀”，所以试验本身不会让原子弹暴露。泄露试验成功的信息会危及整个项目，并且将丧失“攻其不备的巨大价值”，敌人可能会找到破坏或抵御武器的方法，美国国会也可能会阻碍项目的进展，此外还有别的担心。

劳伦斯最后撰写了四个版本的声明，供“三一核试验”后选择发布，标记为一到四，分别对应不同级别的爆炸威力。在最低级别结果（声明一）情况下，将由阿拉莫戈多空军基地指挥官发布声明，特意写得简短而平淡：

> 已收到关于今早在阿拉莫戈多空军基地保留地发生的严重爆炸的若干询问。一个位置偏僻、装有大量高爆炸药品的弹药库发生了爆炸。无人员伤亡，炸药库以外的财产损失可忽略不计。

声明二内容为，爆炸是由于高爆炸药品的试验，其影响在一定范围内感受明显，但未造成生命财产损失或损害。它还表示，爆炸中有毒气弹被引爆，因此对平民进行了小规模疏散。声明三内容为，一些参与测试新型炸药的科学家被炸死，表中还做了留白，准备把死亡名单放置其中。声明四允许美国陆军公布一个半径数值，即在上述范围内的社区受到与“改进对日战争武器”有关的大规模爆炸试验的影响。临时过渡委员会对声明三和声明四非常排斥，不是因为它们提及灾难，而是因为它们把“三一核试验”与试验性武器研究联系在了一起。

最后，1945 年 7 月 16 日进行的“三一核试验”使用了声明二，因为官员们不确定放射性坠尘的路径，以及是否需要在当地进行居民疏散。试验后确实没有进行疏散，但驻扎在远离试验地点的军人和科学家跟踪调查了辐射水平和公众讨论情况。项目情报人员还汇编了当地报纸关于“弹药库爆炸”的所有报道。现在回想起来，爆炸不同寻常的性质在报道中显而易见：许多目击者都对不同寻常的亮度做了评论，将其比作地球上升起的太阳，这在核爆炸高温下是很典型的特征。许多人在听到“高爆炸药品试验”的官方说法之前，猜测这是一次流星撞击。“曼哈顿计划”的特工报告说，周围的镇民最终接受了这个虚假的故事。

劳伦斯还以其典型的夸张风格，撰写了一份将由杜鲁门总统发表的长篇演讲草稿：

今天是我们国家和世界历史上最重要的日子之一。今天，我们的第 20 航空队向日本投掷了全世界有史以来最具破坏力的武器，作为人类历史上最伟大的科学和工程发展的成果，这种武器的威力如此之大，一枚炸弹的威力相当于 5 000～20 000 吨或 1 000 万～4 000 万磅* 梯恩梯炸药。这种最伟大的武器是凭借美国的天才、智慧、勇气、主动性和远见开发研制的，其规模前所未有，毫无疑问，它将使战争缩短几个月，甚至可能是几年。

他还颂扬了原子弹爆炸标志着“宇宙之火的释放”和“最伟大的时代——原子动力时代，或称原子学时代”的到来。詹姆斯·科南特认为这很荒谬，“太详细了，而且太假了（科南特的原文如此），很多地方都高度夸大了”。但是他在写给范内瓦·布什的信中说，“无论选用其中的哪个声明都没有关系”，因为撰写总统声明的任务已经交给了美国电话电报公司的阿瑟·佩奇。劳伦斯文风夸张，而后来被称为“企业公关之父”的佩奇则笔触内敛。他是史汀生的老朋友，被请来做顾问和他可靠的帮手。1945 年 5 月，一个可能与临时过渡委员会有关系的不具名人士列出了一份关于原子弹的总统声明应达到的“目标”：

1. 通告世界我们有原子弹。

不公开表示将会有更大当量的炸弹似乎更明智，我们希望日本人明白美国造成的恐惧，行胜于言。

2. 呼吁日本人投降。

清楚地表明，如果他们不投降，此后所有的杀戮都将归

---

* 1 磅约合 0.454 千克。——编者注

罪于他们。

清楚地表明，我们并不仅靠原子弹，而且打算让步兵和舰队跟进。

3. 对所有相关人员给予总体上的赞誉，但将细节留给那些更有发言权的人去公告世界。

4. 通知苏联人，他们不会免费得到这个秘密，但如果有一个适当的国际组织得以建立，那他们可能有机会得到。

5. 通知生产工厂里的工作人员，他们没有危险。

6. 在批评家提出相关意见之前，公布以下事实：英国人是合作伙伴，但功劳荣耀和各类工厂均是我们自己的，资金也是我们提供的。

7. 准备一个备用故事，以免与总统的说法相冲突。

8. 如果可能，选择一个军事目标进行轰炸，如海军基地，这样杀害大量平民的责任就会落在那些在我们的最后通牒下拒绝投降的日本人头上。

最后一点值得注意，5 月 10—11 日目标委员会在洛斯阿拉莫斯开会，会上提出了类似的建议，就在确定以军事目标为投弹目标后。这份备忘录应该是会后稍晚一段时间写就的。佩奇执笔的总统声明初稿开篇为："两个小时前，一架美国飞机在长崎海军基地投下一枚炸弹，该基地现已不复存在。"随后的整个 6 月，甚至一直到 7 月中旬他都在修改文稿。很明显，许多双眼睛都盯着这事，包括美国陆军公共关系官员以及所有临时过渡委员会成员。

在"三一核试验"后，佩奇在写给史汀生助理的信中阐述了一份完美的总统声明应承载的内容："我认为，截至 8 月 15 日，发生在日本的灾难性毁灭在物理现实上和心理上形成的结果，使总统有充分理由告诉日本人，自然力量显然属于我们这边，而且我们无意摧毁他们的民众或他们的宗教信仰，他们应当向宇宙的力量屈服。”换言之，一份精心遣词行文的总统声明可以在阐释原子弹问题上发挥出极大的作用，并可能结束战争。

劳伦斯的文风太过鲜明，在确定他没有能力写出得体适用的总统声明稿之后，他被赋予了一个更匹配其个人能力的新任务：围绕“曼哈顿计划”撰写其取得的成就。1945 年 5 月中旬，他发给格罗夫斯一份清单，里面是他计划撰写的大约 30 篇文章。大多数题目都很直白。“第 1 篇，以杜鲁门总统的第一次广播讲话为基础的综合性深度报道，以及相关细节和背景”；“第 6 篇，关于参与项目的主要科学家和相关人士的评论文章”；“第 14 篇，关于项目背后主要人物的文章”。许多文章是关于科学原理或具体设施的（例如，洛斯阿拉莫斯国家实验室的历史）。有些是关于科学进步的推测性文章，带有典型的劳伦斯文风特点，如“第 4 篇，文章简要追溯了从史前到其后各历史时期人类文明进步的主要特征”。有一篇文章甚至包含了些许关于“三一核试验”的黑色幽默，如“第 23 篇，目击者讲述（如果目击者存活的话）第一次的核爆试验”。当然，劳伦斯热衷于个人化的、亲历者视角下的核武器报道，这是他可以终身为傲的独家新闻报道。

这些故事并不是全凭劳伦斯一己之力发表的，也不是《纽约时报》的独家报道，也没有都归在他名下。当时的目标是，劳伦斯撰写的故事可以发给所有报纸免费刊载，而且不需要署名及来稿出处。这样一来，起码第一周内广泛传播的就会是那些格罗夫斯所认可的与原子弹相关的新闻。格罗夫斯的宣传策略是有目共睹的，即有选择地发布大量新的解密信息，以实现从源头上把控信息。格罗夫斯和该项目的其他参与者均认为，解除对高密级信息的新闻审查，将导致长期以来备受压抑的新闻能量轰然释放。这绝不仅仅是一个抽象理论，而是源于“曼哈顿计划”官员在战争期间持续对新闻界实施保密制度的深切体会。

到 6 月，劳伦斯的工作量已经减少到只剩 8 篇报道。主要的两篇报道，即一篇综合报道，以及一篇关于原子弹投掷目击者的报道，这在当时仍然是大新闻，后者尤甚，因为劳伦斯本人将不可避免地在这个故事中现身。尽管大部分可能引发揣测的话题都已被剔除，劳伦斯仍然提交了一篇报道，认为“在原子能方面，人类终于拥有了足以摆脱地球引力束缚的燃料。星际时代可能即将到来”。这篇文章被断然否决了，并附上了一句批示：“此故事不适合美国陆军部使用。”这篇文章中有多处内容被批示为“不允许”，其中一个为格罗夫斯本人所写。劳伦斯的文稿即使获批，也须由格罗夫斯的属下做大量编辑工作，主要是为了收紧尺度。编辑过程中往往会删减劳伦斯经常使用的华丽辞藻，如汉福德项目是一个“火星上的原子奇境”，显然美国陆军官员认为这个表述实在令人难以接受（他们将这句话删改为“该项目”，如图 3-1 所示）。

最终，在广岛核爆之后，劳伦斯的报道确实主导了最早一批对原子弹的报道，但这些报道并没有实现全面覆盖。即使许多记者乐意转载美国政府已炮制好并批准的宣传品，仍有一些人在坚持做自己的本职工作。劳伦斯因其对长崎原子弹爆炸的一手报道（他在其中一架观察机上）而获得了普利策奖（此次为他二度折桂）。近几十年来，劳伦斯的报道成了证明记者与美国军方合作可能存在利益冲突的典型。劳伦斯以独立记者自居，但在美国陆军部工程兵部队的编辑和指导下进行报道，并利用他的地位推动

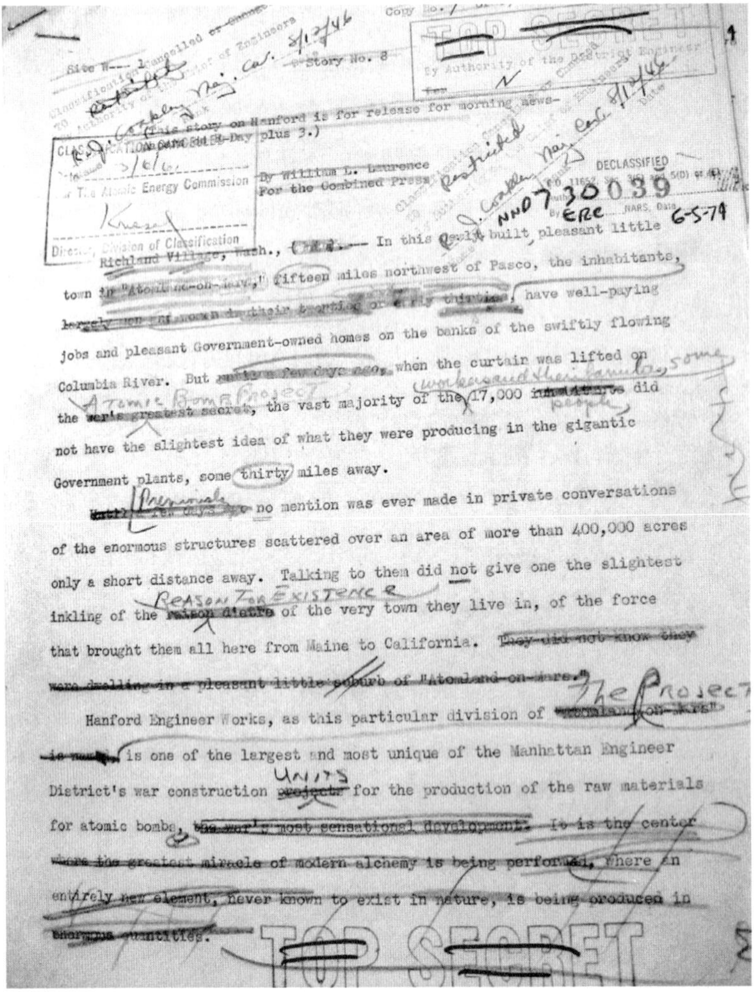

Site W--- Story No. 8

(This story on Hanford is for release for morning news- papers on Release-Day plus 3.)

CLASSIFICATION CANCELLED
For The Atomic Energy Commission
Director, Division of Classification

By William L. Laurence
For the Combined Press

DECLASSIFIED

Richland Village, Wash., [redacted] — In this newly built, pleasant little town in "Atomland-on-Mars," fifteen miles northwest of Pasco, the inhabitants, [redacted], have well-paying jobs and pleasant Government-owned homes on the banks of the swiftly flowing Columbia River. But until a few days ago, when the curtain was lifted on the war's greatest secret, the vast majority of the 17,000 inhabitants did not have the slightest idea of what they were producing in the gigantic Government plants, some thirty miles away.

Until a few days ago no mention was ever made in private conversations of the enormous structures scattered over an area of more than 400,000 acres only a short distance away. Talking to them did not give one the slightest inkling of the raison d'etre of the very town they live in, of the force that brought them all here from Maine to California. They did not know they were dwelling in a pleasant little suburb of "Atomland-on-Mars."

Hanford Engineer Works, as this particular division of "Atomland-on-Mars" is named, is one of the largest and most unique of the Manhattan Engineer District's war construction projects for the production of the raw materials for atomic bombs, the war's most sensational development. It is the center where the greatest miracle of modern alchemy is being performed, where an entirely new element, never known to exist in nature, is being produced in enormous quantities.

TOP SECRET

注：上图所示可能是由威廉·康索丁和曼哈顿工程师管理区公共关系组织的其他成员所做的修改。该文主要介绍汉福德基地，打算在“公布日之后第四天”发布。劳伦斯的华丽表述“火星上的原子奇境”被改为“该项目”，他夸赞汉福德基地中的成就是“现代炼金术中最伟大的奇迹”的句子也被删除。

图 3-1　对威廉·劳伦斯的一篇文章进行了大量编辑修改

资料来源：曼哈顿工程师管理区的记录，第 31 号档案盒，“劳伦斯的报道”。

形成对美国政府有利的舆论。他的报道也遮蔽了许多让“曼哈顿计划”官员感到不快的事实，比如平民伤亡或辐射伤害相关的案例。尽管公平地说，他可能像许多项目参与者一样，并不了解原子弹对健康存在负面影响。从他死后至今，一直有人呼吁收回授予劳伦斯的普利策奖。

无论如何，劳伦斯对原子弹新闻报道工作的热情应该是真实的。劳伦斯传达的某些信息甚至应该被美国陆军审核员封禁而不是被审查，如他认为原子弹的作用绝非仅是结束战争，而是将不可逆转地带领人类进入闪耀星空中的光辉乌托邦。毫无疑问，劳伦斯心甘情愿地成为美国政府宣传计划的同谋，这也是他被选中的部分原因。令人困扰的问题并不在于劳伦斯是否应该给美国政府摇旗呐喊——很难想象他能成为其他类型的记者和作家——而在于是否应该将普利策奖授予某个政府宣传的“吹鼓手”。

在准备原子弹投掷后的总统声明的同时，美国陆军部部长办公室还单独准备了一份更长的声明。它将在总统声明之后发布，为简明扼要的总统声明做信息补充。该声明由阿瑟·佩奇在 6 月底起草，篇幅长达 10 页，涵盖了制造原子弹的详细决策缘由与结果，列出了相关人员的姓名。审议这份声明的一众人士中，还包括英国代表团成员，以符合 1943 年《魁北克协定》的要求，即美国和英国同意，如未经双方达成共识，不得向第三方披露项目相关信息。1945 年 7 月 31 日，史汀生通过电报向杜鲁门发送了总统声明的最终版本，指出该武器的使用迫在眉睫。杜鲁门总统立即用电报回复表示同意：“准备好了就发布，但不得早于 8 月 2 日。”此份关于新闻稿发布的批复，是我们拥有的最接近杜鲁门总统命令使用原子弹的明确书面证据。这凸显了宣传工作在“曼哈顿计划”中的重要性，因为并未要求总统批复是否使用原子弹，而是要求他批复发布相关新闻稿。

但格罗夫斯明白，一次性的信息发布是不够的。他预计，记者为了写出令人意想不到的报道，会提出更多的问题。为了应对这种情况，他试图在宣传工作的“拼图”中再加一块——设立“曼哈顿计划”公共关系组织，以充当媒体的联络人，应对所有关于原子弹的提问。该组织将延续战时中央集权式的权力，它算是在原子弹爆炸后几个星期想出的临时解决方案。而格罗夫斯将对美国国会在 1945 年秋天通过的一个更为持久的战后解决方案感到乐观。与其他宣传机构一样，公共关系组织将扮演双重角色，即新闻审查者和信息提供者。

战后专设的公共关系组织的第一个计划于 1945 年 6 月下旬制订完成，晚于《史密斯报告》、新闻发布稿和相关新闻报道。在给格罗夫斯的一份备忘录中，威廉·康索丁中校指出，他和其他人在 6 月 25 日的纽约会议上为新的曼哈顿工程师管理区公共关系项目制订了计划。康索丁是一名美国陆军律师，他已经在曼哈顿工程师管理区担任过数个与安全有关的职务，并在早期就参与了宣传工作。康索丁基于“成功在日本投放原子弹”这一假设，设计出了发布信息的具体时间表。首先要发布的是杜鲁门的总统声明，就在轰炸后几个小时内发布。汉福德和橡树岭附近的媒体将比其他媒体稍早一些获得信息，便于他们准备自家的新闻稿，这是官方在兑现战争期间向这些媒体做出的承诺，因为这些媒体答应在战争期间配合审查。接下来发布的是劳伦斯的文章，最后是《史密斯报告》，它们共同“构成了关于该项目所有可发布的信息的基础”。

在最初的发布之后，该组织将尽量使各方公共关系工作“协调”，具体做法是通知所有相关机构，将所有与原子能有关的询问转给曼哈顿工程师管理区总部。康索丁接着解释：“当务之急是要确立曼哈顿工程师管理区的公共关系办公室是处理各阶段公共关系问题的唯一机构，以消除混乱状态，确保项目保密工作不出问题，并确保项目的成就和功绩得到适当宣传。”这些就是宣传工作的根本目的，简而言之就是：维持秩序、做好保密和展现功绩。关于功绩，康索丁建议完全禁止美国陆军航空部队发表任何关于原子弹的声明：“他们将会得到适当嘉奖，但绝不允许他们出风头。”该备忘录还提出了一个方案：在原子弹使用后可能有记者获准访问项目现场，届时需要严肃住宿纪律，他们娱乐活动的资金安排也必须进行严格管理。康索丁进一步建议，要为两种可能的情况制订应急预案：日本在使用原子弹之前投降，或者“三一核试验”出现“不可预测的结果”。

格罗夫斯在 7 月对此计划进行了修订。他的计划与康索丁的高度近似，但更加强调宣传工作和安全之间的关系。他决定将曼哈顿工程师管理区“出版关系组织”（这个名称出自他手）置于“安全和情报部门”之上，以确保提供信息和隐瞒信息这两项职能不会在官僚部门之间形成掣肘。康索丁将领导整个工作，其他指派的官员在各主要基地处理具体问题。格罗夫斯写道：“整个计划的基础，是在特定的安全限制范围内发布‘曼哈顿计划’的故事。”这不仅包括《史密斯报告》的内容，还包括关于“对目前设施的战后用途的猜测”和“医学方面的猜测”。

当格罗夫斯准备发布信息时，他要确保“曼哈顿计划”的科学家知道，即使信息已部分公开，他们仍应严守保密规定。7 月底，格罗夫斯写信给奥本海默说，由于“公布曼哈顿工程师管理区及其基本目的的那一刻即将到来”，奥本海默应该准备将格罗夫斯亲笔撰写并署名的备忘录发给所有科学研究人员。格罗夫斯在备忘录中强调了各种限制：

> 曼哈顿工程师管理区的存在及其基本目的，以及基地的一些活动现已正式公布。然而，为维护美国国家利益，务必要对项目许多相关阶段的工作，特别是我们极为重视的工作维持保密状态。关于出版的决定已由最高主管部门做出。然而，随着事态的发展，这些决定所确立的各种限制将逐步放宽。

该备忘录还解释道，奥本海默需要将各项具体信息发布要求呈交华盛顿特区报批，并警告科学研究人员《1917年间谍法案》仍然有效。奥本海默对该备忘录做了大幅改写，使其听起来不那么严厉和官僚主义，并删除了那句“《1917年间谍法案》仍然有效”的威胁性表述。

到1945年8月1日，格罗夫斯制订的所有宣传计划都已安排妥当，新闻发布稿、科学史、报纸文章报道，以及战后信息管理计划均已就位，预计很快将首次使用原子弹。这一史无前例的做法，是基于信息管控会持续到广岛核爆后一段时期的判断，也是基于将原子弹引入战争会造成巨大冲击的判断。事实上，“曼哈顿计划”的科学家和官员担心日本人会误解原子弹的重大意义。如果他们仅把它看作美国现有战术（如投掷燃烧弹）的延续，那么它可能根本就不会被视作决定性武器，如同毒气战未能实现其缩短第一次世界大战的承诺一样。如果连美国人和整个世界都误解了原子弹的含义，那就更加糟糕了。应如史汀生所言，原子弹不是一种新的军事武器，而是“人类与宇宙之间的一种新关系”。

许多兼任行政管理职务的科学家非常希望史汀生和其他人能理解原子弹是一种全新的决定性武器。布什和科南特曾试图让史汀生理解，这是一种可能从根本上重构全球政治格局的武器，而且美国并不希望对其长期保密或长期垄断。他们和奥本海默都担心原子弹只是对未来科技发展的惊鸿一瞥。热核武器的爆炸威力以数千万吨梯恩梯当量计算——威力是“三一核试验”的那个“小玩意”的 1 000 倍。他们认为，对于核武器带来的问题，唯一理智的出路是对美国国家主权进行彻底的重新思考。如果人们不理解核战争的革命性本质，那么这些问题带来的影响将远超想象，而这种武器给人的第一印象是它所造成的巨大影响，这更易使人迷惘，从而失去理智。

“宣传机器”启动的日期马上就要到来，就是在第一次原子弹爆炸的当天。对于这一天的名称，并没有统一的说法。威廉·劳伦斯称它为“R-Day”，即“公布日”（Release Day）。詹姆斯·科南特曾一度将其称为“U-Day”，应该是指“铀日”（Uranium Day）。也许最直接的叫法来自格罗夫斯手下的一名安全官员，他把这一天——第一颗原子弹被投下的两天前——称为“宣传日”。

秘而不宣

由格罗夫斯将军起草，并由美国陆军部部长正式批准的原子弹攻击命令规定，第一颗“特殊炸弹”会在“1945 年 8 月 3 日之后”被投掷到广岛、小仓、新潟或长崎四个目标之一。除此之外，命令还指出，“一旦项目人员准备好，将向上述目标投掷出更多的原子弹”。到 7 月底，原子弹组件，包括原子弹核心部件，已被运往提尼安岛组装。受太平洋地区天气状况的影响，以广岛为目标的第一次轰炸的日期被推后了。

美国东部时间 8 月 5 日晚 11：30，格罗夫斯在华盛顿特区的办公室收到消息，第一颗原子弹“在各方面均取得了成功”。格罗夫斯花了一晚上的时间完成了一份给美国陆军参谋长的报告初稿，并在办公室的一张小床上小睡了一下。这颗原子弹发挥了应有的作用，广岛被摧毁了。但消息尚未公之于众，连作为原子弹受害者的日本也不清楚发生了什么，日本高层只知道他们的一个主要陆军基地通信中断了。

第二天，格罗夫斯为此次“宣传闪电战”敲定了时间表，并将之发送给美国陆军参谋长乔治·马歇尔将军。一旦确定“第一枚炸弹的结果令人满意”，杜鲁门总统的声明（由阿瑟·佩奇撰写）就会发布。一个小时内，篇幅更长的美国陆军部部长声明也将被发布。紧随其后，英国和加拿大将就两国各自的贡献发表声明。由威廉·劳伦斯起草的“曼哈顿计划”精简版报道将由新闻媒体同时发布。此后 48 小时内，他们将发布《史密斯报告》，格罗夫斯强调，该报告对于他的信息战略而言既能确保安全，又至关重要。《史密斯报告》仍然是该战略中尚未最后确定的部分，因为史汀生希望报告能由总统亲自批准。格罗夫斯感到有必要再次强调报告的重要性：“在我看来，为成功地使我们的工作保持最大限度的保密性，必须迅速地发布这一报告。”宣传计划正整装待发。

当杜鲁门总统还在乘坐奥古斯塔号战舰，从波茨坦返回美国之时，总统声明就从白宫发出了。声明中对轰炸的细节着墨不多，但强调了该武器令人叹为观止的性质：“这是一枚原子弹。这是对宇宙基本力量的驾驭……我们在这历史上最大的科学豪赌上已耗资 20 亿美元，并最终赢得了胜利。”在总统声明的文末感言中，强调必须维持技术保密：

> 向世界隐瞒科学知识从来都不是美国科学家的习惯，也绝非美国政策。因此，通常情况下，有关原子能工作的一切都会被公开。
>
> 但在目前的情况下，我们不打算透露生产技术过程或所有的军事应用技术，仍需进一步研究保护我们和世界其他国家免遭突如其来的毁灭风险的各种可能方法。

原子弹的特殊之处不仅在于其具有摧毁城市的能力，也在于它需要持续的科学保密，至少是维持一段时间的保密，这在强调科学公开和政治透明的美国显得非同寻常。

在总统声明之后发布的美国陆军部部长声明篇幅较长，而且更侧重于原子弹的制造细节和对原子弹未来影响的思考。然而，声明开头部分即明确表示，出于安全考虑只能透露该计划的概况。史汀生的声明中有关“曼哈顿计划”简史介绍中有一整节都是关于安全问题，并指出“特别保密”要求是由罗斯福总统亲自提出的。但该声明的结论是，按照布什和科南特的说法，保密不可能成为一个有效的战后战略：“由于早在战前，世界各国就对这一主题有着广泛的了解和兴趣，因此美国不可能借助任何长期的保密政策，来避免这种已广为人知的核知识所固有的潜在风险。”

随后，英国和加拿大发表声明。根据《魁北克协定》，英国人获得了对美国声明的审查权，格罗夫斯手下的宣传人员代表也提前审查了两国声明。与杜鲁门总统声明一样，加拿大军需部部长克拉伦斯·迪凯特·豪的声明也强调要继续保密：“有必要采取特别的安全预防措施，虽然我们急于向民众提供所有可能的信息。但显然，在构想出一些适当的方法来控制这种已开发的新能源之前，我们不可能透露相关生产或军事应用的技术。”在英国，前首相温斯顿·丘吉尔的声明与前几位的声明类似，当然他强调了英国的贡献。他声明的结尾，是对这个已发现的“秘密”语重心长的呼吁：“上苍出于悲悯之心，一直未让人类知晓大自然的这一秘密，时至今日才得以揭晓，这应该使每位理智之人在心灵与道义上做出最严肃的反思。”

这些声明暴露出了一种似乎是自相矛盾的性质：各方在发布各自声明的同时，其实也保留了数量众多的重磅秘密。这类声明的明确目的是警告新闻工作者和项目参与者要谨慎行事。更隐蔽的目的是强化原子弹的神秘性——这正是原子弹特殊光环的一部分。

而这一切也是为了扩大格罗夫斯对信息的控制权。从美国陆军部部长声明的早期草稿中删减下来的一段话清楚地表明了这一点：“总统已经指定美国陆军部为该项目所有相关信息的唯一发布机构。为了美国国家安全利益，所有与该项目相关的个人和组织以及所有国际媒体都必须继续合作，做好保密工作。”而在实践中，对信息的控制将是一件更加混乱的事情。

新闻界对轰炸广岛的反应极为狂热。轰炸广岛后的第一天，8 月 7 日的《纽约时报》头版刊登了 6 篇以上关于原子弹的长篇报道。“投向日本的第一枚原子弹导弹当量相当于 20 000 吨梯恩梯炸药，杜鲁门总统警告敌人将面临‘毁灭之雨’”，该报的头条激情耀目。一篇关于“三一核试验”的报道称：“铁塔在试验中‘蒸发’了。”其他条新闻则突出了关键主题：“新时代已到来”“原子弹在 3 个隐蔽的城市制造”“遭到轰炸的地区火车停运”。《华盛顿邮报》在头版刊登了 8 条新闻，其中 3 条是全文转发杜鲁门、史汀生和丘吉尔的声明。其他美国全国性报纸也做了类似报道，基本上都是在重复几个同样的故事：对广岛的轰炸，对“三一核试验”的描述（由劳伦斯撰写），以及对秘密建造的巨型工厂的讨论。在一段时间里，原子弹始终占据着头条新闻。当然，对长崎的原子弹轰炸也得到了报道，但那时人们的兴奋度已开始消退。

“曼哈顿计划”官员试图借助宣传工作已形成的惯性来管控后续的新闻报道。例如，一些新闻工作者获准参观橡树岭，但肯尼斯·尼科尔斯少校严厉警告他们需要坚守官方立场，以使“美国的利益得到充分保护”。美国的新闻工作者似乎都愿意这样做。

但并非所有与新闻界的互动都是积极正面的。最大的新闻危机发生在纽约的物理学家哈罗德·雅各布森身上，他与“曼哈顿计划”有一些关系。雅各布森写于 8 月 8 日的一篇报道由国际新闻社与其他几家报纸联合发布。雅各布森的文章声称，原子弹爆炸造成的放射性尘降将使广岛至少在 70 年内无法居住，当雨水将“致命射线”冲到海里时，附近所有的水生生物都将死去，被轰炸的城市就像我们与月亮的关系——只可远观而无法靠近。尽管雅各布森的文章内容大部分都是常识性的关于原子的陈词滥调（比如原子能的前景），但文章以辐射为主题的开场白还是引起了格罗夫斯的注意。雅各布森声称，进入该地区的调查人员是在“自杀”。

这篇报道与格罗夫斯所构建的整齐划一的叙事背道而驰，取而代之的是科幻小说中的地狱场景，它放大了该武器的不可思议之处，而且格罗夫斯担心这会引发人们对日本人的同情。这篇报道与首次估算的伤亡数量一起成为头条新闻。《波士顿环球报》以煽动性的语言报道：“据说有 20 万人死于广岛市蒸腾的地狱之火。”由于不精确的统计方法，这一数字显然被夸大了。该武器造成的数量巨大的人员伤亡，使格罗夫斯和美国政府官员面对的事情变得更加复杂。广岛的非军事性质（该市确实有一个军事基地，但 90% 的伤亡是无辜平民）足以成为宣传工作中的致命问题，这迫使美国陆军部中身份不明的高层敦促战争信息办公室再次强调，攻击目标具有“足够的军事性质，美国军方是根据文明战争规则实施的攻击”。

格罗夫斯可能无法控制每一种说法，但他在雅各布森的文章中抓到了一个机会：雅各布森在报道广岛的污染问题时犯了一个致命的错误。在高空引爆炸弹，避免了大量放射性沉降物落到地面，而且据估计爆炸诱发的放射性影响是短暂的。在雅各布森的报道刊发的同一天，格罗夫斯的“宣传机器”迅速地在很多报纸上刊登了否认声明。其实只有几家报纸刊登了雅各布森的文章，但批驳他的文章却被广泛转载。

批驳文章引用罗伯特·奥本海默的话，根据他们在“三一核试验”中获得的数据，“完全有理由相信，广岛的地面没有明显放射性，即使存在少量的物质，它们也会迅速地衰变”。并非所有“曼哈顿计划”的科学家都认可该判断。罗伯特·斯通医生在冶金实验室管理医疗卫生部门，他在写给“曼哈顿计划”的某位军事代表的一封批评信中指出：“我看到一篇报道引用了奥本海默的话，给人以没有放射性危害的印象，我真不敢相信自己的眼睛。显然，所有事情都是相对的。”但奥本海默与格罗夫斯属于同一战线，因此他愿意在一份不成熟的声明上盖上自己的印章。如果要论及其最坏的影响，那么应该说，这份声明的误导性不亚于雅各布森的蛊惑之语。

雅各布森与“曼哈顿计划”的关系使他的声明在新闻媒体中具有更大的权威性，但也使他面临法律上的风险。美国军方派官员赴雅各布森在纽约的办公室，威胁说他违反了《1917年间谍法案》和项目保密协议。雅各布森不堪巨大压力而昏厥过去。在他苏醒后，便接受了美国联邦调查局特工的审讯。雅各布森声称，他所参考的信息均属个人揣测，而非官方渠道信息。他还说自己很高兴听到对方说他是错的。几天后，雅各布森正式收回了此前的言论。

格罗夫斯把雅各布森事件转变成一项短期收益：他的“宣传机器”成功地把一个未经批准的说法转变成官方批准的论调。但核辐射问题不会那么容易烟消云散，关于日本人辐射病的报告，同样被格罗夫斯否认，但后来被证明真实无误。

到 8 月 9 日，《史密斯报告》已经写完，并已经过细致的检查和编辑。美国政府印刷局秘密印制了 1 000 份报告，并上锁保存。但是，报告会获准发布吗？

《史密斯报告》在编写过程中就已引起争议，其发布其实并不完全取决于杜鲁门总统本人是否批准。1943 年的《魁北克协定》概述了美国和英国在原子弹方面的合作，其中规定“如向第三方透露任何有关管状合金的信息，须经双方同意”。1945 年 7 月美英双方经开会讨论，同意对日本使用原子弹，在此次会议上，美方要求英方也批准公布《史密斯报告》。

英国科学代表团团长、物理学家詹姆斯·查德威克对单一来源公布如此多的信息表示极度不安。从会议记录可以看出，范内瓦·布什极力辩护，理由是一些基本信息在使用原子弹后“不可能”保密，“要想行稳致远，就应该公开尽可能多的科学信息，同时又不披露对其他政府有实际帮助的技术数据”。格罗夫斯进一步向委员会保证，已经制定了切实有效的安全原则来管理将要发布的材料。

英国大使建议美国人为英国政府起草一份声明，总结他们对实施短期和长期保密的可实现性和合理性的看法。英国大使还猜测说，过早地披露秘密可能会降低苏联同意实施原子能国际管制方案的可能性。布什争辩说，发布的信息中绝对不会有苏联人无法轻易发现的东西，他认为“最好是向英国和美国公众公开苏联已经拥有或可以不费吹灰之力即可得到的科学信息”。英美会议小组同意格罗夫斯为英国人提供一份适用于《史密斯报告》的安全规则文件，即《科学信息发布管理条例》，会议小组还达成一致：如果查德威克对此文件感到满意，他将代表英国政府同意发布《史密斯报告》。

几周后，英国人在一份备忘录中表示，他们认为披露信息会在政治上带来麻烦，并再次提出这可能不利于原子能国际控制方案的谈判。在此期间，格罗夫斯转发了一份由托尔曼和史密斯撰写的备忘录，其中讨论了《史密斯报告》中一些更为严重的、几近逾越泄密红线的案例。另一次会议在8月初举行，此时距离广岛核爆只剩几天时间。史汀生告诉与会者，他很想就发表《史密斯报告》的利与弊展开小范围辩论。

科南特以“该主题的独特性质”为由，支持发布报告，他争辩说，由于成千上万人参与了“曼哈顿计划”，一旦使用了原子弹，就不可能再对该项目进行保密。他认为，现在的情况是，“谣言正在引发危机，这种情况是爆炸性的”，如果不正式发布报告，以指导进一步的保密实践，“可能会形成态势严重的局面”。

相比之下，查德威克态度仍然很矛盾。他指出，“在美国，人们很难理解英国的问题”。他解释说，在英格兰，即使有这样一个大型项目，“我们也不会公布报告”，然后他提出了保密的关键问题：“我们应该在哪里划清界限？”他担心，《史密斯报告》最终会变得像一个侦探故事，充满了小暗示，且终会揭示很多东西。但科南特认为，无论如何，苏联会在3个月内弄清楚报告中的所有内容，如果他们不公布报告，最终会有更多信息被泄露出去。

史汀生表示，自从他在波茨坦会议上与苏联人接触以来，对他们的担忧日渐加剧。他现在怀疑能否与这样一个封闭的、秘密的、多疑的国家达成原子能国际控制协议，而且根据他自己的说法，他现在“比格罗夫斯将军更保守”。他进一步对苏联人是否有能力拼凑出完整信息表示怀疑。由于苏联人缺乏自由，“他们的生活方式必然比较悠闲”。查德威克最终认可，报告中的信息均是苏联人可在短时间内得到的，尽管他对发布报告的态度仍然很矛盾。格罗夫斯和科南特都指出，如果多家报社决定调查原子弹，那么将会出现从各种来源拼凑起来的 1 000 篇文章。格罗夫斯最后总结说，如果不公布报告，将会“引发一场科学之争，并最终会闹到美国国会去”。史汀生最后表示，当杜鲁门总统从欧洲回来，他们将就此问题请求他的指示。

第二天，史汀生在美国陆军部内部又召开了一次会议，会上不止一位官员强烈地反对出版相关事宜，但史汀生此时已经决定向杜鲁门总统建议发布报告。查德威克又发了一份备忘录，指出他们的困难在于如何“判断既满足普通公众对信息的渴求，又把握好知晓机密的人应披露信息的尺度”。他认为报告确实为“竞争者”提供了重要的信息，但也认为“给可能的竞争者提供的帮助并不像人们乍看到的那么多”。他的结论是，在需要花费 3~4 年时间的发展计划中，这份报告只能为有志于核事业的开发者节省大约 3 个月的工作时间。英国人最终还是同意，如果美国想公布报告，他们不会阻挠。

最后的决定将由杜鲁门做出。8 月 9 日上午，在轰炸长崎的消息传来前不久，一群“曼哈顿计划”的工作人员走进白宫椭圆形办公室。史汀生、格罗夫斯、布什、科南特、美国国务卿詹姆斯·贝尔纳斯以及史汀生的助理乔治·哈里森都打算游说杜鲁门总统批准报告发布。在漫长的辩论之后，最后的决定却是出人意料地平淡。在布什的回忆中，杜鲁门分别听完了支持和反对发布的论点后，坐回椅子上，盯着天花板。“我很遗憾自己必须做出这样的决定。”他稍作停顿，然后说，“批准发布报告，现在休会。”

8 月 11 日晚，原子弹轰炸长崎两天后，1 000 份油印的《史密斯报告》从五角大楼的保险柜中被取出，分发给美国国会议员、新闻界和“曼哈顿计划”各基地领导人。报告标题显得有些不够凝练:《在美国政府主持下的原子能军事应用发展概况，1940—1945 年》。在匆忙的发布过程中，所有人都忘了要在封页上加盖原定的标题印章“原子弹”，因此《史密斯报告》成了它事实上的标题。最后，只有一份报告加盖了实际的标题印章“原子弹”（如图 3-2 所示）。

新闻媒体从美国陆军部的新闻稿中得知，“本报告没有披露有关武器生产制造的必要军事机密”“为了最大限度地保障美国

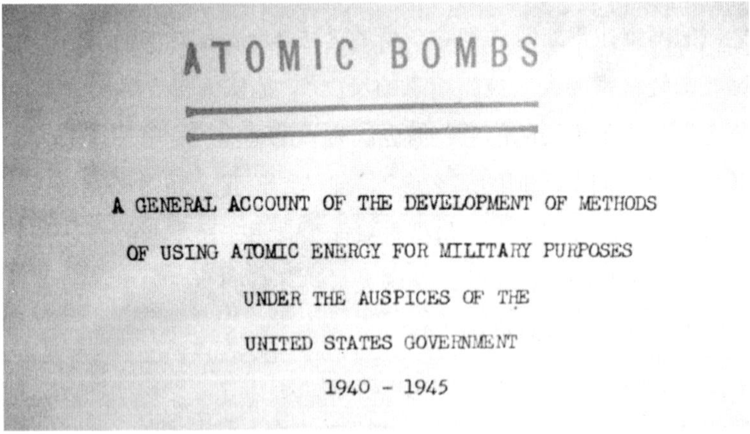
ATOMIC BOMBS

A GENERAL ACCOUNT OF THE DEVELOPMENT OF METHODS
OF USING ATOMIC ENERGY FOR MILITARY PURPOSES
UNDER THE AUSPICES OF THE
UNITED STATES GOVERNMENT
1940 - 1945

图 3-2　加盖了标题印章“原子弹”的版本

资料来源：美国国会图书馆，华盛顿特区。

利益，所有相关人员在此刻和将来的任何时候，都必须对本报告或美国陆军部发布的其他官方信息中未提及的所有科学和技术信息保密”。

转眼间，最初的1 000份报告被一抢而空，他们又很快加印了2 000份。9月，普林斯顿大学出版社发行了一个略经编辑的版本。该出版社出版了两种装订版，到1946年底卖出了超过10.3万册，总销售量超过12.5万册。该书在发行时没有版权限制，因而迅速地被翻译成各种语言，包括德语和俄语。在橡树岭、洛斯阿拉莫斯和汉福德售出了大约1.2万册，由于这些地方安全管理要求严格且地处偏远，需要特殊安排。物理学家赫伯特·约克当时是加州大学伯克利分校派到橡树岭协助电磁型同位素分离器操作的年轻人，他后来回忆说，他和科研伙伴们如饥似渴地研读了手中这唯一的油印本，渴望窥探“曼哈顿计划”的全景。此前，因为分隔式管理，他们根本无法获知项目的整体情况。他说：“可以跳着读各章节，我们都想看看书中内容，因为这就是我们所从事的工作，我们把整篇报告拆开，然后传来传去，来回传阅，阅读顺序完全随机！《史密斯报告》里囊括了所有信息，包括钚，还有伯克利，无所不包。”

苏联人也饶有兴趣地研读该报告。几年后，一位美国分析师仔细地阅读了俄文版《史密斯报告》，赞扬它的准确和详细。“编辑工作很出色。种种迹象表明，本书的技术编辑非常细致地研读了美国的版本……我认为其意义在于，我们有证据表明，至少有一位苏联技术人员对《史密斯报告》做了极为详细的审读，我们希望‘也许他们不会注意到’的一些参考文献，却根本没能逃过他们的法眼。”值得注意的是，一个处于保密要求边缘的释义项“反应堆中毒”，格罗夫斯曾允许在首版油印本中保留它，后来在普林斯顿大学出版社的版本中将其删除。“反应堆中毒”是一个技术问题，在汉福德反应堆的早期运行中造成了重大问题。苏联的译本中包含这句话，但他们声称自己的版本是基于普林斯顿大学出版社的版本，在分析师看来，这恰恰表明他们意识到了版本之间的差异。其实这种差异甚至可能引起他们对这一问题更为密切的关注。

《史密斯报告》在苏联国内也起到了帮助公众了解原子弹的作用。在斯大林时代，苏联官方对原子弹信息普遍保持缄默，对苏联公民来说，俄文版《史密斯报告》是少数几个可以获取原子弹信息的来源之一。后来的诺贝尔文学奖得主亚历山大·索尔仁尼琴在被转往古拉格监狱的途中阅读了报告，并在布提尔斯卡亚监狱就报告内容给对科学感兴趣的囚犯做了一场非正式的科学讲座。

总的来说，宣传策略似乎是在按照格罗夫斯希望的方式发挥作用。当然，也有一些泄密、猜测和问题。8 月 10 日，理查德·托尔曼给格罗夫斯发来一篇对《时代》周刊和《生活》杂志上有关原子弹文章的分析。《生活》杂志上的文章对原子弹设计进行了猜测，描绘了一个结构简单的枪式引爆武器，其中包含钚。托尔曼指出，“这与实际使用的枪式击发组件不太一样，可能只是一个靠谱的猜测”。另外，某位艺术家绘制了三一核试验塔的效果图，塔上面有一个球形的“小玩意”，托尔曼评价道，“也许太接近真实的东西，不算是一个好的猜测”。这不是很理想，但也没有实质性影响，尤其是没有迹象表明这些信息可以通过某种方式获得证实。同样，一些零星的信息也出现在其他出版物中，但总是零零散散，从未被确认或否认。

在格罗夫斯看来，关于原子弹的辐射影响，需要与不良宣传和恶意揣测做正面斗争。与《史密斯报告》一起发布的新闻稿指出，该报告补录了一则声明，广岛上空的爆炸点位被特意设置得很高，以使“所有的放射性物质都被上升的热空气柱带到空中，并无害地散布在一片很大的区域中”。但是到了 8 月底，美国报纸刊登了广岛和长崎的幸存者中出现辐射病和“放射性烧伤”的报道。8 月 25 日上午，格罗夫斯与橡树岭的外科医生查尔斯·雷亚中校进行了电话沟通。雷亚的结论是，这些报道“很有煽动效果”，报道称有人后来死于炸弹的“延迟型热烧伤”。在格罗夫斯看来，日本人是在故意编造故事，以博取同情。雷亚告诉格罗夫斯，他最好“找出发表煽动性言论的人”，但格罗夫斯认为，由于这些报告来自美国方面，甚至可能是由美国科学家撰写的，所以除了不予回应，实在别无他法。

洛斯阿拉莫斯的科学家多次向格罗夫斯保证，如果炸弹在高空引爆，放射性物质将不会成为问题。战争结束后，他立即安排多位科学家进入被轰炸的城市，以获取关于辐射影响的可靠数据。结果最终表明，科学家既对又错：这些城市不会长期“无法居住”，但辐射产生的影响比他们早期的模型所预测的更复杂，而且日本的各类症状报告均证实了辐射影响的存在。

在美国占领日本期间（1945—1949 年），麦克阿瑟将军领导的美军对日本国内出版的资料和可能被带出日本的资料都实施了严格审查。原子弹被视为特别敏感的话题，因为美国官员认为纠缠于此会激起日本对美国的敌意。在美国将控制权交还给日本后，关于广岛和长崎核爆影响及核辐射长期影响的实质性讨论在日本国内均被严格压制。但在后来，尤其是 1954 年发生“布拉沃”氢弹试验事故之后，日本作为“核受害者”的意识变得更加强烈，关于核爆炸影响的讨论声再起。

最终事实证明，“曼哈顿计划”所享有的保密效果良好的声誉，也只不过是宣传造势的结果。每份新闻稿中都强调这样一个事实，即很多内容都曾是不可言说的秘密。而且“曼哈顿计划”作为“战争中最隐蔽的秘密”的说法，本身就源于“曼哈顿计划”公共关系组织。在核爆广岛后不久，美国战时审查办公室主任拜伦·普莱斯在一份新闻稿中再次使用了“战争中最隐蔽的秘密”的说法，因为在美国发起核弹攻击之前，相关信息没有被（大量）泄露给媒体。几天后，美国陆军部的一份新闻稿进一步夸大了其采取的“非同寻常”的安全措施，并进一步宣称原子弹是“战争中最隐蔽的秘密”。成功保守原子弹秘密的热门新闻报道一时见诸各类报纸杂志。

这些对“秘密”的强调，部分是为了感谢新闻界此前能够自愿遵守审查条例，这对战后关于有效控制原子弹关键信息的讨论产生了深远的影响。具有讽刺意味的是，1945 年 11 月，格罗夫斯由于刊发各类赞扬保守秘密的文章，受到了陆军 G-2 部门的训斥，因为陆军部部长期奉行不得公开谈论军事情报或反间谍方法的政策。

宣传活动在把控舆论导向方面取得了极大的成功，但是未能保持一致性。虽然官方对原子弹的表述大多体现了格罗夫斯的意志，但在那几年也存在着一些彼此矛盾的叙述。其中既包括雅各布森对广岛不宜居住的描述，也有记者约翰·赫西在 1946 年 8 月于《纽约客》杂志上发表的、从广岛受害者角度做的扣人心弦的描述，还有美国军方和政界多位官员对原子弹“结束战争”的说法的质疑。后来，各方为“管理好”这段历史记录付出了诸多努力，这无疑表明格罗夫斯对舆论导向的控制并不那么严格。1947 年，格罗夫斯甚至还协助米高梅制片厂拍摄了一部关于“曼哈顿计划”的剧情片，故事充满了神话色彩，剧本还获得了美国军队的批准。

另外，在格罗夫斯真正关注的科技领域，新闻报道的深度挖掘反倒是没有泄露什么秘密。新闻报道达到了让全世界对原子弹印象深刻的目的，而《史密斯报告》确实提供了关于原子弹计划更全面的介绍——无论其正面或负面影响如何——美国所公布的信息量远超各方预期。

以当下的视角来看，宣传活动体现了理想主义和现实主义的奇特组合。《史密斯报告》的"前言"和"序言"实际上展现了这项工作的矛盾性质。由格罗夫斯签署的"前言"发出警告，"在不违反美国国家安全条例的情况下，目前可以向公众公布的所有相关科学信息均纳入本报告中"，而披露或接收额外信息的人将受到《1917年间谍法案》的惩罚。但在下一页，史密斯的"序言"则体现了自由民主制度中信息公开的价值："履行我们国家政策的最终责任在于其公民，他们只有在知情的情况下才能明智地履行这种责任。"乍看之下，这似乎是矛盾的，两个对立的概念——出于安全目的而限制信息，以及为实行民主决策而公布信息——可以在同一份报告中并列。

然而，正是这种将两个看似对立的概念合二为一的做法，使保密工作在战后和冷战时期得以存续。如果保密仅仅是为了限制，而没有充分地考虑到信息传播对美国政治理念和政策的重要影响，那么从长远来看，无论是保密工作，还是科学研究和言论自由都会妥协退步。但把它们并立兼顾，既能达到使保密工作与美国社会文化语境相适应的目的，也能使保密机构认同信息披露不失为一种较为有效的控制形式。因此，保密实践和信息公开形成了一体两面的结构，在既要安全又要民主的诉求中并立相合。这是一种势头强劲的趋势，而在"曼哈顿计划"之后，为管理这种趋势而出现的新机构将因保密工作的内在矛盾性而争斗不止。

第二部分
冷战时期的核保密制度

第四章

战后控制权之争，1944—1947 年

我所建议的措施可能看起来很激进且影响面很广，但我们正在应对的这个科学发现关乎极危险的自然力量，绝不可等闲视之。

——哈里 · S. 杜鲁门

1945 年 10 月 3 日于美国国会演讲

在日本投下原子弹，以及随后发布的信息，并没有完全解决保密问题，这个问题一直困扰着第二次世界大战末期的科学家、军事指挥人员和政策制定者。如果说有什么变化的话，那就是保密制度使问题复杂化了。保密与安全和科学之间会有怎样的关系呢？几乎所有参与“曼哈顿计划”的人都认为，一部分保密工作必然会持续进行，但大部分战时的保密工作都是临时性的。然而，一旦原子弹的存在广为人知，公众开始明白其可怕的力量，与其相关的利害关系就会急剧增加。始于战时保密制度下的讨论猝不及防地出现在美国国会大厅里和报纸的评论版上。各方一致同意，战后对原子弹的控制问题攸关美国国家安全。但是，由于各

方的核政策理念均不相同，并基于不同理念形成了几种彼此对立的未来愿景，各方对原子弹控制问题给出的答案也并不明确。

创建一个新的战后核机制带来了一些根本性问题，即保密制度在多大程度上能与美国的根本政策相适应，这些讨论在战争期间就已经开始了。作为战后规划的一部分，这些讨论由“曼哈顿计划”中兼任管理者的科学家和美国军方领导者共同推动。然而，美国国会希望按照他们自己的逻辑，创造一个全新的、颇为怪异的保密制度和原子能管理办法。同时，强大的行动者——特别是科学家罗伯特·奥本海默——将发动自己的幕后斗争，以期改变社会上日益强烈的保密心态，但这样做的成功概率非常小。

战时制订的战后控制计划

尽管在“曼哈顿计划”这个战时项目中，科学家对保密制度的未来进行了许多讨论，但只有少数科学家的观点能够被提交给最高决策层，因为大多数科学家受到格罗夫斯实施的分隔式管理和严格的层级指挥系统的限制。尼尔斯·玻尔就是这些科学家中的一员，这位国际著名的量子物理学家在 1943 年从纳粹占领的丹麦逃出来，后来作为英国代表团的成员来到洛斯阿拉莫斯工作，化名为“尼古拉斯·贝克”。玻尔在洛斯阿拉莫斯工作期间确实对原子弹做出了一些技术上的贡献，但他最具影响力的贡献是劝诫科学家，尤其是奥本海默，要思考他们工作所产生的长期影响。

玻尔担心的是苏联人。当苏联人得知自己被排除在原子弹这么大的秘密之外时，他们会怎么想？ 他们会不会干脆开始秘密地进行核军备竞赛？ 如何才能避免这种情况发生呢？ 1944 年夏，玻尔把他的一些想法汇集成文，围绕战后有必要达成的一系列国际协议，写了一份备忘录，旨在防范核军备竞赛的出现。玻尔在战时所做的这个早期建议，后来被称为“原子能国际控制”。

玻尔的备忘录盛赞战时的“曼哈顿计划”：“仅在几年前，原子弹还被视为科幻的梦想。此刻在美国某些最偏僻遥远的地区，在为保密而建立的伟大实验室中，梦想正在变为现实。”但他认为，在那里进行的研发没有什么秘密可以隐瞒。他收到了一位苏联同事的信件，在他看来，这意味着苏联人正在关注核裂变。对玻尔来说，不断向前就意味着要在盟国之间保持信息公开，无论是在战时，还是在战后。“因此，为了防止以保密的心态展开竞争，就需要在信息交流和工业发展（包括军事准备）的公开性方面做出让步，同时必须保证向所有伙伴提供补偿性的共同安全保障，以应对前所未有的危险，否则互通有无这一目标是难以想象的。”

与大多数参与“曼哈顿计划”的科学家相比，玻尔的声望使他更容易与政界高层建立起联系。通过这些联系，他曾在 1944 年 3 月试图说服英国首相丘吉尔，盟国之间需要彼此开放，但未获成功。他的老朋友，美国最高法院法官费利克斯·弗兰克福特对原子弹研制略有所闻，他出面为玻尔和罗斯福总统安排了一次会议。玻尔觉得这次会议进行得很顺利，向总统阐明了自己的观点，但事实证明，罗斯福总统在会议全程最关心的是弗兰克福特如何获知有关该项目的信息的。

玻尔可能是人们心目中最糟糕的科学大使：他是出了名的不谙世事，他的讲话也是出了名的难懂，而且玻尔认为语言与其说是一种说服他人的手段，不如说是一种经过精心考量的哲学思辨。因此，英国首相丘吉尔和罗斯福总统似乎都不理解他的意图这一点，并不令他惊讶。然而，他与罗斯福总统的会面确实引发了当年 9 月罗斯福总统与范内瓦·布什关于战后规划的对话，今天看来，这可能才是玻尔希望达到的目的。

无论是在研讨会上，还是在纸质媒体上，玻尔都在持续强调他的观点。他对未来的计划主要集中在国家之间应不受限制地进行科学和技术交流（保证“自由获取信息”），以防止未来的军备竞赛。他在1945年春写道，这样做将不仅使世界免受原子弹的戕害，还可以建立起国家之间交流的桥梁。这也许是一个天真的理想主义目标，但他所强调的“完全开放”的理念，将对日后为实现原子能国际控制所做的诸多努力产生深远影响。奥本海默极为认同玻尔的理念，正如我们后来所见，奥本海默在战后的数次关键场合践行了玻尔的理念。玻尔强调信息公开，他的设想是借由原子弹议题推动建立一个具有国际主义精神、不受约束、理想化的科学社区，并以此作为处理全球事务的典范。玻尔设想的科学社区直接站在为研制原子弹而奉行保密制度、各国互不信任的现实世界的对立面。

在由玻尔引发的、罗斯福总统和布什关于原子能国际控制的那场谈话之后，布什开始与詹姆斯·科南特就相关问题进行了长时间的讨论。1944年9月，布什和科南特给美国陆军部部长史汀生写了一份篇幅很长的备忘录，敦促他必须考虑原子弹在战争中投入使用之后，应采取何种正式行动。他们担心战后原子能的控制问题没有在最高层得到充分考虑。具体而言，他们担心使用原子弹后的信息传播，认为战后应立即在美国国内推行原子能相关的立法，并考虑原子能的国际控制等问题。保密是他们争论的核心，因为它代表着当前的状态，这在战时是可以接受的，但在和平时期则是“相当不可能”，而且是徒劳的。“在未来5年内，这种技术和科学的进步在一些国家必然会非常迅速，如果美国政府认为通过对现有知识加以保密，我们就能获得安全，这样的想法非常危险。”一个多星期后，他们又写了一份备忘录，扩大了主题。其中指出，美国的核优势只是暂时的，保持完全保密是不可能的，而部分保密将导致国际军备竞赛的发生。他们总结说："对此事有基本了解的人广布于世……试图通过保密来维护我们的安全是愚蠢的。"

布什和科南特在给史汀生的备忘录中加入了一份冗长的"补充备忘录"，讨论了核武器未来的军事潜力以及他们认为战后"国际信息交流"会是什么样子。他们有意描绘了一幅"可怕的画面"：原子弹威胁着所有国家的生存，而未来出现百万吨级"超级炸弹"（氢弹）的可能性意味着"除非有人提议将所有的城市和工厂置于地下，或者相信防空防御系统能够真正地确保敌人的飞机或导弹无法侵入脆弱地区的上空，那么未来世界的每个人口聚集区都会受到先发制人的敌人的摆布"。

布什和科南特表示，任何充分工业化的国家都可以制造原子弹，而且现在美国已经展示了哪些方法是可行的，后来者肯定会更容易做到。"危险的是，如果国家之间彼此保密，我们将永远无从知晓情况是否确实如此。"美国可能因此深陷于敌人无力报复的危险错觉之中。唯一的解决办法是自由交换信息，完全放弃保密，这与玻尔倡导的开放理念非常相似。联合国将必须协调这项活动，所有国家将承诺"所有的科学家将无偿贡献出他们的成果"。联合国代表将被允许自由出入所有成员国的所有技术设施布区。布什和科南特认识到，这不仅会遭到苏联的"激烈反对"，也会遭到美国业界代表的反对，他们会认识到这种开放性将适用于所有的保密，包括贸易保密。不过，布什和科南特认为这些问题是可以克服的，因为所有人都会拜服于"在地平线上冉冉升起的新武器的巨大威力"。

布什和科南特确实激起了史汀生对战后问题的兴趣，史汀生本人也确信需要考虑某种形式的原子能国际控制。但是，由于战争中发生的其他事情，要在这一方面得出结果需花费很长时间。

直到 1945 年 5 月罗斯福总统去世后，史汀生才最终成立临时过渡委员会来研究这些问题。尽管史汀生向杜鲁门简要汇报了有关原子能国际控制的大致计划，这也是杜鲁门在波茨坦会议上向斯大林间接提及该项目的原因之一（殊不知，斯大林的间谍早在杜鲁门知道这项工作之前就已经知晓了），但彼时战争仍在进行，具体相关工作尚未起步。

值得再次强调的是，玻尔、布什和科南特在原子能国际控制方面的立场非常激进，而他们竟然能够在美国政府高层获得支持，这确实令人印象深刻。他们的论点是，一项新技术的诞生——原子弹——意味着世界格局的重塑。国际政治和工业惯例都将不得不彻底地改变。苏联必须开放接受检查，否则就会被淘汰。在玻尔、布什和科南特的想象中，战争可能终结人类文明，他们担心保密可能会把这样的恐惧变成现实。但就原子能国际控制制定实际政策必将困难重重。在战后，布什就此事直接写信给杜鲁门，强调他们面对着极为艰难、严酷的抉择。只有“两条路”可选：“国际合作”或“原子能的秘密军备竞赛”，而后者可能导致“一个苦难的世界”。他最后说：“两条道路都布满荆棘，但我们生活在一个新的世界里，必须做出选择。”

当布什和科南特就原子能的国际控制问题游说史汀生时，他们也在考虑原子能的国内控制问题，即在和平时期如何处置“曼哈顿计划”的成果。如何发展一个新的原子能工业成了一个问题。其在战时是由美国军方通过“黑色预算”实施管理，没有美国国会的监督，并且完全聚焦于第一批原子弹的制造和使用这类短期问题。那么在和平时期，什么样的组织应该接管这项工作，在什么基础上接管？在建立和平时期的组织和战争结束的过渡期间会发生什么？他们认为，权力交接过程中的一切延宕都会导致不确定性，并可能带来风险。他们不希望曼哈顿工程师管理区继续存在，但事实证明，要找到一个替代方案很困难。

大约在核爆广岛的一年前，科南特撰写了一份战后法案的初稿，意在设立一个由 12 人组成的“原子能委员会”。科南特与科学研究和发展办公室的秘书欧文·斯图尔特合作完成该草案，提议将“原子能委员会”的性质定为一半为公共卫生监管机构，一半为核研究和发展的资助管理机构。这个看起来稚嫩的机构——由 5 名科学家或工程师、3 名“其他非军方人士”、两名陆军军官和两名海军军官组成——将有权监管与核裂变有关的试验，尽管上级的指示是“在该机构认为符合美国国家福祉的情况下尽量不干预正常的科学研究”。该草案没有提到保密问题，但是希望通过扩大专利控制范围来监管原子能。斯图尔特在给布什的一份备忘录中写道：“在专利方面，该草案已达到极限。该草案不仅试图将所有未确定的权利集中于本委员会，而且将杜绝该领域在未来任何时候产生任何私人权利的可能性。”

布什、科南特和斯图尔特的进一步讨论，聚焦于非官方研究人员在不受监督的情况下进行放射性或裂变物质实验可能造成的公共健康危害。非官方科学家创建他们自己的实验室反应堆，有可能产生大量的中子，甚至发生熔毁事故，而“大学里过度热情的和没有受过良好训练的物理学家”的各种做法会产生安全威胁，这必然需要实施“严厉的监管”。此外，他们开始意识到这是一个独特的监管问题，超出了简单的科学研究工作经费管理的范畴，因为核裂变是一门“新的艺术，其潜力无法估量”，科南特做了这样的记录。他们于 1944 年 9 月将这些建议呈报给了史汀生。此事一直被搁置，直到 1945 年春，史汀生授权成立临时过渡委员会。

1945年6月，临时过渡委员会任命肯尼思·罗亚尔准将和威廉·马伯里，两人都是在美国陆军部工作的经验丰富的律师，负责起草一个新版的“战后控制委员会”法案，并且根据范内瓦·布什的建议，该委员会将不是一个“运营机构”，而是一个“政策和管制机构，将根据合同开展业务”。换句话说，该机构获得资金的模式类似于布什的科学研究和发展办公室，并将明确地与布什在1945年7月完成的报告《科学：无尽的前沿》中提出设立的战后国家研究基金会相匹配。它不是曼哈顿工程师管理区的延伸，因为它享有自成一派的全面控制权和涵盖范围广泛的保密性质。

《罗亚尔-马伯里原子能法案（草案）》的初稿于1945年7月18日定稿，即“三一核试验”两天之后。该草案提议，设立一个类似科南特最初建议的9人原子能委员会，但大大增加其权力。该委员会被授予全面监督权，并指导“与原子研究、原子裂变以及核能释放相关的所有事项”。该委员会将对所有含可裂变材料的矿石和可以生产裂变材料的所有手段实施监控管理，并规定总统有权征用和征收包括专利权在内的，他认为“由委员会使用必要且适当的”任何财产。该委员会获准为相关研究提供资金，并为非政府实体（承包商）的研究颁发许可证，该草案将规定“任何未经委员会同意并在其指导和监督下进行的有关核能释放的原子研究或试验均属非法”。该委员会还获授权制定和管理安全条例，“管理与原子研究和核能释放有关或相关的所有信息、数据、文件、设备和材料的收集、传播、出版、传输和交流”。任何违反该法案内容的行为都可能招致最高10 000美元的罚款，最高10年的监禁，或二者叠加。

这并不是布什或科南特所预想的管理方式。它比曼哈顿工程师管理区更有秩序，但仍然对科学研究具有巨大的管理权。布什担心该委员会“所提要求超过其必要性”。在布什的心目中，该委员会应该像是美国食品药品监督管理局与科学研究和发展办公室的结合体，而非军事霸主。他认为，美国国会不会授予该委员会“全面且不受限制的权力”。至于该草案赋予委员会控制所有原子能研究信息的广泛权力，布什认为，“毫无疑问，目前步子迈得太大，而且无法执行”。委员会当然应该控制该机构下辖工厂的各项信息和它所承接工作的相关信息，还应控制与军事装置的各类成果直接相关的信息，但在此范围之外的信息，布什并不确定。核科学中长期保密的问题仍然困扰着他，而且他“相当确信，如本节内容所示，任何试图实施全面控制的尝试都是徒劳的”。

布什向临时过渡委员会表示，他认为“草案中的审查和安全条款覆盖面过于广泛”。他建议，对信息的监管应仅限于“危及美国国家安全”的内容，并要求该委员会制定详细的规则来贯彻这一基本原则。临时过渡委员会“总体同意”，并补充“如果对出版物的限制收得过紧，美国可能会失去在该领域的优势”。

草案的修订持续进行着，但现在负责编辑工作的罗亚尔对改变“该文件的基本思路”不感兴趣了。不过到了第三稿时，委员会“限制言论和出版自由”的广泛控制权已被大大地压缩，范围限制在“个人通过官方职责或在受雇用期间获得的机密知识”。罗亚尔本人向委员会提出如下问题：“如果有人独立开发出了与项目相关的方法或流程，或者有人通过征用或购买的方式获得了相关信息，是否可以禁止此人向其他人披露这些信息？”在这一点上，草案的保密限制范围仅限于“此类人员因其官方职责或受雇于委员会、承包商，以及其他政府或私人雇主的过程中所拥有的信息”。这种约束对科南特来说还是太过分，他抨击了这些限制：

> 在我看来，我们最大的目标是通过这一严厉的规定，确保在委员会管理下获得的所有信息得到有效管控，也包含所有有关原子弹的制造或我们现有工厂的建设与运行方面的信息。委员会对在其成立之前获得的任何科学或技术信息不应拥有管辖权。为了此类信息的安全，美国政府将不得不援引其他针对秘密的战时研究的限制性手段。

这些限制在美国国会、法院都会遇到麻烦，而且批评方提出的还是“科学性意见”。但有趣的是，科南特也认为保密限制会导致不必要的问题出现，“因为无论如何都会有人提议公布这些信息”。

在广岛核爆炸当天发出的信息中，格罗夫斯的两名法律助理进一步做出判断：任何试图将限制范围或惩罚范围扩大到委员会或其承包商雇用的人员以外的行为，“都不可能通过、难以执行，而且只会引起美国国会毫无意义的敌意”。罗亚尔不愿意改变对该安全条例的强硬立场，这让格罗夫斯的律师感到沮丧，他们坚持认为安全条例有“非常严重的缺陷”，但他们直接向罗亚尔提起修改意见可能“并不合适且没有成效”。该条例另一个主要缺陷是，只有在能够证明非法传递信息的行为“意图危害美国利益”时，才能对其加以惩罚。格罗夫斯的律师建议增加“或促进其他国家获取利益”的表述，作为与《1917 年间谍法案》相一致的额外检查。

当布什在科学研究和发展办公室的总法律顾问终于有机会读到该立法草案时，他认为“起草得非常好”，但不知道法案是否应该能具备这样的极端权力。他问布什：“是否有必要将我们国家的核心管理方式‘三权分立、权力制衡’置之不理？”“那些控制这种新能源的人因其职能的性质而拥有巨大的权力，几近享有超国家特权，这难道还不够吗？”这仅是在广岛核爆炸的第二天，但这些讨论不再是私下进行的了。

即使是格罗夫斯的律师也对罗亚尔所提的扩张性措施感到吃惊，而科学家则对这些措施感到恐惧，他们准确地将其解读为战时权力在战后的延伸。布什和科南特认为，原子弹可能改变世界秩序，但绝不能因此放弃美国国家管理的核心原则——三权分立、权力制衡。但是，给拥有革命性力量的原子弹赋予如此高的权重是很危险的，因为这相当于拥有了对整个国家的生杀大权，这为各种影响深远的激进政策提供了依据。

关于战后保密工作的讨论仍在继续，此时格罗夫斯也在谋求以一种独特的方法实现美国的原子垄断。对格罗夫斯来说，关键不在于控制信息，因为信息可能会泄露或被间谍窃取。他想控制的是铀。如果不能获得大量的铀储备，就不会有浓缩铀，也不会有反应堆。在战争期间，格罗夫斯鼓励进行秘密而全面的搜寻工作，以确定世界上所有已知的铀（和钍）储备情况，并通过秘密合同和协议，确保英美联合发展信托公司对它们进行控制。到战争结束时，他确信美国的垄断权将延续到未来几十年。据当时所知的情况，苏联的铀储量非常少，而格罗夫斯确保了最好的铀原料供应是属于美国的。这也许可以解释为什么一个将保密视为工作核心的人，更倾向于接受原子能国内或国际控制的举措，而且还明显放松了对保密工作的管理。

“限制性数据”与《1946 年原子能法案》

截至 1945 年 9 月，《罗亚尔–马伯里原子能法案（草案）》的终稿已经准备就绪，与之前的几个草案相比，只做了一些小的修改。布什和科南特仍持保留意见，他们认为法律即使有缺陷，也可以修改；但如果根本没有法律，可能就会导致灾难发生。他们的一些犹豫未决之处确实改变了最终草案。在草案的安全规定部分，现在明确仅适用于受雇于委员会的人，而不适用于在原子能领域进行思考的科学家，而且对安全信息披露的惩罚也变得不那么严厉（没有伤害意图或没有严重过失的信息披露只处以 500 美元的罚款，和 / 或 30 天的监禁；相反，那些意图伤害美国而泄露信息的人则可被处以最高 10 000 美元罚款和 30 年监禁）。这仍然是一个全面的法案，赋予原子能委员会事实上的和法律上的控制所有原子能科学研究的权力。尽管草案明确指示委员会只对“非营利性的研究实验室”所做的小规模工作加以最低限度的干预。

此时，该草案早已不在科学家和军事律师所能接触的层面了。由于美国副国务卿迪安·艾奇逊担心该草案会对国际原子能控制谈判造成不良影响，所以在 9 月故意将它搁置。美国国会议员都想抓住这次机会，在立法进程中掺进自己的意图。而这些小动作都被新任美国陆军部部长罗伯特·帕特森（史汀生已经退休）阻止了。新兴的“科学家运动”组织由“曼哈顿计划”的退伍军人组成，他们刚从保密管理中解脱出来，而他们的参政意识也由此受到激发，听闻《罗亚尔–马伯里原子能法案（草案）》中有更令人不快的内容，他们开始组织强大的游说活动来反对它。他们的广告委员会的首要宗旨就是强调“没有秘密”。

1945 年 10 月 3 日，在杜鲁门总统与英国和加拿大讨论原子能国际控制问题之前，白宫发表了一份声明。杜鲁门总统赞扬原子弹起到了结束战争的作用，他还表示，这种武器可能被证明比车轮的发明更具革命性。他敦促美国国会遵循《罗亚尔－马伯里原子能法案（草案）》的思路完成立法，并据此建立一个具有强大监管和控制权力的原子能委员会："我们正在应对的这个科学发现关乎极危险的自然力量，绝不可等闲视之。"

与杜鲁门总统的声明相配合的，是美国众议院军事事务委员会主席安德鲁·杰克逊·梅向美国众议院提交的一份略经修改的《罗亚尔－马伯里原子能法案（草案）》，参议院参议员埃德文·约翰逊也提交了一份相同的草案。从那时起，该草案被称为《梅－约翰逊法案（草案）》，梅计划在该草案进入立法进程后一周内就举行立法听证会。尽管他们不断催促要快马加鞭地开展工作，但这并不是一个快速的过程。

《梅－约翰逊法案（草案）》赋予原子能委员会极大的权力，以制定"一切由个人收集、分类、传播、出版、传输、处理和通信"的与核裂变或原子能有关的信息、数据、文件、设备和材料的安全法规，只要这些信息以某种方式与官方管理的科学研究或与大规模的核试验有关。任何违反安全规定的行为都可能受到惩罚，而且不需要经由听证或刑事起诉法律程序。美国政府的工作人员会面临的最轻惩罚为解职，如果故意违反规定或严重渎职，加处罚金 500~10 000 美元和 / 或 5 年监禁。任何将秘密信息（无论如何获得）传递给未经授权的人，并"意图危害美国国家利益"，或有理由相信其行为将导致这种危险发生的人，将面临最高 30 万美元罚款和 / 或 30 年监禁。

事实证明，听证会争议很大，困难重重。许多与"曼哈顿计划"有关的人士都参与了立法进程，谈论该草案的价值。支持方的普遍论点是，它是由了解这项工作并关注科学家工作方法的人拟成的。格罗夫斯进一步表示，如果美国国会拖延，将对美国的地位造成“无法弥补的损害”：“如果此事失控，我们就是在逼着美国自我毁灭。”所有人都强调，原子能需要在法律管理上实施极致的控制。正如科南特所说：“这是一项特别的法案，是在特殊情况下制定的。先生们，我们当前处理的问题前所未见、极不寻常、意义重大，我个人认为，我们有理由成立一个拥有同样非凡权力的委员会。”

保密问题在美国国会的证词中占据了重要地位。对战时保密工作重要性的强调使议员以为战时的工作是为了保守秘密，而不是为了实现大规模的科研、军事和工业合作。几位众议员公开哀叹，原子弹的宝贵秘密可能会因为这项立法而被泄露。格罗夫斯试图打消议员们关于秘密可以被保守住的想法。“最大的秘密其实是我们无法沉默以对的东西，事实就是，这个东西已经爆炸并昭然于世了。”原子弹已成事实，“对整个世界和全世界的物理学家和科学家来说，一切不言自明”。

在军事事务委员会上，格罗夫斯将“曼哈顿计划”的“秘密”分为三类：第一类，是既定的科学事实，“那些根本就不是秘密”，只是《史密斯报告》所包含的内容；第二类，是超出这些信息的科学发展成果，其中大部分属于应用而非基础科学领域，这些是其他国家可以复制的，但需要投入时间和资金；第三类，对格罗夫斯来说是最重要的，那就是工业技术。它是科学知识的实际应用、管理实践和各种解决之道（“关键技术”）的组合。格罗夫斯强调，美国处于领先地位，并可能在未来一段时间内保持这种地位，但不应满足或固守成就。仅靠保密并不能保证安全，美国的军事优势不能依靠目前对原子弹的垄断维持。正如格罗夫斯所强调的：“这是一个无法守住的秘密，只是时间问题。”值得强调的是，与那些将秘密奉为图腾的人和那些彻底否定保密的人相比，格罗夫斯此番关于保密的表述显得非常中肯且细致入微，这迥异于人们一贯以来所认知的那个格罗夫斯。

与此同时，新生的“科学家运动”声势高涨。其成员抱着对战时分隔式管理的不满之情解读该法案。他们认为格罗夫斯试图将军事管理的那一套方式延续到战后。格罗夫斯负责了一个项目，该项目导致两座城市毁灭，而它没有受到任何有实质意义的民主监督。在许多参与其中的科学家看来，该项目抑制了正常的科学研究，同时将几乎所有科学家排除在决策之外。他们绝不允许这套做法无限期地延续下去。科学家开始组织起来，进行宣传和游说活动。他们希望举行新的听证会，允许那些没有参与实际投弹的人出庭作证；他们希望通过一个法案，维护科学研究的自由，不允许军方为其暴力目的垄断原子能。

《梅-约翰逊法案（草案）》的首次听证会原本只安排了一天，但美国国会的关注和科学界的游说让听证会不得不增加了一天，又有更多的反对意见被提了出来。甚至利奥·西拉德也有机会提出反对意见。虽然有点儿漫无边际，但他还是表达了自己的观点：保密是毫无意义的，分隔式管理会产生反作用。一半的保密内容可以制造出原子弹，而剩下的一半内容则在《史密斯报告》中。甚至连阿瑟·康普顿似乎也多少有些同意西拉德的意见：维护美国卓越地位的最好办法是保持领先，而不能倚仗保密。

罗伯特·奥本海默对此提出了反对意见，他主张应毫无保留地支持《梅-约翰逊法案（草案）》，因为他认为该草案建立了一个决策框架，而不是试图制定最终政策，因为依据草案将要设立的委员会才是最终政策的仲裁者。他指出，科学家会反对任何试图监管他们的草案。“科学家不习惯被控制，也不习惯被管制，他们有充分的理由厌恶这种管制，因为科学的本质是给予个人一定的自由去发明、思考，并以他所知道的最佳方式推动科学发展。”

对《梅-约翰逊法案（草案）》的批评越来越多。美国国会议员因在该草案起草的过程中无法介入而感到不满，而且该草案除了要求提供资金，没有给予美国国会介入国家原子能计划的机会。各个参与作证的人士休想一边告诉议员原子能是世界上最重要的东西，一边不赋予议员任何管理权或监督权。美国国会曾被排除在“曼哈顿计划”之外，但绝不接受今后一直被排除在外。

在1945年的最后几个月里，关于原子能国内控制的问题仍在酝酿发酵。《梅－约翰逊法案（草案）》的倡导者竭力推进该草案，但原子能立法的焦点已经转移到参议院。最初希望迅速地解决原子能政策的想法已经破灭。杜鲁门本人在意识到该委员会将在很大程度上独立于总统管理之后，撤回了对该草案的支持。尽管他签署了一份关于原子能管理可以超越“通常概念”的声明，但试图将总统的权力让渡给一个美国联邦机构实在是一个十分过分的举措。此时《梅－约翰逊法案（草案）》已基本失败。

1945年11月，来自康涅狄格州的参议员布莱恩·麦克马洪被任命为美国参议院特别委员会的负责人，该委员会将接手《梅－约翰逊法案（草案）》的修订工作，重新考虑原子能的问题。麦克马洪完全不懂原子能事务，他争取这个职位是因为可以获得权力。他利用了詹姆斯·纽曼的专业知识。纽曼是数学家，也是战争动员和重建办公室的律师，他对公共管理和科技事务了解广泛。纽曼在阻止《梅－约翰逊法案（草案）》立法的过程中发挥了关键作用，而且已产生了替代草案的构想。纽曼的第一个建议是打消快速地完成立法的想法，转而提议进行“自我教育”。他要确保麦克马洪的参议院特别委员会全体成员，特别是麦克马洪本人，熟谙议题内容。他们任命物理学家爱德华·康顿来牵头负责这项教育工作，他是唯一一位因战争期间过度保密而离开洛斯阿拉莫斯的科学家，最近被任命为美国国家标准局局长。康顿的加入对格罗夫斯来说是个重大威胁。康顿和西拉德一样，是格罗夫斯眼中的不满分子。在战争期间，格罗夫斯甚至“出于安全利益的考虑”而收缴了康顿的护照，因为当时康顿想参加在苏联举行的科学会议。让他担任参议院委员会的顾问，必然会造成该委员会对格罗夫斯产生敌意，而格罗夫斯必然也会横眉冷对。

参议院委员会的成员接受指导，研读了《史密斯报告》，并参观了“曼哈顿计划”在田纳西的设施。为了全面了解原子弹计划，委员会要求格罗夫斯提供一些关于裂变材料储存和生产的机密信息。纽曼和康顿在给麦克马洪的信中写道：“如果不掌握事实，任何委员会都无法向美国国会提交报告或权衡立法问题。”他们敦促麦克马洪，要防止格罗夫斯以事关高度机密性信息为由提出抗议。格罗夫斯认为这些信息具备重大军事意义，例如，如果苏联知道美国的核武库其实规模不大，必然会对战后欧洲不断变化的局势产生重大影响（苏联人可能确实知道，但格罗夫斯并未意识到这一点）。参议院委员会只向格罗夫斯保证，这些信息将依照保密制度处理。凡此种种让格罗夫斯明白，他不喜欢，更不信任康顿、西拉德以及那些攻击《梅–约翰逊法案（草案）》的科学家。

格罗夫斯鼓动美国陆军部部长帕特森与杜鲁门总统和贝尔纳斯讨论此事，“以期说服参议院委员会接受涉核问题的各种限制。此外，专门提供给参议员的信息和提供给该委员会委员的信息之间应该有明确界限”。帕特森将格罗夫斯的想法转达给贝尔纳斯，并表示他认同该想法，委员会所要求的信息“对美国的安全极为关键”。帕特森认为，格罗夫斯仍在根据罗斯福总统签署的命令行事，“不透露任何具有军事重要性的信息”，并建议杜鲁门总统应保持该命令的有效性。

而纽曼和康顿认为，格罗夫斯已经越权，陆军部不享有拒绝向参议院委员会提供绝密信息的法定权力。此次参议院和美国陆军部部长的权属之争闹到了杜鲁门总统那里。杜鲁门总统支持做好保密工作，不过他指出，如果参议院委员会有意获得某些事实，他也难以阻止。

麦克马洪委员会的听证会在1945年的最后几周举行，相比《梅-约翰逊法案（草案）》听证会期间的喧嚣，此次听证会显得云淡风轻。麦克马洪与纽曼等人合作，试图制定一个与《梅-约翰逊法案（草案）》对比强烈的草案，既能体现美国科学家的关切，又要体现不同于美国军方的理念。12月20日，麦克马洪提交了他的草案，该草案主要由纽曼和另外两名律师起草。

《麦克马洪法案（草案）》在某些方面与《梅-约翰逊法案（草案）》相似，不过语言表述多是希望与进步，而非限制与控制。该法案的制定者重点强调“非军方的管控”，以此与《梅-约翰逊法案（草案）》的军方管控形成对比。但《麦克马洪法案（草案）》所设想的原子能委员会仍然是一个强大的实体。它将原子能设想为一个国有工业，正如纽曼后来所说，就像是“在自由的资本主义经济中的一个社会主义孤岛”。它享有控制裂变材料的极致权力，但其权力受总统限制。尽管原子能委员会享有可扩大的权力，但在保密管理领域，委员会持自由宽松的态度，其措辞强调科学研究和自由传播知识的重要性，而将安全和控制放在次要位置。

在国会审议的最初版本中，只有一节涉及保密问题，标题为“信息的传播”。它规定“基本科学信息”可以自由传播，并明确这一特定术语仅指“已完成的”成果，而不是“完成这些成果的技术”。尽管该草案并未完全使用相关术语，但对基础科学领域和应用科学领域做了法律区分。该委员会还将“在符合总统制定的外交和美国国内政策的情况下，以最大的自由度传播相关技术信息”，并有权指定某些信息可以自由传播，只要相关信息不构成《1917 年间谍法案》所规定的威胁国家安全的情况。该草案展现了支持自由传播科学知识的立场，而且不认可核信息与《1917 年间谍法案》规定范围内的其他信息具有不同性质，是一种体现着自由主义精神的保密方法。其实该法案完全没有提到保密问题，而只是谈到了促进科学研究和发展，“维护世界和平”，以及传播（而不是限制）科学信息。需要再次指出的是，该法案刻意与《梅-约翰逊法案（草案）》保持极端对立。

《麦克马洪法案（草案）》的听证会耗尽了 1946 年的春天，听证会的全部文件包括几百页的美国参议院公开证词和多卷尚未解密的、记录了非公开高层会议内容的卷宗（这些材料从未被公布）。格罗夫斯总是担心秘密信息会随着证词泄露出去。冗长的听证会，特别是那些以憎恨保密的证人为主角的听证会，似乎是泄密的一个关键原因。格罗夫斯惴惴不安，他最担心的事情，即“曼哈顿计划”被彻底地颠覆，正在变为现实。更糟糕的是，如果在他的眼皮底下发生任何安全问题，就会成为美国军方被排除在国内控制力量之外的理由。格罗夫斯的一位副手在 1946 年 2 月报告说：

> 本办公室每天都会收到大量信息，它们均表明，与“曼哈顿计划”无关的军事和海军人员，几乎完全没有意识到某些与原子弹有关的信息仍属机密。这种态度如不能迅速地纠正，必将导致严重的安全事故。这也应引起我们对曼哈顿工程师管理区的反思，以做好原子弹相关信息的管理工作。

格罗夫斯需要赢得一场稳胜的比赛。2 月 16 日，突然有消息传来，有 22 人因向苏联传递原子弹秘密情报而在加拿大被捕。“加拿大原子间谍”案是第一个被曝出来的此类案件，它凸显了“秘密”的存在而且已经有泄密事件发生。美国国会的态度发生了迅速转变，面对苏联人正在极力寻求秘密的证据，麦克马洪委员会重拾了保密的老套路。有理由相信，关于苏联间谍团伙的消息是由格罗夫斯本人泄露给媒体的。如果人们真的相信格罗夫斯认为保密极其重要，这实在太具讽刺意味了，但我们从中也看出他深谙适时发布信息之道。

两天后，格罗夫斯在给陆军部部长的一封信中指出，麦克马洪委员会的所作所为已造成安全事故。他批评说："一些参与到研究保障措施和控制措施中的科学家仍与目前敦促放松安全管理规则的团体紧密地联系在一起。""这些科学家认为，如果允许他们与同事讨论所涉及的技术问题，该委员会的工作就能取得最好的结果……简言之，曼哈顿工程师管理区的最高机密现在已为多人所知，而我们对这些人基本上没有控制权或管辖权。"正如格罗夫斯所称，参与"科学家运动"的多是"曼哈顿计划"的基层科研人员，意欲破坏安全规定，以推进自己的反保密意识形态。"他们的计划是，如果人人都开始谈论他们所掌握的技术知识，美国军队就不能把每个人都关进监狱。"格罗夫斯提出了自己的意见，解决方案就是加强现有的限制，这些观点被纳入了杜鲁门总统的一份备忘录（由格罗夫斯撰写），敦促在建立一个真正的战后机构之前，继续做好保密工作并维持美国陆军部在信息控制管理方面的最高地位。

2月底，格罗夫斯两次出席麦克马洪委员会的会议，一次在非公开状态下，一次是公开的。在非公开会议上，格罗夫斯强调了"加拿大原子间谍"案的泄密问题，这显然给委员会的保守派成员留下了深刻印象。在公开听证会上，格罗夫斯展现了自己的自我定位：在安全方面很强硬，但在科学发布方面很自由。他表示对《麦克马洪法案（草案）》中的安全条款缺乏信心。他同时指出，自己已经准备了健全的解密政策，该政策由顶级项目科学家起草（在本章后半部分讨论），其努力方向就是让新的阿贡国家实验室可以在不保密的状态下开展研究。麦克马洪并没有隐瞒自己的对立情绪，他贬低了格罗夫斯在军队中的职业发展历程。但麦克马洪看起来很绝望，而格罗夫斯则显得态度温和。格罗夫斯注重安全和自由，丝毫没有那种受意识形态驱遣的狂妄姿态。

在参议院委员会闭门会议上，《麦克马洪法案（草案）》开始在一些关键方面发生变化。该草案中原有的诸多对科学家很有吸引力的内容，如消除美国军队影响，在一系列的修正更改之后均被删除。最引人注目的是，由于参议院委员会努力地迎合新增的安全条例，与科学信息有关的条款均被大幅修改。

当年 3 月和 4 月，该草案中“信息传播”的部分内容发生了重大变化。最明显的变化是将该部分的标题更名为“信息管控”，这标志着管理方法发生了巨大变化。新草案将允许美国军方在委员会的批准下，制定有关“原子弹和原子能的其他军事应用”信息传播的法规。这本质上就是《梅－约翰逊法案（草案）》所采取的方法，只是新草案要求此类规定皆须由总统批准。同时，惩罚力度也加大了，对任何有意伤害美国或为其他国家谋取利益的人，可处以最高 20 000 美元罚款和 / 或 20 年监禁。麦克马洪委员会在关于该法案的说明中多次指出，他们最初的想法，即通过“基础科学”和“应用科学”的分类方法来决定什么应该保密，其实已经被“曼哈顿计划”的科学家否定了，因为核技术具有复杂的双重用途，而且两种分类方法有重叠部分。

4 月初，麦克马洪委员会成员对原子能委员会如何在不违反美国宪法第一修正案言论自由条款的情况下，做好原子弹秘密的管控工作表示关切。4 月 11 日，为了解决这个问题，麦克马洪委员会拟就了一个新的草案，对原来的“信息管控”部分做了彻底的修改。草案作者采用了詹姆斯·纽曼在此前制定草案时喜欢使用的立法技巧，即创造一个新的法律术语，划定该术语的范围，然后指出麦克马洪委员会将对该术语拥有各项权力。针对当前草案，他们创造了一个名为“限制性数据”的新信息类别。限制性数据被定义为“有关制造或利用原子能武器、生产裂变材料或使用裂变材料产出能量的所有数据”。

这个看似简单的定义其实覆盖面非常宽泛：该草案中涉及的秘密是由其性质决定的，而不是由某项法规决定的，这使得它们与美国的其他秘密都不同。例如，当一个获得授权的定密人员确定一份文件是“绝密”时，定密人要对信息的潜在危害做出判断，并以保密印章的形式表明其判断。而在限制性数据的情况下，信息要么在限制性数据的定义范围之内，要么不在，信息可能带来的危害与此没有关系。而且限制性数据涵盖所有数据，不受其他因素限制，该法规明确规定核武器信息为“天生机密”，无论新信息来自何人何处。在美国，从未有其他关于保密的法规被定义得如此宽泛。

随后，原子能委员会的主要信息管理职责被重新定义为“保证共同防御和以安全的方式控制限制性数据的传播”，可对处理不当的行为施加严厉处罚。委员会还可以从限制性数据类别中删除信息，只要认定该信息的发布“不会对共同防御和美国国家安全产生不利影响”。因此，原子能委员会不能合法地制造秘密，而只能发布秘密。这是一种极不寻常的法律建构，迥异于美国在此之前所有的保密政策法规。

这种不寻常的法律建构背后有何逻辑？麦克马洪后来向总

统报告说，参议院委员会增加了这些具体的安全条款，是因为他们依据司法解释发现，《1917 年间谍法案》只适用于与文件相关的间谍犯罪，却不适用于信息传递方面的间谍犯罪。对需要受到保护的高危信息，比如“有关原子弹的绝密信息”来说，《1917 年间谍法案》被认为太软弱无力，而这些高危信息可能以多种形式出现。修订《1917 年间谍法案》本身就是一场立法斗争，所以他们主动提出要围绕这一特殊主题精心准备一个替代方案。麦克马洪委员会放弃了早期在“基础科学信息”和“相关技术信息”之间划定界限的想法，并认为如果赋予原子能委员会“发布安全条例”的权力，将招致对原子能委员会“任意行事”的指控。在麦克马洪看来，“限制性数据”这一解决方案是一个值得为之做出妥协的方案。因为通过将所有数据认定为机密，委员会唯一能做的就是撤销保密状态。正如他所说，“委员会的撤销权使其只能减少，而不能扩大保密的范围”。因此，他得出结论，“军事安全和科学进步”均得到满足。

麦克马洪委员会担心新设的原子能委员会可能随意实施保密管理。为了避免这种情况发生，他们让美国国会把所有可能与核武器或核能有关的东西先期加密，然后授权原子能委员会从该类别项中撤回信息。在此后的几十年里，这将给原子能委员会带来一系列棘手的问题，但尽管面临来自内部和外部的各种挑战，限制性数据条款仍将在整个冷战时期存在，并持续到现在，而且限制性数据将成为美国核保密工作中最独特的一个方面。

当《麦克马洪法案（草案）》的最终版本于 1946 年 4 月中旬被提交给参议院时，附有一份关于原子能的总报告和对新法案内容的分析。尽管该草案对安全问题要求严格，但它把“允许和鼓励传播与原子能有关的科学和技术信息，以利于对科学进步至关重要的思想和批评的自由交流”作为一项政策。报告承认，这与限制信息的立场截然相反，但表示把明显对立的两者并列在一起，为的是“制定一个方案，以调和它们之间的明显分歧”。正如我们将在下文中看到的，该做法造成了一些现实困境，使新成立的原子能委员会陷入两难。草案难以被理解和执行。麦克马洪认为，该草案中设置明显的矛盾将带来开明的治理，这也许恰恰说明他缺乏经验，遑论其他。不出所料，“科学家运动”的参与者对这些新条款感到震惊，但他们并没有进行大规模的抗议。他们似乎认为《麦克马洪法案》比《梅-约翰逊法案》更好，而且他们可能已经想清楚了，在当前的气氛之下要进行反对安全条款的斗争几乎全无胜算。美国陆军部认为当前版本的草案充分而周全。在美国陆军部部长帕特森看来，“限制性数据”不过是“新瓶装旧酒”。

参议院于6月1日表决并通过了该草案，随后该草案被送至众议院进行进一步的讨论。保密问题是主要的争论点。一些人认为，即使新提出了“限制性数据”概念，该草案还是无法阻止秘密泄露。来自密西西比州的约翰·兰金议员放言要阻断草案的立法进程：“如果我能阻止它，就不会有人破坏我的国家，谁也别想把我们现在唯一能保护自己的武器交给我们的敌人。上天保佑。”最终该草案勉强过关，避免了被打回起草委员会的厄运。众议院只是增加了一项要求，即所有希望接触限制性数据的原子能委员会雇员都要接受联邦调查局对其“性格、社会关系和忠诚度”的全面调查，并将对蓄意从事间谍活动的惩罚提高到终身监禁甚至死刑，在增加了该条件后，该草案才被通过。参议院接受了众议院所做的有关安全条款的全部修改，起草委员会完成了终稿，

1946年8月1日，杜鲁门总统签署了《麦克马洪法案》，即今日所称的《1946年原子能法案》，签署日距离广岛核爆炸一周年仅过了7天。

参与起草《麦克马洪法案》主要内容的工作人员认为对“保密部分的妥协让步”破坏了他们的初衷，并因此感到沮丧。从一开始就与詹姆斯·纽曼合作起草法案的年轻律师拜伦·米勒抱怨说，美国国会最终做出的是“精神分裂的决定”，“尽管‘非军方管控’取得了胜利，但还是明确转向了军事化管理”，这简直就是一场“歇斯底里的战争”。纽曼是第一版《麦克马洪法案》“科学研究自由”相关条款的撰写人，他感叹道：“尽管如此，美国国会还是不敢承担风险，即在核科学和相关技术的言论自由方面放松控制。”纽曼还指出，该法律享有“可怕的无限权力”，揭示了“美国国会痴迷于保守秘密”：

> 专注于“秘密”而不是事物本身，将扼杀我们从科学研究中衍生出的真正力量，强化我们在原子能科学领域拥有知识垄断权这样的糟糕误解，并诱使我们接受一种致命的谬论：我们可以通过向他人隐瞒我们的知识来保障自身安全。

大约一年前，美国陆军部部长罗伯特·帕特森曾警告说，那些试图破坏《梅-约翰逊法案》的科学家“没有意识到，通过拖延行动并对目前的法案提出各种反对意见，很可能让他们最终面对一系列比现在更为严格的措施”。结果证明他是正确的。根据《1946年原子能法案》所设立的原子能委员会与《梅-约翰逊法案》所提议的委员会一样，都拥有无上权力，只是它会面临更多来自美国国会的监督——新设立的国会原子能联合委员会将负责此项工作。鉴于美国国会在保密方面的保守倾向，那些主张更自由的法律的人难获安慰。正是“限制性数据”这一独特而新颖的法律概念，使核保密在法律上被永久化，其内涵与外延也极易被扩展。

奥本海默的反保密策略

在从第二次世界大战结束到冷战真正开始的这段时间里，还有两次战后试图遏制过度保密的尝试值得关注。这两次尝试都与战时洛斯阿拉莫斯实验室负责人罗伯特·奥本海默的信念和行动有密切关系。在战后早期，他作为政府顾问和专家拥有相当大的影响力，而他试图利用这种影响力的方式之一就是重塑关于保密的认知。虽然这些努力和大多数保密改革的尝试一样，都未获成功，但这些失败仍具有启发意义。

第一次尝试就是建立战后解密程序的内部流程。通过这种方式，部分信息可以系统性脱密。《史密斯报告》迈出了第一步，为确定哪些信息应该被公布、哪些不应该被公布而提供一个依据。在这种情况下，重点就放在了那些在“曼哈顿计划”之前就已经公开的信息，或者是那些只要稍加努力就能轻易揭示的信息。但《史密斯报告》不是一个系统，而是一次性的信息发布，只针对具体情况。参与“曼哈顿计划”的官员没有认真考虑过战后的解密系统可能是什么样子的，主要是因为他们认为，原子能信息在美国国内的控制问题将依靠立法程序来解决。

但到了 1945 年 10 月下旬，格罗夫斯和其他人逐渐明白，美国国会不会很快建立起新的制度，而且一次性信息发布也不足以解决问题。这就需要建立一个“解密”系统，这个术语在语言上非常别扭，在文化内涵上却显得很新颖。它在 20 世纪 40 年代中期经常出现在耸人听闻的引文中，并与其他术语争夺含义（例如，

“重新加密”)。与之前处理核武器信息的宣传方法不同，这个新系统将处于一个不断变化的过程中，要能够与时俱进。

今天，加密和解密经常被联系在一起，但在第二次世界大战之前，往往采取“一刀切”的措施（例如，第一次世界大战结束后随即宣布所有战时保密命令不再具有效力，只有少数命令作为例外得以保留），没有任何人知道该如何解密，这主要是因为现代战争将军事保密范围首次扩展到了极大的程度，涵盖了科学和技术数据。与以往过时的军事管理相比，此次解密难度极大。在战争接近尾声时，科学家、工程师以及各个行业组织都渴望利用战时工作做出的成果来推动和平时期的业务，并开始呼吁公布科技数据。1944 年，战争信息办公室颁布规定，要求拥有保密信息的机构随着战争局势的变化降低密级，但这仍然不是体系化管理。

“曼哈顿计划”并不是唯一一个研发保密科技的战时项目。早在 1944 年夏天，科学研究和发展办公室就开始处理战后解密的问题。该机构关注的主要问题是避免科学论文泛滥于市，要说服在他们管辖之下的科学家在战争结束后再将这些论文以合理方式出版，他们也有安全问题和专利问题需要解决。最终，范内瓦·布什与预算局合作制定了解密程序，该程序被收入杜鲁门总统于 1945 年 6 月发布的第 9568 号行政令(《发布科学信息的规定》)中。

第 9568 号行政令要求美国陆军部和海军部安排发布以前被保密的战时科技资料,“以便这些信息可以最大限度地造福公众”。如果军队确定该信息仍具有军事意义，则该行政令允许其继续保密。该行政令进一步授权使用美国政府资金来出版上述资料。这是对解密的总体性授权，也是对实施的解密责任人的授权，但不是详细的操作方法。科学研究和发展办公室内部成立了一个出版物管理委员会来协调这项活动。其目标是在科学研究和发展办公室解散之前，将该办公室大部分的有用信息公布于世。信息的安全状况先由美国陆军和海军决定，然后把基于本领域做出的判断传达给科学研究和发展办公室来执行。但美国陆军和海军的做法并不一致：陆军会对各项目和研究领域进行整体性解密，而海军则是在逐个报告的基础上解密信息。

在短期内，格罗夫斯管理的公共关系组织将成为一个实质性的解密组织。但就在核爆长崎几天后，该组织收到了大量参与"曼哈顿计划"的科学家要求澄清或改变信息发布政策的请求。科学家的工作与武器开发只有些许关联性，但他们的许多其他成果在和平时期可以投入民用产品生产。在战时接受保密管理的承包商也申请披露信息，没有参与项目的个人和公司也在询问能否将新材料、新工艺和新想法用在自己的工作中。

1945 年 10 月初，美国陆军部要求格罗夫斯按照第 9568 号行政令，开始公布"曼哈顿工程师管理区的工作中产出的可供社会分享的产品信息"。格罗夫斯拒绝了这一要求，他认为，在美国国会尚未成立相关战后组织之前，原子能仍将是"封闭"的领域。但在几周之后，格罗夫斯明白战后组织迅速成立的承诺难以兑现，随即向奥本海默提出了"解密政策的初步计划"。虽然奥本海默承认解密问题是"极为困难的问题之一"，而且"没有真正令人满意的解决方案"，但他还是提出了一个基本方案，即根据关键领域知识与潜在对手的相关性，将"曼哈顿计划"的信息分为三个不同类别。奥本海默曾介绍道："我试图做的是将项目分为三类：第一类，是我认为应该解密的项目；第二类，是我认为应该解密，但不可避免地存在争议的项目；第三类，是目前我认为不可能解密的项目。"

在第一类信息中，奥本海默列出了与原子弹项目有关的所有基础物理学、化学和冶金学，包括分离同位素的基础研究和所有涉及同位素的已知信息。在第二类“可解密，但有争议”的信息中，奥本海默列出了中子扩散和料堆操作的有关问题，以及“内爆法的基本原理”和已知的临界质量。第三类“不得解密”的信息中，包括生产率、精确的工厂设计、精确的原子弹设计、工业技术和“超级炸弹”（氢弹）方面的工作。

这只是对现有信息进行总体分类的初步计划，并没有针对这样一个系统应如何付诸实施提出建议，也没有针对信息归类与在更大范围内实施管理的方法提出总体理念。针对这些问题，格罗夫斯决定成立一个由理查德·托尔曼领导的委员会，这位年迈的加州理工学院物理学家在战争期间一直是格罗夫斯亲密的技术顾问，他协助制定了《史密斯报告》的安全限制规章，并担任战后政策委员会的主席。托尔曼被认为在保密问题上持保守态度。他是科学家，但他是格罗夫斯可以信任的人，能够创造出格罗夫斯本人接受的那种系统。在一份电报中，格罗夫斯授权托尔曼组建并主持一个委员会，该委员会必须给出建议，“要以有序的方式解密并发布因‘曼哈顿计划’的工作而获得的信息，前提是确定这些信息的传播对美国的福祉不再产生重要影响”。

托尔曼委员会是一个由曾参与“曼哈顿计划”的美国科学家组成的“全明星”小组，委员在气质、专业或政治敏锐性方面并不相同：罗伯特·巴彻（物理学家，曾帮助设计“小工具”）、阿瑟·康普顿、欧内斯特·劳伦斯、弗兰克·斯佩丁（化学家，发明了金属铀的提取方法）、哈罗德·尤里，当然还有罗伯特·奥本海默。该委员会成员中有3位诺贝尔奖得主，委员会成员几乎在“曼哈顿计划”的工业和科学研究发展过程的每一个环节都富有经验。

在政治上，托尔曼和劳伦斯代表了与格罗夫斯基本一致的保守立场，而其他人的立场各有特点，从立场模糊的自由派的奥本海默和巴彻，到非常自由的康普顿和尤里。但他们对解密的敏感度并不严格按照各自的政治立场划分。他们基本认同留存信息的重要性，至少是以此作为对抗原子能国际控制的手段，而且所有人都希望不要对实验室以外的科学发展施加苛刻的限制。托尔曼在战争期间写给洛克菲勒基金会的沃伦·韦弗的一封信记录了他的观点，他把对科学的严格控制与纳粹主义联系起来，并指出战后他们将不得不“让科学重新获得自由”。康普顿认为，如果核科学要在战后蓬勃发展，就需要给予核科学“完全的行动自由”。康普顿还担心，如果反应堆工程领域达不到某种程度的开放，该领域将不会对新的学习者形成吸引力。即使像劳伦斯这样的政治保守派也认为“为了国家安全而对基础科学保密”的尝试毫无意义。同时，委员会要制定一个假设没有原子能国际控制条例的信息管控体系：他们要考虑到可能会发生军备竞赛这一最坏的情况并制订一个信息发布计划。

1945 年 11 月中旬，该小组在托尔曼位于帕萨迪纳的办公室召开了首次会议。他们自称是“解密委员会”，这个名字激起了由他们自己决定如何发布信息的热情。但是他们的议程中还有一个议题：为什么应该综合考量信息的保密问题？ 他们依次研究了工业界代表向曼哈顿工程师管理区提出的具体解密要求、科学家提出的解密要求和建议、冶金实验室科学家撰写的解密计划，以及关于橡树岭气体扩散工厂信息解密的各方意见。托尔曼根据讨论起草了一份《解密委员会报告》草案，并在几天后给委员会传阅并征求意见，然后在 12 月初将最终的报告寄给格罗夫斯。具有讽刺意味的是，该报告本身被列为“绝密”。因为正如托尔曼所解释的，“它提出了对项目的总体看法”，而且，一旦“禁止解密”名单上某些项目的存在被他人知道，也会对安全产生威胁。

委员会报告的总体理念，体现了对“隐瞒科学信息能长期保障美国的国家安全”这一观点的质疑。尽管各位成员认识到“在现阶段，美国政府的政策也许不可避免地要为国家安全利益隐瞒某些信息”。他们认为，如果在未来 5~10 年内不发生战争，则大多数与实际原子能武器生产无关的信息都可以解密。然而，即使在这种情况下，试图为这些信息保密，从长远来看将会“灾难性”地阻碍美国在原子能领域的进步。

委员会将科学信息分为几类，与奥本海默在一个月前提出的解密政策初步计划中采用的分类方法相似。第一类，建议“立即解密”，包括与军事用途没有直接关系的科学数据或容易在小型实验室复制出来的数据。第三类，具有直接军事用途的信息，与制造原子弹的工作直接相关，或暴露美国的库存量或生产率。居于这两个极端之间的是第二类，“此类信息的解密将有助于美国福祉或长期安全”，但也“与原子弹生产或军事用途有直接关系”。因此，这类信息的解密“应取决于对战争的可能性和紧迫性的估计”，但仍有望在 5~10 年内解密。奥本海默后来将这一中间类别描述为“棘手的问题”，并将三个类别分别描述为“应该公开的、绝不能公开的和争议不断的”。

随后，解密委员会将“曼哈顿计划”的科学和技术信息按照上述三类进行了划分。在权衡他们的决定时，委员会提出了 8 个倾向于解密的积极因素和 3 个倾向于继续保密的消极因素。其中一些是如人们所期望的，“对科学整体发展的推动”是解密的积极因素，而“会危及美国军事安全”则是消极因素。但有些则令人讶异，“对军事领域核技术的推动”是解密的积极因素，而“会危及专利地位”则是消极因素（如表 4-1 所示）。

表 4-1　衡量信息解密和传播的评价框架

在审议信息是否应该解密和传播时，委员会认为，将以下积极和消极因素纳入考量是适当的。
积极因素
1. 对整体科学发展的推动
2. 对非军事领域核科学的推动
3. 对军事领域核科学的推动
4. 对整体技术发展的推动
5. 对非军事领域核技术的推动
6. 对军事领域核技术的推动
7. 在项目之外已有大量信息的传播
8. 通过理论或小规模试验容易获得的信息
消极因素
1. 披露会危及美国的军事安全
2. 披露会削弱美国在国际会谈中的地位
3. 披露会危及专利地位

注：本表内容逐字引用自《解密委员会报告》。

委员会关于“保密问题”的决定长达 7 页，将核领域分成若干独立的部分。大多数基础科学属于第一类，而所有与军事储备、生产率、原子弹使用或设计直接相关的信息属于第三类。中间的类别，即第二类，包含了安全和危险的中间区域最有争议的信息和观点。这些信息包括“曼哈顿计划”建设过程中可能且可行的，但并不令人满意的铀浓缩方法的试验和生产，以及大量与核反应堆有关的信息，后者涉及该技术在和平时期的应用潜力。基本上所有与分离浓缩法有关的资料都被归入第一类，所有的医学资料也被归入第一类，任何揭示同位素物理特性的信息均被划入保密类别。委员会将广岛和长崎原子弹爆炸的医学影响单独列出来，以供发布，“要以事实为依据，让有关辐射具有持久影响的夸大说法失去可信度”（如表 4-2 所示）。

表 4-2　解密委员会建议的分类实例

第一类（“解密”）
1. 物理仪器（计数器、电离室、回旋加速器）
2. 应用数学和计算的方法（对解密的主题加以说明）
3. 冶金技术
4. 采用富集材料或重水的小型试验桩的设计和操作特点，前提是该试验桩的发电量不超过 100 千瓦（去污化学成分不包括在内）
5. 所有非保密物质的核特性和化学性质
6. 辐射化学效应的基础研究
7. 离心机一般原理
8. 与电磁分离浓缩法试验和理论有关的大部分信息，但浓缩水平、生产率等细节（属于第三类）除外
9. 气体扩散级联设计和动力化学方面的基本理论。对项目级联和调节方面的具体应用不应分别保密
10. 在铀堆中生产的非保密同位素清单，只要其生产能力不会因同位素的丰度或其生产率信息而暴露
11. 裂变产物化学的细节，略去对分离过程的描述
12. 所有关于医学研究和健康研究的报告，略去第一类信息以外的所有信息
13. 关于原子弹对广岛和长崎影响的医疗信息
第二类（“争议不断的”）
1. 同位素分离离心方法的试验工作及详细的机械设计
2. 核特性，包括中子所有能量的捕获、裂变和散射截面，每次裂变产生的中子数，自发裂变率，所有钚、铀、镤和钍的同位素
3. 适用于六氟化铀的热扩散法
4. 钚提取和去污化学（不涉及更大规模的问题）
5. 生产单位的桩理论，略去对实际安装的描述
6. 转炉、增殖反应堆和动力桩的试验和理论
7. 临界质量，不涉及武器设计
8. 内爆法理论，不涉及军事应用
9. 效率的一般理论，不涉及特定武器
第三类（“不得解密”）
1. 生产工厂、总体细节、流程表、生产率、操作程序，以及政策和铀及其他保密物质的储存方式及储量
2. 所有与军事用途有关的细节

（续表）

第三类（“不得解密”）
3. 所有关于建造气体扩散工厂的实际情况
4. 裂变产物用于化学战争的信息
5. 原子能的具体军事，包括在海军领域的用途
6. 利用原子能实现喷气推进
7. 武器的详细设计，包括引信、发射系统、引爆器、中子引发器、炸药透镜
8. 原子弹的生产率、储备和储存管理
9. 实际储存武器的破坏效果
10. 在水中使用武器的情形
11. 作为武器的“超级炸弹”（氢弹）

注：本表内容改写自《解密委员会报告》。

除了一般的科学和技术，委员会还审议了“保密物质”，即与核武器直接相关的元素和同位素，以及相关的化学、冶金、基础物理、核物理学科内容和技术应用。除了“在洛斯阿拉莫斯开发的特殊军械材料”这一内容分类，没有任何化学、冶金、基础物理或核物理学科内容被评为高于第二类，这些特殊军械材料完全被归为第三类。所有的技术应用都被评为第二类或第三类。

除了这些建议，委员会还提议草拟一个解密机制。首先，解密机制的作者建议，他们在对第一类、第二类和第三类信息进行初步确定并稍作修改后，可以作为处理个人请求的《解密指南》。具体来说，他们建议创建多个《解密指南》。与其说是一个总指南，不如说是含有若干分项的子指南，涵盖项目的不同部分，战时的分隔式信息管理原则也适用于该指南。因为他们认识到，完整的指南“提供了项目的整体情况，并在某些情况下会涉及极其机密的事项”。其次，他们建议设立一个解密组织，隶属曼哈顿工程师管理区，该组织将由各基地负责人和一组责任审核员构成，各基地科学专家被任命为特定主题的解密专家，他们将运用《解密指南》和自己的专业知识处理个人提出的解密请求。

这两项建议的最终目的是创建一套可分发给基层的指南，并在基层设立责任审核员来执行这些指南，这样可以使解密工作分散化，如果要实施规模化的解密工作，那么这是一项必要的举措。在实现权力下放之前，真正具有广泛的项目经验，能够对这些问题做出明智判断的人是“曼哈顿计划”的高层管理人员，但是这些人实在忙不过来，在他们忙于本职工作之时根本无暇顾及需要费心费时的解密工作。因此，要做好大规模解密，真正地实现权力下放，就要适当降低技能要求并且扩大可参与解密工作人员的范围。

到 1945 年底，解密委员会的几位成员会见了格罗夫斯和几位著名企业家，以当面了解他们对委员会提议制度的看法。托尔曼会后向未出席会议的解密委员会成员报告说，格罗夫斯“因发布《史密斯报告》受到批评而颇感烦恼”，因此，在关于战后保密问题的公开讨论中，他对该如何做好解密工作感到困惑。在讨论中，“既有建议发布有关原子弹的所有信息者，也有建议严格保密者，不一而足”。托尔曼建议委员会可以向格罗夫斯施以援手，为参议院的麦克马洪委员会写一份声明，“阐述他们的解密理念，顺带表达他们对公布《史密斯报告》的赞同”，然后公开宣布“委员会对民主的、具有前瞻性的解密计划表示赞同”。他们于 1946 年 2 月初在报纸上发表了一份公开声明，但没有引起什么关注。人们对间谍故事更感兴趣。

委员会还为格罗夫斯准备了另外 3 份报告，概述了解密的行政管理程序，并解答了格罗夫斯要求他们研究的具体问题（详细说明了列入委员会初始报告中各个类别和主题的内涵，并逐项列出了报告所涉及的“非保密”物质在公共文献中已经公开的信息)。格罗夫斯已经开始根据委员会的建议,组建曼哈顿工程师管理区的解密办公室,此前提议的《解密指南》也已被制定,并分发给了一批由委员会成员推荐的责任审核员。1946 年 2 月,格罗夫斯向美国陆军部部长帕特森通报了自己的解密举措,并促请帕特森争取杜鲁门总统的批准。他还鼓动帕特森,要把握合适的时机对外讲明是谁首先发起解密的,并强调这不是他们应外部压力而被迫做出的反应,这确定无疑是源自美国陆军部内部的主动作为。

随着格罗夫斯将委员会的建议付诸实施,委员会该做的工作已经完成,并进入了如托尔曼所说的"冬眠"状态。现在,资深审核员可以对《解密指南》做进一步的修订。4 月,由于避无可避,格罗夫斯总算履行了美国在《魁北克协定》下的义务,向联合政策委员会通报了他的信息发布计划,并随即获得了初步批准。1946 年 7 月,格罗夫斯的一名助手向巴彻报告说:"该解密组织的所有基本要素现在都已实际存在,并正常运作。"

但仍有一些问题未得到解决。构建一个"合理的"或"开明的"系统是一回事,让它在实践中发挥作用又是另一回事。1946 年 7 月,负责武器问题的高级责任审核员约翰·H. 曼利威胁说要离职,因为他认为《解密指南》根本就不是指南,而是规则手册:

> 在我的印象中,托尔曼委员会的报告和《解密指南》可构成政策的基础,指导责任审核员提出解密建议。然而我现在被告知,除非《解密指南》明确指出可以解密,否则任何东西都不能解密……我认为,上述对《解密指南》墨守成规的解释,是与美国的国家利益和托尔曼委员会的建议相悖的。

1946 年 8 月前，资深审核员一直在给格罗夫斯写信。他们认为，要求他们对《解密指南》中使用的定义加以细化，是让他们“在国家政策尚在制定期间就贸然采取行动”，这可不是该团队的“合理义务”。

事实上，在起草第一份报告时，斯佩丁就有疑虑，他指出：“我认为自由在未来很长时期内都是必不可少的，虽然报告没有明示我所希冀的自由，但我相信这份报告是我们目前所能希冀的最好结果。”一年之后，他给原子能委员会的一位官员写信说，虽然他“仍然十分认同该委员会当时提出的理念”，“但不幸的是，在我们目前的信息保密程序中，已渐生出第二种考虑，即美国政府出资研究的任何东西，在写进文件并解密之前都应保密”。

斯佩丁的后一句话其实是托尔曼委员会的报告中明确建议的。它是基于“文件”的解密，而非基于“领域”的解密。也就是说，并不是某个研究领域的所有信息都会被公布，而是根据手册来确定是否批准个别文件解密。这种区别的原因从未被阐明，但有可能是为了确保所有的相关信息都必须经过曼哈顿工程师管理区内各相关方的适当审查。1946 年 5 月，在分发给“曼哈顿计划”各基地的新版《科学和技术事项解密手册》中明确了这一程序，其中规定了这些文件在发布前要经过复杂系统的重重审核（如图 4–1 所示）。

解密委员会建立的解密系统也无法避免遭到批评。但解密系统正是要从“曼哈顿计划”的封闭环境中走出来，并对保密的思维导向做了重大调整。许多事情仍未实现：由于长期的冷战，许多仅为战时机密而且早应在和平时期就公布的信息却一直处于保密状态。尽管有关反应堆理论、医用同位素、核聚变等主题的研究总算在 20 世纪 50 年代中期作为艾森豪威尔的“和平利用原子能”计划的一部分得以解密。最终，托尔曼委员会所建立起来的

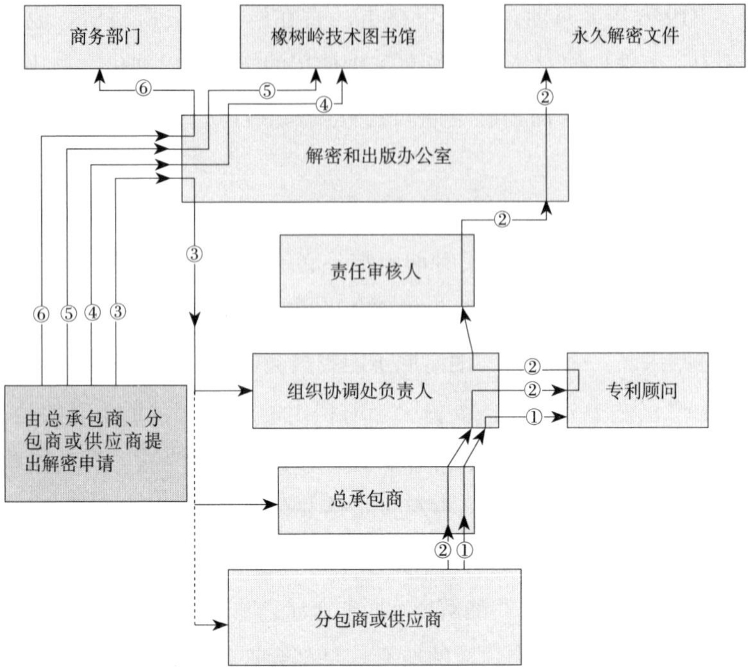

注：编号代表正处于评估解密流程中的文件的副本。

图 4-1　曼哈顿工程师管理区新的解密系统中复杂的文件处理流程

资料来源:《科学和技术事项解密手册》(1946 年 5 月 1 日)，文件名 NV0713951。

是一个政策框架，而不是提出了政策本身。

对于解密委员会来说，主要问题是如何评估技术数据。由委员会进行分类的资料基本上都不是政治或行政资料，当然从广义上讲，所有核技术资料在战后都具有长期的政治影响。委员会支持和反对披露的标准都与科学发展或维护军事安全有关，但这些标准都无涉与保密相关的诸多其他问题，如民主审议或问责制，或公众的“知情权”。

唯一得到更广泛认可的政治标准是一个不定性约束，即不应公布会“削弱美国在国际讨论中地位”的信息。该信息没有具体阐述“危害美国军事安全”的含义，也没有说明“促进科学的整体性发展”的内涵具体是什么。格罗夫斯很可能正是看中了解密委员会这种心照不宣的、侧重于解密已知信息和容易研究出的信息的技术性平衡，他愿意让这个新构建的系统付诸实施。这正是一群物理科学家能够集思广益构想出来的那种系统。

在这种情况下，奥本海默的策略是努力地将保密工作从一个黑白分明的问题变成一个多层级的问题。三级分类系统看似直接来自他的构想，实则是在激进的科学家希望公布“所有”信息和军方倾向于“完全不公布”信息之间的妥协。在实践中，该分类系统并没有像他所希望的那样发挥作用，仍然有很多现实操作对科学资料的发布进行了保守的限制。而且最终保密的做法比单纯加密和解密的做法更为复杂和广泛。然而，回过头来看，解密委员会制度发挥了巨大的影响力：他们的指南、审核员制度和解密程序在原子能委员会接管“曼哈顿计划”的工作时被采用，并在冷战期间扩展到美国政府的所有机构，不折不扣地成为美国解密工作的基本方式。

在“曼哈顿计划”的解密计划启动的同时，还有一些人也在另一种情境之下思考该解密计划。在 1946 年春，奥本海默担任了一个委员会的主要技术顾问，该委员会由戴维·利连撒尔担任主席，并正在为副国务卿迪安·艾奇逊提供关于未来原子能国际控制计划的建议。关于如何避免战后军备竞赛的探讨在“曼哈顿计划”实施期间就已开始，原子能国际控制计划就是诸多探讨交流的结果。最后提出的计划在很大程度上源于奥本海默的信念，即原子能国际控制必须建立在保密之外的其他基础之上，也源于利连撒尔担任美国田纳西河流域管理局局长的经验，即大型、有前瞻性的技术官僚组织，将有能力推动积极的社会变革。这是奥本海默为减少保密管理的束缚而推动的第二项重大战略举措。

当年3月完成的最终作品名为《关于原子能国际控制的报告》，但通常被称为《艾奇逊-利连撒尔报告》。该报告主张通过联合国建立一个原子能发展管理局，它将有权对全世界的铀储备实施控制管理。报告认为，铀是原子能所有应用（包括军事应用）链条中的唯一关键环节。天然铀可用于浓缩铀-235，还可用于培育钚（或从钍中提取的铀-233），它是生产可用于核武器的裂变材料的先决条件。因此，如果该管理局能够控制铀储备，那么在其管理下，任何国家都不能从事原子能的军事用途研发。

该管理局还将能够授权并监督其成员从事不同类型的安全或危险的与原子能有关的活动，监督观察可能出现的转换研发生产目的情况，并密切跟踪科学和技术发展，尤其是将会影响原子能开发活动性质的各种新进展。正是这种积极举措让利连撒尔和奥本海默备感振奋：该机构将不仅仅是一个“警察”机构，还体现着协调全球和平利用核技术的努力。

《艾奇逊-利连撒尔报告》提出的管控制度的核心，与以保密管理为导向的制度完全不同。报告指出，控制核技术的关键在于控制好原料铀，而不在于各种涉核知识。没有原料铀，再多的知识也不可能制造出原子弹。这一最终报告以较为含蓄的方式提出这一论点，谈到了控制原料铀的必要性和保密的政治问题，但没有将自己的结论摆在保密制度的对立面。它最明显的对立态度是在文中指出，任何国际控制都必须放弃保密和垄断的想法，在国际控制下，“涉核知识将得到广泛传播，相关设施在法律上的专有权和在地理分布上都不会明显地有利于任何一个国家”。

此外，最终报告确实承认，理论知识至少是一种暂时的缓冲性的存在，一些秘密应该被保留。例如，它建议美国“对知识的垄断不能也不应该立刻被弃置”。最终报告还进一步指出，虽然一些信息可以披露给联合国，供其用于国际原子能控制政策的制定，但是全面披露则必须等待积极政治动向的出现。

虽然这个最终于1946年3月17日通过的版本是基于一天前的报告确定的，但实际上两份报告有很大不同。特别是报告的最后一节（这节是后期增加的内容），使整个控制计划中关于保密问题的立场被改写得更加含糊。3月16日的版本展现的是对保密理念毫不掩饰的攻击态度，并对“实施材料控制”和“实施知识控制”两种理念做了最直白的阐释：

> 我们认为最终可行的安全，本质上是基于物质（铀储备）所带来的安全，不能靠将核知识隔绝于世界各国或个人来保障安全。我们认为，这是保障安全的唯一坚实基础。不以共通的信息和事实为前提，就不可能形成国际控制和国际合作的理念。相应地，我们认为，在核武器方面，严守相关知识信息，与美国的实际安全并无显著关联。在当前国际权威机构进行开发和试验的早期阶段，保持美国在设施和材料方面的优势才更具实际安全意义。

报告后附的删节版内容，讨论了保密制度一定会失败的原因。“对知识领域（特别是理论知识）被任何国家以垄断的程度，预先设定严格的限制是非常困难的。”理论知识将是“其他国家首先能够获得的东西之一”，因为它建立在“真正的国际科学体系”之上。因此，“试图通过保密来维持美国的垄断地位，是对美国自身科学技术健康发展的最大威胁”。当然，报告也承认从理论知识到工业实践是一个相当大的飞跃，而知识可以“在一定程度上缩短一个新团队解决制造核武器难题的时间，并可能少走弯路，从而避开一些艰难的探索”。结论是节省的时间不多，因此，委员会“认可我方观点，即不应依赖垄断理论知识来干涉原子能国际控制机制的建设”。

然而，草案和公布的版本差异鲜明。3 月 16 日的草案中指出，为充分地了解原子能的国际控制，联合国需要获取相关知识信息，而解密委员会的工作报告已经建议解密其中大部分信息，这样做不是因为解密有利于国际谈判，而是为了美国自身的发展利益。这一结论被认为很重要，应予以强调：“为了我们自己的长期国家安全，所有在联合国委员会进行的讨论，以及原子能发展管理局的总体规划中可能需要的基本理论知识都应予以解密。”然而，一天后的最终报告称，只有某些所需事实会被公布，并指出过早公布信息的危险性：“需要强调的是，信息一旦披露（如果某个国家恶意行事），可能导致原子能军备计划的加速实施。”

目前还不清楚为什么对核保密理念的攻击态度被淡化处理。参加最后一次编辑会议的人士包括几位顾问，以及范内瓦·布什、格罗夫斯将军和美国国务卿贝尔纳斯，他们各自提出了修改建议。也许理念发生了改变，也许他们想让该报告在怀疑者的眼中显得不那么极端。我更怀疑是后者，而非前者，即虽然言辞经过了淡化处理，但反对保密的理念仍然有效。尽管格罗夫斯热衷于保密制度，但他显然认为材料控制终将占据更为重要的地位，这就是他费尽心思确保全球铀和钍矿石安全的原因。

正如 3 月 16 日的倒数第二份草案所指出的，《艾奇逊–利连撒尔报告》及其修改后形成的“巴鲁克计划”本质上是一种控制方案，其关注点在于原子弹的物质属性，而不是将核知识与世界各国隔绝开来。甚至在最终版本的某些地方也保留了一些最初的反保密主张，如“当该计划全面实施时，将不再有任何关于原子能的秘密”。

即使在今天，《艾奇逊-利连撒尔报告》也可能被解读为非常激进（甚至到了天真的程度）。应该指出的是，所有后来的核不扩散计划都遵循同样的理念：信息很难被监管、控制和核实，但物质则不然。只有当你相信核技术主要是由秘密组成时，这个计划才是激进的，而那些出于监管目的，潜心考虑可行的、有技术含量的计划的人往往不会认同这样的结论。信息和计划都很容易被传播，也很容易被掩盖，而要掩盖数千吨铀矿石以及处理铀矿石的各类装置则不那么容易。

1946 年春天，《艾奇逊-利连撒尔报告》被泄露给了媒体，这使杜鲁门政府感到压力。不久之后，该报告被作为美国官方的国际控制计划提交给联合国原子能委员会（不要与原子能委员会混淆）。美国代表团团长、金融家伯纳德·巴鲁克正式提交的版本，以其姓氏命名为“巴鲁克计划”，却未能引起苏联的兴趣。关于该计划的失败应该归咎于谁或哪些因素，有很多争论，但原子能国际控制始终被认为是一个不太可能实现的想法。为了应对一项新技术，国际秩序的全面重塑需要超乎寻常的国际信任与合作，这将要求两个超级大国放弃一种新武器，这种新武器能使国家安全水平达到新高度，但同时也带来了新的风险。原子能国际控制的失败并不令人意外，更令人瞩目的是，它在短期内受到认真对待，这反映了原子弹对现有国际秩序的扰乱程度。

我们该如何评判奥本海默在幕后为重塑秘密所做的努力？他在推动解密方面做的努力确实带来了持续至今的系统性变革，但可能无意中固化了保密政策，而不是起到消除保密政策的作用。在他的协助下建立起来的系统擅长以逐步缓释的方式发布信息，但在处理有关保密目的和保密政策的弊端等根本问题上表现糟糕。奥本海默致力于重新定义原子能国际控制的核心重点——关键在“材料”，而非“信息”。从长远来看，奥本海默产生的影响十分微妙，却也十分重要。我们将在后面几章看到，虽然建立原子能国际控制机构的尝试在 20 世纪 40 年代末偃旗息鼓，但仍有一些人一再提出原子弹“物质实体”的管理问题。20 世纪 60 年代兴起的保密与核武器制造材料保障措施的辩论也体现出类似的担忧。后来施行的《不扩散核武器条约》也基本上将监管目标集中于“物质实体”。由此引发了一个有趣的思考：如果奥本海默在 20 世纪 40 年代就能够成功地促成相关禁令的颁布，而不是等到 20 世纪 60 年代末或更晚，会发生什么呢？

“保密问题”和战后原子能控制的问题由科学家提出，但最终由政治家回答。这些系统，无论是《1946 年原子能法案》中的限制性数据条款，还是散布到“曼哈顿计划”之外的解密程序，都没有完全接受“科学家运动”中最开明的观点，甚至也没有完全接受战时管理者的观点。保密工作在 20 世纪 40 年代末及之后逐渐加强，这让那些参与核事务监管的人大为震惊。但这些新创建的系统也并不完全认可有关控制的可怖表述。原子能委员会虽然可能是一座“孤岛”，但它不会是一个封闭的领域，也不是一个军事组织。限制性数据 * 的确具备限制属性，但可以逐渐减少；解密程序很烦琐，但会慢慢推进；原子能国际控制在一开始就会

* 从本书的这一处开始，所有关于“限制性数据”的例子，无论是否采用特别书写形式，或是否为直接引文，都指的是《原子能法案》所定义的法律类别。

失败，但会在“核不扩散”的“幌子”下卷土重来。

战后的体制试图追求两全其美。科学需要开放，但原子弹需要被控制，这种法律建构被美国国会的法条撰写者认为是矛盾的。在这里，我们将看到两极分化的冷战保密制度的雏形，它试图将两个彼此对立的极端融合成一个新的、连贯的综合体。但这种建立在极致矛盾之上的综合体必然会导致紧张局势，而接下来我们将看到的情况确实如此。

通常情况下，当我们审视思想和政策的演变过程时，很容易把注意力集中在获胜的观点上，而忽视那些未被采纳的观点。奥本海默试图为军事保密提供两种替代方法。其中之一是解密。解密工作最初是设计一种可调整的保密等级，其目的就是随着时间的推移，秘密越来越少。而实践表明，它只能部分地完成这项任务。许多被迫与这种陈旧且保守的解密系统打交道的人备感受挫。不过，从“曼哈顿计划”的“绝对保密”方式转变为《史密斯报告》“一次性发布”信息的方式，奥本海默提出的举措确实把保密置于一个更系统的基础之上，但这个基础似乎并不能让该举措发挥作用。

奥本海默想要借助原子能国际控制来达到更可持续的状态。对原子弹的物质实体，包括工厂、材料、实验室实施管制，将从根本上使战后管理体制从战时体制重新转为集中式管理。而这种管制所增加的物质属性，在“保密即安全”这一理念的驱动下，占据了主导地位。从结果来看，远未达成奥本海默的目标，一方面是因为原子能国际控制失败了（这并不是他的错），另一方面是因为他泛泛而失焦的措施对大众或政策领域的渗透程度远远不够。

这些战后的制度都是在不完美的时代里，由不完美的人创造出来的，是在保密工作领域里流转多年的许多想法和建议的混乱融合。原子能委员会被赋予一项使命，其内涵故意设计得模棱两可，即同时实现对应用科学和技术信息的传播和限制，并在世界上形成一股有利于技术专家治国议政的力量。这种疏堵并施的做法将导致各个层面上的失败，这种刻意为之的模棱两可非但不是一种恩惠，反而会成为一种诅咒。

第五章

“信息管控”与原子能委员会，1947—1950 年

我们陷入了一个循环怪圈。

——戴维·利连撒尔，1945 年

1947 年 1 月，原子能委员会正式接管核武器体系。接管伊始，他们做的第一件事就是讨论保密政策。委员们与理查德·托尔曼就“曼哈顿计划”解密委员会的工作进行了会谈，原子能委员会认为解密委员会的流程看起来合理完备，将予以采纳。在第一任主席戴维·利连撒尔的影响下，该机构将秉持这样的理念：原子能委员会致力于成为世界上一支代表积极力量的技术专家队伍，并与主导“曼哈顿计划”的军事理念有意保持一定的距离。原子能委员会的领导层相信，该组织不会因秘密变得情绪化，更不会因秘密而惊慌失措、失去立场。

尽管原子能委员会具有自由主义倾向，但保密问题仍是该机构和利连撒尔主席所关心的首要问题。原子能委员会想要把保密工作重新定义为“信息管控”，并试图彻底地改革原子能研究与开发的基本思路。但他们必须面对一个事实，即原子能委员会在

政治上孱弱不堪，而世界局势日益变幻莫测。该机构非但没有推出其主席利连撒尔所期望的具有进取改革精神的保密措施，反而成了美国历史上最能保守秘密的官僚机构之一，而且违规违纪频发和纪律松散问题从一开始就成为它难解的痼疾。尽管如此，改革工作还是在幕后悄然推进，不为公众所知。直到 1949 年末和 1950 年初，三个大的冲击性事件将其打破，这三个事件分别是：苏联制造出第一颗原子弹、苏联渗透“曼哈顿计划”间谍案，以及针锋相对的关于是否启动氢弹项目的争论。

现实教育了戴维·利连撒尔

戴维·利连撒尔担任原子能委员会首任主席，为该机构早期的发展奠定了基调。利连撒尔毕业于哈佛大学法律系，1933—1946 年，他接受罗斯福总统任命，先后担任田纳西河流域管理局的部门主管和主席。作为罗斯福新政的拥趸，利连撒尔是信奉自由主义的技术专家，他相信将政府资源、专业技术和工业知识相结合，可以造福美国民众、消除贫困、促进民主参与、推动公共服务发展。在罗斯福新政中建立起来的田纳西河流域管理局（一个以水力发电为中心任务的大型工程管理机构），利连撒尔的自由主义思想使他收获了一大批崇拜者。但同时，他的行为也使他树敌众多。作为一名公共管理者，他的行为方式和大量日记表明，他一直在思考，并试图寻求一些激进的解决方案，以期打破既有的僵局、摒弃陈词滥调并超越传统定论。

尽管利连撒尔在广岛核爆炸之前没有参加过与原子能相关的工作，但他知道管理局产生的电能将用来支持田纳西州东部一座“神秘工厂”的运行。他在日记中提到，从来到工厂现场咨询的科技人员的素养就可看出，这座工厂一定非同一般。1945 年 9 月底，他参加了在芝加哥大学举行的关于原子能政策未来走向的会议。“保密问题”是此次讨论的主要议题，也是利连撒尔在日记中记录的核心内容。他阐释了科学知识和大规模杀伤性武器相结合会造成的危害，“我认为，由于科学知识的不断积累，我们将面临一系列危机，而这些知识足以让世界分崩离析”。

就保密一事而言，利连撒尔认为詹姆斯·弗兰克的阐述很具说服力：无论原子弹的制造有什么秘密，充其量都是些商业机密，最多只能让美国的垄断地位保持差不多5年的时间。他从民主参议的角度阐释了自己对保密的看法：

> 你必须意识到我们正处于一个循环之中……第一，只有人们真正地了解事实，原子弹相关的政策才能健全且持久。第二，只要科学家发表相关言论的自由受阻，人们就无从得知真相。第三，科学家能否发表言论属于公共政策问题。我们由此陷入了一个循环怪圈。

此后，利连撒尔加入了由美国副国务卿迪安·艾奇逊主导的一个原子能委员会，参与制定了《艾奇逊-利连撒尔报告》。正是这项工作，使他与“科学家运动”的谈话要点产生了越来越多的共鸣。当时他内心也认同奥本海默的观点，即原子弹没有什么重要的机密可言，保密是与军事项目相互勾连的恶行。

但是一旦利连撒尔被保密的观念“洗脑”，他对奥本海默的观点的信任就会产生动摇。正如他在日记中写道：

> 有这样一个秘密，从未为世人所知，却已经成功地达成其目标，或已接近成功；有这样一个事实，改变了我们研究的整个主题，也改变了全世界目前这一代人的发展路径。然

而，这些都不能付诸笔端。它们是我们国家绝密中的绝密，其中一些可能在未来一段时间内都是秘密……这真是一次发人深省的经历。

利连撒尔赞同科学家的观点，即机密阻碍了科技发展。但是在切身接触了这些秘密之后，他认为自己不能再把保密视为军队为了维护其政治权力所制造的问题。尽管如此，他对军队，尤其是对格罗夫斯仍然持怀疑态度，并认为 1946 年 2 月发生的“加拿大原子间谍”案大大地降低了“合理处理涉密事件”的可能性。

《艾奇逊–利连撒尔报告》让利连撒尔成为原子能领域的主要公众人物。1946 年 9 月，杜鲁门总统提名他为新成立的原子能委员会主席。利连撒尔接受了这一提名。随后，所有候选人也在同年 10 月被确定。罗伯特·巴彻是这批候选人中唯一的科学家，他曾在洛斯阿拉莫斯国家实验室监管组装和制造原子弹的工程，还曾担任解密委员会委员；威廉·韦马克是一位报刊编辑；萨姆纳·派克不仅是一名商人，还是美国证券交易委员会委员。美国海军少将刘易斯·施特劳斯是原子能委员会具有代表性的共和党成员，也是利连撒尔的主要竞争对手。他在第一次世界大战期间曾任赫伯特·胡佛的私人秘书，在第二次世界大战期间为美国海军军械局工作，且很早就投身于核物理在医学应用方面的研究。

1947 年初，利连撒尔经历了几场火药味十足的任职资格考核听证会。其中大部分苛刻的言论都出自一位参议员，部分原因是他对利连撒尔在田纳西河流域管理局所做的工作一直心怀不满，还有部分原因是听证过程中需要再次审视《麦克马洪法案》的某些原则立场，并再次审视原子能委员会与国会之间的关系。利连撒尔强调原子能委员会不得不收拾军方留下的烂摊子。当参议员麦克马洪问及《史密斯报告》是不是原子弹项目史上“最严重的信息泄露”时，利连撒尔以此事为例阐述了美国军方向全世界披露机密的方式，但与原子能委员会并无关联。这一证言令詹姆斯·科南特十分苦恼，他认为利连撒尔落入了麦克马洪和“科学家运动”中以西拉德为首的那拨人所设的圈套，这一圈套的攻击对象就是科南特、布什和格罗夫斯。对于此事，利连撒尔表示自己对“曼哈顿计划”领导者和芝加哥大学科学家之间的幕后故事和内部纷争毫不知情。然而他在日记中写道，他依然认为自己试图“打破对国家安全系统的迷思”，即不能将秘密托付于他领导的这个非军方的委员会，是很有必要的。

参议院任职资格听证会通过了对利连撒尔的考核，但他被迫在保密和安全问题上采取比较强硬的态度。他在听证会上强调会铁腕处理保密和安全问题，不会出现此前在曼哈顿工程师管理区控制下发生的丑闻。在整个听证会期间，他都尽力避免落入各种陷阱：“‘红色恐慌’的持久威胁、政治迫害、间谍指控、泄密警示，以及一些莫须有的指控，这些指控声称我们有意或无意泄露了现实中并不真实存在的机密。”正是利连撒尔这种力求平衡的行为，使他成了原子能委员会早期尤为重要且饱受争议的人物。在他的领导下，委员会一直努力同时满足两种完全不同且互不相容的思想观念，而这一切，既躲不开国会原子能联合委员会日益敌对的审视，也使杜鲁门总统对其心怀矛盾之情。

利连撒尔不是纯粹的理想主义者，也不是纯粹的妥协者，但他试图同时扮演好这两种角色。他所做出的承诺是基于自己的意识形态，以发自内心的、极大的决心做好原子能的行政管理工作；但同时他也认为，在原子能委员会发展的前期阶段出现的任何重大失败都只会让军方赢得持久而深刻的胜利，这就意味着当任期结束时，他将不得不做出艰难的选择，而这一选择会把他变成自己曾经憎恶的那一类人——保守秘密的人。

原子能委员会的首次全体会议于1946年11月在橡树岭举行，距离他们接管原子能管理控制权还有两个月。会议讨论了基本的行政事项和政策。其中，“对限制性数据的分类和处理”条例规定了处理机密文件的基本原则，而这些原则都是根据美国陆军部的操作惯例编写的。他们并没有深入考虑如何做好限制性数据的管理，只是要求做好该密级名称的标示工作。但会上明确指出，该政策目前所依据的流程是曼哈顿工程师管理区的既有管理流程，是委员会为保密指南所制定的“临时制度”——在全面审查原子能委员会的职责和权限之后将予以取代。这些流程在会上得到了正式批准并开始实施。

几周后，制定新政策的准备措施开始提上议事日程。在原子能委员会第十四次会议上，利连撒尔提议“应该推动实施协调一致的安全措施，设立公共信息项目”，并推荐委员会行政主管卡罗尔·威尔逊起草审查意见。1947年1月初，一份关于公共信息项目的委员建议书提出，委员会可以向新闻记者这一类外界人士寻求意见或建议。同年春天到初夏这段时间，许多委员向委员会提出了有关建设本单位定密管理部门的建议。他们提倡对保密问题采取开明的态度，并将《1946年原子能法案》解释为对保密程度要求极低。但同时，这些建议也承认，《1946年原子能法案》提出了对信息加以限制的要求。即使如此，他们依然找到了另外一条出路：“然而，我们很清楚，确保共同防御和美国国家安全所需要的远不止对技术数据进行保密这一种手段，且这些数据还可能被心怀不轨的人拿去用于非和平目的。”他们认为，如果《1946年原子能法案》的要求是保护美国国家安全，那么在许多情况下，最好的做法其实是适当节制保密工作的开展，而非不断推动保密工作继续。

1947年6月初，原子能委员会指派了一个“非正式专家小组”就信息管理组织展开讨论，并由他们推选出一位“信息部主管”候选人。该小组组长是米尔顿·艾森豪威尔（堪萨斯州立学院校长，美国未来总统德怀特·艾森豪威尔的弟弟），成员包括乔治·盖洛普（美国民意研究中心主席）、沃伦·约翰逊（芝加哥大学物理学家兼行政人员）、埃里克·霍金斯（《时代》周刊前副总监）、雷蒙德·勃兰特（《圣路易斯邮报》华盛顿分社总监）以及约翰·迪基（达特茅斯学院校长）。他们需与利连撒尔和韦马克会面，讨论“信息管控和做好公众教育的问题”。随后，他们提出了一系列言简意赅的建议。该小组表示，原子能委员会重点承担3个任务：发布任务（向媒体和公众发布信息）、服务任务（响应信息查询）和安全任务（相对于严格的科学解密工作而言，它对新闻界和公众的意义有所不同）。他们推荐《纽约时报》记者威廉·劳伦斯和曾与参议员布莱恩·麦克马洪搭档的律师戈登·迪安为信息部主管候选人。该小组还建议，这3个任务不应被置于原子能委员会保密部门的管辖范围内，解密和公共关系应该在行政层面分开。迪基向利连撒尔专门阐述了这样做的理由：他们担心将不同的职能统一管理会导致在保密管理方面要么过于保守，要么过于激进。将这些职能分开可能会达到所需的平衡。

后来，原子能委员会的委员就此问题发表了自己的意见，他们虽然同意艾森豪威尔小组的观点，即委员会应该把传播公共信息作为其常规业务的关键组成部分，但委员们也认为有必要设立一个解密和传播办公室，统一负责信息的发布和管控。还有一份建议书提出，当一些外界人士，尤其是当新闻媒体从原子能委员会获取信息时，会认为这是实施保密的一种方式。在原子能委员会内部征求的众多意见中，他们发现，许多研究人员不愿将解密工作安排在安全部门，因为该部门对信息管控往往持有偏见，而安全部门的官员也反对研究部门负责解密工作，因为他们对信息传播也会持有偏见。而将解密工作安排在委员会行政主管办公室，会大大增加其工作量。因此，他们得出结论，应该成立一个新部门，并提议将其称为信息管控办公室。

“信息管控”是这段时间诞生的流行语，在他们看来，这似乎是一个用官僚主义行为来巧妙应对棘手的哲学和组织问题的方案。原子能委员会的委员从一开始就意识到这种平衡发展战略会困难重重，但还是认为委员会已经取得了一些进步。1947年夏末，他们得出结论，委员会的目标应该是成立一个组织，“以避免把新闻审查制度作为唯一实践管理原则而形成的不利局面”。只要给该组织配备称职的员工，他们将“调和折中，在赢得保守者信任的同时，既可对外提供有用的公共技术信息服务，在委员会内部也可提供相应的技术信息服务”。

但是为这个组织命名很伤脑筋。一般的美国政府机构都有信息办公室。但原子能委员会现在的任务是，既要管控信息，又要传播信息。因此，也许可以采纳之前的建议，设立信息管控办公室。只是这样命名强调了管控，像是在做保密工作。而“信息管控和传播办公室”这一命名，虽然意思清楚明了，但措辞琐碎冗长。最后，他们决定在“技术和公共信息办公室”和“信息办公室”中选择一个。尽管原子能委员会的高层也在办公室命名上犹豫不决，但还是在1947年9月通过了这一计划。最终他们决定采用冗长的“技术和公共信息办公室”这一名称，以“信息管控”思维为基底，强调限制和传播兼顾，各项要素贯穿其中。

1947年秋，原子能委员会任命了第一任技术和公共信息办公室主任。莫尔斯·索尔兹伯里曾任美国农业部新闻主任，负责联合国善后救济总署的公共信息项目。换言之，他的工作经历和国家安全毫无关系。原子能委员会向公众宣布，索尔兹伯里主要负责协调相关解密工作，“确保向公众发布的与委员会活动有关的所有信息都已解密，并对《1946 年原子能法案》规定的限制性数据做适当的审核”。

新成立的技术和公共信息办公室将负责原子能委员会曾经彼此独立的三项职能：第一，作为小型解密部门，负责筛选安全信息，并提出安全变更建议；第二，作为技术信息部门，负责整理公开发行的备选资料；第三，作为公共信息部门，负责“向所有公共媒体提供一般信息服务和安全指导”。解密工作将依靠全美约 100 名认真负责的兼职审核员进行，且办公室总体规模将会很大，仅 1948 年，年度人事费用预算就达 90 万美元。

用“信息管控”来适应保密制度的方法并不像利连撒尔最初预想的那样成功。无论在实际应用，还是理论层面，将“机密”和“国家安全”在行政上分开管理的尝试屡屡受挫。一方面，有关“国家安全”的事宜应交给具备军事或情报工作经验的人负责，确保工厂防护严密、不会遭到蓄意破坏、防范材料或文件失窃案件的发生。另一方面，“机密”是一种更微妙的艺术，它关乎安全措施需要保护的合理对象和内容。公众和科学家对此事具有决定权，而美国联邦调查局的官员要根据他们决定的内容采取执法行动。但实际情况往往是这条界限会被经常打破。例如，1947 年底，“十字路口行动”核试验的最终报告即将获批公开，但原子能委员会军事应用主管不同意将大量与核弹效应有关的信息进行公开，理由是他认为这些信息显然属于限制性数据，即属于“原子武器利用”的定义范围。

技术和公共信息办公室开展了各种各样的活动，其中包括与记者和教科书编者保持联系，并监督公共信息的披露。1948 年末，一次办公室员工会议记录了这项工作的一些特色：他们应外部要求，审查了一份关于将原子能信息纳入巴尔的摩“黑人教育计划”的文件；汇报了核废料处理专题报告的进展情况；讨论了对“武器保密指南”的修改意见；开始编写《武器效果手册》。最后，他们还同意与美国社会科学研究委员会合作，为各高等院校和大学教师编写系列专著。前一分钟他们还在讨论中小学教育问题，后一分钟就在修订绝密的分类指南。这充分地展示了“信息管控”的统一性和广泛性。

有几次，利连撒尔在审查报告内容时与美国军事联络委员会发生了重大冲突，美国军事联络委员会旨在协调原子能委员会和国防部之间的各项活动。1949 年夏，美国军方要求原子能委员会删除所有与反应堆设计和放射性废物处理进展有关的信息。但利连撒尔在一封未发出的草稿信件中对此抨击道：“原子能委员会认为，公布足够的信息让公众出谋划策，是为了保证更基本、宝贵的信息的安全。”“如果不向公众提供关于反应堆研制工作性质的基本资料，或者不划定可公布信息的范围，就试图实施这样一个计划，是完全不切实际的，而且可能对安全造成损害。”然而，在实际发送的信件中，利连撒尔接受了美国军事联络委员会提出的几乎所有修改意见，所有反对意见都被轻描淡写地略过，而这只是他在这一时期所做的妥协之一。在另一个事例中，美国军方和国会原子能联合委员会都对原子能委员会公布各基地设施的照片感到惊讶，即使这些照片早已公开多年。他们指出，在第二次世界大战中，这些照片会使至关重要的工业设施成为敌方实施战略轰炸和破坏的目标。

原子能委员会成员逐渐发现，其委员会工作重心落在了限制信息的发布上，甚至有些可以公布的信息也受到了管控。1948 年底，“曼哈顿计划”的主要人物美国海军少将威廉 · S. 帕森斯提议发表一篇名为《屠龙》的文章，旨在劝阻美国民众不要过分依赖美国对抗苏联时由原子弹威力所带来的安全感。原子能委员会在一次例会上讨论了这篇文章。利连撒尔认为，该文章的意图“毫无疑问是要引导美国民众对核战争的危险性和有效的国民防御形成更为合理的态度”，利连撒尔对此意图没有异议，但认为文章令人不安的主题不仅会让美国民众深感惶恐，西欧的盟友也会对此有所察觉，他们认为这样的态度可能会使苏联更加胆大妄为。原子能委员会的施特劳斯和巴彻两位委员都表达了各自的担忧。巴彻认为，“这篇文章所描述的情况不能说是不准确的”，但如果这个立场是由像帕森斯这种有着军方背景的人所倡导的，那将是“不幸的”。因此，这篇文章虽然观点正确，但最终还是被封禁了。

另一个事件是在未经当事人同意的情况下，对人类受试者进行放射性物质试验。其中饱受伦理争议的事件发生在1945—1947年，身患绝症的病人在不知情的情况下被注射了含钚溶液，这并不是因为注射会产生任何治疗效果，而是因为科学家希望了解钚在人体中的代谢速度，以便在“曼哈顿计划”和原子能委员会的各类设施中设定职业接触限值。1947年，战时冶金实验室卫生处主任罗伯特·斯通向原子能委员会询问了几本关于健康和辐射的“曼哈顿计划”技术丛书的出版情况。委员会行政主管卡罗尔·威尔逊回复道，任何以人作为“不知情受试者”的试验都不会公之于众，因为这样做“可能对委员会的立场产生不利的影响”。最终，在1947年11月，隶属原子能委员会的生物学与医学咨询委员会向威尔逊发出了一份立场声明，指出他们反对在医学工作中刻意保持“神秘和压抑的氛围”，并建议不应进行出于非治疗目的的研究，也不应开展未经病人同意就将某些物质注入病人体内的研究。随后，威尔逊向斯通转达了上述建议，并表明由于这些研究不符合相关指导原则，将继续对这些研究保密。

同样，原子能委员会原本打算公布关于核辐射和核废料公共信息的念头也逐渐打消了，以避免陷入不利局面。索尔兹伯里认为，委员会的目标是“以一个民众需要的信息为主题做好宣传工作，以消除人们对原子能的误解，并缓解民众可能会爆发的歇斯底里情绪”。正如科学史学者塞缪尔·沃克所写的那样，原子能委员会早期的这些“双标的，甚至在某些方面彼此冲突的目标”造成其对外公布的信息“并不完全诚实可靠”。沃克进一步指出，原子能委员会当时对民众歇斯底里反应的担忧，超过了对民众态度的关注，并且“至少是在核废料这件事上，他们删减了一些真实内容。从长远来看，这削弱了公众对原子能委员会的信心”。这正是“信息管控”要面临的挑战：虽然它试图将原子能委员会的信息政策从严格管控转变为公布大量信息，但不得不考虑的事实是，并非所有与原子能相关的信息都会让人们乐于接受。

原子能委员会还意识到，《1946 年原子能法案》针对其相关法律执行要求与该法案的宗旨和理念相矛盾，执法要求中涉及民众言论的内容也可能使问题复杂化。《1946 年原子能法案》中有关限制性数据的条款涵盖与核武器有关的全部数据，无论这些数据出自何处。这种宽泛的法条解释也意味着原子能委员会不仅负责监管本单位科学家发表的言论，也可监管在美国可能谈论限制性数据的任何人的言论。这不仅仅是一个学术问题，因为在很早以前，就出现了限制科学家和新闻记者言论的问题，而那时原子能委员会还未正式负责此类事务。

此类问题的第一个案例可以追溯到战后几个月时，当时曼哈顿工程师管理区仍在负责控制管理。1945 年冬，原本与“曼哈顿计划”没有任何关联的宾夕法尼亚大学物理系的几位教授，举行了一系列基于战前文献和《史密斯报告》所揭示的核裂变原理的物理研讨会。随后研讨内容被编入一本名为《核裂变与原子能》的书中，正如前言所说，该书旨在让物理学家“获得对核裂变现象半定量性的理解”。但是相关物理学家都没有接触过任何保密数据。该书强调，他们对数据一无所知，这使他们能够自由发声，而其他接触过数据的人出于法律原因必须保持沉默。此外，他们的工作也将表明，战后对秘密大惊小怪是徒劳无益的。书中写道："从某种意义来说，这本书可以由无权获取保密资料的物理学家编写，而且世界各地的科学家都无法自由获取这些资料，这一事实清楚地表明大自然才是其自身秘密唯一可能的守护者。因为面对民族、种族或个人的不同情况，大自然不会偏向任何一方。”

该书中有一章是关于“快中子链式反应”的物理学知识，涉及原子弹设计和对内爆法的讨论，这是当时还未解密的内容。即使是那些支持解密的人也认为有关核武器设计的具体细节应该继续保密。正如 1945 年底亨利·德沃尔夫·史密斯向美国国会所说的，那些反对保密的人“建议我们公布原子弹制造的技术细节以及最终的组装过程”，因为“这是原子弹的唯一‘机密’，我们在现阶段仍应保密”。

宾夕法尼亚大学的物理学家主动将书稿上交至美国陆军部审查。随后书稿被移交至洛斯阿拉莫斯国家实验室的审查人员手中，他们接到指示，书稿审查流程与“前几年‘曼哈顿计划’的某部分内容的审查流程”一样。1947 年初，肯尼思·尼科尔斯上校将此事上报原子能委员会时，认为这是对“根据《1946 年原子能法案》制定的保密和解密政策”的一次关键考验。几个月后，原子能委员会委员韦马克为该书做了如下批示：“此项审查工作凸显了必须全方位处理好整体安全问题的重要性。”同时，在理性政策指导之下，我们应鼓足力量，这股力量远超过（原子能委员会）或谨慎小心，或优柔寡断的羸弱之力。

最终，洛斯阿拉莫斯国家实验室的审核员建议原子能委员会对此事置之不理。因为对书稿进行审查就意味着原子能委员会判定某些信息是“危险”的，从而证实书稿中的确存在机密，显示出书稿中有非法内容。而批准书稿则代表着委员会核实了其内容，从而“凸显《史密斯报告》的意义”。正如审核员总结的：“由于这份手稿没有具体涉及‘曼哈顿计划’所做的任何工作，因此我强烈建议陆军部不再干涉此事，对书稿不再做进一步的评论。”

虽然不予置评的方法成了原子能委员会处理私人言论的标准政策，但他们还是会对违规者提出严正警告。如果委员会认为违规者愿意配合，就会想办法暗示其哪些部分存在问题。但如果委员会对某些违规者的配合意愿持怀疑态度，就会对其相应的言论闭口不谈。就宾夕法尼亚大学科学家书稿这件事而言，原子能委员会明确要求他们删去原子弹设计的章节。在最后的出版物中，“快中子”那一章在简述了问题难以解决后就戛然而止，文中没有提及与内爆法相关的内容。

有时，原子能委员会会向新闻界提供安全建议，如果与“不予置评”的政策结合起来看，就会发现出现了自相矛盾的局面。欧柏林学院的一位化学教授打算在国际新闻社发表一篇关于“原子弹机密”的文章，其内容精确估算了原子弹所用裂变材料的数量、在日本上空引爆原子弹的高度，以及目前美国原子弹的库存量。为此，索尔兹伯里回复国际新闻社说，如果该教授的估算是准确的，根据《1946年原子能法案》的相关规定，它们将被视为机密不予公开；但如果其数据并不准确，那么国际新闻社将其出版就意味着误导读者。因此，国际新闻社拒绝发表这篇文章。

但随后这篇文章的作者向《哈泼斯》杂志提交了一篇关于

“如何制造原子弹”的文章，且篇幅更长，文稿被再次提交给原子能委员会。面对这种情况，索尔兹伯里的下属—— 一位副主任回复道，原子能委员会的政策仍然只能对一些具体的猜测表示“不予置评”，否则会向公众暴露哪些是敏感信息。但他接着说：“我们无法置评的信息内容如下”，随后列出了文章中委员会高度关注的话题，以及包含敏感信息的段落。最后，《哈泼斯》杂志对文章做了修改，原子能委员会解密部门随后正式宣布该文章属于“非机密”信息。

原子能委员会有能力调查已发表的文章是否表面合法而实际上违反安全条例，并且他们也确实做了调查。原子能委员会还调查了文章中的内容是否来自未经授权就泄露信息的官方人士，不过到今天尚不清楚他们是否曾经起诉过这类违规者。在高级军事官员涉案时，原子能委员会发现这些官员就是最主要的泄密者，却显得束手束脚。一位少将在全美市长会议中表示，他们预计原子弹将具有“40 000 吨梯恩梯当量的威力”，《时代》周刊就此对外宣称，核武器的威力已提高到了第二次世界大战时的两倍。原子能委员会认为这是一个重大泄密事件，但他们就连是否要将此事以非正式的形式上报国防部都犹豫再三，因为他们认为就军方行为向上级投诉是“徒劳且有百害而无一利的”。尽管原子能委员会认为，要是“我们的员工”以这种方式泄密，必将受到严厉的惩罚。

1947 年 3 月初，杜鲁门总统宣布了一项新的“忠诚—安全”计划，旨在确保共产党人没有渗透到美国政府中。这是一个范围广泛、规模庞大的反对共产主义的计划：所有政府官员都将接受文官委员会对其“忠诚度”的审查，一旦发现联邦雇员有敏感的政治联系，如加入了被美国司法部视为具有“极权主义、法西斯主义、共产主义性质或颠覆性质”的组织，或出于同情而与这些组织有过联系，那么他们的职业生涯都将受到威胁。尽管这种做法波及面很广，它撒下的大网让许多人都感到不安，但此类明目张胆的滥权行为还将带来更加高涨的反对共产主义的浪潮。

然而，在此之前，原子能委员会在信息管控方面最具争议的一项举措就是审批申请访问限制性数据人员的流程。《1946 年原子能法案》规定，只有通过联邦调查局“品行、社会关系和忠诚度”考验的人，才能成为原子能委员会的一员。这是 1946 年夏将《麦克马洪法案》送至众议院审议时，在该法案上补充的更为严厉的条款之一，而当时“加拿大原子间谍”案仍萦绕在美国国会议员的脑海中。然而，联邦调查局并没有判定相关人员是否已通过安全审查，只是对他们做了简单的调查，最后身份审查是否通过还是由原子能委员会自己决定。理论上，审查和行政管理之间的这种划分使原子能委员会在人事问题上具有相当大的自由度。而在实践中，这会让抱有理想主义的工作人员卷入联邦调查局的肮脏谣言中。

有关人员审查的政策是在 1946 年底匆忙制定的，直到 1947 年 2 月才开始执行。格罗夫斯将军手下的情报员查尔斯·班克斯对原子能委员会的战后体系提出了初步建议，要求所有人填写“职员安全调查表”。当原子能委员会接管核武器体系时，这些职责交由曾任洛斯阿拉莫斯安全员一职的托马斯·琼斯履行。琼斯在起草条例时，根据职员接触限制性数据的情况设立了三种类型的许可制度。无法访问限制性数据的承包商雇员将获得“P”级许可，并在获得该评级后接受联邦调查局的审查。能够访问原子能委员会各部门和基地，但无权接触限制性数据的访客，将获得

"S"级许可。最后，所有原子能委员会雇员，无论是否能够接触到限制性数据，都须接受联邦调查局的全面审查，审查合格后可以获得"Q"级许可。"Q"级许可时至今日仍在使用，用来指代工作人员获得访问限制性数据的授权，虽然这个字母看起来充满神秘色彩，但也只不过是对应了带着官僚主义意味的首字母缩写"PSQ"的最后一个字母而已。

利连撒尔作为员工品行的评判者，感受到了这一新角色所带来的道德压力。1947 年 6 月，他在自己的日记中抱怨道："为什么非要我与如此丑陋和疯狂的工作环境产生这种关联，更不用说还要我承担主要责任。"可见，不得不去做人员审查这种工作令他苦恼不已。大部分人员审查案件都是由较低等级的部门处理，但一些边缘性案件和有社会影响的案件则要上报给委员会处理。利连撒尔认为，他被迫"扮演上帝的角色，根据联邦调查局侦探片面的证据，来评判 A 先生或 B 夫人的忠诚度、品行或社会关系，以此决定其是否有权访问限制性数据"。他认为这项工作与宪法所保障的公平审判、交叉质询以及公开审查证据相悖。他发现联邦调查局的档案本身只不过是流言蜚语和"道听途说的记录，其中大部分是主观意见"。利连撒尔感叹道，"如果一位科学家 10 年前为"斯科茨伯勒男孩"案做了辩护，或是相信集体谈判的作用，或是笃信国际原子能控制"，都可能导致其职业生涯被迫中止。简言之，他总结道："我极度憎恶这个员工审核过程，这一过程本就违背我的意愿，而当我意识到自己居然置身其中时，这种憎恶之情尤为强烈。"

据估计，在原子能委员会成立的最初两年里，委员们将 1/3 的会议时间用于讨论人员安全管理问题。除了在保密工作上坚持狠抓严守的刘易斯·施特劳斯，大多数委员都支持对人事审查采取开明民主的方法，但他们又忌惮国会原子能联合委员会中更为保守的议员提出的种种要求，也怕受到丑闻的牵连。这是一个人人恐惧的时代，“颠覆者”和“渗透者”构成的威胁、间谍活动窃取“原子能的秘密”以及科学家在政治上的幼稚都让美国民众担惊受怕。尽管在这一时期只有少数科学家未能通过安全权限审查，但正是对少数例子的大量宣传，造成了公民自由受到明显侵犯、被肆意羞辱和职业生涯停滞的后果。原子能委员会各机构和美国各领域的科学家都将这一阶段视为政治迫害和任意而为的“歇斯底里时期”。

除了道德问题，这种对安全许可的要求也带来了实际困难。标准的军事保密系统有密级分类，表明有关信息的重要性。只有“限制级”（不要与“限制性数据”混淆）或“机密级”的信息可以在美国军事机构中自由流通，自由度远高于标有“秘密级”或“绝密级”* 的信息。相比之下，“限制性数据”这一术语适用于原子能委员会判定的“不可公布”的所有涉核信息，没有等级之分，它不同于“机密级”和“秘密级”那样的保密类别。而且它既属于限制性数据，还可同时是“机密级”或“秘密级”。然而，如果要访问包含限制性数据的文件，即使该文件从安全角度来看只是“机密级”，也需交由联邦调查局对该访问进行调查。这一访问的安全权限要求与“绝密级”的相同，即使有关人员已经被美国国家军事机构调查过，仍须过联邦调查局这一关。

这意味着，美国空军中任何与原子弹实物有接触的工作人员都需要获得“Q”级许可，因为武器的确切形状、大小、重量、天平校准参考中心和爆炸当量等都属于限制性数据。1947 年春，当原子能委员会被要求对整个空军第八航空联队开展权限审查时，

---

* 1944 年 3 月之前，美国的密级分类由高到低分为“机密级”、“秘密级 ”和“限制级 ”；1944 年 3 月，战争信息办公室增设了一个最高密级“绝密级”。详见本书第一部分第二章。——译者注

利连撒尔在日记中对此连连感叹：

> 天啊！整个空军部队都必须被清查，彻查安全信息！想当年格罗夫斯甚至都不乐意将类似的信息与最高军事力量分享，真是今非昔比啊！

这种明显的不切实际的做法导致 20 世纪 40 年代末出现了特殊的军事许可和被批准用于军事目的的限制性数据的子类别，也使原子弹制造方与作为原子弹使用方的美国军方必须订立明确的关系协议。其中许多问题直到 20 世纪 50 年代才得到解决。

此外，需要获得接触限制性数据权限的人数众多，令联邦调查局难以承担这样的工作量，而在这一责任被推给他们之前，没人征求过他们的意见。原子能委员会雇用了数十万人，因为从科学家到建筑工人都或多或少地可能需要接触秘密信息。原子能委员会要求审查的人数从 1947 年 2 月的 2 000 人 / 月增加到 1947 年 7 月的 8 000 人 / 月，这已是联邦调查局在一段时间内所能处理的最大数量。从 1947 年 1 月到 1949 年 4 月底，原子能委员会让联邦调查局审查了超过 14 万人的申请，大约每 800 个成年美国人中就有一人被审查。联邦调查局后来在国会进行游说，要求修改《1946 年原子能法案》，不是因为他们反对保密，而是因为国会议员对严格审查过分热衷，并为之设立了一个不可能真正贯彻的审查制度。

尽管利连撒尔对公平和符合实际的人事安全政策充满渴望，但政治环境阻碍重重，而且他也明白，国会经常会对原子能委员会发起恶意攻击。1947 年底，原子能委员会组建了人事安全委员会，由前任最高法院法官欧文 · 罗伯茨领导。难题摆在了桌面上：没有通过审核的员工是否应该对该决定提出上诉；在原子能委员会安全检查中被拒绝是不是比在私营企业中被拒绝更具实质性的污点；评价品行和社会关系的标准是什么？同时，原子能委员会努力地将其安全管理的工作分散到好几个部门，希望以此来厘清安全权限审查的工作。

困扰着利连撒尔的原子能委员会的人事危机，其核心是最棘手的一项保密问题：一旦信息被定密分级，该如何确定哪些人可以知道该信息。在这一点上，此时的原子能委员会显得很脆弱。国会原子能联合委员会总是在盯着挑他们管理不善的毛病，而原子能委员会的政治盟友又很少。对丑闻的恐惧迫使利连撒尔管理的原子能委员会采取保守的保密方法。因为当保密工作进展顺利时，无人知晓；但当保密工作失败，或仅是看起来失败时，丑闻就开始出现了。

改革遭到痛击

在原子能委员会成立的第一年，该机构忙于制定新的政策，采取新的措施，同时将“曼哈顿计划”留下的核基础设施修缮强化，将它们置于和平时代的坚实基础之上。然而，到了第二年，批评声迅速而又猛烈地传来。其中一个颇为不寻常的批评居然来自由利连撒尔的朋友奥本海默领导的原子能委员会总顾问委员会，该委员会于1948年6月发布了一份措辞严厉的报告。抱怨批评的意见不少，科学家尤其对原子能委员会的保密处理方式进行了强烈的批评：

> 对于目前生效的有关信息安全和保密规则的基本政策，总顾问委员会实在难以理解。我们强烈建议原子能委员会，如有必要，应特设一个专家小组，对所涉及的问题展开根本

性的研究，特别是要深入研究以保密制度作为维护安全的工具，是否合理。

在总顾问委员会的一次会议上，专家们表达了不满意见，在会议快结束时，这段话被以书面形式补记了下来，这个意见是在总顾问格伦·T. 西博格（发现钚元素的化学家）、奥本海默和恩里科·费米的鼓动下提出的。根据西博格的日记，他们希望消除“对安全的迷恋以及安全管理中荒谬、可笑的因素”。具有讽刺意味的是，行政主管将总顾问委员会的批评意见告知原子能委员会其他工作人员后，他们将转达信息的会议备忘录列为“秘密”，这是一个相对较高的机密等级，不过它后来被降级为“仅供官方使用”。

利连撒尔和工作人员把总顾问委员会的批评看作推动他们一直盼望着的改革契机。利连撒尔不认同原子能委员会没有明确政策的说法，但他认为该机构缺乏勇气“站出来反对席卷全美的恐惧和被恐惧笼罩的情绪，而每一个事件和各类反动势力都在不断激发这样的情绪”。解决办法是将等式颠倒过来，那就是将工作重心放在保密而不是解密上。如前所述，这场斗争的一条战线是人事审查工作；另一条战线是原子能委员会所做的保密政策新声明，该声明将减轻委员会的负担，并向外界澄清它们全新的立场。

重新评估保密工作的第一个成果是一份关于“原子能委员会安全问题的一般讨论”的简短报告，由原子能委员会计划委员会执行办公室撰写。原子能委员会承袭了曼哈顿工程师管理区的保密制度，该报告围绕着两个批评意见展开思考：第一，“我们的保密措施可能是在自欺欺人”；第二，“我们的自卫行为其实是自我伤害的行为”。该报告认为，保密措施损害了公众对原子能问题进行民主审议的权利，使原子能委员会在不健康的氛围中运作，并导致科学家的普遍不满。这份员工意见书进一步指出，原子能委员会现有的保密政策是“主要根据先例进行的各种做法的组合”“在最基本的层面上缺乏清楚的认识”。在对工作人员进行的意见调查中，每个人都认识到应该“在推动我们自身的进步和阻碍竞争对手的进步之间取得适当的平衡”，但除此之外，“暴露出的问题是存在两方面的缺位：领导层的指导原则缺位，以及职工层面在基本原则上的共识缺位”。

该文件在某些方面非常谨慎，它从未使用“敌人”“俄国”“苏联”等词来描述敌对势力。相反，它使用了“竞争对手”这一通用术语。该文件主张，应根据信息对美国核计划和竞争者计划的影响价值来进行分类。对美国有较高价值并有助于全面提高美国的科学地位，但对竞争者价值较低的信息应该被传播（但是不一定公开发表）。竞争对手已经知道的信息也可传播出去。而对竞争者有高价值且传播价值低的信息应该保密。当然，为了做出上述各项决定性的判断，原子能委员会必须知道竞争对手已经掌握的信息或对他们有用的信息。这将需要较难获得或难以明说的信息，如源于美国国外的情报或基于美国历史经验的假设。还需要借助试验，来搞清楚原子能委员会系统以外的科学家推导出秘密内容的难易程度。

报告的结论是，原子能委员会应该原则上先批准一份可以在组织内传播的《安全声明》，并开始研究保密的关键性基本问题，首先要征求参与原子能研发的“老熟人”的意见。《安全声明》指出，就原子能委员会的优先事项而言，“委员会认为，对这个国家的共同防御和安全的最大保证，首先在于我们自身技术能力能够迅速、全面地进步，其次才是延缓竞争对手的进步”。

委员们开会并研读了该提案，虽然他们的具体反应没有被记录下来，但他们并未批准该声明。相反，他们建议原子能委员会的工作人员与总顾问委员会和负责跟进解密政策的高级责任审核员讨论此事。利连撒尔向其他人征求意见，指出“保密问题是我们心中最重要的一个问题”，所追求的目标是“集思广益以解决所涉及的诸多问题”。这份报告的副本被分发给了原子能委员会人事安全审查委员会主席欧文·罗伯茨、洛克菲勒基金会的艾伦·格雷戈以及总顾问委员会的专家。对于被他视为朋友和盟友的奥本海默，利连撒尔在报告上单独加了一条说明：“我认识到，这个问题的哲学边界非常模糊，实在难以界定，我们可能会陷入长达数月的讨论和思考之中。我想做的是在正确的方向上向前迈出几步，步履坚实且能有所突破，希望我们在 8 月中旬之前能做到这一点。”

与此同时，利连撒尔、施特劳斯、莫尔斯·索尔兹伯里、解密部门负责人哈罗德·菲德勒以及其他一些原子能委员会的工作人员与高级责任审核员召开了会议。利连撒尔告诉审核员，委员会正在“重新考虑保密和安全系统的基本理念”，审核员的经验将起到至关重要的作用。审核员此时正在准备第二次美英加联合解密会议，该会议将于当年 9 月在英国的哈韦尔举行。这些国际会议旨在使“曼哈顿计划”相关信息在盟国之间的解密程序标准化。利连撒尔敦促各位审核员，虽然盟国不应该让原子能委员会做出什么承诺，但也许审核员应该提出原子能委员会正在重新考虑其安全政策的想法，看看英国和加拿大的代表怎么说。审核员都渴望改变。他们长期以来一直工作在审核秘密并做出定密判断的第一线，并且都认为在《解密委员会报告》带来最初那段时间的繁荣活跃之后，整个工作就一直停滞不前。利连撒尔告诉他们，如果他们能拿出证据证明保密工作阻碍美国进步，他将不胜感激，因为“虽然保密工作确实阻碍了科学进步，这可以说是不证自明的”，但利连撒尔“在从技术人员那里获得支持性例证时遇到了困难”。只要例证在手，他就可以在原子能委员会内部争取“更开明的保密政策”时提出论据。

利连撒尔的档案文件并没有表明他得到了想要的证据。要证明保密造成的伤害其实是相当困难的。因为造成伤害的证据依赖于对事实的逆向推测，即如果不加保密，事情会如何发展。唯一回应利连撒尔要求的高级责任审核员是物理化学家威拉德·F. 利比，他认为和平时期的保密工作比第二次世界大战时期的保密工作害处大得多，因为大多数优秀的科学家已不在政府管理的实验室工作。他能想到的与保密影响有关的唯一具体例子是氟化学工业，他说:“归功于解密工作，该工业领域的发展速度加快了 20 年”。总的来说，利比认为，除了禁止原子能委员会以外的人染指原子能委员会的秘密，保密工作对原子能委员会的各项研究议程并没有造成实质性伤害。

1948 年 8 月，奥本海默给利连撒尔写了一封长信，深入探讨了原子能委员会提出的想法。他强调了在未来的草案中要考虑的三点。首先，他认为美国过于强调对对手保密，而美国并不知道苏联发生了什么，也不知道苏联人到底会如何制造核弹。他提醒说，苏联的原子弹项目可能与战时的“曼哈顿计划”大相径庭。其次，他认为，如果将保密工作拆解为个别研究信息是否应该解密，这样考虑问题往往会让人忽略一个更重要的观点，即“大量秘密材料的存在本身就是一种确定的邪恶”。他认为，任何追求平衡的标准都应该考虑单就某项信息加密是否会削弱“尽量减少保密”这一原则。最后，奥本海默指出，许多最高密级的信息本质上不是技术性秘密，而是行政性秘密，如核弹储备的规模和性质、原材料的来源、各类预案的目标和方向，以及军方与政府“核武器监管”的问题（这涉及如何快速调动武器投入使用以及谁有权使用武器的问题）。美国没有理由公布这些信息，因为它与推进技术研究计划无关。不过，奥本海默认为，这类信息的发布或情报交换倒是有说得过去的理由，因此围绕技术利益来建立一套保密规定会暴露其局限性。奥本海默指出："我担心，如果完全基于技术的标准来编织渔网，一些最大和最有价值的鱼会漏掉。"总的来说，他觉得依靠"技术优势"的论点会使"保密问题负担过重"，因为虽然"这是一个重要的论点，可以使保密工作不超过必须保密的范围"，但"这不是这样做的"唯一论点。

1948 年 9 月，制定具体政策的工作在继续推进。曾参与起草保密声明的原子能委员会工作人员戴维·B. 朗缪尔—— 一位物理学家，撰写了两份备忘录，利连撒尔读后充满热情地将其转发给了其他委员：一份是对《保密的目标和方法》的详细分析，另一份是《对保密问题的研究建议》。

朗缪尔的《保密的目标和方法》一文试图得出"明智地采取保密措施似乎取决于某些事实和政策"这一结论。他认为最终目标是提高美国的地位，并尽可能地拖延"某些国家朝着原子能的危险方向发展"。他认为这些目的是相互关联的，并通过一个图表来说明自己的基本论点。朗缪尔把军备竞赛描绘成一种线性趋势，一条以发现裂变为起点逐步向前发展的时间线。美国已经造出了第一颗核弹和其他有用的武器，并且正在朝着拥有最大的核武库的目标前进。苏联还没有原子弹，美国和苏联的相对位置之间的差距在图表中被表示为争议区域（如图 5-1 所示）。对于朗缪尔来说，该图表不仅仅是将假定的军备竞赛形象化，而且展示出了三种可以采取的特殊政策：第一，试图在不担心苏联的情况下推动美国技术发展的立场（"动态"立场——不保密）；第二，试图在不担心推进美国的情况下阻碍苏联的立场（"保守"立场——全部保密）；第三，这两种方法之间的混合状态（"折中"

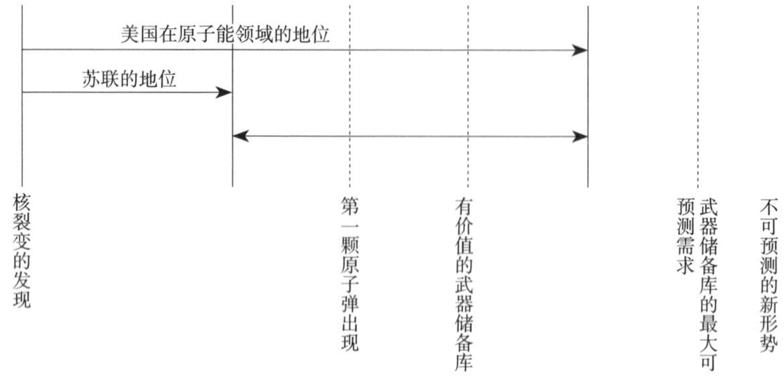

注：该表为作者根据原文打字稿重新绘制。

图 5-1　戴维·朗缪尔在原子能领域的立场研究

资料来源：戴维·朗缪尔，《保密的目标和方法》(1948 年 9 月 15 日)，原子能委员会文档第 46 号，第 41 号文档盒，“基本安全政策，信息管控，第 1 卷”。

立场——部分保密）。

这张图很清楚地表明了朗缪尔的主张和立场，那就是“折中”的解决方案。朗缪尔大致阐述了“折中”立场的三种不同方式，并用另一张图（如图 5-2 所示）说明了不同保密制度下的“信息流”。朗缪尔首先考虑了“极端保密”的情况，在此情况下，任何信息都不能通过“原子能委员会各项目严密的保密墙”向外传递。其他国家的优势将被限制，仅靠间谍活动获得的点滴信息和他们自己科学研究的进展，但美国的领先地位将完全依赖于隶属原子能委员会的各实验室做出的研发成果。然后，他着眼于另一个极端，即“完全公开”，核信息由此被广泛传播。这将在“绝对”意义上同时提高美国和竞争对手的地位，但会损害美国的“相对”地位。最后，他考虑了一种介于两者之间的立场，即把信息

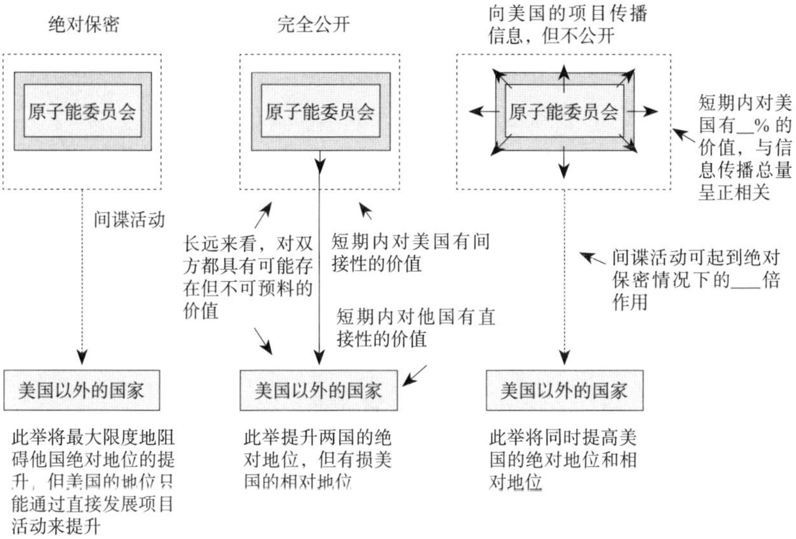

注：该表为作者根据原文打字稿重新绘制。

图 5-2 戴维·朗缪尔展示了三种控制信息的方法及其可能的影响

资料来源：戴维·朗缪尔，《保密的目标和方法》（1948 年 9 月 15 日），原子能委员会文档第 46 号，第 41 号文档盒，"基本安全政策，信息管控，第 1 卷"。

发布给美国的实验室和工业界，但不得发表。朗缪尔认为这种方法将提高美国的绝对和相对地位。他指出，目前原子能委员会的政策是"公布一些材料，同时对其他材料保密"，而且没有建立信息获取的分级区域管理制度。

图 5-2 揭示了原子能委员会在安全方面的考虑，即保密问题就是如何防范信息从安全区域转移到对手手中的问题。朗缪尔认为，这些图表提出的问题比它们能够回答的问题要多。从短期和长期来看，完全公开信息对美国的绝对地位有多大帮助？"传播但不出版的政策"对原子能委员会的计划有多大帮助？间谍

活动的问题有多严重？保密真的会影响某些领域或某些人的发展吗？应该如何评估信息对其他国家竞争者或国内出版物的价值？美国怎么能够知道苏联已掌握或未掌握的信息？

这些问题当然并非朗缪尔一个人能够解答。他建议对那些拥有原子能专业知识的人展开调查，以了解某些技术信息对其他国家的价值和对美国的好处。这项调查本身不包含任何数据，只是假设性的陈述：

> 一个铀–235球体的临界质量是 ____ 千克；
> 气体扩散工厂 K-25 的总级数是 ____ ；
> 汉福德堆中铀弹头的间距是 ____ 英寸；
> 1948 年 6 月 1 日，美国储存了 ____ 颗原子弹。

朗缪尔编写了一份由 64 个问题组成的调查表，以及一个可将调查对象的答案绘制其上的散点图，在一个轴衡量“信息对于其他国家的价值”，另一个轴衡量“公开信息对于我们自己的价值”。

1948 年 10 月，利连撒尔将朗缪尔撰写的两份备忘录转发给奥本海默和总顾问委员会的其他成员。朗缪尔还写了一份《拟议的保密制度》，澄清了他之前的观点。他认为自己的系统是一种处理保密问题和信息流的合理方式。他提出，任何保密制度都必须首先识别并限制能起到关键作用的信息，即那些苏联未掌握且会有效地阻碍其进步的信息。他还认为，为了避免保密对美国国内研发造成的不利影响，原子能委员会需要授予组织内的个人自主做出安全判断。一个好的保密系统应有明确的规则，由有能力和有权威的人执行，并且“具有演进发展的性质，能够有机并自主地适应新形势”。

朗缪尔的建议仍然基于图表式思维，他建议绘制复杂的流程图，说明某些信息在原子武器计划发展中的重要性。然后，这些流程图将成为“制定保密战略的重要依据”。朗缪尔的方法“取决于绘制出某种流程图的可能性，以及将这种图表作为建构保密政策框架的有效性”。这些图表概述了浓缩铀或生成钚计划中的各个步骤，其想法是人们可以估计每个步骤在帮助苏联获得炸弹方面的潜在价值，从其中的一个例子便可知（如图 5-3 所示）。

朗缪尔建议，申请解密的个人可把他们的研究成果送交审查人员，审查人员在充分掌握这些图表和网格的情况下，针对每一项申请逐一评估信息对敌人和美国的价值。这样做，保密问题将在很大程度上成为地方性问题，审核结果仅由原子能委员会各项目节点的某个专家决定，而中央解密办公室只是做好记录，或偶尔对难以决断的案件实施仲裁。可能偶有疏漏造成错误解密，但任何系统都会有错误。最后，朗缪尔总结说：“一个完全的、理性的、分析性的保密制度很可能与现状只有细微的差别，而且很可能被证明既不是很坏，也不是很好。”

朗缪尔制定了一个新的、复杂的保密制度，但他对它是否值得实施并没有把握，也不确定它是否真正地解决了原子能委员会面临的棘手问题。对于信息敏感度的总体情况（如图 5-4 所示），其实更令人沮丧，因为几乎所有的东西都是“秘密”的，少数是“机密”的，基本上从未对外公布过。

1948 年 10 月中旬，朗缪尔向原子能委员会提交了自己的系统。尽管朗缪尔做了这么多工作和努力，但似乎并没有给相关工作带来重大变化。虽然他的分析似乎是合理的，但他也承认改善现状是困难的，而且蕴含着风险。他的方法并不比托尔曼委员会的方法好多少，而且基本出发点也与物理学家的观点相似，即信息可以被划分为独立的类别，可与创造该信息的人、产生该信息

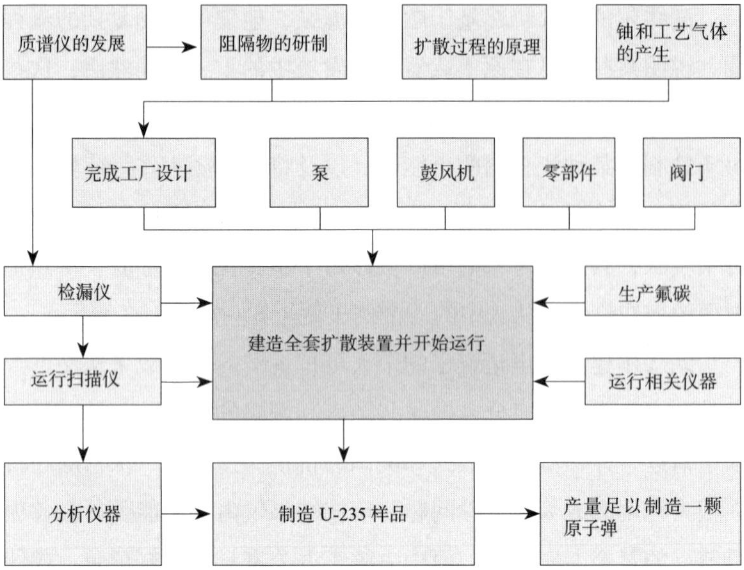

注：本图显示了一个气体扩散工厂要生产出满足一枚核弹所需的浓缩铀数量，必须达到的科学和技术要求。他还为电磁分离浓缩工艺和钚工艺绘制了其他图表。作者根据打字机版的原文重新绘制。原文中“氟碳”的拼写为“Fluorcarbon”。

图 5-3　戴维·朗缪尔的流程图中的一个例子

资料来源：戴维·朗缪尔，《拟议的保密制度》，原子能委员会 111/2（1948 年 10 月 14 日），原子能委员会文档第 46 号，第 41 号文档盒，“基本安全政策，信息管控，第 1 卷”。

的地点和操作分开，并且信息是循着既定的线路流动的。这类抽象的、以物理学家为中心的保密改革方案的失败，本身就说明了原子能委员会工作人员在实际工作中遵循着这种不切实际的思路。当时似乎没有人想到，应该去咨询一下社会学家、人类学家、心理学家，或者多请教一些对技术间谍有了解的专业人士，也许能获得更有价值的保密改革思路。

从那时起，原子能委员会的工作人员专注于撰写一份关于信息管控的声明，是基于1948年夏研讨的《安全声明》的升级版。这相当于一份关于原子能委员会立场的文件，但并不承诺对政策做任何特定的改变。草稿于1948年底完成，作者是朗缪尔和原

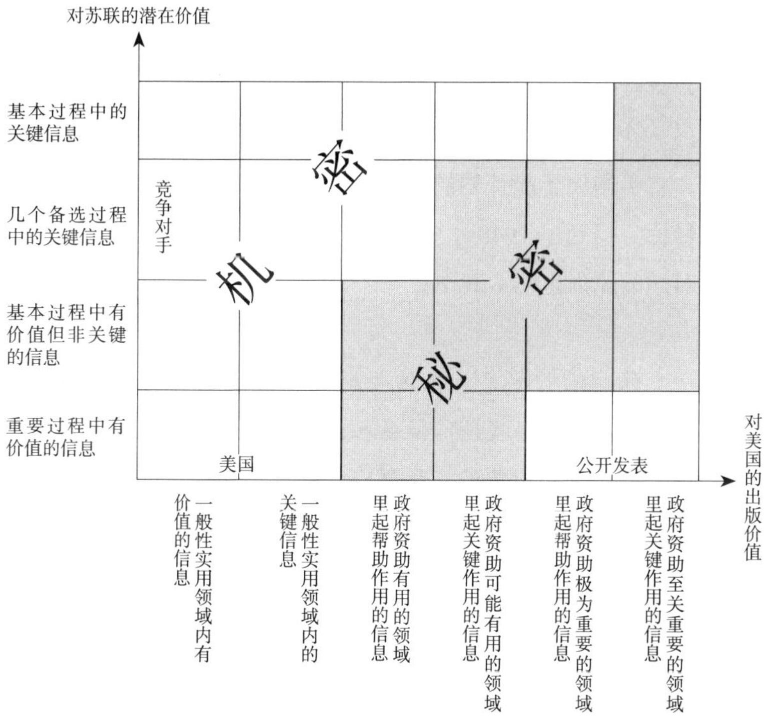

注：朗缪尔的最终图表说明了根据信息对美国的出版价值（横轴）和对苏联的潜在价值（纵轴）实施保密管理的原则。作者根据打字机版和手绘的原文内容重新绘制。

图5-4　信息敏感度的总体情况

资料来源：戴维·朗缪尔，《拟议的保密制度》，原子能委员会111/2（1948年10月14日），原子能委员会文档第46号，第41号文件盒，“基本安全政策，信息管控，第1卷”。

子能委员会的解密部门负责人哈罗德·菲德勒。文件大部分内容与《安全声明》相同：它承认需要一个立场统一的保密制度声明，并提出了一系列追求平衡的举措，而总体目标却又偏向信息公开。它的目标远远超出了奥本海默所关心的“技术优势”问题。文中提出公布信息的理由包括激励工业迅速发展、提高武装部队的效率、教育公众了解意义重大的主题、提高行政效率，以及激励和鼓舞全美各地的科学研究。

另一个方向也发生了重大变化。1948 年夏那份拟议的政策声明，将美国原子能计划的成功作为首要目标，将阻碍苏联作为次要目标。但到了 1948 年冬，新声明中的优先事项发生了对调，而且对调的原因也明示其中：

> 保密的首要目标应该是延迟潜在的敌人拥有核弹的时间，从而最大限度地降低敌人核弹的数量和有效性。可裂变材料的生产，以及涉及核弹研发、生产和使用的各项技术与这个首要目标具有同等的重要性。在这几个方面阻碍一个潜在敌人的进步，应被视为比推动我们自己的进步更加重要的事情。从信息对敌我两方的价值来看，传播信息给我们带来的好处应审慎视之，同时必须以最保守的立场管控可能为敌所用的信息。

从 1948 年底开始，美国从利连撒尔的理想主义理念开始转变为可以接受适度披露秘密信息的管理理念。目前还不清楚是什么导致了这一戏剧性的转变，但是它代表了一种更明确的冷战意识，而当时冷战正在演变为现实。对许多人来说，1948 年夏天的柏林空运事件，标志着美国和苏联之间公开敌对关系的开端。

原子能委员会工作人员的矛盾心态在提案后附的两个选项中

暴露无遗：选项一是原子能委员会承认美国可以比苏联更好地利用技术知识，因此应该全面地发布信息；选项二则主张原子能委员会应谨慎行事，不做无谓的技术信息发布。当原子能委员会在1949 年 1 月审查该提案时，罗伯特·巴彻认为这是一个错误的二分法，因为事实上并非仅存这两种可能性。萨姆纳·派克担心这样的政策声明会给人一种错误的印象，即保密管理是一门精确的科学，而不是一种主观判断。利连撒尔同意不管哪一种“确定性的错觉”都是危险的，但他认为基于直觉的政策根本就不是政策。他进一步建议，保密对象不应仅限于技术资料。刘易斯·施特劳斯指出，虽然政策声明主要关注的是向敌对国家提供信息，但事实上即使向友好国家提供信息也是危险的。巴彻建议进一步修改说明，以防范过度加密。因为如果定密过严或过泛，既会“使保密制度显得荒谬”，又会造成管理上的困难。巴彻最大的担忧，体现在他特别增加的一个章节中，题为“需要避免的不必要保密”。1949 年春，他又对内容做了进一步扩充、修改。

直到 1950 年 6 月，原子能委员会内部才就其保密政策达成了共识。正是这个时候，苏联引爆了一颗原子弹，并显示出苏联对“曼哈顿计划”的渗透程度，这对保密制度改革的尝试造成了破坏。当然，在制定保密政策的过程中，原子能委员会的委员和工作人员之间的分歧一直都很大。朗缪尔等人所采用的分析式方法造成各方意见难以统一，但也为重新评价以及工作重点和程序的转变留下了空间。委员会试图将保密工作的改革建立在有关保密利弊经验的证据之上，但难以实现。因为当时完全没有关于苏联情报部门的数据，甚至在原子能委员会计划的主要目标应该是“积极的”（生产更多更好的美国产原子弹），还是“消极的”（阻碍苏联的进步）这一问题上也难以达成共识。

当然，这些关于政策的讨论都不是在真空中进行的。1946—

1949年，冷战不断演变，从“遏制”到“铁幕”，再到希腊冲突和柏林空运事件，以及随后的战争恐慌。美国众议院非美活动委员会开始发挥极大的影响力。此时，美国原来设想的战后立即与苏联建立合作关系的所有希望都破灭了。国际原子能控制的努力失败了，在《艾奇逊-利连撒尔报告》基础上制定的“巴鲁克计划”被苏联拒绝，而且至今都不清楚白宫（更不用说美国国会了）一开始对它是否抱有信心。原子能委员会诞生于一种充满希望和恐惧的混合气氛中，但随着时间从20世纪40年代末来到50年代初，恐惧逐步占据了主导地位。

利连撒尔发现自己处境尴尬。他竭力迎合着不同群体，但对方都认为原子能委员会的政策与己方的立场观点相排斥，他针对保密问题所做的大胆构想从来没有让任何一方满意过。他的日记中充满了对形势的悲观评估：原子能委员会掌管着这个可能拯救或毁灭世界的领域，却无法锚定在关键问题上的思考准则，而且总是容易受到政治攻击。1947年，利连撒尔说原子能委员会主席一职是世界上最糟糕的工作，因为在安全和感性之间，实在难以取得可接受的平衡。尽管他任期的前两年就已经很艰难了，但后两年（1949—1950年）将会更糟糕。

三大冲击

在利连撒尔担任原子能委员会主席的最后两年里，三件性质迥异的大事件合力粉碎了保密政策改革的可能性：第一，1949年9月，美国发现苏联进行了第一次原子弹爆炸试验；第二，作为对苏联核试验的回应，一场关于是否应该研发氢弹的激烈辩论秘密地进行着，但消息很快就被泄露；第三，就在杜鲁门总统宣布美国将制造氢弹的几天后，全世界都知道了“曼哈顿计划”已经被苏联的间谍活动严重渗透的消息。这三大冲击接踵而来，动摇了美国人对原子弹的态度，一种前所未有的脆弱感引发了必须全面强化保密的观念，这种观念又使脆弱感和失落感变得更为强烈。

其实在 1949—1950 年的冲击到来之前，围绕核保密问题的各种紧张关系就已经加剧，尤其是在原子能委员会和国会原子能联合委员会的交锋中，原子能委员会委员施特劳斯和国会原子能联合委员会经常倾向于做出比利连撒尔或他的盟友更严厉的回应。双方在以下三个问题上存在分歧：第一，美国是否应在原子能问题上与英国重新接触，因为战时安排让英国对铀资源拥有相当大的控制权，美国对此十分觊觎；第二，美国是否应该向英国提供原子能领域的援助，甚至是非军事性质的援助，而此时英国显然在实施着自己的核武器计划；第三，美国能安心把这些机密托付给英国吗？

还有其他的麻烦。原子能委员会的早期倡议之一是在 1947 年与国家科学研究委员会共同设立研究奖学金。这些项目旨在提供原子能委员会感兴趣的非保密的科学知识，同时培养日后可能对原子能委员会工作感兴趣的学生。1948 年夏，出现了这样一个问题：在接受奖学金之前，这些学生是否需要经过安全审查或接受联邦调查局的调查？对利连撒尔（以及其他人多数委员）来说，答案显然是“不”。他们正在做的工作不是秘密，而且联邦调查局的调查十分复杂，可能会造成损害，而且这个过程会给一个旨在鼓励知识自由的项目增加不必要的安全和政治审查环节。但施特劳斯不这么想，而且国会原子能联合委员会的强硬派会站在施特劳斯一边。这个问题引起了公众的争议，在科学家和政客中间引发了激烈辩论，并最终导致其于 1949 年 8 月采纳了强硬派的方法。

各种没完没了的小丑闻使利连撒尔感到自己一直在遭受攻

击。1948 年春，对橡树岭管理层的不满险些造成工厂工人的罢工，引发了关于劳工组织在原子能设施中的作用这一棘手问题。1948 年，众议院非美活动委员会的调查集中在第二次世界大战期间核领域科学家的所谓政治不可靠性上，特别针对奥本海默在加州大学伯克利分校教过的学生。而在 1949 年初，国会原子能联合委员会就原子能委员会向国会提交的第五次半年度报告，对利连撒尔大加批评，因为报告中披露了太多关于美国扩大裂变材料生产计划的信息。利连撒尔的回答是，这些信息都已解密，他有责任让民众和政府了解原子能委员会的活动，却遭到了参议员汤姆·康纳利的严厉反驳："难道因为你们花了国家的钱，就非得去全美各地肆意宣传这些关于原子弹的事情？"利连撒尔回应说，鉴于保密成本的持续改变，他们的披露是为了对民众负责，并解释说："界定是否为限制性数据是我们每天行使的责任，这是一个兼顾各方利益的问题。"但议员不为所动，他们指出，公开核设施的信息，在他们的对手那里可是极罕见的。

1949 年 5 月，阿贡国家实验室丢失了一个装有 289 毫克铀的小瓶，引发了媒体热炒和国会调查。尽管原子能委员会及其科学家认为此事完全不具备安全威胁，但打击还是接踵而来。最后，1949 年 5 月，国会原子能联合委员会的参议员伯克·希肯卢珀要求利连撒尔辞职，宣称他发现了原子能委员会中"令人难以置信的管理不善"的证据。那些没完没了的听证会和报告接踵而来。虽然最终利连撒尔在很大程度上得到了平反，但这样的折磨让他几乎精神崩溃。

1948—1949 年是科学家与美国政府的关系，以及公众对保密制度的讨论发生巨大转变的时期。美国众议院非美活动委员会和国会原子能联合委员会的调查，能够制造出轰动全美的丑闻，既反映了选举年的政治局势，也反映了不断恶化的国际局势对美国国内政治的影响。科学家，尤其是物理学家，成为政治攻击的目标。公众对美国依靠科技维护国家安全的矛盾情绪日益加剧，也助长了对科学家不利的局面。在这段时间里，公众对原子弹的讨论从过程和技术微妙地转移到分散的、难以理解的、可传播的“秘密”概念上。在这种气氛下，要在原子能问题上采取自由主义立场极为不易。1949 年春，利连撒尔在日记中指出，在核安全问题上，“全美上下越来越紧张”，关于保密制度的讨论变得“越来越疯狂，希望我的洞察力能经受住考验”。

同年 8 月底，利连撒尔和妻子去玛莎葡萄园岛度了一个月的假。这一年发生的事使他心力交瘁。面对“难以置信的管理不善”和要求他辞职的呼声，他没有一丝胜利的感觉。9 月 19 日，他写了一篇很长的日记，将岛上的宁静与华盛顿的喧嚣做了对比：“世界上的其他地方似乎很遥远。”他已在政府工作了将近 20 年，此刻却不知道自己的未来将会怎样。

但他的休假马上就得结束。几个星期前，一架经过特别改装的美国飞机在日本和阿拉斯加之间飞行时，发现了一些美国长期以来担心发生的事情的迹象。利连撒尔在那天的日记中记录了自己的心情，他和妻子出去吃了晚饭。当晚，他们在浓雾中开车回到住处，发现有个人在小巷的入口处等着他们。那个人就是詹姆斯·麦科马克将军——原子能委员会的军事应用部主任，“他没戴帽子，眯着眼睛看着灯光，看起来很困惑，像搭车者一样竖起大拇指”。他们进到屋里，挤坐在一盏煤油灯旁。利连撒尔回忆道：“他一脸严肃，然后告诉了我这个性质明确，内容却颇为模糊的消息。他提到了这件事带来的震惊和冲击，同时带来了大量的指责和麻烦。”利连撒尔焦躁不安地睡了一觉后，在第二天早上回到了华盛顿。这个爆炸性事件是：苏联人引爆了一颗原子弹。

此刻最紧迫的问题是，美国是否应该公布这个保密代号为“乔-1号”的发现。当时杜鲁门总统正被大事困扰：南斯拉夫最近宣布脱离苏联的影响独立；新任美国国防部部长路易斯·约翰逊试图大规模缩编美国军队；英国人正在使本国货币贬值。尽管与苏联核爆炸相比，这些事情没那么重要，但它们共同导致了一种局面，即杜鲁门总统感到苏联挑起战争的可能性很高，欧洲十分羸弱，而美国的政治局势正在酝酿一场潜在的艰难斗争。

有人担心，如果杜鲁门总统宣布美国对核武器的垄断已经结束，可能会造成恐慌，对欧洲和全球市场可能产生不可预知的影响，并将进一步让苏联警觉，意识到美国有能力远程侦测到核试验（要具备这样的侦测能力绝非易事）。这可能会导致苏联改变自己的试验方法，以避免未来被发现，或者反过来，他们可能试图从远处监视美国的核试验。杜鲁门总统的国务卿迪安·艾奇逊强烈反对公开这一消息，因为这将对他与英国就共享原子能相关信息的谈判产生不可预知的影响。正如一名美国国务院工作人员所指出的：“总统声明会过分夸大局势，而美国民众早已受够了所有不堪承受的坏消息。”

但也有充分的理由支持披露信息。最明显的一个理由来自宣传角度，即与其让苏联沾沾自喜地宣布此事，不如让杜鲁门总统平静地宣布这件事，并表明美国正在控制局面，这样不是更好吗？有人担心，新任苏联外交部部长可能会在即将到来的公开讲话中公布核试成功的消息。而美国军方，尽管喜欢保密，此次却倾向于“立刻公布”，因为这样做可以避免预算被削减。

在利连撒尔回到华盛顿的当天，他亲自游说杜鲁门总统宣布侦测结果，他认为这将使美国民众放心，并表明对于身处危机之中这件事，他们绝不应该被蒙在鼓里。杜鲁门总统似乎对利连撒尔“让公众知晓信息”的观点不感兴趣。尽管利连撒尔和原子能委员会的科学家在技术上做出保证，但杜鲁门本人显然并不完全相信这只是一次原子弹爆炸。

在接下来的两天里，杜鲁门总统在这个问题上继续摇摆不定。最后在9月23日，他发表了一份关于此次侦测的声明，主要是由于担心信息会被泄露或被苏联人抢先宣布。他在委员会书面声明中的措辞是“爆炸”，而不是“原子弹”，但每个人都明白这一声明的含义：美国的核武器垄断时代已经结束。

表现得冷静和有把握是一回事，让人们相信则是另一回事。尽管多年前就有人预测美国的垄断将会终结，但当事实就摆在眼前时，人们仍然感到震惊。大多数评论人士都对此事“早于预期”表示惊讶。1945—1949年，对苏联获得核弹时间的估计一直停留在“大约5年内”；但随着技术的发展，这个时间线从未更新。尽管自1945年以来，科学家不断表明，美国的垄断将是短暂的，但这一事实仍然极具杀伤力。

在苏联核试验结束之后，一度还有些人希望，人们可能会重新关注保密问题。在利连撒尔于9月20日试图说服杜鲁门总统发布声明后，他与“极度紧张、憔悴”的奥本海默进行了交谈。利连撒尔的日记记录了两人互动时的紧张情绪：“奥本海默非常难过地表示：‘我们不能错过这个机会，这是个可能终结当前乌烟瘴气的保密工作的机会。不应该继续在已经没有秘密的时候无谓地保守秘密了。’”

杜鲁门总统决定宣布苏联的“核爆炸”试验成功，这让利连撒尔松了一口气。在几周后的一次演讲中，他更进一步表达了对公开讨论原子弹问题的支持，并称赞道：“不管是不是原子弹，不管有没有保密，美国民众——除非我完全误读了我们的历史和心态——都要刨根问底，并会从公开讨论中得出一些答案。”他进一步赞扬杜鲁门证明了核保密政策“并不需要人们放弃掌握基本信息的权利，他们可以通过这些信息掌握自己前行的方向”。

对利连撒尔来说，苏联人拥有原子弹的事实，并不是阻止民众获取核信息的借口。苏联拥有原子弹可能会导致保密政策的改革。如果已经没有什么秘密，为何不能减轻保密的负担呢？正如威廉·韦马克在10月中旬写给另一位委员的信中所说，苏联的原子弹“可能会动摇“鹰派”所信奉的核垄断信念，进而动摇他们对保密的执念”。利连撒尔半开玩笑地提到苏联也有“秘密”这一事实，以此作为支持与英国加强合作的论据。

10月下旬，原子能委员会《保密政策官方声明》的最新草案再次被审议，起草该声明已经花了一年时间。原子能委员会的工作人员意识到，他们最初的努力是为了否认苏联拥有原子弹，而现在可能必须修改了，因为苏联已经拥有了原子弹。然而，工作人员报告说，他们“根据苏联最近的发展”重新审查了工作，并得出如下结论：目前没有理由修改《保密政策官方声明》。利连撒尔说，原子能委员会制定政策的目标应该是让每位工作人员都能够做出大胆的决定，以减少烦琐的逐项审查过程。虽然他并不完全同意声明中的内容，但与其像过去几个月那样不断地修改草案，还不如现在就批准，日后再做修订。

自该声明最后一次提交审议以来，原子能委员会本身已经发生了重大的变化。罗伯特·巴彻和威廉·韦马克都已退休，接替他们的是亨利·德沃尔夫·史密斯（《史密斯报告》主笔）和戈登·迪安，后者曾是参议员布莱恩·麦克马洪所在律师事务所的合伙人。史密斯和巴彻一样，对解密工作的立场相当温和，但是迪安并不是保守秘密的极端主义者，当然他也不是信息公开的拥护者。

在 1949 年 10 月的安全政策会议上，迪安同意原子能委员会需要出台一项公开的保密政策，但他认为目前的草案不是恰当之选。他认为这份声明需要立足于苏联核爆炸之后的时代，“考虑到最近发生的事件，并对整个领域进行全局考虑”，同时兼顾对苏联核武器相关情报的掌握。迪安指出，无论如何，目前的草案很可能违反了《1946 年原子能法案》，因为草案是基于“委员会有权做《1946 年原子能法案》禁止的事情”的假设撰写而成。目前的草案讨论了哪些信息可以披露给英国，作为双方继续合作的一部分。迪安认为，原子能委员会不具有与其他国家交换任何信息的权限，因为《1946 年原子能法案》明确规定，如果未经国会批准，“在工业领域利用原子能”是非法的。

原子能委员会总顾问委员会意识到存在潜在的法律问题，但他们将与国会原子能联合委员会针对与英国交换信息的问题展开更具体的讨论。委员派克提出，在他看来，由于原子能的工业用途尚未被开发出来，因此与英国交换信息并不违反法规。利连撒尔认为，从管理者的角度来看，《1946 年原子能法案》似乎满是支持公布研究成果的声明，但实际上充斥着原子能委员会意欲发布或是控制信息的矛盾。利连撒尔认为对《1946 年原子能法案》进行大范围修改，而不是对个别章节小修小补是必要的，这样才能减少对美国工业体系发展的阻碍。他解释说，无论如何，如果发布禁止向美国国外泄露原子能信息的禁令，那不就意味着原子能委员会不能解密任何东西吗？会议稀里糊涂地结束了，原子能委员会正式投票决定将此项新政策对外公布。与此同时，委员会工作人员也接受了研究任务，以确定新政策是否真的需要等到《1946 年原子能法案》修订后才可以生效。

迪安此前曾提出过反对意见。他不是一个狂热分子，但他是一名律师，认为应当对法律做出保守的解释。1949 年夏，他写了一份很长的备忘录，评估了原子能委员会向其他国家传播信息和解密信息的法律权限。《1946 年原子能法案》的矛盾性质是有意为之，以鼓励采取平衡的政策，但迪安不确定这在实践中应该如何运作。他认为，该法案包含一个“具体且无条件的限制”，即禁止与其他国家交换原子能信息。在美国参众两院的听证会上，支持该法案的一个主要论点是，未经美国国会批准，原子能委员会不能这样做。然而，现在原子能委员会正试图在信息管控领域争取广泛的权限，包括在特定情况下与盟友共享信息的。迪安强调，虽然该法案内涵含混，但种种迹象均表明，原子能委员会所考虑的信息政策是非法的。

原子能委员会基本上忽视了迪安的观点，继续向前推进工作。1949 年 9 月下旬，第三届国际解密会议在加拿大乔克河举行，这是美、英、加三国联合更新其解密指南工作的一部分。会上，科学家利用这次机会讨论了苏联核试验对保密政策的影响。得出的基本结论是，应该大幅度调整针对苏联核爆炸的研究重点。如果说苏联核爆炸以来，美国的政策一直是否认苏联的原子弹，那么现在需要重新定位，因为他们已经有了原子弹。“从垄断到竞争，情况已经改变了，所以我们的重点应转向加速美国的研发，以此来获得最大限度的安全。”

他们认为，保密政策不应被废止，但应该有限制性小得多的保密规则。应公开更多的基础科学知识，因为“如果你想要让某个领域发展，那就开放；如果你不想让它发展，那就保密”。并非所有与会者都同意这一观点，反对者指出，重大的科学成就是在行业保密的条件下取得的。会议的结论是，保密政策可以用来保护值得保护的核信息，而原子弹不应再作为一个特例。原子能委员会的行政主管向英加两国的相关行政主管传达了会议的结论，敦促他们考虑进一步的解密工作。

原子能委员会最终决定修改《保密政策官方声明》草案。在与军事联络委员会的联席会议上，利连撒尔向国防部施压，要求国防部理解该法律赋予了原子能委员会两种不同的职责，即传播信息和控制信息，现在原子能委员会要与国防部共同研究如何履行这两种职责。国防部代表表示，他对原子能委员会的声明没有异议，但指出在许多具体情况下，国防部的意见与原子能委员会不同。他认为，核保密工作不仅会影响到原子能委员会，“政策的影响深远，任何此类政策的实施都会影响到美国政府的许多机构和各个阶层的美国民众”。此后迪安转变了立场，原子能委员会最终在 1950 年 1 月初批准了《保密政策声明》。在各种改革尝试不断受阻之后，没有证据表明原子能委员会的保密实践发生了实质性的变化。经过多年努力的保密工作改革已经失败了。

苏联原子弹爆炸的消息公布后的几周，美国的决策者都在深刻反思。一些人希望苏联已经拥有原子弹的事实可以成为改革原子能委员会安全体系的契机，甚至希望就此使冷战局势常态化。对刘易斯·施特劳斯来说，苏联的原子弹意味着现在是追求核技术“质的飞跃”的时候了。10 月 5 日，他向原子能委员会的其他委员分发了一份备忘录，认为苏联不会仅因美国核武器在数量上占优势就被吓倒。相反，美国需要实现质的飞跃“以保持领先”。他提议再制订一个“曼哈顿计划”，但这次的目标是制造氢弹。

氢弹在当时被冠以“超级”这一修饰词，其实可以追溯到洛斯阿拉莫斯创建之前，也就是“曼哈顿计划”的早期。尽管受到物理学家爱德华·泰勒*的支持，但这个概念在第二次世界大战期间和战后一直被搁置。它仅被视为一种未来的可能性，但从未被列为优先事项。在理论上，这个想法是利用核裂变爆炸的能量来引发一个散逸的核聚变反应，从而使武器的威力比第二次世界大战时的原子弹大数倍。但在实践中，很难制定一个可行的方案。

核聚变反应比核裂变反应更难引发，而且在各个层面都存在巨大的不确定性。战后核计划的优先事项是扩大当时微不足道的核武库。美国的核武库仍然受到可用裂变材料数量的限制，而制造聚变燃料（氚—— 一种氢的同位素）不仅会消耗时间和资源，而且（由于技术原因）会减少钚的产量，因此人们对需要密集投入的“超级炸弹”计划并不热心，因为它不能保证成功，而且可能干扰核能的其他发展方向。而且，即使它真的成功了，许多科学家对它是不是一个好主意仍存在疑虑：比广岛原子弹威力大1 000倍的武器能否使用？如果不能，生产氢弹是否符合美国的价值观？

苏联的试验极大地改变了政治谋划。施特劳斯、爱德华·泰勒、麦克马洪参议员、欧内斯特·劳伦斯、路易斯·阿尔瓦雷斯等几位关键科学家一起，提议尽快开始氢弹项目。而许多其他美国科学家，尤其是以奥本海默为代表的原子能委员会总顾问委员会成员，以及以利连撒尔为代表的其他一些政策制定者，都激烈地反对任何支持氢弹的“极端、迫切的”观点。辩论双方持不同论点，交锋激烈。从1949年10月到11月，这场辩论是在严格的保密条件下进行的。虽然“超级炸弹”计划的存在从未被解密，但这个概念已经被泄露或被外界揣测演绎了数次。对于氢弹计划

---

* 本书从此处起，使用爱德华·泰勒全名，以避免与下文中即将出现的物理学家西奥多·泰勒混淆。爱德华·泰勒是泰勒–乌拉姆构型的发明者，西奥多·泰勒是核武器制造“保障措施”理论的提出者。——译者注

是否是对苏联核试验适当回应的疑问，引发了这场严肃而激烈的辩论，它被认为关乎美国军事和原子能战略。

许多参与其中的人都曾参与过关于在第二次世界大战中使用原子弹的秘密辩论。战时的理由是需要震慑日本人，但现在有什么理由在不征求公众意见的情况下做出有关核武器的决策呢？美国政府咨询委员会成员詹姆斯·科南特对利连撒尔说，他怀疑杜鲁门总统会把辩论公开，整个辩论“让我觉得，仿佛在看同一部电影，而且是一部朋克电影”。但是，即使是坚定地反对保密的《原子科学家公报》，也对氢弹话题进行了自我审查。他们后来声称担心这种辩论“可能会助长美国积极发展热核武器的念头，这可能会刺激军备竞赛，并导致国际关系进一步恶化”。

1949 年 11 月，这场辩论因为惊人的泄密事件而被公开。国会原子能联合委员会的参议员埃德温·约翰逊出现在一个现场电视谈话节目中，主题是“我们的核计划是否有太多的秘密”。约翰逊主张保密，认为需要加强保密，以防止科学家泄露过多核计划的信息。当节目中的一位嘉宾问及苏联已经拥有原子弹是否意味着美国不应该再如此担心这些秘密时，约翰逊不着边际的回答泄露了秘密：

> 我很高兴你问了这个问题，因为这是最高机密。从原子弹在广岛和长崎爆炸开始，我们的科学家就一直在尝试制造所谓的超级炸弹……现在我们的科学家已经造出了一颗炸弹，威力是投在长崎那颗的 6 倍，不过他们并不满意；他们想要的是一颗比投在长崎的那颗夺去 5 万人生命的原子弹威力大 1 000 倍的核弹。这就是秘密，这就是美国科学家急于向整个科学界透露的大秘密。

约翰逊这样爆出秘密，显得既奇怪，又颇具讽刺意味。他在倡导加强安全控制的同时，显然是有意泄露了这个重要的“最高机密”。他明白这些信息是不可能解密的，毫无疑问，他知道当时是电视直播。一位强硬派参议员泄露了“最高机密”，以此作为科学家不可信的论据。这一极具讽刺性的泄密逃不过观察家的眼睛。约翰逊的泄密有可能是为了向杜鲁门施加压力，借此机会打破仅由科学家控制“超级炸弹”计划的局面，而且其中大多数科学家反对“超级炸弹”计划。

虽然泄密事件发生在 11 月 1 日，但直到 11 月 18 日《华盛顿邮报》在头版刊登有关该事件的专栏文章时，其影响才显现出来。在《华盛顿邮报》那篇文章发表的当天，利连撒尔与杜鲁门见了面，后来他回忆说：“总统气疯了，他一开始就把约翰逊和联合委员会痛斥了一番。”11 月 26 日，杜鲁门把麦克马洪和司法部部长叫到白宫，命令他们“堵住”所有的安全漏洞。他可能也在试图阻止麦克马洪公开某些信息。11 月 21 日，麦克马洪给总统写了一封热情洋溢的信，表达对研发氢弹的支持，进一步表明美国和苏联民众需要知道美国将不惜一切代价追求这种新武器。

杜鲁门总统不希望关于“超级炸弹”计划的辩论公开化，但此时已经不可避免。一旦信息被公布，就无法对其加以限制。唯一可以改变的是，那些能接触到官方信息的人可能会收到“封口令”。但在接下来的两个月里，又有更多的消息泄露出来。“超级炸弹”计划成了头条新闻，这让杜鲁门总统、国会原子能联合委员会成员和原子能委员会成员都惊愕不已。

杜鲁门觉得自己已受制于人。“超级炸弹”计划已经变成了一个公共问题，除了批准该计划，他似乎已别无选择。“超级炸弹”计划成了美国社会的流行话题。当时许多未被归为保密的反对氢弹的理由，都是基于道德立场和实施原子能国际控制的呼吁。反对氢弹的强有力的技术性观点都被归为保密信息，对不具相关知识背景的国会议员而言没有说服力，国会议员只从“领先”或“落后”，或需要更强大的武器的角度来看待这个问题。正如国会原子能联合委员会的一位参议员在一次闭门会议上所说，“如果苏联首先造出氢弹，如果苏联做到了，而我们没有，他们就会用它瞄准我们的心脏”。

1950 年 1 月 31 日，国家安全委员会的一个小组委员会向杜鲁门总统提交了一份最终报告，建议杜鲁门支持建造氢弹，这场辩论由此进入高潮。杜鲁门当天在自己的办公室会见了利连撒尔以及国务卿和国防部部长。利连撒尔对此持保留意见，但杜鲁门打断了他，并告诉他（此处引用利连撒尔笔记的内容）：“如果参议员埃德温·约翰逊没有发表关于‘超级炸弹’的轻率言论，我们本可以悄悄地进行这些审查的工作。但从消息被披露时起，国会和全美各地舆论四起，人们非常兴奋，他（杜鲁门）真的别无选择，只能推进氢弹计划。”

当天晚些时候，杜鲁门发表公开声明，他“指示原子能委员会继续进行各种形式的原子能武器研究，包括所谓的氢弹或‘超级炸弹’”。这一消息在美国众议院引起了欢呼，民意调查显示美国人非常赞同这一做法。这场辩论是在“鹰派”人士中间秘密开始的，他们对氢弹的观点仅有程度上的差异。虽然此事在公开后被批评为不民主和专制的。美国政府内部人士认为，如果辩论开诚布公，实现真正的民主参与，就会让苏联警觉美国的意图。同样具有讽刺意味的是，这场秘密辩论屡次遭遇泄密，而且其中许多泄密是那些支持发展武器的人放出口风的，也就是那些自诩保密卫士的人。

在公开宣布“超级炸弹”计划的同时，杜鲁门还向原子能委员会下达了一份“绝密”指令。此次指令的不同之处在于增加了一个条款。“我还决定公开表明美国政府打算继续推进工作，以确定热核武器的可行性，我在此命令，未经我批准，不得进一步公开这方面的官方信息。”这样一来，建造氢弹的指令也是停止谈论氢弹的指令，成为总统直接下达的“禁言令”。国家安全委员会的小组委员会曾建议在指令中加入上述条款。小组委员会的报告指出，国防部认为“公众讨论一旦开启并受到鼓励，就极难控制，并不可避免地导致超出预期的信息披露”。

在苏联原子弹成功爆炸和美国爆发氢弹大辩论的这段时间，美国的原子能体制开始发生重大转变。1949 年 11 月，利连撒尔提交了退休申请，他计划退休，并将留任到 1950 年 2 月中旬。1949 年发生的各类事件让他难以承受，他对刘易斯 · 施特劳斯和国会原子能联合委员会的敌意与日俱增，一切都已不可挽回。如果说苏联原子弹成功爆炸似乎是一种摆脱过去 4 年纠缠不休的情况的可能性，那么氢弹大辩论则表明事情确实极难挽回。

截至 1950 年，美国已经确信发生了很多针对“曼哈顿计划”的间谍活动。加拿大“间谍网”的新闻报道早在三年前就出现了，而美国众议院非美活动委员会几个月来一直在讨论战争期间发生在伯克利的间谍活动。这些间谍活动被原子能委员会和国会原子能联合委员会内部人员视为“轻微的泄密”，前提是得有证据表明确为泄密。间谍所知道的信息可能已经泄露了这个当时的机密项目，或许还有一些技术细节。“曼哈顿计划”的安全人员，似乎也认为这种间谍活动值得追踪，但在规模如此巨大的行动中，泄密也是意料之中的事。利连撒尔领导的原子能委员会则认为事情被夸大了。

而就在杜鲁门宣布关于氢弹紧急行动计划的后两天，更大的消息被爆了出来。2月2日，参与“曼哈顿计划”的英国代表团成员克劳斯·富克斯在伦敦被伦敦警察厅的官员逮捕。早在几天前，他向英国官员承认，自1942年以来，他一直是苏联间谍。他之所以被捕，是因为美国的密码分析人员破解了第二次世界大战时期苏联的情报通信，并确定美国的项目中有内奸。根据这些信息，联邦调查局和英国情报官员将嫌疑人的范围缩小到了富克斯身上，结果见到富克斯后刚问了几句话，他就招了。

自1949年9月起，联邦调查局就知道洛斯阿拉莫斯有一个间谍，使用两个代号：“休息”和“查尔斯”。他们根据苏联电报中的关联辅助信息，并依据该间谍能接触到某些报告的安全许可权限，由此确定“休息”和“查尔斯”就是富克斯。1949年10月，他们通知原子能委员会情报办公室，富克斯战前是共产主义者，并与其他共产主义者有联系。在那年11月的原子能委员会会议上，这个问题被简短地提了出来，但没有涉及更多的内容。富克斯的共产主义背景并没有得到重视，部分原因是联邦调查局没有向原子能委员会透露，他们的怀疑来自被解密的苏联情报（甚至连杜鲁门也不知道密码被成功地破译）。富克斯被确认为间谍这件事，以及他“承认从洛斯阿拉莫斯向苏联提供了完整的原子弹技术”这件事直到次年2月1日才被告知原子能委员会。

利连撒尔在2月2日晚上7点，即他行将离开办公室的时候知道了这件事。“真可谓晴天霹雳，”他在一篇情绪沮丧的日记中写道：“这是一场世界性的灾难，是人类悲伤的一天。”他被告知，第二天富克斯将在伦敦被提讯，这将成为世界性的新闻。利连撒尔此前从未听说过富克斯，但他很快就意识到此人绝非一般的科研人员。利连撒尔彻夜难眠，满脑子“晴天霹雳、美国和英国之间的对立加剧、政治迫害、反科学家的狂欢”之类的念头。

原子能委员会匆忙准备了一份关于富克斯的公开声明新闻稿，他们手忙脚乱，还把他的名字克劳斯弄错了（写成了“卡尔”）。2月3日上午的原子能委员会会议不欢而散，因为刘易斯·施特劳斯就行政主管卡罗尔·威尔逊的安全管理意识问题提出了批评，两人爆发了激烈的争吵。这份新闻稿对富克斯所属的协会做了简单描述，他参与了1947年和1948年的国际解密会议。那天早上，在原子能委员会办公室，一群焦虑不安的人对英国何时发布针对此事的声明感到内心惶惶，茫然失措。一个小时后，他们还得去会见国会原子能联合委员会全体委员。

5位原子能委员会委员全部出席了这个紧急执行会议，而参会的国会原子能联合委员会的议员同样无法保持镇定。富克斯间谍活动的全部细节还不为人所知，因为英国人对分享他的全部供词持谨慎态度。但根据美国人对富克斯在洛斯阿拉莫斯工作期间所做工作的了解，很明显，正如麦克马洪参议员所说，“我们正处于一个混乱的地狱之中”。利连撒尔也是如此，他努力地让国会议员认清现实：

> 这是一个非常黑暗的日子——绝不能低估富克斯对“曼哈顿计划”的了解程度。他在洛斯阿拉莫斯深度参与了两年的原子能武器开发工作。这个人并非处于项目边缘，他深度参与其中。

身在其中的富克斯究竟做了什么？或者，正如参议员米拉德·泰丁斯向史密斯提出的问题，“富克斯是否有资格去对苏联人说，‘拿着吧，这是制造原子弹的方法，这是制造氢弹的方法’”。史密斯的回答并不令人欣慰。“我不知道氢弹的情况，但我确定他非常了解原子弹。”对于曾任“曼哈顿计划”发展历史撰写者的史密斯来说，富克斯的知识深度的确不可低估：

（富克斯）具备所有关于原子弹本身的专业知识。我曾希望他也许不懂起爆器，但这里的某份资料表明，其实是他设计了我们的起爆器。我曾希望他不知道（弹芯）悬浮，但他在这方面进行了效率计算。

富克斯通晓原子弹设计所有最敏感的领域，他参与完成了铀浓缩气体扩散方法的理论研究，在氢弹研究上做了大量工作，他是25卷本《洛斯阿拉莫斯百科全书》的编辑，该书总结了该实验室的工作，他参加了所有自己能参加的洛斯阿拉莫斯国家实验室范围的座谈会。他还拥有近乎超自然的记忆力，在洛斯阿拉莫斯被视为非常值得信赖的人，他经常受同事托付充当临时“保姆”的角色。奥本海默的继任者诺里斯·布拉德伯里，作为洛斯阿拉莫斯的主任，后来这样评价富克斯：“他工作非常努力，为我们、为这个国家非常努力地工作。但问题是，他也在非常努力地为苏联工作。”

国会议员想要努力地厘清富克斯间谍行为的影响，并提出下一步措施。史密斯指出，科学家从未将保密视为一种永久性战略：“我们的优势一直在于我们生产的效率和速度，以及我们武器的效率，而不是我们可能拥有的任何特定的秘密，这也许是我不像某些人那样对此感到震惊的原因。”这一呼吁似乎被忽略了。讨论转移到了国会原子能联合委员会如何处理富克斯事件的丑闻上，以避免该案管辖权旁落至美国众议院非美活动委员会。利连撒尔试图让议员明白，由“富克斯”案引发政治迫害是多么不可取。他指出，鉴于氢弹开发需要科学家的合作，在此时疏远他们可能是最招灾惹祸的举动。众议员查尔斯·埃尔斯顿试图让他放心，他们不会那样做:“我认为任何忠诚的人都不应该被打扰。”这也是那份会议记录上记录的最后的发言。

秘密听证会仍在继续，负责原子能监督工作的国会原子能联合委员会努力地了解事情的原委以及下一步该怎么做。2月4日，委员把格罗夫斯将军叫来做听证，让他坐在那烫人的椅子上接受多方问询。在被迫退休的两年时间里(他在军队中树敌太多)，格罗夫斯与奥本海默保持着联系。他表示，奥本海默“证实了我早已存在的怀疑，此人在洛斯阿拉莫斯有着重要地位，奥本海默也试图向我描述此人，但富克斯这个人我怎么都对不上号”。格罗夫斯无疑感到自己处境艰难，他“最隐蔽的秘密”的遗产正面临风险。他并不虚伪地分辩道，“曼哈顿计划”的安全机构侧重于防止泄密和轻率行为，而不是根除不忠行为。但国会议员并不愿意放过他。“这个人从年轻时就是一个众所周知的共产党人，”一位参议员追问道，“如果认真查一下，确定这个事实又有何难?”格罗夫斯坚持认为，正如他多年后在回忆录中所写的那样，他对洛斯阿拉莫斯那些人的生活实施了较为细致全面的管理，但如果在背景调查问题上对英国人逼得太紧，反倒可能造成外交上的失误。

当格罗夫斯被追问下一步该怎么做时，他强调需要恢复到战时的保密模式，应该锁定所有原子能以外的秘密项目。他认为，原子能委员会应该恢复战时曼哈顿工程师管理区的基本安全原则，特别是需要进行分隔式管理。

但在麦克马洪看来，这个说法有一个致命的缺陷。“在这个系统下，我们发现了富克斯。这并不是在责备你，将军，我明白你当时肩负重担，但现在你说‘让我们恢复到战争期间的系统’，这其实于事无补。”进一步的提问引发了更多矛盾。当格罗夫斯要求进行更严格的意识形态背景调查时，麦克马洪和其他人敏锐地指出，这样的政策会使格罗夫斯挑选的几十个人被淘汰。随着格罗夫斯听证会接近尾声，国会原子能联合委员会同意他们下一步应该传唤联邦调查局局长埃德加·胡佛来参加听证会，尽管他很快就要与众议院非美活动委员会谈话。毕竟，一位代表解释说："他们妄图抢走我们的风头，但这纯属徒劳。"

2 月 6 日，胡佛向国会原子能联合委员会列出了现有安全设置的所有不足之处。他批评《1946 年原子能法案》只强调披露信息时有"伤害美国的意图"。毕竟，富克斯是想伤害美国，还是只是帮助苏联，有什么区别吗？他认为这是一个没有必要的限制，并明确表示，他认为"现行法律规定确实过于烦琐，无法实现足够的安全措施，无法快速实现正义"。最后，他在总结中表述如下：

> 麦克马洪主席对我们无力控制法国科学家约里奥-居里领导的团体和其他国家的原子能工作人员表示相当担忧。此次讨论表明，如果我们的安全措施的管理范围仅限于美国，或者仅限于美国、英国和加拿大，那么我们显然不可能在西方世界中做好保密管理工作。

这不是政策表述，而是表达了纯粹的挫败感。在原子能问题上最有权势的参议员感叹，美国不能将国家安全关切扩大到"其他国家的原子能工作人员"。在美国似乎没有起诉富克斯的可能性，人们期望英国法院会比美国法院更宽松，这个预期是正确的。

几个星期以来，深受"富克斯"案困扰的国会原子能联合委员会数次召开秘密执行会议。2 月 10 日，他们再次与原子能委员会坐到了一起，讨论氢弹开发的推进工作。间谍活动使国会议员对氢弹的需求比以前更加迫切。“我们必须拥有这种武器，”一位参议员恳求道，“在我看来，目前我们可以让用于和平目的的原子能发展稍稍滞后，而把重点放在战备用途方面，这样会有很好的效果，因为如果我们生存无望，用于和平目的的原子能发展也不会有其意义。”国会议员感到很沮丧。除了从报纸上得到的信息外，他们没有听到关于富克斯的新消息，而且对新闻工作者似乎比他们更了解情况感到愤怒。美国后来也发现，英国的情报部门一直在庇护富克斯，英方认为他有着帮助英国发展原子弹的才能，这足以使他享有特殊的安全豁免权。

人们可能会想，富克斯事件是否会引发人们对保密问题的反思，就像苏联原子弹所引发的普遍反思一样。正如麦克马洪在一次保密会议上沮丧地表示：“也许秘密已经所剩无几。”但是，也许可以预见，人们首先想明白的是应该重新接纳保密政策，尽管它有着明显的不足。一个月后，国会原子能联合委员会询问刘易斯·施特劳斯今后应该怎么做。施特劳斯是氢弹的倡导者，也是原子能委员会中最支持实施保密政策的成员，他在两个月前宣布辞去原子能委员会的职务，但此时还未到 4 月，他仍算是在职委员。施特劳斯除了强调启动氢弹项目的紧迫性，还认为富克斯事件证明了他所谓的“马厩之门”行动理论。意思是，虽然马已经离开了谷仓，但“亡羊补牢，未为迟也。我们必须从现在开始为我们发现的信息加上更多的锁链，并对人员进行非常彻底的筛查”。

国会原子能联合委员会听证会的逐字记录显示，富克斯事件可能是该委员会记录在案的交锋最为激烈的话题。苏联人拥有原子弹是许多人预期最终会发生的事情。但富克斯事件后发生的转变是深刻的，这是因为现在苏联拥有原子弹被看作背信弃义的结果，而不是苏联人自己的技术成就。在所有的挫败感爆发之时，没有人比利连撒尔更有感触，他在富克斯被捕后的那个早晨发表了诗意的感想。“就信息而言 / 我们不知道 / 这是一张黑色的照片 / 这个叛徒。”“富克斯案”使人们更加强调保守秘密，也强化了失去秘密造成的悲惨后果。神话正在破灭，“曼哈顿计划”显然不是战争中“最隐蔽的秘密”，美国的保密工作显然不像人们所认为的那样成功，美国的核优势也并不是定局。

受益于俄罗斯的信息公开，最近关于这段时期的学术研究已经做出了很多成果，使我们了解到富克斯当时到底向苏联传递了什么信息，以及当时苏联人实际上是如何使用这些信息的。富克斯提供了大量关于原子弹设计的信息，毫无疑问，他提供的信息比苏联人从其他间谍信息中获取的都更加完整，且技术含量更高。但要获得核武器，除了设计，还有很多东西。例如，富克斯对汉福德反应堆知之甚少，他的间谍活动不可能对苏联首颗原子弹所需的钚的开发做出贡献。而他在氢弹方面的工作与其说是帮助，不如说是误导，他的情报对美国或苏联的热核计划都没有什么帮助。对苏联时期的档案研究表明，当时苏联人并未有效地或最大化地利用这些信息，因为他们不相信这些信息。苏联原子弹项目的负责人拉夫伦蒂·贝利亚也是苏联的最高间谍主管，他生性多疑，知道间谍情报很容易成为双重间谍操弄的对象，即间谍可能为苏联提供错误信息。

苏联对间谍活动的事实保密，并将其作为对苏联科学家（他们自己也难获完全的信任）工作的检查参考依据，而不是一种利用它加速其计划或避免错误的方式。虽然苏联的第一颗原子弹基本上是美国“三一核试验”装置的克隆（几乎所有从事这项工作的苏联人都不知道这一事实），但苏联科学家其实已经开发出更有效的设计，由于贝利亚需要确保第一次试验成功，所以没有测试自研核弹。最终，苏联原子弹计划的时间表是由获取铀矿和生产裂变材料来决定的，而不是由武器设计问题决定的。

因此，回过头来看，富克斯的间谍活动起到了一些作用，但不可能从根本上加快苏联获得原子弹的速度。这并不是说间谍活动没有用，他们以此来指导和检查自己的工作，但他们并没有用它来加速研发。但在整个冷战期间，苏联的原子弹是“偷来的”这种舆论占据了主导地位。时至今日，大多数美国人对“苏联人如何得到原子弹”的看法仍是如此。而这种话语模式不仅依赖于秘密的概念，而且最终强化了它。

1949 年 9 月底至 1950 年 2 月初这段时间，是美国各界关于核安全和保密的思想认识发生重大转变，并产生危机感的时期。人们有可能将苏联拥有原子弹和富克斯事件看作一种刺激，应该对保密工作采取更加自由的态度：如果苏联人拥有核弹和秘密，那么进一步保密的意义何在？正如《纽约邮报》的一位专栏作家在“富克斯”案后的几天所言：

> 在我们可悲地渴望得到保护，远离未知的黑暗恐怖时，我们转向了宗教般的保密政策，转向了带着助手的救世主。我们所坚持的希望是可悲的，因为它们是如此虚幻。我们所寻求的是安全。我们认为我们可以用氢弹和警醒护国的理念这一双重围墙保护好国家……当我们为保护科学研究和相关政策所做的保密工作徒劳无益时——正如“富克斯”案中所见——我们现在居然要把这种保密工作加倍、再加倍。但这并不奏效，而且不可能带来安全。

在美国的原子计划内部，一些人表达了类似的想法。高级责任审核员委员会认为，“富克斯”案的教训“可能会导致对整个保密问题的重新思考”。同样，原子能委员会代理主席萨姆纳·派克在 1950 年晚些时候告诉布莱恩·麦克马洪，原子能委员会正在对自身安全和保密计划进行全面审查，目的是对已经发布的信息实施解密，以减少一些“不必要的、令人窒息的秘密”。

我们在下一章中会看到，随着美国核垄断的结束，人们认识到许多秘密曾处在保密管理之下，而新形势下对许多技术信息领域的保密限制会有所放松。但这也是有代价的：安全管理的重点从信息转移到了科学家本身，他们现在被视为保密制度中最不可靠的部分。这一转变就始于富克斯事件爆出之后。

在利连撒尔掌权时期及他卸任之后，原子能委员会所面临的一个困难是，从外部看来，它是有史以来最不透明、最神秘的组织之一，其权力可以深入民众生活之中，并扼制着整个科学领域。在某种意义上，确实如此。同时，正如我们所看到的，该组织内部的一些人对自身的政策做了深入思考并加以批判，旨在做出理性甚至开明的妥协，以实现该组织的最大宗旨。由于保密问题以及官僚保密制度，这些活动基本上不为外界所知。这种矛盾（一个秘密组织试图秘密地摆脱保守秘密造成的阵痛）对其参与者来说并不陌生。保密系统外的一位物理学家给原子能委员会提出了批评意见，1948 年 2 月，在委员会给出的书面回应中，威廉·韦马克委员非常巧妙地总结了这种困境，值得较详细地引用，因为它以异常微妙的视角对审核员的职责做了阐释：

> 我同意实施保密制度往往会破坏信心并毁坏秘密，应该尽可能地避免保密。一些信息在“有意义的大众教育”领域尤为重要，而且让很多大学展开非保密的核研究也是正确

之举。

如果我置身事外，而你在原子能委员会之内，我可能会向你表达同样的不满，因为我自己不可能判定政策的关键部分是“正确抑或错误，明智抑或愚蠢，自私抑或利他”。

我不知道真正重视自由主义的人是否希望见到这种情形。但无论如何，我们都必须尽力而为。我们在一个法律下运作。我认为这是一个相当好的法律。至于这法律好在哪里，并不可能完全说清楚。

总之，别对我发火。不要以为委员会喜欢隐晦行事，更不要以为委员会喜欢表现得很武断。

在外界看来，原子能委员会显得很神秘、武断，而且执迷于保密。然而，从内部来看，早年很少有委员喜欢保密，并敢于与之做激烈斗争。但现实存在的限制因素的影响力远超单纯意愿的力量。这些因素包括法律、美国国会、公众，还有正在出现的冷战。当利连撒尔于 1950 年离开原子能委员会时，由他推动的试验和对保密制度的反击也就此结束了。尽管大多数改革努力都以失败告终，但这些尝试表明，管理者态度认真、主动参与，保持敏锐的政治思想，努力地摸索出微妙且实用的解决方案，来应对他们认为不断扩张的保密心态。利连撒尔试图改变官方的保密心态，引入强烈的反保密态度，真正地接受军民有别的保密管理，但最终没有成功。出现这种情况的原因值得深思。

部分原因是原子能委员会运作的保密性。对于不在利连撒尔核心圈子里的人来说，他所做的改革尝试并不为人所知，这产生了两个互补性的后果。此外，原子能委员会在外界看起来是支持全面保密的，即使在它试图不保密的时候也是如此，而且很容易被保密批评者认为是妥协。公众对核技术抱有完全压倒性的看法，即认为核技术的秘密关乎人类与世界生存，即使内部人员并不认同这些看法。利连撒尔的原子能委员会在转变公众保密情绪方面显得力不从心，而且人们可以把前述三大冲击性事件看作他们所面临严重问题的例证。原子能委员会其实是一个政治上软弱无力的组织，没有选民支持，也没有强大的盟友，只有一个不情愿参与原子能政策制定的总统，这对原子能委员会毫无裨益。利连撒尔控制了一个核保密机构，但他无法控制人们对保密的看法。

利连撒尔的继任者，正如我们将看到的，与他关系最好的戈登·迪安并不具备他的改革热情，与他关系最不好的刘易斯·施特劳斯则一直持对立的态度。将此视为他的“失势”未免有些夸张，因为在利连撒尔掌权的那几年也总是要做出妥协，并经常尝试平衡各方，却屡屡失败。但有些事情确实发生了变化：尽管战后仍在探索保密问题微妙的解决方案，但一种全新的、彻底的冷战思维将开始取代战后方案，具体表现为采取极端措施——无论是在信息传播方面，还是在信息控制方面。

第六章

和平的原子，危险的科学家：冷战时期保密工作的悖论，1950—1969 年

信息一旦泄露，就会永远地传播开来。

——刘易斯·施特劳斯，1962 年 2 月

1949 年末和 1950 年初接二连三发生的事件，让战后矛盾的保密心理走向终结。此时的世界，美国不再享有核武器垄断，热核武器可以成倍地增加核爆威力，关于保密问题微妙的、半哲学性的讨论是行不通的。一种全新的、更广泛的框架将取代战后的思维模式—— 一个真正的冷战时期保密制度。它将把一种新的核武器研判思维，与不断扩张的政府保密体制基础设施结合起来。

今天，我们将冷战思维与麦卡锡主义、政治迫害和间谍癔症联系在一起，这些因素都因攸关人类命运的存在主义忧惧而加剧。但这种心态也有另一面，即对借助自由市场和资本主义解决全球和美国国内问题抱有极大的热情。在核领域，这种心态最终推动了以和平利用核能和廉价发电为名义的解密尝试，而且解密的结果远远超出了战后改革者的想象。正是这种矛盾的二元对立——对一切被认为是秘密的事物都持攻击性极强的态度，而任

何被认为是和平利用核能或能够促进原子能工业的事情都被要求公开——构成了艾森豪威尔时代精神分裂式的保密制度。

如果说托尔曼委员会和利连撒尔主管的原子能委员会等机构认为“问题在于保密”，那么这些机构的一大特点就是坚信保密工作有着多层次的复杂属性，而冷战思维才是极端的。与许多由极端因素构成的政策一样，冷战体系也会产生自我毁灭的矛盾。各种绝望之举使冷战体系保持稳定，但是在这个多极的核世界里，“好的”和“坏的”技术之间的界限变得越来越模糊。然而，正如下文所见，冷战体系在大约 20 年的时间里展现出了很强的韧性，恰恰是冷战体系促进了核知识、专项知识、材料和技术在全球范围内的传播，而这些知识信息的传播最终使冷战体系走向末路，但时至今日仍可感知它遗留下来的余威。

氢弹的沉默与咆哮

对于美国科学界来说，有关氢弹的辩论令人痛苦，关于保密制度改革的思虑也同样令人痛苦。对于许多参与其中的物理学家和化学家来说，这其实是一场考验美国是否有能力对其核武器政策展开民主的知情权讨论的全民公决——不过答案似乎是否定的。对于那些看透了这一点的人来说，杜鲁门的氢弹制造指令中还包含了一个秘密的禁言令，该事实再次验证了他们的观点。

氢弹将成为冷战时期重新制定保密制度的焦点。与原子弹（核裂变）不同，氢弹不能被轻易地说成先前已有公开研究的产物。将其视为信息秘密的创造，而非工业生产的结果更为合理（生产热核武器当然有工业要求，但它们与裂变武器需要的各类投入没有太大区别，各类投入当然是其先决条件）。但更重要的是，它象征着知识转化为力量。同时，由于某些特定原因，它也将人们的注意力重新集中到科学家自身的可靠性上。在重塑保密制度和加强冷战时期保密管理这两方面，氢弹在实际和象征意义上都发挥了重要作用，直到 20 世纪 80 年代初，它仍被认为是“终极秘密”。氢弹的爆炸威力比第二次世界大战中使用的武器要大几个数量级，它所代表的话语权和政治力量也同样具有极高的权重。

1950 年 1 月下旬，杜鲁门在决定生产热核武器的同时，还秘密发布了关于氢弹的禁言令，这似乎是对氢弹辩论及其泄密事件的仓促反应。但杜鲁门未考虑到这一总统直接指令的存续时长，或者需要通过什么机制来解除它。禁言令是全面的、绝对的，规定未经总统批准，“不得进一步公开有关热核武器的官方信息”。以此方式剥夺原子能委员会的言论自由是不同寻常的。原子能委员会在其他方面可以自由地谈论非秘密话题，而且《1946 年原子能法案》赋予其决定哪些内容可以从限制性数据类别中删除的权力。然而关于氢弹的一切，他们必须噤口不言，无论相关信息是否保密。

这个禁言令与委员会自 1947 年以来秉持的信息管控理念形成了鲜明的对比：它迫使有知识的人保持沉默，而没有知识的人则可以畅所欲言。在杜鲁门发出指令两天后，威廉·劳伦斯在《纽约时报》发表了一篇关于氚可作为潜在氢弹燃料的文章，利连撒尔因此对其他委员大发雷霆。氚可能用作氢弹燃料算是普通知识，但原子能委员会仍需对氚相关的研究计划实施保密政策。利连撒尔想知道是否有消息泄露，但他更关心的是，因为劳伦斯之前曾接触过“曼哈顿计划”，人们会认为他对原子能委员会目前的活动有特别的了解，但这绝非事实。此外，这可能意味着原子能委员会对氢弹言论尺度已经放宽，而事实上恰恰相反。

“超级炸弹”计划虽然是在第二次世界大战期间发展起来的，但从未被正式解密。杜鲁门本人似乎不知道氢弹计划，直到 1949 年 10 月，西德尼·索尔斯上将才告诉他，而索尔斯本人也刚刚从刘易斯·施特劳斯那里得知该信息。在广岛投下原子弹后的头几周里，就一直有关于威力更大的原子弹的传言，不过美国政府从未对此加以否认或证实。总顾问委员会 1949 年 10 月的报告曾建议发表一份关于氢弹计划可能性的公开声明，但建议未获采纳。1950 年 1 月初，原子能委员会内部都已经知道，杜鲁门总统就这一问题发布了“禁止公开”的明确禁令，这甚至早于 1 月底正式发出的禁言令。

在禁言令发布后不到一周，原子能委员会就试图采取措施抵制它。这些措施包括策划让杜鲁门总统或国家安全委员会更改指令，以及考虑是否可以授权原子能委员会，发布一份经过严格审核的关于氢弹的声明，以揭穿一些夸大的信息和谣言。他们纠结于自己被剥夺了对这些事情的控制权，同时还不能告诉任何人禁言令的存在，而且禁言令是强加给原子能委员会的，而不是由他们发出的。他们认为该命令不仅不切实际，而且会产生反作用。因为保密使公共关系难以处理，也阻碍了洛斯阿拉莫斯的招聘工作，报纸上的报道暗示氢弹即将问世，而招聘启事却只显示这是一项“工程建设”工作。与此同时，公众对氢弹的猜测也毫无顾忌。与原子能委员会无关的人可以就此话题自由地挥洒文字，但拥有准确信息的原子能委员会的科学家只能缄口静默。

在这种情况下，另一场危机出现了。3 月初，物理学家汉斯·贝特将他为《科学美国人》杂志 1950 年 4 月版撰写的一篇关于氢弹的文章广泛地传播开来。贝特是核聚变领域享誉世界的专家，是“曼哈顿计划”的主要参与者，也是原子能委员会的常年顾问。他的文章是《科学美国人》关于氢弹的四部曲中的第二部。第一部是由路易斯·里德努尔撰写的，里德努尔是物理学家，与原子能委员会并无干系，因此可以随意猜测。原子能委员会的保密主管詹姆斯·贝克利审查了贝特的文章，从保密角度看，发现了某些有问题的言论，他希望能将其删除。贝特的文章大部分内容与其他文章都有重叠，但由于贝特与原子能工作的长期联系，贝克利认为此人“与主管领导做过交流，这是那些从未接触过机密信息的写作者所无法匹敌的”。史密斯和派克要求暂时不发表贝特的这篇文章，要在确定它是否包含限制性数据之后再说。两天后，保密人员做了进一步审查，他们确认这篇文章确实涉密，如果《科学美国人》拒绝接受删除贝特博士文章中某些部分的请求，原子能委员会将授权他们的总顾问启动必要的法律措施，阻止文章的发表。

原子能委员会工作人员联系了《科学美国人》的出版商杰拉德·皮尔，要求删除这篇文章的一半内容。皮尔要求委员会给出更加具体的反对意见，原子能委员会随即要求只删除三处具体的表达，每处表达都是贝特本人所言。这些表述本身就是以前发表过的（而且贝特认为不属于保密）内容，但当贝特说出来时，有可能被解释为确认了原子能委员会氢弹工作的方向和特点。皮尔同意进行修改，但他报告称，这期杂志已经印了很多本。一名来自纽约的原子能委员会代表于 3 月 20 日赶到杂志社，监督销毁现存杂志。在《科学美国人》总编辑的建议下，他们烧掉了 3 000 本杂志，并熔化了印刷底版。以修改后的文章取而代之，好在这期杂志只推迟了几天发行。

皮尔对这种公然的政府审查制度感到不满。由于被删改的表述并不是真正意义上的不为人知的秘密，他认为原子能委员会这样做“并非出于保护军事机密的考虑”。1950年4月，皮尔在美国报纸编辑协会的讲话中表示，原子能委员会一定是在利用保密来逃避公众的监督，并玩弄权力。他完全不认可“贝特与原子能委员会的关系可能产生重要影响”这一论点，并将原子能委员会的行为视为“笨拙的审查”。当然，皮尔无法了解到原子能委员会正在进行的内部秘密讨论。原子能委员会面对的主要困难在于，贝特文章出现的时机不合适。当时原子能委员会正在寻求推翻关于氢弹的禁言令的方法，他们担心，外界如果认为原子能委员会在放任信息的传播，就会破坏他们下一步的计划。

最后，文章内容未做大的改动，主要政治观点甚至技术信息仍然得到保留。贝特后来说，替换文章并毁版，“这对于《科学美国人》来说是一个相当大的损失”“但另一方面，他们从中获得了一些宣传效果”。事实上，皮尔竟然把这个问题变成了一个影响极大的宣传活动，此事在《纽约时报》登上了头版头条，而且正好与1950年4月版的发行时间相吻合。他利用这事来倡导新闻自由，在遵守保密要求的前提下。杂志被销毁，印刷底版被熔化的事实被用来展示原子能委员会的工作积极性，但该举措其实是听从了《科学美国人》的建议。由于皮尔不在政府内部，他的说辞主导了这篇报道，即原子能委员会由于其保密性质而无法提供自身视角。1950年5月，美国公民自由联盟针对贝特的审查措施和原子能委员会对其工作人员实施的氢弹审查制度正式提起抗议。原子能委员会答复说，贝特的问题与原子能委员会的工作人员是否可以就氢弹问题发表意见是两件完全不同的事情，而且该机构也没有兴趣钳制科学家的话语权。

1950年4月底，在皮尔谴责原子能委员会对贝特事件的处理之后，史密斯在美国报纸编辑协会的年会上发表了讲话。史密斯的演讲题目是“秘密武器与言论自由”，阐述了原子能委员会对保密和限制公众讨论的态度。这是一个总体上平衡的叙述，演讲中没有对信息的危险性进行渲染，而是指出因为涉及核武器的信息，使得政府在信息发布工作上表现出更大的克制。他认为，原则上原子能委员会希望自由传播基础科学，但《1946 年原子能法案》要求它控制武器信息。“不幸的是，”他指出，“制定这些原则比应用它们要容易。在信息的边缘地带，难以简单判定信息归属于这两个类别中的哪一个。”

史密斯提出了一个观点：言论是否需要保密必须部分取决于说话人的属性。如果一篇文章的作者没有机会接触到原子能委员会的信息，也不隶属政府，他们一般可以随意猜测。但是，政府雇员发言是作为政府政策的代表。当政府雇员引用非政府雇员的相关言论信息时，政府雇员就会赋予相关信息一定程度的真实性。史密斯敦促听众考虑这样一个观点：原子能委员会没有兴趣去审查真正的私人领域，但原子能委员会的现任或前任雇员不属于私人领域。他最后说：“我们并不喜欢做这些判断。”

原子能委员会将史密斯的讲话编辑成一份关于其信息管控政策的声明，并在机构内部传阅，作为其当前的保密立场。这与 20 世纪 40 年代末追求的分领域改革的尝试截然不同。这是冷战高峰时期开始出现的几个重大转变之一，更加强调控制美国政府人员，以此作为控制官方信息的手段。《原子能科学家公报》写了一篇社论反对这种做法，标题中强调了主旨：“不是说了什么，而是谁说了什么。”美国科学家联合会也发出了强烈的抗议。

原子能委员会用了 1950 年整个春天的时间，试图制定一项新的政策，以规范本机构工作人员关于氢弹的言论。尽管原子能委员会内部和总顾问委员会均支持新政策（他们指出，由于氢弹唯一真正的秘密是如何制造氢弹，所以它“可能对每个人都是秘密”，因为没有人知道该如何做），但遭到了美国国防部和国务院的强烈反对，这两个机构不同意原子能委员会所说的“封锁官方信息阻碍了该计划，并产生了其他不良影响”。最后，在1950年6月，国家安全委员会批准放宽禁言限制，允许原子能委员会在听证会作证，并赋予其权力回应询问，但国家安全委员会坚守立场，不允许原子能委员会做公开声明。

禁言令已有所松动，但原子能委员会没有发表任何声明。国会原子能联合委员会填补了这一空白，发布了一份由其工作人员编写的关于氢弹基本技术信息的入门读物，该读物承担了本该由原子能委员会的声明承担的大部分功能，该读物内容甚至比原子能委员会考虑的更进一步。具有讽刺意味的是，在公众看来，国会原子能联合委员会似乎是一个更积极亲民的组织。原子能委员会减少保密的努力再一次被其自身的保密性所掩盖。

1950年夏，戈登·迪安被任命为原子能委员会的新主席。如前所述，迪安绝非空想家。他是职业律师出身，气质与职业完全契合，愿意积极地投入他领受的任务，其中包括生产热核武器和建立美国的核武库。值得注意的是，他在保密问题上没有强烈的意识形态倾向，他似乎没有像利连撒尔那样把这个问题看作一个需要回答的根本问题，而只将其视为工作的一部分，特别是依据《1946年原子能法案》规定与委员会职责有关的工作。在一些问题上他倾向于公开，在另一些问题上则倾向于保密。与他的前任（利连撒尔）或继任者（施特劳斯）相比，我们很容易认为迪安有些沉闷。但随着原子能委员会在华盛顿政治生态系统中的日渐成熟，迪安的律师职业精神和无党派精神最终将成为该机构的典型特征。

1951年春，经过大量工作，洛斯阿拉莫斯的科学家终于成功地完成了氢弹设计。自“曼哈顿计划”实施以来，爱德华·泰勒采取的初始设计，即后来被称为“经典超级”的设计，已被发现并不中用。取而代之的是一个新设计，即泰勒-乌拉姆构型。

这一设计是爱德华·泰勒和洛斯阿拉莫斯的数学家斯坦尼斯瓦夫·乌拉姆合作的产物，在概念上与之前的设计完全不同，尽管它的基本想法简单得令人难以置信。“经典超级”的概念是利用原子裂变炸弹的能量在氘柱中产生一个可自持的、线性传播的聚变反应。计算表明这不太可能成功，因为热损失太大，无法保持反应的活力（聚变反应会因温度不够高而无法自持）。相比之下，泰勒-乌拉姆的设计是将“初级”裂变炸弹放入一个沉重的“辐射箱”中，在引爆时，辐射能量将被重新定向，并用于预压缩箱内另一端的“二级”容器（容器的外壳由聚变燃料和裂变材料制成），在高压和高温下聚变反应启动。这个新想法借鉴了持续了半个世纪的裂变和聚变武器研究成果，而且对第二次世界大战结束后的相关研究成果也有所借鉴，这个设计与“经典超级”设计不同，它能令人立即信服，甚至对于贝特和奥本海默这样的怀疑论者来说也是如此。

按照计划，1952年秋，在马绍尔群岛的原子能委员会太平洋试验场将进行一次全面测试。要测试的装置本身并不是一种武器，而是针对它的一次大型的、保守的概念验证。聚变燃料是由80吨低温设备储存的保持液态的氘，其时还不具备空运该装置的条件。时机很尴尬，几乎与1952年的总统选举同时发生。汉斯·贝特曾写信给戈登·迪安，警告他如果试验的消息被公开，将会面临政治上的危险：如果它被泄露出去，可能会被媒体用作“竞选材料”。

贝特预言，无论如何保密，试验的消息都会遭到泄露，原因很简单，如果你在太平洋引爆一个几百万吨的武器，一定会有人注意到：

> 如果不进行披露，该试验仍然可能因为大量的坠落物，在夸贾林岛进行肉眼观察，或者是通过冲击或地震现象而为公众所知。不管是哪种披露方式，具有巨大能量的试验证据加上之前在报纸专栏中的大量讨论，毫无疑问会引导公众得出正确的结论。

贝特建议将试验推迟一个星期，待选举结束后进行。但由于技术原因，负责该试验的洛斯阿拉莫斯科学家和原子能委员会都强烈主张按期行事。

范内瓦·布什也认为试验全尺寸氢弹是个糟糕的想法。他作为苏联原子弹试验落尘分析委员会的成员发出了警告，苏联人无疑也有能力拦截和分析美国试验的落尘。他们通过仔细地分析核试验的放射性碎片，即使是离试验场极其遥远的碎片，也可以从中了解到许多有用的东西，如使用裂变燃料的类型，爆炸中裂变和聚变的相对比例，甚至是氢弹设计的方方面面。布什后来指出，这些信息再加上新闻界的猜测，其实就是将秘密“和盘托出”，正如他所说，“我不明白他们为什么还要在美国搞间谍网络”。

但全面检验氢弹设计的需要压倒了这些担忧。事后不做任何披露，此次名为“常春藤行动”的核试验，将尽可能地保密。这殊为不易，因为行动的实施需要约1万名军事和科技人员驻扎在海外的试验场地，其中任何人都可能由于某个轻率之举让外界知道美国已经做了某种远远超出常规经验的测试。

代号为“常春藤迈克”的百万吨级爆炸试验按计划进行，释放出的能量超过1 000万吨梯恩梯炸药，比投在广岛和长崎的原子弹威力还大 500 多倍。爆炸完全摧毁了马绍尔群岛中的一个小岛——伊鲁吉拉伯岛（Elugelab），只在那里留下一个巨坑。“常春藤迈克”爆炸掀起的尘埃环绕了整个世界，但受命分析尘埃的苏联化学家搞砸了这项工作。

除了数以千计的直接证人，还有一部全方位记录这次试验的纪录片，该片被高度保密，目的是在系列试验完成后，向华盛顿的美国政府官员展示。试验的实物证据对那些寻找它的人来说是有用的。爱德华·泰勒没有参加拍摄，但他还是目睹了这一过程：他利用加州大学伯克利分校的地震仪，在预先安排的拍摄时间观测到了预期的波动。

正如贝特所预料的，尽管有很多人试图保密，但引爆成功的消息还是立即被泄露了出去。而且，在试验开始的前一天，《时代》周刊的一名记者就给原子能委员会打电话，询问即将发生的氢弹爆炸。“今天是个大日子吗？我们知道氢弹刚刚被引爆。”记者诱导套话。原子能委员会的回答很简单：“我们有一个政策标准，对武器试验不予评论。”

试验结束后，有更多的泄密事件发生，主要是以美国军人“目击者”故事的形式泄密，全部违反了安全条例，然后又被报纸转载。美国军方至少追踪了其中 16 个故事，声称已经查明并斥责了泄密者。原子能委员会以一份简明扼要、不具启发性的新闻稿作为回应，指出曾进行过核试验，“包括有助于热核武器研究的试验。这些试验的科学主管对结果表示满意”。

这份新闻稿既没有证实，也没有否认氢弹的存在，让它处于一种认知上的困境：暗示，但不予证实。试验本身也使氢弹计划陷入了类似的困境：原子能委员会已经证明了制造百万吨级热核爆炸是可能的，却没有证明如何将其变成可投掷的武器。可投掷武器将在 1954 年春天的“城堡行动”系列试验中出现，该试验验证了第一批使用固体（氘化锂）聚变燃料的武器不需要低温设备。

同时，关于氢弹可否披露的问题仍然存在。在 1952 年的选举中，没有人以此作为一个政治问题而发起讨论，这让原子能委员会感到欣慰。当选总统德怀特·艾森豪威尔在计票结果公布后，立即被告知该新武器的相关信息。应杜鲁门的要求，迪安给艾森豪威尔写了一封信，向他解释美国已经引爆了“第一枚全尺寸热核武器”，但“可能要在一年后才能测试第一枚可投掷的热核武器”。迪安承认，尽管“我们的目标是让苏联人蒙在鼓里”，但武器的规模和人员数量意味着“我们不可能长期对苏联人隐瞒发生热核爆炸的事实”。他同样警告道，地震仪会显示出波动，这可能被认为是一次水下地震，但他说原子能委员会不打算就这个问题发布更多信息，并附上了一份更长的备忘录，概述了美国核武库现状。这是美国历史上第一例现任总统与继任总统之间在核武库信息方面的交接。

但杜鲁门总统的任期还有几个月时间。他没有批准进一步发布氢弹信息，尽管在 1953 年 1 月，杜鲁门的演讲稿撰写者考虑在他任内的最后一次国情咨文中增加一个参考信息。在总统任期结束时披露氢弹的成功完成，可以是彰显杜鲁门成就的一个好方式，并且可以转化为终结战争和做好原子能国际控制的论点。演讲草稿中对这一成就的表述很清楚：

> 从现在开始，人类将能够释放出地球上前所未见的巨大力量。这些新武器的能量是如此巨大，需要以一个新的单位——百万吨来衡量……一个严峻的事实是，这些武器的爆炸可以对世界上任何一座大城市造成致命的打击。没有任何科学障碍、技术障碍可以阻止一个能够在资金和材料方面进

行足够投资的国家大量制造这种武器……这种新的力量已经存在，它将在我们的生活中一直存在下去。

史密斯委员花了大量时间试图让杜鲁门的演讲撰稿人明白，原子能委员会非常重视这样一个事实，即苏联人可能不知道“常春藤迈克”试验中到底发生了什么，也不知道美国的核武库中是否有热核武器。史密斯进一步强调，新当选的总统艾森豪威尔强烈反对进一步披露氢弹信息，而且必须将他的各种考量也纳入考虑之中。最后，虽然原子能委员会并不完全反对在美国国情咨文中加入一些关于核试验成功和美国核计划的说明，但他们认为相关表述应含蓄，一笔带过即可。

第二天，托马斯·默里委员就这份声明会见了白宫法律顾问查尔斯·墨菲。默里对演讲稿撰写人形容氢弹为“不恰当”感到失望。原子能委员会认为，如果要讨论“常春腾迈克”试验，应该把它作为一种外交反击手段，让苏联回到谈判桌上，讨论原子能国际控制问题。墨菲显然不为所动。默里意识到，要让他们理解自己的观点，唯一的办法就是让他们知道“我们热核能力的现状”，也就是说，美国还没有热核能力。正如默里后来对其他原子能委员会委员所说的，“这些人在听到我的陈述时完全不以为然，并说这与他们所了解的截然相反，他们以为应该是……像其他人说的那样”。

最终，1953 年 1 月的美国国情咨文确实包含了一个关于热核武器的简短而谨慎的信息：

> 最近，在伊鲁吉拉伯岛的热核试验中，原子能的发展已经进入了一个震撼世界的新阶段。从现在起，人类将进入一个具有破坏力的新时代，能够制造出新的爆炸数量级的核武

器，使广岛和长崎的蘑菇云相形见绌。

美国对这种新武器的忸怩作态，与杜鲁门在应对此问题时的表现如出一辙。而在艾森豪威尔执政的第一年，也没有更多的披露。据 1954 年 2 月初的报纸报道，艾森豪威尔已授权向国会议员展示“常春藤行动”报告的“净化”版本，并附上一份声明，称“常春藤迈克”试验是“历史上第一次全尺寸热核武器爆炸”。这是“美国氢武器计划的第一步”。该信息是以半官方的方式发布的，从而减弱了这一声明可能产生的影响。这份提交给国会的声明显然被泄露给了媒体，但大多数报纸都没有把这一消息置于头版。艾森豪威尔政府和杜鲁门政府一样，更愿意默不作声地把氢弹的研制进展放在心里。不过氢弹不会甘做他们的沉默同谋。

事实证明，“曼哈顿计划”的安全官员有能力在轰炸广岛之前的两个星期内对“三一核试验”的核武器性质保密。这在一定程度上是因为原子弹仍然被大多数人认为是科幻小说。但在核爆广岛之后的世界里，核试验变得难以掩人耳目。对于战后的第一次系列试验，即 1946 年夏天举行的“十字路口行动”，曼哈顿工程师管理区甚至没有尝试做演示。相反，核试验变成了一次公共关系活动，新闻界和联合国工作人员，包括来自苏联的科学家，被允许观看在比基尼环礁的两次核爆炸。当然，有些情况是保密的，但与之前和之后的事情相比，“十字路口行动”信息披露方式显得格外奇怪，并引发了相当多的公众关注，甚至显得媚俗（例如，试验场的名字被用于命名一种新的泳装——比基尼）。1948

年，在原子能委员会的领导下恢复了核试验，他们相对以往更加清醒并更注意保密。原子能委员会对吸引人们注意其试验活动并不特别感兴趣，不仅因为新的武器正在测试中，而他们担心苏联可以利用截获的落尘来研究信息，也因为他们害怕不利的宣传。但简短的新闻稿提供了一些信息，不过都是事后信息，并未披露有关测试的时间、性质或爆炸威力等细节。

原子能委员会开发了两个主要的试验场，到 20 世纪 50 年代初，已经在定期进行系列试验。马绍尔群岛的试验场自 1946 年以来一直在使用，但其偏远和崎岖的地理条件意味着测试设置和结果检验十分困难，有时甚至是致命的。有一位科学家，因乘坐运送他的直升机在从一个环礁飞到另一个环礁时坠海丧命。虽然太平洋试验场将继续用于高能级试验，如“常春藤迈克”试验，但从 1951 年起，原子能委员会也开始使用内华达州的内陆试验场。内华达试验场因其便利的交通和可预测的气候而受到重视，将成为冷战时期美国大多数核爆炸的试验场所。与“十字路口行动”一样，虽然官方试图保密，但核试验对美国民众来说很容易察觉（爆炸的亮度，以及由此产生的蘑菇云，有时在拉斯维加斯的赌场就能看到）。核试验作为最初的公共副产品，迎合了大众心理，最终却又导致民众产生焦虑。

1954 年春的“城堡行动”受到了原子能委员会和美国国防部的热切期待。这是一次可投掷热核武器的验证性试验，如果成功，将为美国的新核武库升级铺平道路，核武库总当量将达到广岛核爆当量的数百万倍。原子能委员会又发布了一个平淡无奇的、关于引爆一个“原子装置”的公告，媒体猜测这可能是一次普通的氢弹试验。原子能委员会没有对此做进一步的澄清。

但第一次试射的装置“布拉沃”将揭示核试验和一般热核武器的真正危险。科学家未能预见某个物理过程，结果导致核聚变反应远强于预期，爆炸的威力是预测的 2.5 倍，以 1 500 万吨当量的威力成为美国有史以来引爆的最大武器。其中 1 000 万吨当量来自最后的裂变阶段，在这一阶段，铀-238 惰性反射层受到高能聚变中子的轰击，甚至导致了通常不活跃的同位素分裂。这意味着“布拉沃”试验产生的放射性裂变产物比“三一核试验”释放的多 500 倍。在接下来的几个小时里，“布拉沃”试验产生的落尘羽流顺着风向飞行了数百英里*，在数万平方英里†内沉积了达到危险水平的辐射物，需要紧急疏散几百名马绍尔居民和许多美国军人。许多人都暴露在高水平的辐射中，很多马绍尔居民出现了皮肤烧伤和辐射病的症状。

如果不是因为一艘日本渔船意外进入原子能委员会设立的“危险区域”，仅限于马绍尔群岛上的事故也算是在可控制范围内。日本渔船的 23 名水手看到远处有一道闪光，一段时间后，他们感觉到有细小的白色灰尘落在身上，那是已经蒸发的放射性珊瑚灰尘。船舱里满载着被污染的金枪鱼，渔船回到了日本后，船员很快就病倒了。他们的辐射病可能已经非常严重（其中一人最终死亡），当情况为公众知晓后，他们捕获的含有大量放射性物质的金枪鱼已经流入鱼市，日本全国一片恐慌。彼时，日本刚从美国占领时期的审查制度中解脱出来，自第二次世界大战以来第一次有了一个机会，举国上下讨论作为一个“暴露于核辐射之中”的国家现状。许多人认为，美国再次将日本置于核暴力之下，金枪鱼的价格急剧下跌。

原子能委员会对这种不利的宣传不是加以反思，而是做出了应激性的反应。他们强化保密、激起敌意，甚至提出了阴谋论的

---

* 1 英里约合 1 609.34 米。——编者注

† 1 平方英里约合 2.59 平方千米。——编者注

猜疑。刘易斯·施特劳斯——这位利连撒尔在任时期就很好斗的保守派原子能委员会委员，在前一年夏天被艾森豪威尔任命为新主席。在“布拉沃”事件之后，施特劳斯发表了一份声明，强调了建造氢弹的重要性，指出它在国家安全中的作用，同时强调苏联人也在快速研发。他批评了对爆炸规模“夸大和错误的描述”，坚持认为“试验从未失去控制”。他将“布拉沃”描述为一个工作尽职尽责的范例，并指出即使是出乎意料的大爆炸，也是“在全新武器可接受的误差幅度范围内”。他把责任归咎于风，因为风“没有遵循预测”，转向了“在危险区域内”的渔船。他报告说，暴露在核爆中的马绍尔居民“状态很好，很高兴，预计不会有进一步的不良影响”。他批评日本人没有让美国医生检查受辐射影响的船员，并表示他们很快就会痊愈。私下里，他告诉艾森豪威尔的新闻秘书，这艘日本船可能是一艘“红色间谍船”。

最令施特劳斯沮丧的是，氢弹成了头版新闻。它产生了大量污染尘埃的事实不仅为报纸媒体所知，也为苏联所知。这表明这种武器是有效的，而且它严重依赖于铀-238 裂变反应。美国以外的科学家，尤其是对核武器持否定态度的人——前“曼哈顿计划”科学家约瑟夫·罗特布拉特发表了数篇相关文章，但是影响甚微。氢弹现在既成事实，施特劳斯不得不面对的是好奇、多疑且苛刻的美国国内舆论和国际社会。

“城堡行动”仍然属于机密，无法详细讨论，但电影《常春藤行动》于 1954 年 4 月 1 日获准公映，首次向美国民众公开了有关氢弹的直接信息，并证实了美国拥有氢弹。《纽约时报》的电视评论员对这部令人尴尬的电影加以讽刺（“历史上的一个转折点被当作电视连续剧《网球拍小队》的姊妹篇一样对待”），并哀叹它“在贬低美国民众”。具有讽刺意味的是，电影拍出来根本不是要给美国民众看的，原打算只供美国总统观赏。无论如何，因为“布拉沃”事件造成的灾难，以及氢弹存在的事实终于大白于天下。

高当量热核武器的发展给原子能委员会和美国政府带来了与保密有关的新问题。在美国核垄断已经结束的时代里，这种武器构想本身就象征着终极秘密，必须绝对保密。它的发展似乎证明，只要科学家发挥一点儿独创性，就可以再一次从看似基本的自然概念中变魔术般地创造出一种新的威胁世界的武器。虽然在大多数从事原子弹研究的科学家的心目中，原子弹的基本发明“没有什么秘密”，但氢弹有一个秘密——泰勒-乌拉姆构型。甚至像汉斯这样自由主义派的科学家，总是认为原子能委员会在1950年讨论热核问题时夸大了保密的作用，批评了20世纪40年代的保密概念，但此刻他改变了调子，在“常春藤迈克”核试验几周后，在他写给国会原子能联合委员会某位职员的信中说：“这一次我们有了真正的秘密，要好好地守护。”

问题是，泰勒-乌拉姆构型虽然是一个聪明的设计，但并不是特别复杂的秘密。它可以用一句话概述完成：“裂变爆炸的辐射得以遏制，并用来传递能量，压缩和点燃包含热核燃料的物理分离组件。”不同于详细解释如何建造气体扩散工厂需要的各种长篇报告，泰勒-乌拉姆构型可以在餐巾纸的一面写完。当然，如果一个外国特工真的收到了这样一张餐巾纸，他将如何评价它的真实性？即使是美国科学家也需要通过“温室行动”对热核武器“乔治”进行试验，以证实这一想法的真实性，而且是做了全面试验后才能确信。想必外国势力也会持同样的怀疑态度，除非他们知道这个信息来自一个曾参与秘密的人。因此，一位洛斯阿拉莫斯的科学家说出“辐射内爆”这个词，与一个局外人咕哝着同样的这4个字，两者存在着本质性的认知差异。

这就是氢弹如何使原子能委员会的保密态度，从战后追求谨慎的平衡转变为冷战时期更加强硬的原因。当秘密既重要又容易传递时，为了保守秘密，就必须采取扭曲信息的做法。所有内部信息源都需要不断地审查，为确定相关人员的忠诚，他们向外发出的任何言论都需要仔细地审查。苏联在 1955 年向世界展示了它也能制造数百万吨级梯恩梯当量的氢弹，此后很多年，氢弹一直属于“终极秘密”。

危险的思想

1950 年在“曼哈顿计划”中发现了一个极有能力的“内鬼”，这在美国的保密系统中产生了深远的影响。克劳斯·富克斯在给英国人的供词中暗示，他感觉到项目中还有其他不为人知的间谍，由此掀起了一场疯狂的行动，军方从抓到富克斯的那批苏联解密电报中寻找有关其他间谍的信息。寻找“第二个富克斯”的工作持续了数年，并最终锁定年轻的物理学家——西奥多·霍尔，是另一名苏联间谍。但与“富克斯”案不同的是，联邦调查局无法建立一个“干净的案件”来起诉霍尔，他们没有泄露自己的秘密信息来源——一个代号为“维诺纳”的密码破译项目，而是满足于霍尔早已离开武器研发工作这一事实。

通过与英国人合作从“富克斯”案中获取信息，并挖掘“维诺纳”项目的成果，美国联邦调查局对“富克斯”案展开了扩展性调查，很快就抓出了更多的间谍。富克斯确定了关于那位“信使”的几个突出细节，即那位将富克斯的信息传递给苏联大使馆的中间人。美国联邦调查局确认他就是哈里·戈尔德——一位肤色蜡黄的化学家，他显然不是出于强烈的意识形态或金钱关系而从事间谍活动，而是因为他很孤独，而苏联人给了他友谊、赞赏和同志般的感情。然而，一旦他被收押在美国联邦调查局，他那种对人际关系的渴望反倒使他畅快地交代了一切。戈尔德的合作导致了戴维·格林格拉斯的被捕，他是战争期间洛斯阿拉莫斯的一个特别工程分队的机械师。格林格拉斯又牵扯出了自己的姐姐和姐夫：埃塞尔·罗森堡和朱利叶斯·罗森堡。

“罗森堡”案的审理只持续了1951年3月一整月，但该案进一步分化了美国这个已经逐步分裂的国家，一些人认为这体现了苏联渗透的威胁，另一些人则认为这体现了麦卡锡主义的泛滥。几乎所有针对朱利叶斯和埃塞尔的证据都来自戈尔德和格林格拉斯的证词，并逐一得到了印证。但他们都不是特别可靠的证人，戈尔德性格古怪、阴晴不定，显然有着心理障碍，而格林格拉斯则与他们存在利益冲突——罗森堡夫妇的辩护律师称，他正试图保全自己或者妻子的性命。检察官和法官过度热切的言辞使怀疑论者很容易将整个事件看作一场陷害。但我们今天知道，通过已经解密的“维诺纳”电报和格林格拉斯后来的供词，朱利叶斯·罗森堡绝对是一名间谍。我们也知道格林格拉斯为夸大对埃塞尔微不足道的指控而做了伪证，以使自己的妻子露丝免遭起诉。

但“维诺纳”项目的保密性使针对朱利叶斯的确凿的证据无法呈现。“维诺纳”项目处于高密级保护下，甚至连杜鲁门都未被告知它的存在，尽管后来人们发现苏联人很早就通过另一个“内鬼”了解了该项目。这个案件呈现出了保密工作的一个奇怪特点。在通常情况下，秘密被视作美国政府的优势立场。然而，在刑事诉讼中，秘密可能是一个弱点。在“维诺纳”案中，美国联邦调查局担心失去这个宝贵的新信息来源。其结果是这个刑事案件被淡化处理，数十年来，该案被全美相当一部分人视为美国司法界的污点。有人认为，如果美国联邦调查局更早地披露“维诺纳”项目的数据，对美国的政治体系来说将是一个净收益。这意味着极“左”派将不得不接受美国政府、娱乐业中存在几个苏联间谍的事实；而极“右”派将不得不收敛他们对苏联间谍活动总规模的幻想，因为虽然苏联间谍活动有时很强大，但远没有“铁杆”反共分子认为的那么强大。事实恰恰相反，保密制度加剧了两极分化。

即使这算是一个“干净的案子”，对罗森堡的审判也造成了一些新的困难。例如，美国如何证明朱利叶斯·罗森堡协助窃取了原子弹的秘密而又没有泄露其中的另一些秘密？涉密证据在当时的美国法庭是不被接受的。这并不是一个前所未见的事例。1946年秋，3名士兵试图向巴尔的摩一家报纸出售“原子弹精确复制品”的照片，该报纸的工作人员向美国警方举报了他们。格罗夫斯和利连撒尔（此案跨越了从“曼哈顿计划”到原子能委员会的交接期）都拒绝批准将这些照片引入法庭，案件不得不因“证据不足”而放弃定罪并终止诉讼。

“罗森堡”案中泄露的一些秘密被认为是值得的，因为这可以视为向未来的间谍发出一个警示信息。原子能委员会主席戈登·迪安批准解密内爆式原子弹的基本设计，因为苏联人已经知道了一切。从迪安的角度来看，没有什么理由继续保守此项秘密，如果公布它可以发出一个警示信息，即被抓到的间谍如果不转而做美国的证人，将受到严厉的法律制裁，那样效果更好。

但这也有一定的风险。格林格拉斯知道的不仅仅是内爆法的基本原理，而且他在证人席上接受辩方律师盘问时，无法保证其他秘密不会在无意中被泄露。最令原子能委员会保密人员担心的是，格林格拉斯已经获知另一个武器的设计概念，这个概念仍属机密。这个设计概念被称为“悬浮”，是对内爆弹核心的一个小调整（在惰性反射层和弹壳内芯之间增加一个空气间隙，使惰性反射层加速，从而大大地提高了效率）。在战争期间，格林格拉斯在洛斯阿拉莫斯时就已做过研究，但在战后才得以修成正果。如果格林格拉斯被问及在洛斯阿拉莫斯的工作，特别是在接受技术专家质询时，那么这个仍被保密的设计理念就有可能遭到曝光。经过原子能委员会、美国司法部和国会原子能联合委员会三方长时间的讨论，决定对此做特殊安排，即起诉范围将严格限定在战争期间的技术上。原子能委员会不会解密新的信息，而是将其解密内容限制在格林格拉斯所说的内容上。他们只能希望被告方不要探究得太深入。

在“罗森堡”案庭审的第五天，格林格拉斯出庭作证。他在证词中说，1945 年 9 月，他曾给朱利叶斯·罗森堡提供了相较广岛原子弹更“新型”的核武器信息，包括一幅素描，这幅素描的复制品作为控方的第八件证物被列入证据（如图 6-1 所示）。格林格拉斯提交素描后，罗森堡的辩护律师提出了出乎所有人意料的要求——素描不予公示，“以便对法庭、陪审团和律师保密”。控方很高兴地与辩护律师一起提出这一请求。当格林格拉斯开始描述这幅素描时，辩方走近法官席，在陪审团听不到的地方对话，讨论庭审可否不向普通公众开放。辩护律师强调，他们担心，尽管原子能委员会已经解密了这些信息，美国国家机密仍有可能会被泄露。10 分钟后，法官欧文·考夫曼邀请记者回到审判庭，告诉他们，联邦公诉方和出席庭审的原子能委员会成员已经同意，媒体可以听取与原子弹有关的证词。关于信息的扩散，考夫曼提出了一个充满善意的审慎要求：“我们相信，你们在公布部分证词时会展现出良好品位和判断能力。”

可是第二天《纽约时报》并未信守承诺，而是以“法庭上描述的原子弹秘密”作为头版头条耸人听闻的标题。正如新闻导语所言，“昨天，一位在间谍审判中面带微笑的证人，首次公开披露了绝密的、被投到长崎的那枚原子弹的结构和功能”。《生活》

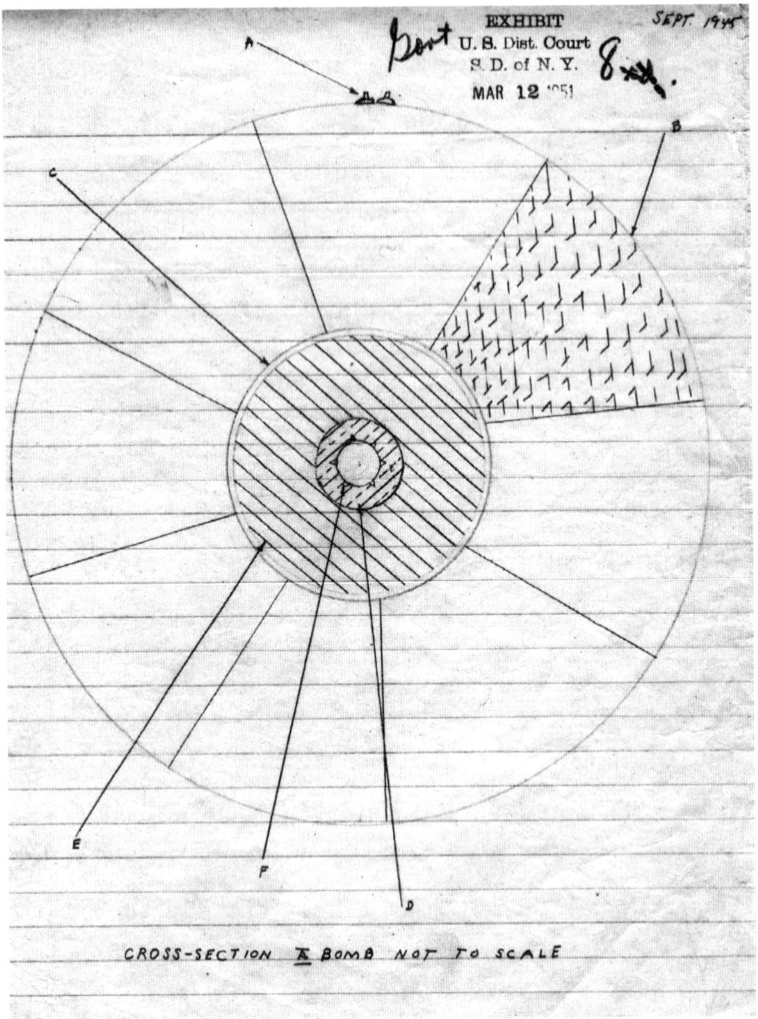

注：这件证物是“原子弹本体草图”，是戴维·格林格拉斯在被羁押期间所画。

图 6-1 “罗森堡”案的第八件证物

资料来源：美国国家档案和记录管理局东北区（纽约市）。编号 NRAN-118-SDUSATTY-114868-7（11）。

杂志展示了一幅由艺术家制作的伪三维武器图，尽管错误百出，但主旨是正确的。虽然证词仅限于开放给新闻界人士，但消息已经被公布：投在长崎的原子弹并不是投在广岛的那种“枪式”设计，而是更复杂的“内爆式”设计，即利用高爆炸药同时引爆，以对称地将一个钚球压缩到超临界状态。最终，一个核秘密就此暴露。

与原子能委员会的担忧相反，罗森堡夫妇的律师不仅没有质疑技术证据或准备进行的交叉询问，而且他们竟然选择刻意避开。这就是秘密的力量：律师在试图证明他们对传播秘密不感兴趣，他们这么做其实就是赋予格林格拉斯证词更大的说服力。第八件证物直到15年后才被公布，在1951年的审判中被定罪的共同被告莫顿·索贝尔于15年后申请重审此案，因为沃尔特·施奈尔和米里亚姆·施奈尔夫妻在合著的书中声称，草图证据没有什么价值。不过，施奈尔夫妇没有看到第八件证物，他们抨击的对象是格林格拉斯的其他草图。1962年，时任美国上诉法院法官的考夫曼拒绝了公布这幅草图的请求。具有讽刺意味的是，到了1966年，该草图已经成为政府的负担，因为大多数关于第一批核武器的知识已被解密，国防部对其准确性提出了严重的质疑。“曼哈顿计划”的资深人士菲利普·莫里森和亨利·林西茨证实，这幅草图“太不完整、太模糊，甚至不正确，对苏联缩短研制核弹所需的时间没有任何作用或价值”（林西茨所言），而且“这是一幅素描”（莫里森所言）。

但即使到了1966年，此图仍被裁定为机密，因为它可能导致一个机密概念（内爆式）的暴露。1951年，它曾被当作“原子弹本体”的草图。罗森堡夫妇被判有罪并被处决，一部分原因就是基于这么一幅粗略的素描。几年后，格罗夫斯将军透露，这些信息“价值不大，我永远不会公开谈论这些。需要再次指出，虽然这不是秘密，但我认为应该对此保持缄默，因为无论这些信息相对于整体的价值如何，罗森堡夫妇都应该受到极刑，我不能让世人有这样的错觉，即格罗夫斯将军认为他们毕竟没有造成什么大的伤害”。

在第二次世界大战期间开始部署并在战后长期广泛存在的监视网中，“罗森堡”案只是其中最明显的一个事例。早在麦卡锡主义泛滥之前，杜鲁门就于1947年3月制订了一项“忠诚计划”，授权对数百万美国政府雇员进行调查，包括调查是否存在加入共产主义组织的行为。美国联邦调查局在广大民众中寻找颠覆性信息，从脆弱者口中套出各种证据。牵涉共产主义是令人闻之色变的话题，任何被视为异端的性活动也是如此。例如，同性恋是禁止获得“Q”级许可的条件之一，它包含在“表现出不可靠……滥用信任、不诚实或同性恋”这一条款中。

在高度冷战时期，特别是针对同性恋政府官员的“薰衣草恐慌”期间，这种心态在美国安全机构中很常见，原子能委员会也不例外。1951年初，戈登·迪安在一次闭门会议上向国会原子能联合委员会报告说，据了解，橡树岭的一名同性恋雇员在前往华盛顿特区的途中被捕。他被描述为“完全正常，是个已婚男人，当他去了城外时，显然发生了什么特殊的情况。他被灌了酒，事情发生时他已喝得太多。橡树岭那边没有任何人提供证据说他曾有此倾向”。迪安向国会原子能联合委员会保证，“我们立即将他从员工名单上除名，并解雇了他”，但是除了他的同性恋身份，没有证据表明此人具有重大的安全隐患。

值得注意的是，这起案件引起了国会相关监督委员会长达数分钟的讨论，而且这也不会是最后一起类似案件。1953 年，国会原子能联合委员会的工作人员声称原子能委员会至少给过 7 个潜在的同性恋者“Q”级许可。联合委员会要求迪安对每个案例展开审查，尽管原子能委员会对这些指控很重视，但有关同性恋的证据无甚说服力，这样的指控往往很难得到证实。

当下的问题主要有两个。其一是如何评估一个复杂的人的“性格、社会关系和忠诚度”，尤其是当此人可能获准接触到能够拯救或摧毁一个国家的重要秘密时；其二是如何处理一个知悉敏感事务，但可能不可靠的人。身处于这种窘境的代表人物是物理学家菲利普·莫里森，他是奥本海默的学生，曾是洛斯阿拉莫斯团队的关键成员，也是在“三一核试验”和提尼安岛组装原子弹现场的工作人员。由于他战前的共产党人身份，导致他在战争期间的安全档案内容极为丰富。尽管如此，在战后的几年里，当他在康奈尔大学工作时，他的身份就被洗白，甚至被批准担任责任审核员。美国最后在 1950 年做出决定：像莫里森这样的人，无论多么出色，都不得与武器体系有涉。莫里森并没有被立刻从该计划中逐出，不过项目也不再给他分配其他任务，当他的最后一份合同到期时，他的安全许可被取消，因为他再也不被需要了。停用他似乎是处理这种情况最稳妥的方法，因为他“脑子里太多的东西不被国会原子能联合委员会所接受”。

这种复杂的问题在 1949 年至 20 世纪 50 年代初的安全讨论中成为一个反复出现的主题。按照冷战标准，“曼哈顿计划”中充满了不可靠和可疑的人，他们在自愿或不自愿地离开项目后，仍然知悉秘密。因此，科学家本身就成了令人担心的安全隐患，甚至他们的行动也需要加以控制。官方不希望他们意外地消失在国外，就像 1950 年从英国潜逃到苏联的物理学家布鲁诺·庞特科沃那样，他要么因为害怕富克斯被捕后在美国铺开的那张麦卡锡主义的大网，要么因为他是个间谍（判决结果未收入档案）。

正如历史学家戴维·凯泽尔所言，理论物理学家成为某种特别的焦点，并成为遭到密集调查的对象。在大众的想象中，这些人是原子弹的创造者，让人既敬重又骇惧。在富克斯和罗森堡的案件中，这些科学家和间谍的身体被仔细地检查：像富克斯这样高而不壮的理论家被视为“呆板的学究”，他们高度发达的大脑是以自己虚弱的身体为代价换来的，而朱利叶斯·罗森堡、哈里·戈尔德和戴维·格林格拉斯则因其动辄汗流浃背的身体而被视为特定的一类人。

奥本海默的学生尤其受到影响，原因并不神秘：奥本海默在加州大学伯克利分校担任教授时的左翼政治立场吸引了与其立场相近的学生，他把其中许多人带到了战时工作中。随着核机密在大众和官方心目中的重要性提升，学生们与之接近意味着他们将始终受到审查。就奥本海默而言，他并没有给学生多少好处，反而常常是第一个将他们的名字提请各安全机构注意的线人。例如，1943 年，他告诉格罗夫斯将军，他的好朋友、洛斯阿拉莫斯的同事罗伯特·瑟伯的妻子夏洛特·瑟伯“出身于费城的一个共产主义家庭，她本人曾一度是共产党人”。尽管奥本海默向格罗夫斯保证，她目前可能不是共产党，而且罗伯特·瑟伯可能从来就不是共产党，但伤害已经造成。对瑟伯夫妇生活的调查在开始后持续了超过 10 年，调查手段涉及窃听谈话和拆阅邮件，并最终产生了大约 300 页没什么实质内容的“淫秽”材料。

奥本海默为什么要反复做这种事情？可能是为了讨好安全官员，以显示他自己是可靠的，即使这么做会使他的人际关系受到负面影响。但这里面存在着一个矛盾：一个总是与诸多可疑人物有如此关系的人，即使他向有关部门举报他们，此人还能被信任吗？而且，当他对夏洛特·瑟伯这样的人一边表示持有一些怀疑，一边又让她担任洛斯阿拉莫斯的图书馆馆长，而且这个职位必须由能够确保秘密报告被正确归档和传递的人担任，这又说明什么呢？回过头来看，奥本海默对安全的态度显得越来越天真。他举报众多具有左翼思想的同事，以此显得他本人更可靠，但这样的局面变得越来越难以维持。

战争赋予了物理学家神秘的光环，以及前所未有的政治权力。但权力甩不开猜疑。没有谁比在战后成名的奥本海默更能体现这种危险。奥本海默确实是“原子能方面的头号思想家”，他也是“原子弹之父”。但关于氢弹的争论暴露了他的弱点，在科学界内外，众所周知，奥本海默曾反对研发氢弹。对于那些正在寻找间谍的人来说，他的背景和交往人脉均让人备感 不安。除了他的学生和同事，奥本海默的妻子以前嫁给过一名共产党员，他心爱的弟弟和弟妹都加入了共产党，还有一个情人是共产党的“同路人”。没有证据表明奥本海默是间谍，但联邦调查局还是累积了一份关于他的 1 300 多页的档案。

尽管他的弟弟和他以前的学生因为他们过去的政治关系而遭受困苦，有时他们的境遇亦为人所见，但奥本海默本人仍然保持着相对独立的地位。众议院非美活动委员会害怕因调查范围过大，而与强大的国会原子能联合委员会的职责范围产生交叉。当奥本海默在一次闭门会议上与众议院非美活动委员会交谈时，议员们明确表示他是一个友好的证人，他们允许他不回答自己觉得不舒服的问题（比如关于他弟弟的问题）。但随着时间的推移，奥本海默有了越来越多强大的敌人。他在总顾问委员会的报告中反对快速地推进氢弹计划，在一些更“鹰派”的科学家（如爱德华·泰勒和欧内斯特·劳伦斯）看来，这简直就是压垮他们之间关系的最后一根稻草，而他对陆基战术核武器的主张使他与美国空军也产生了分歧。

奥本海默最危险的政治敌人是刘易斯·施特劳斯，他在 1954 年成为原子能委员会的主席。施特劳斯很聪明，但性格极为敏感，在意识形态方面与奥本海默的朋友利连撒尔相左。奥本海默所支持的一切，施特劳斯似乎都反对——后者在政治上保守，在军事上“鹰派”。奥本海默曾倡导制定缩小保密范围的政策，而让施特劳斯罪恶昭彰的，是他深陷于内心持久的恐惧，他深信：秘密不可泄露，否则就会永远消失。

此外，还有更深层的个人分歧。奥本海默是精英人物，是受过高等教育的纽约人，为了求索远东哲学和美国西南部的特色美学，他放弃了自身富裕家庭代代传袭的世俗化的犹太教；而施特劳斯的父亲则是一位来自美国南部的卖鞋人，这位卖鞋人自力更生，没有接受过正规教育，宗教信仰坚定。即使几年前奥本海默在国会作证时没有羞辱施特劳斯，他们之间可能仍然会以交锋告终。但其实施特劳斯对奥本海默积怨已久，对他的政治理念和政策建议也深表怀疑，而施特劳斯作为原子能委员会的主席是能够采取行动的。

但施特劳斯需要一个合法的借口来对付像奥本海默这样广受公众爱戴的人物。在艾森豪威尔总统任内早期，围绕着核机密渐渐生出的那种怪异氛围，找到这一借口不是难事。1952 年，国会原子能联合委员会人员管理负责人威廉·博登自告奋勇，为氢弹的研发编写历史。博登的目标算不上是学术性的，因为他确信利连撒尔和奥本海默（包括其他人）参与了抑制热核武器发展的阴谋，并相信如果他和同事能够描绘出已经发生的每一段发展进程，那么这些氢弹反对者在思想上的不端就能够被读者解读。到 1953 年 1 月，博登及其同事已经编写了一份长达 91 页的氢弹工作的“绝密”历史，可以追溯到“曼哈顿计划”，它可作为针对奥本海默和其他人的攻击性文章。

但博登不是科学家，在一些技术问题上需要帮助，特别是他要确保自己正确地描述泰勒-乌拉姆构型的起源。博登和他的同事曾就这一问题咨询过爱德华·泰勒和其他人，但博登希望该工作报告能由自己的另一位线人——普林斯顿物理学家约翰·惠勒来做校阅检查。惠勒受雇于原子能委员会，在普林斯顿管理一个热核研究实验室（马特霍恩B项目）。实质上，他是背着雇主在与博登密谋编写一份文件，用来攻击奥本海默和原子能委员会其他的前雇员。

博登的一名同事给惠勒发了一份6页的摘录，内容是关于"辐射内爆"概念的发展，介绍了热核武器中的裂变炸弹利用其能量启动聚变反应的机制。这6页摘录的大部分内容至今仍是机密，但在后来的一份宣誓书中，惠勒指出，读了这6页内容的人会了解一些关键的秘密，即美国在获取多种类型的热核武器方面进展顺利，锂可以用作固体燃料，而且"辐射加热提供了一种压缩热核燃料的方法"。早在1953年1月，这些信息都是热核计划的"皇冠上的宝石"，也是泰勒-乌拉姆构型的基础。

1953年初，谁要是身上揣着几页写满了秘密的文稿四处游走，肯定会深陷危险境地。美国确实于1952年11月测试了一个热核设计，但那只是一个原型。美国的武器库中还没有热核武器，直到1954年春天，美国才确定了一条可行的道路，朝一个真正的"热核超级大国"目标行进。因此，人们仍然有一种脆弱和焦灼的感觉，担心苏联可能会紧追不舍，特别是由于新设计的关键因素——辐射内爆法，已经被富克斯所知。

惠勒同意审读这几页文稿，并决定在从费城到华盛顿特区的卧铺火车上做审读。但在途中的某个地方，文稿不见了。惠勒在抵达华盛顿后的清晨意识到了这一点，心慌意乱地在火车上和联合火车站的失物招领处做了几番搜索后，他无奈地向自己在国会原子能联合委员会的联系人报告了此事。他们赶到火车站，把火车车厢封锁起来，搜索每一寸地方，但仍未找到。最后，博登联系了美国联邦调查局，联邦调查局起初拒绝帮助一个国会工作人员寻找丢失的备忘录（这不是他们的工作），但当他们明白“丢失的是一份关于原子能秘密的文件”时，他们却又变得非常感兴趣。

尽管调查时间很长，动员了大量的特工，而且艾森豪威尔总统和埃德加·胡佛都对调查结果极为关注，但联邦调查局一直未能找到这份文件。他们把文件丢失的消息告诉了原子能委员会（博登居然没有汇报此事），并引发了一个新的调查问题：为什么国会原子能联合委员会的工作人员制作了包含氢弹秘密的秘密文件，并把文件交给原子能委员会的科学家，而这些科学家违背了安全协议，把文件带上卧铺火车，然后丢失了文件，或者是文件被盗，为什么？这一次，原子能委员会处于有利地位，可以与国会原子能联合委员会翻脸。他们提前给艾森豪威尔总统发出了预警信息，艾森豪威尔总统向国会原子能联合委员会的议员施加了压力，议员们在得知他们的工作人员所做的事情后感到很震惊。惠勒受到责备，但没有受到其他影响，博登很快被解雇了。

博登在被解雇之前，就开始担心对遗失文稿的调查会抢走他真正的风头，即他所写的言辞犀利的“氢弹研发史”。被开除后，他开始酗酒，并怀疑这一切是否太蹊跷了：他借氢弹做的批评被偶然丢失的几页纸所破坏，而这会不会是奥本海默等人策划的？在这种情况下，博登的想法转向了阴谋论，最终他把这些想法都写进了致埃德加·胡佛的信中，他指责奥本海默是苏联特工，这是他之前以官方身份不可能写的东西。现在的世界被原子焦虑紧紧包围，这 6 页纸的遗失将讹传变为狂热的阴谋论，进而破坏了好几个人的事业。

胡佛把博登的信转给了施特劳斯，施特劳斯将其视为自己一直渴望发起攻击的有力武器，他随即把信带给了艾森豪威尔总统。认识且欣赏奥本海默的艾森豪威尔总统听从了施特劳斯的判断，同意在奥本海默和后续的核机密之间设置一道“隔离墙”。施特劳斯很高兴地通知奥本海默，他的安全许可将被取消，奥本海默可以接受这个安排（并将其视为被迫从“秘密社区”退休），或者他可以质疑反对，但这会使自己遭受一段漫长的、羞辱性的经历。奥本海默出于原则立场，选择了后者。由此，奥本海默事件开始了，这是一个极具分裂性的事件，此事件被许多人视为百年难遇的科学审判。这同时表明，冷战的新安全标准已经开始显现。

针对奥本海默的安全听证会不应该是走过场的审判。原子能委员会在 1949 年才任命了一个永久性的人事安全审查委员会。安全听证程序源于利连撒尔时期的原子能委员会领导下的总顾问委员会，在利连撒尔的心目中，这可以构成必要的正当程序，以防止“疯狂的恐怖噩梦”通过“对科学人员进行激烈和愚蠢的限制以及完全不可接受的个人许可标准”，这会对国家的“科学领先地位”造成损害。但是，就像利连撒尔领导的原子能委员会的许多政策一样，这个政策在不同的人手中可能会服务于不同的目的。奥本海默的人事安全审查委员会听证会确实算是一种审判，它不是法律上的审判（当事人得不到刑事被告人可获得的许多法律上的好处），但它实际上成了一场正式的、对抗性的过程，控方和辩方的律师要对几十个证人反复做冗长的交叉质询。

原则上，听证会是根据《1946 年原子能法案》和美国联邦“忠诚计划”评判奥本海默的“性格、社会关系和忠诚度”的一次公投。“忠诚度”是一个难以把握的术语，因为没有他叛国的确凿证据。相较而言，他的“社会关系”可以更轻易地被攻击。众所周知，奥本海默的家庭和朋友圈中有许多共产党员和“同路人”，但没有确凿证据表明奥本海默本人是共产党员（在此后的几十年里也没有出现任何证据。一些历史学家和他的一些前同事表示他可能被认为是一个“秘密的”非正式共产党党员。无论这在现实中意味着什么，奥本海默都不像是一个受共产党党纪规章约束的正式党员）。

至于奥本海默的“性格”，从安全管理的角度来看，应该如何评价一个人的“性格”？听证会的检控双方花了大量的时间来讨论奥本海默从战时到战后与美国核基础设施各种安全机构的互动情况。如前所述，奥本海默一直试图与安全人员保持联系，提供有关他的学生和同事的负面信息。但他的立场却没有保持一致：他曾任命自己所举报的人在洛斯阿拉莫斯担任重要职务，而在某个特定事件中，他针对某个敏感情况，向安全人员提供了一个截然不同的说法。

希瓦利埃事件，正如其名，事关奥本海默在伯克利大学的一位同事哈康·希瓦利埃。据称，他试图接近奥本海默。在不同版本的说法中，希瓦利埃本人还是经由某个中间人，在战争期间伯克利的一次社交活动中接触了奥本海默，提出要为他与苏联牵线搭桥、建立联系，以协助后者与纳粹的斗争。根据各种说法证实，奥本海默拒绝了这一提议，并向“曼哈顿计划”的安全官员报告了这一情况。奥本海默似乎天真地认为这不是什么大问题，但还是要谨慎处之。安全官员并不认为苏联人直接接触他们的顶级科学家是一件轻而易举的事情，所以他们一再试图让奥本海默澄清这件事。在这个过程中，奥本海默给出了几个不同版本的说法，以避免引发对他的朋友，也许还有他的弟弟展开的不当的审查。

在 1954 年针对他的听证会上，这些矛盾成为讨论奥本海默“性格”的一个关键因素。他实在难以给出一致的解释。当被问及为什么在希瓦利埃事件上对“曼哈顿计划”的安全部门撒谎时，他只能回答：“因为我是个白痴。”在不断升温的冷战背景下，这样的辩解毫无说服力，而此时奥本海默本人已不再是任何武器项目的关键人物。在20世纪40年代，奥本海默在间谍问题上的说法与事实不一致，可以作为一个不幸的缺陷被忽视，这一缺陷似乎并非源于恶意，起初考虑到他的重要地位，这是可以被接受的。然而，到了20世纪50年代，事情却变得更加棘手。

正如那个时代所关注的，奥本海默的私人关系也受到了审查。他与命运多舛的琼·塔特洛克（第二章中曾提到过）的关系是对其“性格”的另一种探究。当被问及身为洛斯阿拉莫斯负责人，与他的共产党人前女友过夜时是否“符合安全标准”时，奥本海默轻描淡写地回答道：“其实是符合的。”当被问及在“从事秘密战争项目时”与共产党人保持社会联系是否危险时，奥本海默只是说他认为塔特洛克不是共产党。

这些交流表明，奥本海默的自述实在难以令人满意。被传唤来为他作证的大多数证人反而做得更好，他们相当有说服力地争辩称，奥本海默在技术专业领域的判断一直是有根据的、明智的，而且他的优先事项一直是合理的，即使这些事项存在争议。奥本海默在原子能国际控制、氢弹辩论和使用战术核武器保卫西欧方面的政策立场都被展示出来，他的立场虽然很难说是被广为认可的，但基本上都得到了认同，至少没有人会说他叛国。

即使是爱德华·泰勒，他对奥本海默的不信任和不满在第二次世界大战期间就已有之，在氢弹辩论期间他的对立情绪更为强烈，但他也只是提出了一些不温不火的反对意见。爱德华·泰勒认为，奥本海默从未明显地表现出对美国不忠。但是，他接着说道：

> 在许多事例之中，我都关注着奥本海默博士的所作所

为，他的行为方式对我来说是极其难以理解的。我在许多问题上与他意见完全不同，他的行为在我看来是混乱和复杂的。由此，我希望看到这个国家的重大利益掌握在我更了解、信任的人手中。

更为明确地说，我想表达一种感觉，即如果公共事务掌握在其他人手中，我个人会感到更安全。

爱德华·泰勒并不是唯一一个站出来作证并反对奥本海默的科学家，但他引起了最多的关注。尽管他很努力地为自己的声明遣词造句，但这样的声明仍被认为是对一位老同事和朋友的粗暴指责和背叛。爱德华·泰勒成为奥本海默事件中的一个反面角色，也成了冷战时期美国政府科学家的一个典范。他深度参与了新武器的制造工作（在利弗莫尔的新实验室），他在美国空军的同事远多于在美国学术界的同事，他信奉着“安全只能来自更强大的军事力量，无论其代价如何”的信念。这其中有一些是夸张的描述，但很有象征意义，记录着美国10年来所发生的变化。

最致命的是奥本海默的自述。他的话表明，有时他会出于主观意愿而向现实问题做出妥协，这证明他对安全管理缺乏一以贯之的严谨，这对之后奥本海默的听证会决定造成了消极影响。人事安全审查委员会的多数成员认为，不应恢复奥本海默的安全许可，原子能委员会的多数成员也持相同看法。

有关奥本海默的听证会决定难以服众，但这并不是他所受到不公对待的全部。即使在当时看来就比较清楚，事后看来更加清楚，会产生这样的结果，更多是因为奥本海默的敌人要把他拉下“神坛”，而不是因为什么重大的安全关切。无论如何，他的安全许可将在几天内到期。施特劳斯在这件事上充分地展现出冷酷无情，他窃听了奥本海默和他律师的谈话，并将窃听内容提供给控方律师，以便他们更好地发现他的弱点。这种行为不仅不公平，而且是非法的。

奥本海默后来谴责听证会是一场“闹剧”。但这也是对20世纪50年代艾森豪威尔政府和20世纪40年代杜鲁门政府的一次对比式的检验。在战争年代，安全方面存在着灰色地带，但后来逐渐变得更加严酷，而且黑白分明。尽管亨利·德沃尔夫·史密斯对奥本海默及其不当之举抱有相当严肃的批评态度，但他不同意施特劳斯领导的原子能委员会的决定，他展示了一个更符合利连撒尔时代的观点：

> 关于所谓“无视安全系统”的说法，我认为系统本身没什么值得崇拜的。这是达到目的的必要手段。它的唯一目的除了防止破坏，就是保护秘密。如果一个人能保护好自己手上和脑子里的秘密，他就已经对安全系统表现出了基本的尊重。

“奥本海默”案的双重矛盾之处在于，它本来是以保密为目标的（但不是官方认定的秘密），但案件涉及的大部分内容都会出现在公共领域。从原则上来讲，听证会上所有的证据都不应是机密的，但至少有一位观众——奥本海默本人——被拒绝接触秘密信息。这件事的讽刺意味并没有被众人忽视，因为很多作为证据的文件都是奥本海默本人提供的，而且审判庭里的每个人都已知道了那么多本不应该知道的秘密。这或许是一幅完美的漫画，展现了整件事的讽刺意味和拥有“危险思想”的物理学家的新形象。一幅社论漫画描绘了焦虑不安的山姆大叔恳求奥本海默，“请不要再想出什么原子秘密了”。画中，科学家的头被包裹在一个标注着“绝密”的盒子里（如图6-2所示）。

图 6-2　休·海尼所画的漫画“请不要再想出什么原子秘密了”

资料来源：首发于《格林斯博罗每日新闻》，转载于《纽约时报》（1954 年 6 月 6 日）的“奥本海默案——5 个观点”，第 5 版。

证人在讨论听证会的核心问题（氢弹研制、核战略建议、安全措施等）时，不可能不泄露一些机密信息。因此，每天听证结束后，原子能委员会的保密主任詹姆斯·贝克利（还有他的一小部分员工）会审阅当天的速记记录，标记出所有需要删除的保密项目，然后把经过处理的文本交给奥本海默的律师审阅。所有这些删除内容都是一直到了 21 世纪才解密的，揭示了文稿删减者眼光的独到之处。例如，以下物理学家伊西多·拉比的名言，表达了他对奥本海默遭受攻击的失望，鉴于后者有着杰出的贡献：

我们有了一枚原子弹和一系列的改进型原子弹，***，还想要什么呢？美人鱼吗？这是巨大的成就。如果这条路的尽头是这样一场听证会，这不能不说是一种羞辱，我认为这就是一场非常糟糕的演出而已。

多年来，拉比的“美人鱼”之说被一再引用，既因为它阐述的事情过于令人恼火，也因为拉比典型的纽约人式的表达方式令人印象深刻。但是 60 年来，这次删减的伤疤——3 个星号——一直存在。有东西被删减了。2014 年，能源部完全解密了奥本海默的听证会记录，答案被披露了：“我们有了一枚原子弹和一系列的改进型原子弹，还有一系列的‘超级炸弹’，还想要什么呢？‘美人鱼’吗？”

对拉比来说，这样说似乎无妨。因为到 1954 年 4 月，美国已经在“城堡行动”中试验了各种不同的热核武器，这已经不是什么秘密了。但在贝克利看来，这清楚地揭示了许多尚未公开的秘密。这些涂改看起来确实出于善意。没有任何证据可以使奥本海默免除罪责，几乎所有的删减都涉及技术问题、美国核政策的紧迫问题（如在西欧部署核武器），或者证人明确出不应公开的声明（如格罗夫斯的声明“罗森堡夫妇应该被绞死”，但是他“绝不会公开这么说”）。贝克利在奥本海默事件发生后不久就离开了原子能委员会，他后来在采访中说，他对这个安全系统感到失望，他并不想把它当作武器使用。无论如何，他是在为奥本海默本人准备这些文字记录，而不是为了公众。

但公众确实看到了奥本海默的听证会记录。应该公开这些信息的想法最初是在众议员斯特林·科尔作证的最后一天提出的。当时，他是国会原子能联合委员会的主席，他对施特劳斯建议说：

当然，如果有人认为奥本海默博士的停职是由于反复无常的行政行动造成的，或者他现在出庭面对的审查小组的调查结果与审查小组提供的证词不一致，那么这当然是非常不幸的，对我们原子能事业的未来是有害的。

他认为，如果这一事件被公布，“美国人民将能够自己决定，整个事件的处理方式是否兼顾了美国最大限度的安全保证与对奥本海默博士最大限度的公平”。施特劳斯看到了这一请愿，他对这个请愿的兴趣随着时间的推移而不断提高。他从联邦调查局的窃听中得知，奥本海默及其律师担心公开录音不利于他的案子，他们正在讨论向媒体泄露录音记录中有利的部分。突然间，一向坚持加强保密的施特劳斯开始支持公布信息，人事安全委员会却犹豫不决，因为该委员会已经向听证会的作证者承诺，他们的证词不会被记录下来。

令人难以置信的是，在火车上丢失秘密这样的事居然再次发生了。史密斯要求原子能委员会的工作人员制作一份证词摘要，以供委员们使用。一份副本被交给了原子能委员会委员尤金·扎克特，他在 6 月 12 日把文件落在了开往波士顿的火车上。虽然后来这份文件被美国联邦调查局找到，但施特劳斯认为这些信息已经被泄露，因此需要尽快发布一个权威版本。在扎克特丢失证词摘要文件当晚，原子能委员会深夜开会，施特劳斯提出动议，要求公布完整的非机密文本。他认为这样做会证明诉讼程序正确，原子能委员会的决定也是正确的，他认为“让公众尽可能多地获得事实理据材料非常重要，因为现在有人在没有这些材料的情况下得出了某些结论，有人向媒体提供的报告被歪曲了，并被媒体错误引用”，尽量多地公布信息才是对的。

施特劳斯似乎认为奥本海默的律师故意泄露文件信息，并对支持奥本海默的记者提出“听证会是一场造假活动”的言论而感到极其愤怒。针对他所做的公开信息的动议，史密斯和委员会委员托马斯·E. 默里以 2∶1 的票数击败了他。尽管没有保留直接的文字记录，但从随后召开的会议来看，史密斯似乎认为，在原子能委员会对“奥本海默”案做出最终决定之前，公布文字记录是不合适的，而默里在没有得到证人许可的情况下，不愿公布任何内容。

施特劳斯显然被激怒了，他明确表示，尽管公开信息的动议已被否决，但他认为自己有权公开信息。3 天后，在得到各位证人的同意后，他们再次审议了这个问题，并投票表决，这次是 3∶1，施特劳斯获胜（默里改变了他的投票，而扎克特这次也参加了会议）。

在交付给美国政府印刷局排版之前，整个记录稿被再次审查，以确定需要用剪刀和刀子处理掉的事项（“物理删除”）是否已被删除干净。原子能委员会简要地考虑了是否“删除记录中与奥本海默博士的个人生活有关的某些部分”。原子能委员会决定不这样做，“因为所讨论的信息与评估他的性格密切相关”。该记录稿于 6 月 15 日向各新闻机构发布，并规定须待次日方可发布，大多数新闻机构都遵守了这一规定。

6 月 29 日，原子能委员会公布，将维持不给予奥本海默安全许可的决定，同时公布的还有史密斯对此决定强烈的反对意见。在大多数评论家眼中，记录稿的发布并没有起到支持由施特劳斯所发起的案件的作用。施特劳斯曾希望该文件能同时公布奥本海默的负面证据，并表明听证会上的各种证言并非肤浅。但是，对于那些完整看完 992 页小字体印刷本的人来说，对奥本海默个人不检点行为的追究就像一场肮脏的政治猎杀。事实是，奥本海默从未被证明是不忠的。可以肯定的是，听证会上的事件很复杂，足以做出多种解释。如果奥本海默的安全许可没有被剥夺，也许人们会更容易记住他对自己的学生和朋友做出负面举报的事情，但是现在人们更愿意把他作为一名烈士来铭记。施特劳斯发现，无论如何，奥本海默作为受害者的形象越来越深入人心，而施特劳斯总是反对信息公开的立场似乎开始对他产生了反噬效果，人们给他戴上了一顶“历史上的坏人”的帽子。

在“富克斯”案之后的几年里，“罗森堡”案和“奥本海默”案让人意识到安全制度变得越发严格且僵化，而且更容易被用来针对私人恩怨。战时允许的灰色地带和对个人特性的宽容在很大程度上已经消失。信息成了一种司法和政治武器，以此为目的才会实施信息披露或保密。而在这两种情况下，只剩下最肤浅的努力可以尝试，即为了公众知情权发出呼吁。曾经在利连撒尔领导下原子能委员会牵挂在心的是有意义的公众辩论，原子能委员会那时仍然愿与媒体之间保持密切关系，但这样的日子似乎已经一去不复返。

戈登·迪安在担任原子能委员会主席期间（1950—1953 年）的特点是关注法律条文，这对一个律师来说理所当然。如前所述，迪安似乎对安全问题没有什么崇高的理想。他的方法是务实的，不太注意党派利益关系。因此可以说是专业的，他是一个官僚，而不是一个空想家。作为原子能委员会的主席，他的任期似乎更能反映出该机构变得成熟后的那种气质。相比之下，迪安的继任者刘易斯·施特劳斯，是一个有着明确意识形态立场和长期心怀怨念的人。在安全问题上，他一如既往地保守，但即使是这种人有时候也主张信息公开（在这样做能达到其目的时）。如果说在利连撒尔和迪安时期，外部科学家与原子能委员会的关系变得紧张起来，那么在施特劳斯的领导下，他们的关系则变得非常糟糕，原子能委员会在安全问题上背上了神秘、专制和反复无常的名声。

但是，即使科学家自身都成了潜在的安全问题，并受到越来越多的关注，但这种问题仍留有一些回旋余地，至少对重要的科学家来说是这样。尽管约翰·惠勒确实在火车上丢失了有关氢弹秘密的文件，但他的安全许可仍得以保留，因为他是有用之人。当被问及为何惠勒这样的人明明已经接受了不少安全培训，却仍会丢失重要文件时，迪安提供了一个合理的解释："当你把绝密和各种秘密这样沉重的负荷托付给某人长达 7 年之久，他一时大意的可能性还是存在的。"随着秘密越来越多，被更多的人掌控和掌握，少数人误入歧途的可能性也越来越大。

有利可图的"和平利用原子能"计划

尽管安全关切在很大程度上影响了我们对冷战时期核技术的看法，但这只是保密工作的一半内容。正是在对罗森堡夫妇审判和处决的那段时间，以及在进行令奥本海默痛苦的听证会的那段时间，施特劳斯领导的原子能委员会公布了一些秘密，其数量居然比信奉自由主义的利连撒尔领导时期公布的秘密多了好几倍。这一看似矛盾的现象，是基于美国试图使原子能的军事目标与和平承诺同时得以实现这一政策背景。

这种自相矛盾的冲动源于对现状的深切不安。自第二次世界大战以来，科学家曾希望核技术不仅仅是一种更有效的大规模杀戮手段。但这些梦想并没有真正地实现。可供以和平为目的使用且不受数量限制的核技术，只能用于生产医疗和工业用途的放射性同位素，该用途虽然重要，但与军事用途相比显得平淡无奇。尽管原子能委员会的建立是基于在民用生产领域和军事领域都能利用核能这一愿景，但到了20世纪40年代末，核能在和平领域的产出远远少于军事用途。原因很明显，冷战的爆发使国家所有的优先考虑都聚焦于核战争前景之上。参议员汤姆·康纳利在1950年召开的国会原子能联合委员会的一次机密会议上评论道："我从来不想对民用原子能给予太多的支持。""你会发现，它将花费我们现有投入的3~4倍，我认为我们应该集中发展原子能的军事和防御特性，如果出现干扰因素，就必须把那些次要事务搁置。"

但到了1952年，随着美国军方核资源从匮乏变得丰富，并且在推进军用反应堆开发方面的经验越来越丰富，原子能委员会已准备好进一步推动建设发电反应堆。原子能委员会和美国国会内部长期以来抱持着一种信念，即如果私营企业参与这项工作，将会改善原子能在民用领域的发展。这种意识形态上的推动力与20世纪50年代的美国政治步调一致，在一定程度上是明显背离"新政"政策的举措（"新政"是民主党已经推行了近20年的、占据主导地位的政策）。在艾森豪威尔总统的支持下，原子能委员会对任务做了重新定位。武器生产和改进将持续推进，但是美国政府将加大力度，使私营企业更容易获得核技术。

1953年7月，刘易斯·施特劳斯被任命为原子能委员会主席，这一政策的重新定位由此得以强化。利连撒尔曾是"新政"的坚定执行者，而施特劳斯则是成功的商人、支持实业发展的热心人士，以及原子政策领域的资深人士。然而，在建设私营核工业这一方向上，最初施特劳斯并不比利连撒尔热心多少。如果事关秘密的披露，施特劳斯则宁愿保持克制，即便这样是错的，也在所不惜。但是，施特劳斯长期以来秉持核工业私有化的承诺，而且艾森豪威尔总统坚持公布信息，两者叠加必将导致施特劳斯的世界观被重新定位。

具有讽刺意味的是，艾森豪威尔在20世纪50年代将原子能重新定义为一个和平的实体，其决策根源在于奥本海默对政策施加的影响。这是奥本海默所做的最后努力，是他改革美国核保密制度的最后一次尝试。奥本海默是美国国务卿迪安·艾奇逊在1952年组建的一个小组的成员，该小组的工作是审查“军备与美国政策”的问题。该小组的最终报告内容涉猎广泛，为应对一个拥有核武器的苏联，必须敦促美国在核政策上采取更灵活的措施。他们建议美国减少将核威胁作为实现其政策目标的依赖性手段，并开辟与苏联开展政治接触的渠道，以努力地阻止军备竞赛。但他们的第一个建议，也是整个行动的核心，是呼吁制定坦诚的政策：

> 我们认为，这对于制定一项充分地考虑到军备竞赛现实的国家政策至关重要。在阐述军备竞赛的意义时，美国政府应该对美国民众采取一种坦率的政策——至少对公众自己选出的代表和负责任的官员采取同样的政策。最明智的美国政府，总是在很大程度上依靠美国民众的支持，尤其是在需要展现出力量和团结的国家大事上，这种支持必须依赖于民众对基本的现实情况形成充分的理解。

如果美国民众和他们选举出的官员不明白美国的核武库正在以指数级速度增长，而苏联很可能也会紧随其后，他们就会面临巨大的危险。依据这种观点，保密制度正在造成一种对攸关人类生存风险的无知，而“坦率政策的重要性很难被高估”。这是20世纪40年代的主题，进入20世纪50年代后，新核能时代要有更进一步的发展。

艾森豪威尔总统接受了专家组的建议。“坦诚”一词似乎引起了他的共鸣，尽管他对公开核武器储备的信息持怀疑态度。当知道艾森豪威尔总统正在考虑实施该委员会的一些建议时，施特劳斯（当时还不是原子能委员会主席）试图进行破坏。艾森豪威尔总统做出了反击，施特劳斯让步了，但只是暂时性的让步。这个后来被称为“坦诚行动”的计划最终以失败告终，华盛顿的政治局势和 1953 年 8 月苏联宣布进行热核试验的消息使该行动的所有努力付诸东流。艾森豪威尔政府没有在新形势下做出灵活应对，反而更加相信大规模报复才是削减成本和威慑苏联活动的唯一手段。原子能战略和核武库仍是冷战时期最不为人知的秘密。

在原子能委员会内部，史密斯委员对扩大坦诚举措的可能性做了深入分析。他的分析在两极框架内展开，认为保持核优势才是直接有利于美国的关键，处于核劣势反而有利于苏联。在某些情况下，向美国公众或行业发布信息是有益的，但在某些领域，“应维持最严格的保密措施”。总的来说，史密斯赞成更多地公布技术信息，因为这将促进民主审议，而且由于苏联已经拥有了核弹，限制信息的最大阻力已大为削弱。

艾森豪威尔显然对坦诚措施的失败感到失望。尽管他仍然对苏联极不信任，但他渴望灵活应对，在这场令人沮丧的毁灭性军备竞赛中找到出路，对他来说是一个意义深远的目标。1953 年秋，他和美国政府官员一起提出了一个想法，以期实现昔日构建一个更安全的世界的初心。美国和苏联可以将其储存的裂变材料转而用于国际和平用途。对这个被称为“和平利用原子能”的计划，施特劳斯一开始持反对意见，认为它毫无意义，但考虑到这符合艾森豪威尔总统的个人利益，他还是推动实施了该计划。1953 年底，艾森豪威尔总统在联合国大会的演讲中进一步强调了这一概念，并希望“和平利用原子能”计划能够减少军事用途的原子能应用。

从修辞上来讲，把原子能重新定义为“和平的”很有必要，因为原子能曾经主要与战争联系在一起。艾森豪威尔总统演讲中“和平的原子”的反义词是“可怕的原子”，这个词在他的联合国演讲中大约每分钟出现一次。他将保密与原子的“可怕属性”联系起来：

> 但是，可怕的秘密和恐怖的原子威力并非我们一国独有。首先，我们的朋友和盟国——英国和加拿大现在拥有这个秘密，它们的天才科学家为我们最初的发现和原子弹的设计做出了巨大贡献。苏联也知道这个秘密。

艾森豪威尔总统试图为冷战时期的核技术提供另一种思考框架，但“秘密”和“恐惧”都不可能仅仅通过一个政治姿态就被消减。“和平利用原子能”计划的政策主旨相对温和。美国愿意把可裂变材料流通到美国国外，以促进国际核研究，并开放存有解密的原子能委员会出版物的图书馆，以广泛传播信息。

施特劳斯会告诉任何愿意聆听的人，“和平利用原子能”计划并不会造成秘密的泄露。在 1954 年的一次演讲中，施特劳斯发出了与艾森豪威尔总统和平呼吁不一致的声音，他详细地讨论了制造氢弹的深入考量，认为如果没有氢弹，“整个世界最终将会被共产主义和奴隶制吞噬”。他强调，“和平利用原子能”计划不是美国的裁军方案，“对现在拥有或可能拥有原子武器秘密的国家来说，它不会对相关秘密造成威胁”。

第二次世界大战结束 10 周年之际，在日内瓦召开了第一次国际“和平利用原子能”会议。尽管这是一个建立在坦率和开放（或者说以坦率和开放为由）基础上的宏大计划，保密却是会议的核心议题。1955 年 5 月，在美国参会官员举行的一次记者招待会上，记者急切地想知道这次会议是否会公布新的机密。联合国咨询委员会的美国代表、物理学家拉比对此给出了非常积极的回复，即虽然他们并没有为会议解密任何具体内容，但他们正在努力地推动大规模的解密工作，不久之后一定会有进展。

对媒体来说，问题是这次会议是否会揭示出新的秘密。一位记者问伊西多·拉比："在信息提交之前，大概有多少信息被列为秘密？"拉比在回应中指出，许多有关反应堆的文件可能在一年前就被列为秘密信息。但他竭力地强调解密工作是安全的、有条不紊的、审慎的。他解释说，解密的过程"是一个持续的过程，就像消化过程一样"。但这个画面感十足的比喻实在不怎么吸引人。

在随后的新闻发布会上，美国代表团的技术总监乔治·韦尔纠结于这样一个事实：记者对保密问题的兴趣比对新公布的研究型反应堆设计的兴趣更大，仿佛只有秘密是有趣的，而不是实际的技术细节。韦尔多次试图回避有关军事机密是否被泄露的问题。他解释说，自己无法给出一个可靠的答案：

> 好吧，如果我用某种方式回答这个问题，我会被攻击得体无完肤，如果我再换一种方式回答，我还是会遭受猛烈攻击……我认为没有任何必要去掩盖秘密信息存在的事实，以及为什么存在秘密信息。我们都知道原因。

这次会议本身既是一个科学论坛，也是一个展示各国核发展的舞台。印度物理学家霍米·巴巴在介绍性演讲中称赞这次会议打破了将核研究"隐藏在一堵保密之墙后面的壁垒"。尼尔斯·玻尔发表演讲，呼吁国际信息自由的回归，同时呼吁建立超越国界的科学合作。在巴巴的结束语中，他认为"知识一旦给予，就不能撤回，即知识的自由流动已经确立”。施特劳斯本来想对此观点表示认同，但随之而来的可能是更多的负面影响。正如他在后来的回忆录中所说：“信息一旦泄露，就会永远地传播开来。”

“和平利用原子能”是一种摆脱保密和恐惧的方式，但保密仍然主宰着当时的叙事。真正的科学论文都是干巴巴的技术论文，根本无法与核保密工作的神秘感相提并论。自原子弹公开以来，核保密工作的神秘感已经累积了 10 年之久。从媒体的角度来看，在“和平利用原子能”会议上的讨论，或将于 1957 年成立的联合国国际原子能机构所做的宣传，都体现着原子能科技发展的乏味，没什么新闻噱头。即使农业遗传学、磁约束聚变和持续改进的研究型反应堆设计，能够预示一种新的、高科技的现代化未来，也无法与蘑菇云的吸引力相提并论。

艾森豪威尔总统对新兴的和平原子能领域的热情，体现在他鼓励快速地发展和平用途的核工业的行动中。1953 年，艾森豪威尔总统、原子能委员会和国会原子能联合委员会决定，开发可商用的核能将是美国核领域的首要议程。所有人都认为，深化与私人领域的联系将最有利于实现这一目标。但《1946 年原子能法案》成了这个目标的绊脚石，因为它是在 20 世纪 40 年代建立起来的，当时人们认为核技术是美国经济中的“社会主义孤岛”。艾森豪威尔总统为了自身利益，加上他对 1946 年法案缺陷的失望，最终决定推动全面修订法案。该法案以《1954 年原子能法案》为名，最终完成了国会委员会审议流程，并于 8 月获得通过。

《1946 年原子能法案》（为清晰起见，以下简称《法案》）存在很复杂的问题，《1954 年原子能法案》（为清晰起见，以下简称《修订版法案》）中的变化反映并强化了附加于核技术之上的新冷战意识，这是由过去 8 年里复杂的变化决定的。限制性数据概念的修订反映了热核时代的背景，即核武器的设计现在已明确成为定义的一部分，而“可裂变材料”已变更为更具包容性的术语“特殊核材料”。然而，更有趣的是，并没有针对一些敏感问题做出进一步的澄清。尽管截至 20 世纪 50 年代，各界对限制性数据的定义是否过于宽泛进行了广泛的讨论，但原打算做出更多实质性的澄清，或试图使其在法律上与美国保密制度中的其他保密类别相一致的种种做法，均被摒弃了。

《法案》赋予原子能委员会从限制性数据类别中删除信息的权力（没有赋予它在该类别中增加信息的权力），但是《修订版法案》强调了这种权力。例如，《修订版法案》明确指出，原子能委员会的责任是“控制限制性数据的传播和解密”。相较于《法案》关于删除信息规定的模糊不清，《修订版法案》详细地厘清了解密程序，授权原子能委员会持续审查限制性数据类的信息是否仍然对“共同防御和安全”构成威胁，如果不是，原子能委员会有义务将其公布。不过，即使在这种情况下，也有一些限制：一旦涉及武器信息，原子能委员会就必须得到国防部的批准才能将其从保护类别中删除。如果原子能委员会和国防部不能就某一信息是否披露达成一致，则由总统做出决定。如果该信息与外国的核计划有关，原子能委员会必须征得中央情报局的同意。一般来说，原子能委员会可以在它认为合适的时候正式向国防部发布信息。在实践中，其中大部分的操作已经成为原子能委员会协议执行的一部分，但将其编入法律，则强调了原子能委员会的地位变化，即现在它被认为更进一步地服从于更广泛的国防机制了。

当然，对限制性数据的访问仍然仅限于那些获得安全许可的人，但在《法案》规定对未来的雇员必须接受联邦调查局全面调查的情况下，《修订版法案》允许先由文官委员会进行初步调查，并只将涉及“忠诚度问题”的案件提交给联邦调查局。《修订版法案》明确赋予总统授权联邦调查局，而不是文官委员会展开调查的权力。《修订版法案》这部分的总体目的显然是将联邦调查局从繁重的人事调查任务中解放出来，特别是针对较低级别人员或定性明确的案件。

在没有明显恶意的情况下，错误处理限制性数据的惩处则温和得多，最高罚款为 2 500 美元，仅为《法案》规定金额的 1/10。过去 8 年的经验表明，在一个拥有数十万雇员、处理数百万潜在秘密的系统中，难免会出现一些错误。原来的条款，包括死刑，仍然适用于已定罪的间谍。《修订版法案》还为法律的所有刑事条款规定了 10 年的追溯期，但死刑罪不受此追溯期限制，并为传递特殊核材料，而不仅仅是传递信息设立了一个新的惩罚类别。例如，任何人试图干扰原子能委员会对浓缩铀或钚的控制，都可能被起诉，其最高刑罚与泄露秘密罪相同，这反映了在美国政府官方控制之外，此类材料的数量正不断地增加。

最初的《法案》有效地禁止了与其他国家进行信息交流。长期以来，人们对这一规定感到失望，认为它严重地限制了美国与其盟国，特别是与英国在核问题上的合作能力。《修订版法案》则放宽了这些条件。总统被赋予了如下权力：授权原子能委员会与其他国家合作，并传递有关原材料（如铀矿）的精炼和提纯方法、反应堆开发、特殊核材料的生产、健康和安全、工业原子能以及“以和平为目的”的原子能应用相关限制性数据，只要这些信息不是涉及“原子武器设计或制造”的限制性数据。总统还被授权批准美国国防部与盟国分享有关美国可能在军事上使用原子武器的信息，只要这些信息不会帮助上述国家获得他们自己的原子弹。这将大大地加强美国和北约在西欧防御等问题上的合作。

《法案》还阻止了私营企业在发展原子能方面发挥强有力的作用。仅用于生产裂变材料或原子武器的“任何发明或发现”都不得授予专利，任何与原子能有关的发明都可以根据原子能委员会的意愿而被认定为公共财产。原子能委员会下设了一个专利补偿委员会，对私人创新给予补偿，但该机构笨拙而低效，发放的补偿远达不到发明的实际商业价值，这让少数获得了补偿的科学家感到非常沮丧。

《修订版法案》恢复了可裂变材料生产的私人专利权，将整个研究领域开放给社会各界，并简化了私营公司获得核能生产私有专利的相关规定。原子能委员会保留了宣布专利符合公共利益的法定权力，因此可供原子能委员会免费使用或向私营公司提供非独家许可，以防止专利垄断（并避免给原子能委员会现有的承包商带来不应有的优势）。除了专利手段，《修订版法案》还提供了一个系统机制，私营公司可以申请许可，使其能够获得美国政府提供的限制性数据，并可在其他限制性领域开展研究。

时至今日，1954 年的《修订版法案》常常被认为比 1946 年的《法案》更严格。这样的判断是基于 1954 年麦卡锡主义的影响力居于高峰。从 1954 年开始，所有被判定为限制性数据的信息，都以《修订版法案》作为其法律依据，这意味着援引《修订版法案》的情况远远多于援引 1946 年的《法案》。这只是法律先例的一个假象。《修订版法案》取代了 1946 年《法案》，成为主导性的权威法律，而且从未尝试过进行进一步的全面修订。其实 1954 年的《修订版法案》几乎在每一个方面都比 1946 年《法案》更加宽松。而《修订版法案》中显得不够宽容的内容，一般是为了与编入其他法条之中的、久已存在的法律规定保持一致。

尽管发生了这些变化，核电仍然需要相当长的时间才能发展为成熟的产业，且长期受到安全问题和高资本投入的困扰。美国政府激励的形式包括：对研究的大量补贴，让私营企业有更多机会接触机密信息，并且基本上完全解密了与民用核电有关的文件。最终，在经过测试的动力反应堆设计（压水式反应堆）被开发出来，并首先部署在军事领域（潜艇推进装置）之后，美国的核电产业才得以向前发展。

技术发布范围的扩大迫使现有的信息管控体系也必须扩大。1956 年，随着信息发布计划的提速，一个在原子能委员会各部门之间协调保密决定的新信息系统得以组建，并由该系统发布一系列《月度保密公告》。保密政策不断地变化且变化幅度很大，需要每月更新，这本身就是新制度的一个标志。为我们提供了较为细致地了解冷战时期解密机制的线索。每份公告都包括对具体技术知识的专门性限制，这些限制以简短声明的方式向原子能委员会雇员和承包商做出说明。例如，1957 年 3 月的一份公报是这样通知原子能委员会雇员的：

> 93.4% 丰度浓缩铀-235 是“武器级材料”这一事实被列为秘密—限制性数据。在实践中，我们也一直对任何关于 93.4% 丰度浓缩材料的声明加以保密，这些声明明确指出，它是浓缩级联最高级产品的最终产出。这类声明被列为秘密—限制性数据。而作为民用反应堆计划的一个必要成分，对用于此类反应堆的浓缩材料的检测，我们一直在推动解密（同时不提及“武器级”或“顶级产品”）。

这些公告下达的不是“什么可以做”的指示，而是关于“什么可以说，什么不可以说”的声明，表明哪些词、短语和数字被认为是或不是敏感的。谨慎措辞是公告的核心。例如，替换代号是一种常见的方法：

> 关于原子能委员会对钇的采购项目，这个项目的总体代号现在是“极值”。旧代号“充麂皮”和“鱿鱼”已被弃用。在非保密文件中，新词不得与旧词建立联系。此外，任何关于钇与原子能委员会反应堆计划的信息都被归入秘密—限制性数据。

在这些公告中，保密和解密彼此强化，真正地成为一枚硬币的两面：一些信息的发布是用来维护其他重要的保密信息。边界被划定，界限被标明，没有灰色的中间状态，也绝对不需要深层哲学思考或引发改革的尝试。基本假设和保密方法即便没有固化成制度，也已发展成为常规。影响范围较大的问题仅是偶尔发生的情况。例如，1958 年，向苏联以外的国家核扩散的风险在保密工作中被提出，这似乎是第一次：

> 一般认为，我们信息的敏感程度取决于已知的、有关苏联在武器领域的信息。然而，我们必须认识到，武器信息的解密不仅要基于苏联的成就，还要考虑到其他可能产生的影响，即通过解密武器信息可能使诸如法国和阿根廷等其他国家具备制造原子武器的能力，进而扰乱世界力量的平衡。

在冷战的两极世界观影响下，核信息的扩散在 20 世纪 50 年代末和 60 年代也从未停下脚步。今天回过头来看，比较奇怪的问题是：缓慢的核扩散如何被认定为一种危机和悖论。20 世纪

50 年代的原子能委员会已经调整了方向，认为武器设计（如泰勒-乌拉姆构型）是最重要的秘密，对美国以外的国家——无论是朋友，还是敌人——都要保密。但是，生产裂变材料这种已经成熟的方法，如核反应堆和各种形式的铀浓缩，被视为可由私营公司和工业领域开发的候选方案。这不仅是美国要最大限度地实现核技术的和平承诺的手段，也成了一种外交工具。

例如，在 20 世纪 50 年代，像“曼哈顿计划”中使用的早期反应堆设计和铀浓缩技术都已解密，并被广泛地宣传。多份原子能委员会半年度报告自豪地宣布，在 1950—1959 年，原子能委员会拥有的数百项专利已经解密并发布，供工业界使用，其中包括费米和西拉德的原始“中子反应堆”，以及欧内斯特·劳伦斯的电磁分离浓缩法。这些技术毕竟只是原始技术，是任何先进国家都可以实现的，而且已经落后于当前技术 10 年。在一个两极的冷战世界里，“安全的”和“危险的”技术之间的界限被重新定义在一个相对的区间内，即美国和苏联之间技术先进性的差异。在这个相对区间内没有任何技术是“危险的”，尽管这些技术仍然可以被用来生产原子弹。

20 世纪 50 年代对武器信息的关注，主要是对武器设计信息的重点关注。这是冷战时期保密制度的特点，这种制度仍然根植于 20 世纪 40 年代的思维定式，即设计原子弹的主要障碍在于理论工程信息的发展程度。到了 20 世纪 60 年代，这种思维定式的缺点将变得更加明显：美国其实是在向全世界传播科学和技术知识，这些知识可以被用于多种目的。1964 年，中国引爆了一颗原子弹，这表明两极冷战开始变得相当复杂。关于美国的解密政策和广泛传播信息的政策是否促成了全球核扩散的问题，引发了内容复杂的争论，并将引发对保密制度的手段和各种运用方式持续深入的反思。

在20世纪50年代后半期，施特劳斯和原子能委员会因其保密政策遭到越来越多的抨击。“奥本海默”案也是原因之一，施特劳斯在1954年“布拉沃”热核试验后对氢弹落尘明显缺乏坦诚的态度也遭到抨击。即使他试图用“和平利用原子能”带来的利益和工业发展来展现原子能委员会的宏大计划，也未能改变公众心目中原子能仍然可怕的认识。

原子能委员会的家长式作风和过度保密的名声只是部分原因，施特劳斯试图向公众展示他在鼓励国际合作和工业合作方面的成就，以此来驳斥这种不良名声。在1958年的一次演讲中，施特劳斯认为，虽然原子能委员会“被一些批评者指责为在其非军事行动中保有超级机密”，但政策的实际结果是已经做了大规模的解密工作。“1958年解密的文件数量是1954年的3.5倍，”他指出，“1953年之前基本上未做解密。”就基本数字而言，施特劳斯是正确的，但他的技术发布计划伴随着对科学家“忠诚度”更加严格的审查，也伴随着更严格的安全文化的形成。

这种冷战时期的核保密方式是彻底地摆脱“保密问题”的一种根本性举动，而“保密问题”则是从“曼哈顿计划”的“绝对保密”演变而来的。如果说“绝对保密”方法是将一切都视为秘密，“保密问题”方法是担心灰色地带，那么冷战方法则是以纯粹的二元方式看待信息：要么保密，要么不保密。但对特定的、在工业上有利可图的公开类别，如裂变材料的生产和核电站的设计和运行，给予了很大的权重，而这在以前是被视为危险的。同时，科学家的身心都受到越来越多的审查，针对科学家品格和忠诚度所设立的标准在某些方面比以前的保密制度要严格得多。在冷战时期的核保密制度中，那些仍然被认为是危险的秘密仍然需要非常严密地保管，任何与之接触的人都需要接受特殊审查和密切监视。但是，那些可能有利于工业或外交的秘密不仅会被公布，还会在全世界积极地传播开来。

“和平原子”和“恐怖原子”之间的鲜明分野就在于明确的意识形态区别。这是对核技术用途的一种设想，这种设想在许多方面与技术现实并不完全相符。冷战思维试图通过并不总是有意义的技术区别来划分出严格的界限，同时优先考虑关于保密和公开的最极端做法。这种看似矛盾的做法使得这个系统显得有些精神分裂。冷战体制最终是长期存在的——我们今天仍然生活在它设定的一个版本中——但包含了固有的，甚至是明显的矛盾。矛盾的裂隙在 20 世纪 60 年代初开始形成，但真正的断裂要到 20 世纪 70 年代才出现（我们将在下文中看到）。

20 世纪 50 年代末至 60 年代，不仅美国核武库的构成发生了根本性变化，全球核态势也发生了变化。美国在其核武器储备中增加了紧凑型热核武器，并与苏联竞相开发精确的远程导弹。尽管美国仍然享有巨大的核优势，但苏联逐渐获得了不仅可以消灭美国盟友，甚至可以威胁美国大陆的能力。美国的核指挥和控制系统变得更加复杂、自动化，而这一切都是在厚重的保密幕布之下发展起来的。但伴随着充分的讨论和信息发布，形成了各种关于意外的核战争及其后果的丰富的文化表述。其他国家，从英国到法国、中国和以色列，截至 20 世纪 60 年代末都研发出了各种核武器。

1974 年，被视为发展中国家、没有与美国或苏联相媲美的工业或科学基础设施的印度，引爆了其第一颗原子弹，此时再对原子的“和平”或“军事”应用进行简单划分则显得格外愚蠢。印度的核基础设施经过了多年的发展，最初是在霍米·巴巴的指导下进行的，后来主要基于西方核科学和技术。当该国在 20 世纪

60 年代末决定启动原子弹生产计划时，大部分核技术和知识都是从印度之外的国家引进的。印度政府将其 1974 年的试验称为“和平”的原子弹爆炸是非常恰当的，对其地缘政治区域内的对手来说，谈论“和平”与“军事”区别毫无意义。

第三部分

核保密政策面临的挑战

第七章

不受限制的数据：冷战时期的保密制度，1964—1978 年

核自由和核垄断之外的第三种方案究竟在哪里？我们一直在寻求问题的答案，却一无所获，我们明白找不到答案会有何危险，而这种无能为力正是我们核政策的悲剧。

——汉斯·摩根索，1964 年

尽管 20 世纪 50 年代建立的核保密制度至今仍然有效，但随着时间的推移，一些极为刻板的规定和极端的限制已经变得不那么棱角分明。在各类挑战和矛盾之下，该制度能够坚持至此令人印象深刻。这是因为它自恃掌控着核技术拥有广阔前景和具有威慑性这两个方面，而且一直没有出现强有力的竞争性替代方案。它已深深地扎根于美国官僚机构体系和美国人的安全心态中。从这一点来说，很难让人再想象出某个截然不同的核保密制度。

然而，挑战和矛盾确实出现了，尽管它们推进的速度很慢。虽然苏联在 20 世纪 50 年代已经建立了自己的核武库，而美国也开始致力于传播和平利用核技术的成果，但在许多方面，美国仍

然对苏联以外的国家在核信息方面保持着事实上的垄断。美国政府仍然是“自由世界”中核技术的最大资助者，任何在该领域参与竞争者都需要获得美国政府机构的许可，这意味着接受安全审查与合作关系。即使已经向私营企业公开信息，企业行为在很大程度上也是受控的，企业在美国政府的解密和补贴制度下扮演着顺从的角色。虽然苏联正在做着类似的工作，但苏联人并不习惯过度自由地传播知识和工作成果。

但事实上的垄断已经开始松动。美国国内外的参与者数量开始成倍地增加。随着核技术应用越来越普遍，军事和民用之间的界限有可能变得模糊不清，这令美国专家警觉。曾经看起来受控和相对安全的东西，有可能以灾难性的方式解体。

离心机难题

在“曼哈顿计划”结束后的10年里，美国一直保持着对核技术创新事实上的垄断。即使在1952年英国加入“核俱乐部”之后，美国仍然是新型核技术的主要创新者，每年花费数十亿美元用于原子能委员会控制的这个规模庞大、杂乱扩张的工业体系。其他有兴趣进行核研究或分享上述研究成果的国家，很可能需要美国的援助才能取得重大进展。不过，从艾森豪威尔总统实施“和平利用原子能”计划开始，美国愿意提供这种援助。

自1955年起，美国开始与世界各地的友好国家或中立国家签订了几十项双边协议，其中大部分是为了科学研究，但也有一些是为了能源计划。美国还鼓励欧洲原子能委员会的发展，旨在将欧洲盟国零散的核技术整合起来，以推进合作。在20世纪50年代末，美国支持国际原子能机构的发展，发挥其作为和平利用原子能的推动者和最终监督者的作用。在这个问题上，美国的政策制定者并不是真正的利他主义者。相反，他们认为，和平利用核能可以成为一个“胡萝卜”，为美国的海外目标服务，使国际社会产生对美国的依赖，并防止其他国家发展自己的核科技知识。如果这些国家想要核反应堆，最好由美国来提供，因为这样可以让美国制定条件并监督反应堆的使用。

但美国之所以能够实现垄断，在很大程度上是因为“曼哈顿计划”时期的大量投入取得了初步优势，并且在战后初期，美国的经济情况和政治地位比大多数国家要优越得多。在整个20世纪50年代，一些政策制定者开始怀疑美国的领先优势并不像以前那样明显，许多国家开始质疑美国援助的附加限制是否超过了它带来的利益。

一种特殊的技术，即气体离心机技术，将挑战美国的垄断地位，并体现了人们对“核俱乐部”可能扩大的担忧。气体离心机是获取浓缩铀的手段，通过让气态的六氟化铀在极高旋转速度的级联管中循环，将可裂变的铀-235同位素与更常见的铀-238同位素分离。

与其他铀浓缩方法一样，气体离心机在“曼哈顿计划”期间也被研究过。弗吉尼亚大学的物理学家杰西·比姆斯从20世纪30年代中期就开始研究离心机，并被任命为最初离心机项目的负责人。起初，离心机项目获得了比气体扩散法更多的资金预算，而且被认为更有前途。但离心机的研究进展比预期要慢，而且比姆斯的最初设计有比较严重的工程缺陷。尽管参与项目的一些科学家认为离心机仍有希望，美国政府最终还是放弃了对它的资助，转而采用其他方法。但是，仅仅因为比姆斯的设计思路有误而使项目无法推进，并不意味着该方法不可行。

苏联在其核项目初始阶段也曾考虑将气体离心机作为一种可能的浓缩方法。在德国战败后，苏联招募了一些前轴心国的科学家从事核项目。其中包括德国的马克斯·斯廷贝克和奥地利的杰诺·齐普，他们在1947年前后被苏联指派研究气体离心浓缩方法。他们利用比姆斯战前的研究成果和自己的研究来调试离心机的工程问题。斯廷贝克团队和其他苏联研究人员最终开发出了一种气体离心机，尽管在效率或能力方面还不能与气体扩散法媲美，但它有了进一步发展的明确路径。此外，它在概念和实际操作上都非常简单。比姆斯研究的又高又大的离心机虽然依靠高度增加了分离力，但带来了严重的工程上的麻烦，与之不同的是，斯廷贝克团队的离心机既精巧又高效。

和美国一样，苏联在早期的核项目中主要使用气体扩散浓缩法，但苏联最终还是使用离心浓缩法来扩大核项目。这本身不会让美国人过于不安，当时苏联已经通过扩散法获得了大量的浓缩铀。但苏联离心机的设计并不限于苏联境内，因为制造离心机的研究人员没有留在苏联。值得一提的是，斯廷贝克在1949年与拉夫伦蒂·贝利亚本人协商，如果他和他的团队能够建立一个可行的离心机试验工厂，将可获准在适当的时候离开苏联。更值得注意的是，这笔交易得以成功地进行。1953年底，斯廷贝克小组取得了成功，并使苏联人相信德国人可以不再是项目的必要成员，于是他们被置于非军事研究的隔离状态。因此，他们可能提供给美国的任何知识都已严重过时。1956年7月底，他们获准移民至其他国家，苏联甚至为其处理麻烦问题而支付了数万卢布。离开后，斯廷贝克成为民主德国的一名教授，但齐普和另一位同事鲁道夫·谢弗尔回到了资本主义西方世界。

齐普的名字将成为离心机创业的代名词。在他获得苏联的允许离开后，美国情报人员找到并采访了他，询问他对苏联核计划的了解情况。他对自己研发的离心机技术的描述引起了美方的兴趣，于是他获准使用假护照赴美国访问，以开展更为细致的交流。按照齐普的说法，此前他并没有考虑把自己的技术知识转化为金钱，直到 1957 年 4 月，他参加了一个在阿姆斯特丹举行的非保密性质的同位素分离会议，这时他意识到斯廷贝克科研团队的研究进展远远地超过了西方。齐普不仅获得了苏联同事的许可，还与联邦德国德固萨公司签订了一份合同，明确了他自己、斯廷贝克和谢弗尔的专利权。在会议上，他与荷兰离心机首席研究员雅普·基斯特梅克交谈了两个小时，就在这次交谈之后，基斯特梅克决定停止比姆斯式高长型离心机的研究工作，转而使用齐普式短离心机。

1958 年夏天，齐普被成功地说服加入弗吉尼亚大学的项目，并公开展示他的团队为苏联人建造的东西。值得注意的是，这项工作是在非保密的合同下完成的。这项工作“非机密”的定性源于原子能委员会和德固萨公司之间的合同，还有一个事实也不能忽略，即美国并没有签署与联邦德国交换秘密信息的协议。如果齐普真的是一个“自由人”，情况可能会有所不同，但由于他与联邦德国这家主要的制造公司有联系，如果美国想了解他知道的东西，就只能让整个世界都看到他所展示的信息。齐普为原子能委员会编写了几份关于其工作内容的非机密报告，包括一份于 1960 年 7 月提交的 98 页的最终报告。该报告的 52 份副本被分发给了美国研究人员，但任何请求获得该报告的人都可以得到它。不久之后，齐普回到了联邦德国。

1953 年前后，作为对联邦德国和荷兰新出版成果的回应，美国在弗吉尼亚大学重新启动了其离心机研究项目。联邦德国和荷兰的工作本身并没有引起原子能委员会的高度关注。美国认为这些早期的气体离心机不如气体扩散法经济、高效，而且美国已拥有足够的浓缩铀，不仅可以满足自己的军事需求，还可以满足“自由世界”的可预见需求。此时，原子能委员会的气体扩散法研究项目由比姆斯领导，与欧洲的设计相比更加优秀。它在20世纪50年代末取得了一些进展，主要是因为比姆斯的高长型离心机遇到的工程问题，通过美国太空和导弹计划在材料方面所取得的新突破得到了解决。

不过，还可以通过另一个框架用来观察气体离心机的发展。美国习惯在20世纪40年代和50年代初逐步形成的框架中思考核武器的发展，该框架着眼于拥有大量资源的大工业国，将效率和体量放在首位。但如果未来有国家不遵循这个框架呢？如果它们朝着美国并未预料到的方向发展，从而无法控制呢？如果未来的核国家不选择大规模的、可检测的、难以生产的、高效的气体扩散工厂，而是选择技术上不太先进，但更容易生产的齐普式短离心机呢？

自从英国在1952年制造出自己的原子弹后，“谁是下一个”（此为讽刺作家汤姆·莱勒的名言）获得核武器的国家的问题越发引人思考。到1957年，在情报和外交领域，这被称为“第四国”问题。但人们逐渐意识到，维持只有4个核国家的可能性微乎其微。在技术界，将核武器的扩散称为“第 *N* 国”或“第 *N* 个大国”已成为一种时尚说法（法国在1960年引爆其第一枚核弹后，这一改变就变得十分必要）。到了20世纪60年代末，关于核武器向无核国家扩散的说法，即核扩散，才成为标准术语。

英国人首先引起了美国人对“离心机可能造成的核扩散”这一潜在问题的兴趣。约翰·麦科恩是一位商人，从1958年开始短暂地担任原子能委员会主席，然后在1961年离开，成为美国中央情报局的负责人。他于1959年底在伦敦会见了英国“原子弹计划之父”“曼哈顿计划”的资深参与者威廉·彭尼爵士，讨论离心机问题。英国人对离心机感兴趣，认为它是欧洲核能反应堆所需低丰度浓缩铀的潜在来源，但彭尼恰恰是说服麦科恩的人，他认为离心机构成了核扩散的威胁。彭尼担心联邦德国会决定制造原子弹，这可能会威胁到战后的欧洲联盟，并唤起人们对一个曾经的强敌意图复仇的恐惧。回到美国后，麦科恩马上委托专人对气体离心机的风险展开了一系列研究。

1960 年 2 月，联合碳化物核公司的分析人员完成了其中一项研究，该研究将各国的工业发展和技术能力分为三等（低、中、高）。结论是严峻的：在 1960 年，气体离心机可能无法与气体扩散技术竞争，但一个技术水平较低的国家可能会制造出某种装置。一个能够产出满足少量原子弹所需的浓缩铀的气体离心机工厂，建造成本相对较低，所占用的建筑面积不大（因此可以隐藏在任何仓库大小的建筑物中），并且对电力的要求也不高，不会太引人注目。研究人员推断，技术能力较高的国家可以在没有任何外部帮助的情况下开发出这样的设施，也许在 5 年内就能制成核武器。技术能力较低的国家将需要外部援助，但有了这些援助，也能在 8 年内造出一件核武器，不过代价高昂。

此外，气体离心机使人们注意到冷战时期保密制度面临的一个严重问题。气体离心机本质上有着“双重用途”：完全相同的技术，以完全相同的方式运行，生产出的浓缩铀既可用于军事武器，也可用于民用电力反应堆。而美国推广的其他具有和平目的核技术，如民用动力反应堆，在技术上可以被认为是有着双重用途，但它们在军事上的应用必须以某种方式操作，而且这种活动要么容易被监控，要么只可能生产出对军事用途不太有帮助的钚。不过，能够为工业规模级别的核电项目生产浓缩铀的离心机厂，只需要运行更长的时间就可以生产出核武器所需的浓缩铀。

上述事实表明，一个国家可以开发一个民用离心机项目，并立即将其转换为军事项目，这两者之间可能没有任何实质上的区别。原子能委员会的结论是，气体离心机项目将是一个国家的理想选择，可以“秘密地”（作为一个完全秘密的项目）或“公开地”（作为一个双重用途项目）运行。而且已经有一些证据表明，疑似第 N 个大国之一的巴西对这一路径感兴趣：他们从联邦德国购买了3台离心机原型，并派了几个本国人与德国人一起进行操作培训，所有行动表面上都是在开放、和平、科学的名义下开展的。另外，日本有一个自己的高长型离心机研究项目，这也在原子能委员会了解的范围内。

原子能委员会在20世纪50年代末制定的离心机保密指南确定，只有比姆斯式高长型离心机，即他们认为可能在经济性上与气体扩散法竞争的类型才会被保密。对看上去不太有前途的齐普式短离心机则完全放开。总的来说，原子能委员会在1960年初的政策是离心机工作不被视为秘密。一份内部备忘录明确地指出，这在一定程度上是一个外交问题：原子能委员会正在监控联邦德国和荷兰的离心机工作，在它们实现突破之前，原子能委员会不想与盟友发生争执，因为他们的工作根本不涉及安全保密。但到了1960年，原子能委员会判断已经实现突破时，便开始出手打击盟友。

有几个人，尤其是麦科恩本人，对能否用保密制度来控制这种新出现的威胁表示怀疑。毕竟，齐普的“突破”并非源于原子能委员会的研究。虽然原子能委员会可以对自己的产品和科学家实施垄断性控制，甚至要求美国工业界必须遵守，但委员会能对联邦德国或荷兰做同样的事情吗？委员会想这样做吗？毕竟，这些国家是盟友，而美国享受着既得利益，要确保这些国家愉快地留在北约的框架内。把它们推得太远可能会导致关系断绝，也许会像法国那样走一条更加独立的道路，发展自己的核力量。正如一位美国外交官私下对另一位同事所说，“恐怕我们的一些原子能委员会的朋友没有意识到，德国工业的自由发展方式可以轻易地甩脱我们，让德国政府和我们都走入绝境”。

尽管美国官员考虑了其他选择，例如操纵反应堆燃料的价格以压低联邦德国和荷兰的价格，但他们最终选择了尝试将保密管辖范围扩展到其他主权国家的产业。原子能委员会知道这将是一个困难且可能很危险的领域。涉及的参与者数量令人生畏：他们面对的不仅仅是其他国家的政府，还有那些不习惯在美国政府的保密管理下工作的其他国家的工业企业和科学家。尽管科学家似乎真的打算将他们的技术仅用于为核能反应堆生产低丰度浓缩燃料，但原子能委员会担心，这些国家的领导人最终可能会生出其他野心，而且无论如何，这项工作科学保密信息的公开发表和传播肯定会使其他伺机而动的第N个大国受益。原子能委员会明白，其中存在着严重的政治问题。建立欧洲原子能委员会的条约要求成员国之间做一定程度的分享，如果联邦德国和荷兰突然将其民用工作置于军事秘密管理之下，即使没有违反条约内容，也会引起欧洲原子能委员会其他成员国家的愤怒和质疑。

美国通过外交渠道，在 1960 年 7 月向联邦德国和荷兰提供了一份两页的保密实践指南，向两国实质性地输出了原子能委员会管理系统。两国都接受了，但是对此持保留态度。两国都将这一协议视为各自国内政策问题，而非国际义务，并保留了修改或放弃该安排的权利。原子能委员会认为这是一种保留自主权的手段，避免了两国可能对美国过度依赖而造成的某些政治困难，同时也给这两国一些筹码，防止美国对它们逼得太紧。

原子能委员会在 1960 年 10 月的一次闭门会议上向国会原子能联合委员会介绍了这项安排。这对国会议员来说是一个“让人头脑清醒”的介绍。原子能委员会担心可能获得核武器的国家有古巴、日本、以色列、埃及和阿根廷，它们都让人不安。但参会者再一次对保密制度作为一种全面的解决方案提出了质疑。为了表明国会原子能联合委员会在保密问题上观点的转变，主席克林顿·安德森批评原子能委员会的一位证人将自己的图表标为“秘密”，尽管这些图表展示的只是对离心机进行非保密研究的美国公司的名单。后来，当原子能委员会的代表解释说，离心机的相关研究出版物不仅来自西欧国家，还来自民主德国和波兰时，安德森再次质疑保密制度是否有意义。毕竟，巴西人已经合法且不受控制地购买了联邦德国的离心机。安德森讽刺道：“你不能只是制造了一辆汽车，并试图把它卖给别人，然后还说，‘这是一个秘密设备’。”他怀疑德国人根本不想配合美国的保密管理：“你怎么让德国离心机退出市场？ 你打算给他们多少钱让他们退出市场？ 为了让他们保密，你的建议是什么？ 你给他们这么多钱是为了让他们不用自家的离心机吗？”

来自原子能委员会的几位代表以及美国国务院的一名代表煞费苦心地强调，德国人和荷兰人已经同意对未来的工作保密。麦科恩仍然对此表示严重怀疑：“如果要问控制（离心机）是否有明确的模式，只能说我们距离此目标甚远。现在的局面可能已经不可控了。也许我们对此无能为力。”原子能委员会对合作的保证或许安抚了国会议员，但会议的整体基调仍然充满怀疑和恐惧。一名国会议员在会议接近尾声时指出，“可能性才是令人恐惧的”。

《1954 年原子能法案》在一定程度上是为了向美国国内的私营企业开放核技术，同时试图对核技术信息进行某种控制。这两个目标被认为是难以调和的，尽管二者并非不可能兼顾。其中一部分开放是通过解密工作完成的，但《1954 年原子能法案》也明确允许工业部门向原子能委员会申请许可证，从而使其在民用目的下被允许访问限制性数据。1955 年的一项计划允许经过审查的工业公司访问限制性数据，作为交换条件，该公司必须给予原子能委员会完全审核的权力，该公司所有技术数据或实验设备产生的数据全面对委员会开放，并须允许其对该公司的任何衍生技术实施许可证管理，作为许可它接触相关限制性数据的合理补偿。也就是说，这项交易仅是原子能委员会单方受益。

但限制性数据仍是一个棘手的概念，而且随着时间的推移变得愈加棘手。《1946 年原子能法案》设定了限制性数据的最初概念，修订版的《1954 年原子能法案》中沿用了这一概念，保密工作人员不会透露他们已经确定一份文件是不是限制性数据，而是会表示它是否包含限制性数据。虽然这仅是一个微妙的区别，但在涉及私营部门时会显得非常重要。一家研究离心机的公司，在没有接触到有关政府提出的限制性数据的情况下，能够生成限制性数据吗？对法律的严格解读意味着答案是肯定的，因为限制性数据不是基于它与原子能委员会的关系而受限，而是因为它与核武器有关。《1946 年原子能法案》或修订版的《1954 年原子能法案》起草者似乎没有预料到这个问题，这可能是因为在 20 世纪 50 年代末之前的美国，只有原子能委员会是限制性数据的提出者。

气体离心机迫使原子能委员会重新审视这一政策，并于 1960 年 8 月做出决定，美国所有气体离心机新的研发成果，甚至是由私营企业做出的改进与研发成果，都被纳入限制性数据。这是一项严酷的政策：虽然不会改变已经解密内容的基本定性，但任何衍生性的发展都会突然受到控制。这让在该领域工作的少数美国公司惊讶不已，它们突然看到保密管理的界限正在向自己迫近。假设一家个人出资从事气体离心机研究的美国公司，采用了非机密出版物的成果，原子能委员会是否会告知它，仅仅因为没有获得安全许可，它将不得继续此项工作？原子能委员会的官方立场是肯定的，所以想从事离心机研究的公司现在必须加入原子能委员会的申请许可计划，即使这些公司并不打算接收任何限制性数据。

在20世纪60年代，这些问题变得更加复杂。1967年，原子能委员会提议，公司需要获得“私人限制性数据访问授权”，才能在离心机等可能影响核武器设计或同位素浓缩的领域工作。各方批评该提议内容含糊、烦琐，而且官僚气十足。一位曾为原子能委员会工作的律师称，为澄清该提议而出台的更多具体规定“产生了一个模棱两可、吹毛求疵的行政怪胎”，后来这些规定均被迫弃置。截至1969年，原子能委员会没有做出任何官方政策澄清。而事实上，直至1975年机构撤改，原子能委员会也一直没有做出任何政策澄清。

最终，多家获得了许可证且想要研究离心机的美国工业公司获准继续进行研究。这迫使一些公司退出了这一领域，但也有少数公司留在了这一领域。到1967年，美国私营公司只有140名技术雇员在从事离心机研究。从安全的角度来看，这是一件好事，正如原子能委员会的一份报告所指出的：“从一般意义上来讲，任何控制系统不慎披露秘密的可能性，部分取决于能接触到被控制信息的人数，尤其是能接触到被控制信息的组织数量。”到20世纪60年代末，在美国，自愿遵守原子能委员会关于限制性数据管理要求的记录基本上是完美的，人们从未要求实施法律干预。不过关于《1954年原子能法案》中“最基本秘密”的解释也还没有受到真正的考验。

在国际上，事情就比较棘手了。理想情况下，原子能委员会希望与联邦德国和荷兰建立更正式的合作，就像其与英国在核问题上的合作一样。美国和英国从1960年底到1965年初，在处于保密状态的离心机技术领域保持着合作，这种合作不仅使美国在监督英国的进展方面享有相当大的自由度，也使英国难以成为其竞争对手。因为英国科学家已经接触到原子能委员会规定的限制性数据，所以他们基本上被禁止以任何可能暴露限制性数据的方式将其研发成果商业化。英国技术部部长感叹这使民用技术的开发变得极为复杂，他在日记中写道，英国“被原子能委员会彻底地绑住了手脚，没有他们的允许，我们不能把自己的任何核技术转给其他人”。

荷兰人已经将他们的项目缩减到只剩 6 名科学家和 10 名工程师，但他们仍然取得了相当大的进展。令荷兰科学家尤为不快的是，保密制度限制着他们与其他国家的合作（他们正在探索与联邦德国甚至美国公司合作），他们想不明白，在一个没有重大科学保密制度的国家要如何实施保密制度？如何筛选科学家？根据什么标准筛选？这些问题对于长期以来不受保密制度约束的科学界来说实在难以解答。联邦德国和荷兰都向美国抱怨，它们希望能够在其他北约国家申请保密的、有盈利可能性的离心机专利，而美国在 1962 年和 1964 年与英国、荷兰和联邦德国的会晤中指出，联邦德国与荷兰的这一要求在保密性、国际条约（如欧洲原子能委员会内外关系处理上）和实践操作方面产生了一系列问题。

到了 1964 年，荷兰人对他们的研究有了足够的信心，他们计划开发建设一个试验工厂。他们要求美国、英国、荷兰和联邦德国再次举行会晤，目的是重新审查保密制度。在会晤中，德国人和荷兰人重申了自己的承诺，但原子能委员会代表指出，联邦德国与荷兰是“不情愿遵守保密管理的伙伴”。原子能委员会代表进一步报告说，在联邦德国，其科学事务部建议结束气体离心机的保密工作，后来通过美国国务院的政治干预才得以保留；荷兰人建议，应定期重新审视保密问题，随着时间的推移和信息壁垒的削弱，保密工作应当逐渐放松。原子能委员会代表促请各位委员会成员认清当前的状况：虽然这一政策在目前得以维持，但在联邦德国和荷兰内部，反对保密面临巨大压力。

在美国国内，比姆斯式高长型离心机的新突破导致其在1965年终止了与英国的合作。英国继续推进自己的离心机研究，既是为了确认自身技术发展的可能性，也是为了让联邦德国摆脱与法国的紧密合作。同时，美国更加担心离心机带来的核扩散风险，原子能委员会委员詹姆斯·拉米下令对这个问题进行一项重要研究。这项研究直到1967年初才完成，该研究重申气体离心机能够造成重大变局，强调离心机工作可使一个国家以“相对较低的投资、较低的电力需求和容易隐藏的方式”来实现原子弹研发。原子能委员会的研究还得出结论，现有的公开文献中有足够的信息让一个“愿意为某些武器付出高昂代价”的国家从零开始建成一个有效的离心机项目。原子能委员会认为在10年内能够获得核武器的国家不在少数：比利时、丹麦、意大利、荷兰、挪威、葡萄牙、西班牙、阿根廷、巴西、捷克斯洛伐克和民主德国。此外，原子能委员会和国际原子能机构都没有尝试过对任何同位素分离设施实施国际安全保障措施。随着核电市场的蓬勃发展，美国不再有把握在未来继续满足各国对低丰度浓缩铀的需求，这可能使局势更为复杂。尽管如此，原子能委员会仍将实施该保密制度。报告的撰写者总结道：“除了继续执行气体离心机技术的保密和控制政策，似乎别无选择。”

到1968年，情况已经恶化。联邦德国、荷兰和英国协同建立了一个新的离心机工厂，一家名为Urenco的铀浓缩公司由国际财团运营，以获取利润。美国顶住了内部压力，没有将禁止离心机技术传播的主张纳入《不扩散核武器条约》。美国主要是担心，这样做会给联邦德国一个拒绝签署这个不受该国欢迎的协议的借口。在美英合作期间，原子能委员会规定的限制性数据，给英国的离心机工作造成了诸多困难。在经历了最初的一些小插曲后，这项工作在欧洲取得了进展，英国的卡彭赫斯特和荷兰的阿尔梅洛都建造了大型铀浓缩工厂。虽然花了超过 10 年的时间，但无论过程如何，始于苏联的离心机终于在欧洲自由市场上扎根了。

冷战时期的保密制度要求在秘密和非秘密之间、在有权接触秘密信息的人和其他人之间划定严格的界限。但这些界限开始变得难以把控，不仅是因为国内外参与者的数量开始增加，而且因为其中一些界限本身就存在着认识上的争议。限制性数据是一个表意不清的含混概念，从定义上来看，其概念跨越了边界，因为它并没有深究是谁出于什么目的而制造了数据。而“私人”“原子能委员会”，甚至“美国”等类别在实践中可能变得非常复杂。例如，齐普是一名奥地利物理学家，曾在苏联工作，后来移民，他来到美国为原子能委员会做非机密性质的研究，研究的课题后来被归为限制性数据，此前他曾向荷兰人介绍过这一课题，并与联邦德国签订合同做工业研发。实际的人的行动，比整齐划一的冷战时期提出的理想化类别要复杂得多。

然而，尽管对核扩散的忧虑，特别是对气体离心机作用的担忧之情，在整个 20 世纪 60 年代变得越发强烈，但没有迹象表明原子能委员会意识到，正是他们自己一手造成了这般困局。即使在今天，人们对离心机在多大程度上改变了核扩散的性质仍存在疑问。总的来说，“第 N 个大国”获得离心机技术的风险似乎很快要发生，但并非迫在眉睫。原子能委员会已经从私营企业和美国国外合作伙伴那里得到了其想要的东西。但是，纵观整个离心机的发展历史，核扩散问题就极为明显地暴露了出来。这凸显了原子能委员会的弱点，它所奉行的冷战保密制度，试图在一个日益紧密联系且复杂的世界中，划出严格且明确的界限。

“和平”利用核聚变带来的危险

事实证明，核聚变要用于和平目的，相比核裂变显得更不容易。尽管从技术理论上来讲，核聚变可提供几近无限的清洁能源，但受控的热核反应——不是在氢弹中应用的那种反应——至今仍相对难以实现。在20世纪50年代，原子能委员会的核聚变政策深陷于希望和恐惧之间，因为它试图表明对和平应用科学领域开放信息的承诺，而这一领域在某种程度上又是他们认为最重要的技术秘密的核心。在20世纪60年代末至70年代初，这个问题变得尤为尖锐，当时企业家试图将一种有着明显军事属性的核聚变技术转为和平目的的应用，以实现商业化。这个尝试不仅引发了对冷战时期“安全”和“危险”二分法的质疑，还从根本上让人质疑原子能委员会作为限制性数据的监管机构，其工作难点和要点何在？

自20世纪50年代初以来，出于和平目的的核聚变技术一直吸引着科学家和政界人士的关注。与核裂变不同，核聚变不会产生大量的核废料，也不存在反应失控的风险。以相同重量单位计算，聚变燃料会比裂变燃料产生更多的能量，而且主要的聚变燃料氘是氢的一种同位素，比浓缩铀更丰富，更容易制造。聚变作为一种电力来源将“便宜到成本可忽略不计”，这就是原子能委员会主席刘易斯·施特劳斯在 1954 年做出的不切实际的论断。然而在现实中，尽管出于和平目的的核聚变可能会刺激人类的想象力，但它在实践中一直极难实现，而且到目前为止仍难有突破。

原子能委员会直到 1951 年才开始正式研究用于和平目的的核聚变能源。奇怪的是，这项工作的推动力，居然源于一位为阿根廷独裁者胡安·贝隆工作的德国科学家罗纳德·里彻制造出的骗局。贝隆向世界宣布，里彻已经建成了一个紧凑型核聚变反应堆，虽然美国科学家（有充分的理由）怀疑这一说法的真实性，但这也启发了他们要去考虑建造一个真正的反应堆的可能性。普林斯顿大学天体物理学家小莱曼·斯皮策就受到了这样的启发。通过在“马特霍恩”氢弹项目中的工作，斯皮策充分地接触了核聚变研究，并且他还是一位等离子体专家。斯皮策将自己的兴趣融入一个名为“磁约束核聚变”的想法中，其工作原理是试图将核聚变等离子体约束在一个由磁场构成的“瓶子”中。这并不容易，因为等离子体极其难以约束，而磁性“瓶子”很难建造，但这看起来是个新机会。

斯皮策成功说服原子能委员会资助他的工作，开启了美国和平利用核聚变的研究。这项工作完全保密，因为它是基于氢弹的研究成果衍生出来的。普林斯顿大学的受控核聚变反应堆工作甚至与武器研发工作共享着一个项目名称。斯皮策的核聚变反应堆工作是马特霍恩 S 项目，而约翰·惠勒的核弹研究工作是马特霍恩 B 项目（B 代表核弹）。虽然磁约束核聚变与热核武器的物理学仅有表面上的相似之处，但其核心反应确实是相同的，在氢弹的早期工作中，这足以成为这些项目保密的理由。但针对受控核聚变反应这一命题，许多国家的许多科学家都在苦苦地探索、思考。到1955年，这个研究课题已经充分地传播开来，在日内瓦举行的第一次“和平利用原子能”会议上，印度物理学家霍米·巴巴在欢迎词中用了大量篇幅介绍用于和平目的核聚变的前景。巴巴的讲话主旨是关于能源在人类历史上的作用，而核聚变被认为是迈向富足新时代的下一个目标：“我大胆预测，在未来20年内，将找到一种以可控方式解放核聚变能量的方法。到那时，世界的能源问题将真正地得到永久解决，因为燃料将像海洋中的重氢一样丰富。”

由于美国仍然认为核聚变研究是机密，巴巴的讲话令原子能委员会代表团措手不及。当主席施特劳斯被要求在之后的新闻发布会上对该讲话内容表态时，他推脱说将在以后的会议上做出答复。记者把这解释为施特劳斯正想要公布一个重大事项。几天后，他又召开了一次新闻发布会，告知媒体原子能委员会已经在受控核聚变反应方面进行了一段时间的研发，但还没有取得令人瞩目的突破。

上述情况引发的对核聚变的关注远远地超过了原子能委员会所做的准备。巴巴认为乌托邦就在不远的将来，虽然原子能委员会的科学家知道这是不现实的，但他们被禁止对此发表言论。因此，围绕受控核聚变的保密工作，出现了一种危险的动态。当然这种动态并非首次出现：在外界看来，原子能委员会正在扼杀这一极其重要的工作，但为了保密，他们难于开口告诉外界这项从零开始的工作到底有多么不易。在日内瓦会议结束的几周后，原子能委员会委员的史密斯在一次演讲中试图传递出一些信息，他使用了保密制度所要求的那种颇为隐晦的语言：

> 由于受控热核反应的工作仍然是保密的，我不能对正在进行的工作或相关探索研究的方法多说什么。我也不应该冒

> 险对成功的概率或估计所需的时间做出任何预测。对于这最后一条禁令，我心存感激……让我们先达成一个共识：我们在此领域面临着极其困难的科学和技术问题，它最终具有重大的经济意义，但没有直接的军事价值。这是一个长期性问题。即使技术问题得到解决，它的重大经济意义在这个国家得以展现也可能需要相当长的一个时期。

在日内瓦会议召开之前的几年里，人们一直在推动将原子能委员会进行的和平核聚变工作做局部解密，最好能完全解密。1956 年初，国会原子能联合委员会成员、众议员卡尔·欣肖写信给施特劳斯，询问为什么该项目仍被列为机密，他已与几位科学家谈过，在他看来，“似乎没有令人信服的理由将该项目列为机密”。施特劳斯的答复是，这项工作被列为机密不是因为它与热核武器有任何关系，而是因为一个全面的核聚变反应堆将是一个强大的中子源，并能从铀-238 或钍-232 中激发出裂变材料。他刻意淡化了解密信息将助推其他国家研究的可能性。

但随着时间的推移，要求解密的压力越来越大。英国核聚变研究成果的公告出现在报刊上，原子能委员会的科学家担心美国可能会显得落后。诺里斯·布拉德伯里在 1957 年底致信施特劳斯，表示担忧美国可能再一次被其他国家的技术超越。正是由于这种担心和英国的成果披露，原子能委员会最终克服了针对解密的阻力。1958 年 1 月，原子能委员会决定公开磁约束核聚变领域的信息，这一公开居然早于新一届召开的日内瓦“和平利用原子能”会议好几个月。在新闻发布会上，好几个问题是关于之前的保密工作是否阻碍了这项信息披露工作，施特劳斯对此予以否认。无论如何，用于和平目的的核聚变信息现在是公开的，至少在磁约束核聚变信息方面如此。

但与此同时，另一种形式的和平利用核聚变的研究即将出现，而且情况更为复杂。在爱德华·泰勒的利弗莫尔国家实验室（该实验室于1952年在氢弹大辩论之后作为洛斯阿拉莫斯的“竞争对手”而设立），泰勒团队中年轻的物理学家约翰·纳科尔斯正在探索一种迥异于前的受控核聚变概念。该实验室正在加紧推进“犁铧计划”，以探索研究用于和平目的的核爆炸，例如用来挖掘运河和建设港口。他的部门领导要求纳科尔斯展开试验，尝试在一个充满蒸汽的大空腔中引爆一个地下核武器，看是否会产生足够的过热蒸汽，以推动涡轮机发电。这在原则上可行，但要花费大量的资金，而且辐射问题也不小。

纳科尔斯专注于减少所需的爆炸当量规模（最初计划建造一个巨大的50万吨梯恩梯当量的武器），甚至打算研究是否可以造出一个单纯聚变爆炸炸弹，这将消除大部分放射性副产品的问题。这促使纳科尔斯开始考虑是否可以使用“非核的初级爆炸”来引导能量，以实现泰勒-乌拉姆构型式的压缩聚变“次级”爆炸。纳科尔斯建议使用等离子体喷射器、带电粒子束，甚至超高速弹丸枪来内爆体积和数量都非常小的聚变材料。在某些条件下，他的计算结果是令人受鼓舞的，但在其他条件下则不然。他的工作一直持续到1960年初，专注于开发小型、高效(“高增益”)的聚变小囊，以期能够最大化地利用非裂变初级爆炸（后来被称为“驱动器”）所提供的一切能量。这项工作起初完全是理论性的，但得益于纳科尔斯在热核武器设计方面的经验，也得益于他所获得的热核反应在氢弹中工作机制的最新数据和模型。

纳科尔斯的方法开始与最初将氢弹投进充满蒸汽的孔洞中的想法背道而驰。他试图引燃的聚变燃料数量非常少，只需大约10毫克的氘和氚气体（而氢弹使用的是千克级的数量），利用非核“驱动器”来实现压缩。他还吸收了现有的氢弹设计概念，如非常重要的“辐射箱”设计。他创造了一种新的反应堆，即后来被他称为“热核引擎”的反应堆，如果它能够运行，将可以引爆一个又一个微小的氢弹（微爆炸），并伴随着中子和热量脉冲。但这都是纸上谈兵，尚未有一个非核“驱动器”看起来特别有希望，而且仍不清楚到底哪一个能成功。

首个真正的突破发生在 1960 年 7 月，西奥多·迈曼报告了第一台激光器的研发工作。激光可以有效地将电能转化为光能，利弗莫尔的许多物理学家很快意识到，尽管该技术仍处于萌芽状态，但足够功率的激光可以作为非核“驱动器”来启动核聚变反应，这正是纳科尔斯一直在苦思冥想的方法。截至 1961 年，利弗莫尔的一组物理学家一直在认真研究激光引发热核反应的问题，尽管还没有人知道如何造出足够强大的激光器来实现热核反应。

这种新型聚变反应堆的理论探索工作在利弗莫尔和洛斯阿拉莫斯延续到了 20 世纪 60 年代。科学家以及所有核武器设计师发现，通过对激光器加以微调，使能量以最佳方式实现脉冲，他们可以准确地影响聚变小囊的内爆方式。他们探索了“直接驱动”压缩燃料球的方案，即由镜子来塑造激光脉冲，使其同时影响到燃料球球体的所有侧面；他们同时也探索了“间接驱动”，即把激光发射到一个辐射箱体中，在燃料球周围重新辐射出温度均匀的 X 射线。后者是对泰勒-乌拉姆构型的直接调整改造，唯一的缺点是在转化为 X 射线时损失了大量激光能量。“直接驱动”方法有望实现更好的压缩效果，但它们需要极致的同步性和近乎完美的几何形状以避免不对称性。科学家对各种类型的燃料颗粒做了探索试验，从非常简单、便宜的（冷冻的氘氚气体液滴）到高度复杂的（涉及多层材料的燃料颗粒，甚至是裂变材料）。即使是科学家梦寐以求的更强大的激光器，与原子弹爆炸的威力相比也相形见绌，所以每一点儿效率都很重要。从热核武器设计中借鉴而来的一个关键见解是，只有当激光器实现对聚变燃料的极高（即千倍）压缩时才是有效的，因为只有这种压缩进程才能够启动聚变反应，而不是激光的热量。燃料颗粒中心的高压缩度将同时启动核聚变反应并约束该反应。因此，这种核聚变方法被称为“激光驱动的惯性约束核聚变”，经常被称为“激光核聚变”或“惯性约束核聚变”（ICF，如图 7-1 所示）。

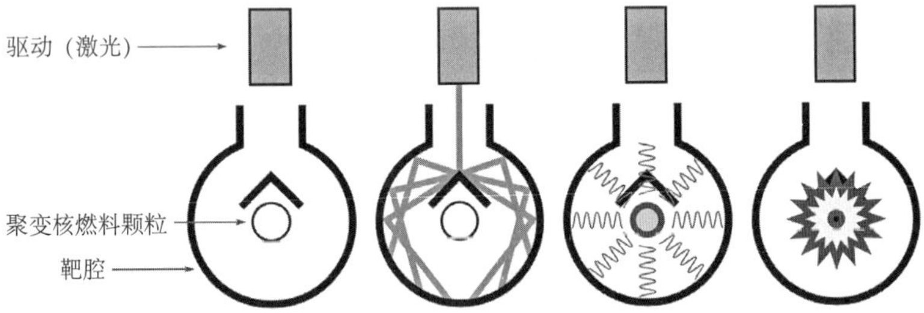

注：纳科尔斯对激光驱动、间接驱动惯性约束核聚变的构思大约形成于 1961 年，以时间顺序显示。从左到右依次为：基本设置是在一个球形的氘氚燃料液滴靶腔内；激光发射并指向靶腔内的多个点；在激光脉冲的刺激下，靶腔内表面产生 X 射线，烧蚀聚变小球的表面，开始其内爆；小球内爆到极高的密度和温度，开始热核反应。

图 7-1　纳科尔斯的构思

资料来源：纳科尔斯，“对惯性约束聚变的起源和进展的贡献”，图 6，以及劳伦斯-利弗莫尔国家实验室国家点火设施，“惯性约束聚变工作原理”。

纳科尔斯和其他武器设计者产生研究非武器这种奢侈想法的原因之一是，美国和苏联从 1958 年底开始暂停核试验，这种状态一直持续到 1961 年秋天。在暂停期间，美国已经放松了其武器研发工作，当苏联恢复新的试验时，美国被打了个措手不及。1962

年，美国在太平洋试验场启动了其最大的核试验系列之一 ——多米尼克行动。纳科尔斯将激光核聚变研究放在一边，并在 4 月提出了一个不同寻常的新的热核武器设计，代号为“涟漪”，它使用高度优化的脉冲来内爆产生一个高性能热核二级反应。

在这次试验成功之后，他提出了一个更加激进的设计，他表示“我们优化了脉冲形状，以实现事实上的等熵燃料压缩”。“涟漪”的设计细节至今仍属高度机密，尽管纳科尔斯没有公开表示这项成果是基于他以前的激光核聚变研究，但他似乎已经将自己早期工作的突破融入其中，即高增益、优化脉冲形状，以及等熵燃料压缩。简单地说，激光核聚变研究的用途性质似乎是双向的，从军用到民用再到军用，循环往复。激光核聚变与氢弹的相似之处显而易见，前者源于热核武器的设计，而且显然可以进一步促进热核武器的设计。

纳科尔斯是最早考虑将激光应用于核聚变的科学家之一，但他肯定不是最后一个。数学物理学家雷·基德尔在 1962 年负责协调利弗莫尔的激光核聚变工作，到 1963 年，他发现在原子能委员会之外已经有至少三位独立的激光核聚变“发明者”：一位是密歇根大学的教授，另一位是休斯飞机公司的研究员，还有一位是新罕布什尔国防项目承包商桑德斯联营公司的研究员。

尽管他们的想法各有不同，且都不是以内爆热核燃料的方式来实现核聚变，但是他们似乎都是通过利用激光加热来实现核聚变。这样的思路本身并不可行，但遵循这一思路的人会发现，使用激光来加热核聚变燃料会导致燃料膨胀。为了保持足够高的等离子体密度以实现核聚变，封闭是必要的，如果这种封闭是思维惯性，那么这些互不知情的研究者就会接近氢弹的秘密了。就当前明显彼此独立的“重复的发明”而言，基德尔判断他们都还没有发现这一点，但基德尔认为，这很快就会成为一个问题：

> 更艰难的问题与安全有关。如果工作是在武器实验室完成的，这就没有问题。如果桑德斯联营公司、休斯飞机公司或通用汽车公司决定用它们自己的钱去研究用激光加热热核燃料，那么下一步会出现什么情况？问题在于，包括氚在内的可聚变材料的流通不受限制。因为许多实验室正在进行高功率激光器的试验，而且每个人都知道，在高功率激光器的焦点位置，物体会达到极高的温度。

原子能委员会的权宜之计是，决定将当时被认为极其强大的激光器（输出功率超过 10 千焦耳，比当时最大的激光器功率高出 1 000 倍），或任何确定会导致各种核聚变反应的方法纳入保密管理范畴。原子能委员会希望这样的指导方针不会干扰激光研究，但可以“阻止私人团体或个人在涉及军事利益的领域进行研究”。

与此同时，美国和全球各地有很多人仍在继续研究激光与核聚变，其中一些是两者同时进行。20 世纪 60 年代初，法国、以色列、日本、苏联、西班牙和联邦德国的研究人员都开始进行激光核聚变研究。基德尔担心激光核聚变将难以控制，因为“每个人都知道，在高功率激光的焦点位置，物体会达到极高的温度”，这一发现已被证实。最困难的情况恰恰出现在核心目标难以突破之时。

基思·布吕克纳是一位物理学家，但当谈到他时，人们往往会强调他也是一个“好斗的家伙”，一个真正的攀登者。1959 年，他成为加州大学圣迭戈新校区物理系的创始人，但他也是服务于美国政府部门的科学家，为洛斯阿拉莫斯、原子能委员会、美国空军和国防部工作，在这些单位他将高功率激光器用于解决军事问题。在原子能委员会工作时，在各项研究之外，他还研究过磁约束核聚变、核动力火箭和高空核武器效应。至少从1953年开始，他就已经熟悉了核裂变和聚变炸弹的基本设计原理。换句话说，他在冷战时期的美国国防领域科学家圈子里就已经很有名气了。

布吕克纳也是原子能委员会受控热核研究常设委员会的成员。受控热核研究常设委员会成立于1966年，旨在探索聚变技术的和平应用，常设委员会由杰出的美国科学家和美国各国家实验室负责人组成，其任务是评估美国在和平利用核聚变领域的工作重点。布吕克纳正是以这种身份，在1968年8月被原子能委员会派出，作为受控热核研究常设委员会的代表参加在苏联新西伯利亚举行的国际原子能机构等离子体物理学会议。原子能委员会希望布吕克纳关注会议上磁约束核聚变的展示，并观察苏联展示的关于氘和氚激光加热的研究进展，苏联在当年早些时候曾声称实现了核聚变中子的产出。布吕克纳对他所看到的一切感到欣喜，并建议原子能委员会立即开展这一领域的研究。尽管原子能委员会表示有兴趣，但受控热核研究常设委员会最终拒绝资助这项工作，其负责人写信给布吕克纳说，对于微爆炸路径的核聚变研究，“在受控热核研究常设委员会看来，质疑多于兴趣”。

布吕克纳似乎不知道原子能委员会自20世纪60年代初就在利弗莫尔和洛斯阿拉莫斯展开了激光核聚变研究，他们对布吕克纳守口如瓶。布吕克纳向原子能委员会询问是否会资助自己的研究时，他们断然拒绝了。相反，他从美国国防部得到了一笔资金，资助他秘密开展关于激光加热氘的理论研究。由于他所在的机构不能处理保密合同，布吕克纳在自己担任咨询师的一家私人公司——密歇根州安娜堡市的基莫西工业公司的支持下开展这项工作。基莫西工业公司由首席执行官基夫·西格尔经营并以其名字的首字母命名，西格尔是一位极富魅力的企业家，在进入私营部门之前曾是密歇根大学的电气工程教授。他在 20 世纪 60 年代经营了好几家以物理学研究成果为基础的私人公司，并将自己的数百万美元投资于基莫西工业公司。到 1969 年，该公司拥有超过 3 000 名员工，年净销售额近 6 000 万美元。布吕克纳后来称西格尔是一个“极具吸引力的人，充满了想法……非常聪明、有野心，但善于投机，是一个赌徒”。

布吕克纳于 1969 年 4 月开始此项工作，为激光如何与充满氘和氚的小球体发生反应开发了一个一维计算机模型，到 8 月合同截止之时，他已经得出了令人感兴趣的结果。布吕克纳说服西格尔从基莫西工业公司的内部预算中拨出一笔钱资助进一步的研究。到了 9 月，布吕克纳发现，在相对较小的激光功率下，聚变燃料颗粒不仅会被加热，而且其表面会蒸发，导致球形内爆并在其核心处形成足够的压力，从而触发聚变反应。也就是说，布吕克纳在 1969 年独立发现了激光驱动的惯性约束核聚变，在他和西格尔看来，这个科学发现将是令人难以置信的商业机会。

西格尔和布吕克纳决定联系原子能委员会，汇报自己取得的研究成果。他们与原子能委员会的研究主任取得了联系，后者告诉他们二人，在向原子能委员会披露任何专有信息之前，他们应首先向美国专利局提交发明专利请求书。这是一个标准的做法，原子能委员会不希望被指控窃取他人的创新发明。布吕克纳为激光核聚变申请了 3 项专利，涵盖了用激光内爆氘氚燃料颗粒的基本概念。同一天，西格尔和基莫西工业公司董事会宣布，他们将把公司的所有资源投入基于布吕克纳研究的激光核聚变的开发上。

但布吕克纳的专利申请已在原子能委员会内部掀起波澜。1969 年 11 月，当布吕克纳在佛罗里达州西棕榈滩参加美国国防部关于使用激光作为防御性武器的会议时，原子能委员会的安全事务助理主任将一封信交给了他。布吕克纳获准阅读这封信，但阅读完毕立即被收回，因为这是秘密函件。信中说，根据《1954年原子能法案》赋予的权力，原子能委员会要求他“停止关于激光驱动核聚变的讨论和计算工作”，理由是布吕克纳未获授权从事武器研发工作。布吕克纳后来回忆说：“原子能委员会人员来到我面前，命令道：你的工作是机密，停止吧。”几天后，他被告知，应原子能委员会的要求，他的专利申请将被美国专利局无限期地视为秘密。

原子能委员会认为相关技术仍属于高度机密，因为它与热核武器设计有关，而且可能与制造纯聚变核武器有关。但还有一个更棘手的问题。在原子能委员会看来，布吕克纳在担任原子能委员会的顾问时就已经接触到了泰勒－乌拉姆构型的基本理念。因此，他们认为他的见解肯定是原子能委员会相关秘密的衍生品。如果真是这样，那么原子能委员会将拥有他所申报专利的全部或部分权利，他们认为布吕克纳试图将氢弹技术私有化和货币化。虽然原子能委员会很乐意与私人企业合作开发核技术，但他们认为，从原子能委员会“窃取”信息并获取私人利益的做法非常令人反感，尤其是这样的信息本就属于秘密信息。

在接下来的几年里，原子能委员会和基莫西工业公司就非官方激光核聚变研究的问题一直争论不休。让原子能委员会感到惊讶的是，无论是西格尔，还是布吕克纳都无法被威胁所吓倒。原子能委员会曾经遇到过由于私人企业对秘密领域感兴趣而造成的难题，但在此之前，企业都愿意接受原子能委员会对其工作采取的保障措施或者干脆放弃有争议的工作。在激光核聚变领域，最令人印象深刻的例子来自以色列的工程师摩西·卢宾，他从1964年开始就在罗切斯特大学从事激光研发工作。1970年，卢宾和一位同事会见了原子能委员会的代表，为他们在罗切斯特大学进行的一系列与核聚变问题有关的激光测试申请官方的批准。因为罗切斯特大学不支持涉密研究工作，他想看看是否有变通的办法做公开研究。原子能委员会的一位科学家告诉卢宾，由于一些原因，根据原子能委员会目前的规定，这项研究肯定会被视为保密工作。他提出了一个替代方案：如果卢宾修改他的试验，使所得的观测结果只是“批量测量”，那么他得到的结果将有大量不同的解释。原子能委员会的科学家进一步向他指出“这似乎会使我们难以提取单个参数的可靠数值”，那么该研究可以被视为非保密工作。因此，卢宾可以公开进行研究的唯一方法是对试验做出修改，使他无法确定在试验过程中发生了什么。可以理解的是，卢宾对此意见并不满意，但还是服从了。这就是原子能委员会惯常的做法，至少是与国内科学家打交道所积累的经验。

相比之下，当布吕克纳被告知停止激光核聚变的工作时，他的反应是要提交更多的专利申请，数量超过 12 个。正如他后来写的：“我觉得原子能委员会叫停我们的工作完全是不必要的苛责，我做出的反应是提交所有我能想到的专利申请，以及发明专利申请书。”这些专利申请不仅明显地表现出对立，而且它们也是原子能委员会现在需要认真对待的法律文件。

布吕克纳和西格尔认为自己没有理由配合原子能委员会。他们坚信，激光核聚变是由布吕克纳的研发开始的。但他们不知道利弗莫尔近 10 年来一直在围绕同样的想法展开研究，也不知道有许多其他公司和科学家同意与原子能委员会合作并且保守秘密。此前所有相关工作都是保密的，围绕这个主题的保密意味着，像布吕克纳这样的研究者可以争辩说，他的发明不仅是独立的，而且是首创的。

到 1970 年底，原子能委员会已经确信，最好的办法是坚决阻止基莫西工业公司继续运营。原子能委员会代表告诉西格尔，他们的科学成果质量很差，不可能成功。委员会代表同时指出，基莫西工业公司的商业计划前景无望，即使他们以某种方式做出了一个成功的聚变反应堆，原子能委员会也会将其归类为核武器，而核武器的私人所有权是《1954 年原子能法案》所禁止的。即使他们制造的东西无法实现核聚变，原子能委员会还是阐述说，“事实是，基莫西工业公司需要利用的科学概念本质上是武器概念”，可能永远没有资格付诸民用。如果基莫西工业公司仍然无法被说服，原子能委员会将设置极其苛刻的合同条款，根据这些条款，基莫西公司将支付原子能委员会要求的所有安全费用。同时，要允许原子能委员会在任何时候检查他们的工作，宣布基莫西工业公司任何可获得专利的发现“符合公共利益”，并给予原子能委员会在任何合理目的下使用基莫西工业公司的科学研究和专有信息的权利。基莫西工业公司的工作人员将获得安全许可，但前提是他们以前从未接触过限制性数据，而且他们所获授权只限于在基莫西工业公司所创建信息的基础上展开研究开发工作。同时，原子能委员会还在内部提出了一份新闻声明，明确指出基莫西工业公司的方法在技术上不可行，并且他们打算对该公司的所有技术专利提出异议，无疑，基莫西工业公司将因此难以获得后续的投资。

但西格尔并没有气馁。当年 9 月，他写信给原子能委员会主席格伦·西博格，说他认为双方的会议进行得很顺利。当原子能委员会的技术专家说基莫西工业公司的工作没有任何新意时，西格尔解释说，他们的研发是“基于众所周知和经过测试的物理学理论，不需要物理学的新概念来检验我们的计算结果”。当原子能委员会表示，他们认为基莫西工业公司对成功所做的预估存在着数年的偏差时，西格尔报告说，基莫西工业公司和原子能委员会的估计在同一个范围内。西格尔对这项工作被列为核武器的威胁泰然处之，他相信没有人会把激光核聚变发电厂误认为是氢弹。他愿意接受保密管理并与原子能委员会实现单向信息共享。他认为，最重要的是，为了更大的国家利益，私人公司的尝试需要得到支持："我们认为，在能源供给和环保要求的压力都越发令人担忧的时候，要为全美提供足够的电力，同时实现对环境最小影响的目标，给予私人公司支持尤为重要。"

原子能委员会和基莫西工业公司最终达成了妥协：一个"不同寻常的"（原子能委员会的说法）无资金合同，基莫西工业公司同意在原子能委员会的安全监管下工作，不接收原子能委员会的资金或数据，但仍对其创新或创意保持私人所有权。原子能委员会愿意接受这一点，西格尔对这些强硬的言论做出妥协，反映出他是一个善于变通的政治运作高手。令原子能委员会恼火的是，基莫西工业公司积极地推动合同落地，并急切地寻求资金和各方关注，即使其研究的主题仍然是保密性质的。这令原子能委员会反过来觉得，他们需要明确表示自己认为基莫西工业公司不太可能成功。

但西格尔和布吕克纳一直被蒙在鼓里，其实原子能委员会从1970年初就开始重新审视激光核聚变的保密状态。基莫西工业公司是促成这个举措的原因之一，美国国内（如卢宾）和国外（特别是苏联和法国）的其他研究人员也都在研究这一课题。在原子能委员会的核聚变科学团队中，越来越多的人认为将激光核聚变置于严格保密之下的做法已经接近失败。原子能委员会受控热核研究部门负责人罗伯特·赫希指出，在最近举行的欧洲等离子体物理学会议上，正在以比较公开的方式讨论的议题，已经很接近惯性约束激光核聚变的核心概念。他在写给另一位原子能委员会同事的信中说："最近出现了一波令利弗莫尔国家实验室、洛斯阿拉莫斯国家实验室和基莫西工业公司的科学家很乐观的关键物理学概念，它们都已为其他人所知，并且正在被公开讨论。”“这些人还没有把所有的关联因素以适当的顺序归置清楚，但他们感受到了吸引力，正在计算低输入能量的需求。谁也无法猜测这件事在多长时间内能够真正得出结果，但随时都有可能。”

1970 年底，为了重新审议保密准则，一个新的专家小组得以召集成立，该小组在 1971 年初得出结论：尽管激光核聚变的研发工作与热核武器的设计有直接的联系，但核聚变用于和平目的带来的利益可能迫使官方不得不解密相关信息。这是一个有争议的立场。虽然原子能委员会的一些部门，包括它自己的研究部门、总顾问委员会和桑迪亚国家实验室的代表都同意该结论，但来自利弗莫尔国家实验室、洛斯阿拉莫斯国家实验室和国防部的代表极力反对，认为风险大于收益。卡尔·豪斯曼甚至认为，如果全面了解原子能委员会的激光核聚变保密政策，那么所有核保密政策所依靠的基本前提都将受到挑战。豪斯曼表示：“在美国愿意放宽有关核爆炸技术和核能力的信息传播政策之前——这显然超越了原子能委员会的特权——非保密信息所享有的自由空间确实极为有限！”一年后，豪斯曼在利弗莫尔国家实验室负责一项全新的、被重新设定的激光核聚变项目。基莫西工业公司没有资格参与这些讨论，尽管他们知道审议正在进行，而且有关基莫西工业公司研究进展的信息就是专家小组审议内容的一部分。

审议带来的后果在 1971 年底变得很明显，当时纳科尔斯和另一位爱德华·泰勒团队的后起之秀洛厄尔·伍德在美国科学促进会的一次会议上发表了一篇令人惊讶的论文，题为《受控核聚变几种非常规方法的前景》。在这篇论文中，他们不仅明确提出了激光核聚变这一主题，而且首次公开声称纳科尔斯于 1960 年在利弗莫尔国家实验室实现了激光领域的突破性发明。他们不仅谈到了过去的工作，还预测利弗莫尔项目可能在 3~5 年实现核聚变能量投入产出的“收支平衡”。而唯一提到基莫西工业公司的地方则满是贬损和嘲讽：

> 顺便说一句，私人资本目前正以数百万美元的规模涌入非常规的可控热核反应（CTR）领域，这大概会有两种预期结果：第一种结果，今天傻瓜们手中的钱可能比前一段时间以更快的速度挥霍殆尽；第二种结果，在这些领域承诺虚假的研发前景，终将出现幻灭的结果。无论哪种结果都不得了，但从先验的角度看，后者的可能性更大。

布吕克纳听闻这些话语之后，试图在一份备忘录中对这种情况做出解释。“1971 年纳科尔斯－伍德合作的论文中重要的研究成果衍生于原子能委员会某个武器实验室的相关信息。该成果的披露还表明，要么是发生了重大的安全违规事件，要么是原子能委员会正在解密一个具有完全聚变式武器属性的高度敏感领域的工作内容。”

1972 年 5 月，在蒙特利尔举行的国际量子电子学会议上，纳科尔斯和伍德又公布了一系列关于激光核聚变的新论文，深入探讨了激光核聚变基本概念的诸多技术细节。这些概念与布吕克纳提出的概念相同，而在此之前上述所有概念都属于高度机密。到了 9 月，他们与其他两位利弗莫尔项目的合作者在《自然》杂志上发表了一篇具有里程碑意义的论文，内容涉及核聚变目标的直接驱动式内爆以及作为实现高压缩量关键因素的激光脉冲整形。该论文是第一篇关于激光核聚变的重要论文，也是迄今为止相关领域被引用次数最多的一篇。虽然该论文没有说明利弗莫尔的这项工作是什么时候完成的，但由于它是该课题首篇发表的论文，因此布吕克纳的研究依据专利制度中“先申请，先建档”原则（主要是针对大多数美国以外的专利申请）的可能性就不存在了，而且利弗莫尔的这个项目已发表的成果也享有了优先权。布吕克纳对此结果震惊不已。他很难不认为这是原子能委员会在要阴招儿：他们是涉核信息的把关人，并因此能够选择允许谁享有发言权。

档案记录显示了纳科尔斯与伍德合作的论文是如何被解密的，却没有说明原因。原子能委员会的记录显示，他们意识到该论文的发布“意味着激光核聚变工作的首次公开展示”，并且“这样一个计划可能会吸引大量的媒体报道”。可以肯定的是，该领域的许多工作仍然处于保密之中，只有针对简单聚变燃料颗粒的直接驱动技术被解密，该论文没有触及更复杂的目标设计，也未涉及从一开始就占据利弗莫尔国家实验室研究工作主导地位的间接驱动概念（通常在激光核聚变研究中被称为靶腔，在核武器语境之中被称为辐射箱）。

纳科尔斯坚持认为，在申请解密自己的论文时，他遵循了标准程序，而他恰好在原子能委员会修改其指导方针时提出了解密要求，这只是一个“令人愉快”的巧合。但是，这个巧合的时间点确实令人怀疑。原子能委员会显然对基莫西工业公司有意见，不仅因为他们怀疑其技术能力，还因为他们觉得布吕克纳试图不公正地将氢弹的秘密技术转化为经济收益，而他们从制度、法律和道德的角度均对此做法极度厌恶。

20 世纪 70 年代初，原子能委员会继续反复研讨激光核聚变的保密问题，而基莫西工业公司的研发工作是他们关注的重点。最终，他们采取了一项更温和的政策，即以名为“逐步剥离”式的保密管理办法来实施渐进解密。一些特定概念将被提前解密，而更多的概念只有等到在公共文献中出现了比较直接的暗示时才会解密。

在纳科尔斯与伍德合作的系列论文问世之后，布吕克纳和西格尔被告知，他们现在可以公开谈论在蒙特利尔会议上讨论过的事情，但仅限于此。即使原子能委员会的其他雇员公开说了些什么，也不能作为信息真正解密的标志，所有基莫西工业公司带有技术属性的声明和出版物都必须经过原子能委员会保密部门的批准。同时，基莫西工业公司在继续争取对专利问题的最终决定，并争取美国国会议员代表他们上诉。基莫西工业公司认为，如果原子能委员会不同意迅速地解决专利问题，美国国会就有责任给基莫西工业公司批准一些资金。专利此时成了救命稻草，是他们唯一的私人资本来源，而公司的债务也越积越多了。

在这之后，基莫西工业公司取得过一次短暂但重要的成功。1974 年 5 月，该公司宣布他们“在美国首次明确地从激光核聚变过程中获得高能中子”。这是巨大的成就。尽管原子能委员会在自己的激光核聚变项目上投资了数百万美元，但尚未实现这一技术目标，这让基莫西工业公司得到了相当多的媒体关注。如果观察到了中子，就证明了核聚变正在发生，尽管它离从核聚变反应中产生的能量与投入的能量一样多（即“收支平衡”）还有一段距离。

重大突破必须有关键证据的支持，但基莫西工业公司在提供这些证据方面进展缓慢。西格尔以基莫西工业公司核聚变研究需要保护专有技术信息为由，屏蔽了公众要求提供更多技术细节的呼声。他对《激光聚焦》杂志表示：“通用汽车公司不会提供比我们更多的信息。”原子能委员会的专家对此持怀疑态度，但最终基莫西工业公司发布了足够的数据，证实已经产生了中子，只不过距离一个可行的反应堆仍有漫漫长路。

当时布吕克纳其实已经确信，“在我们的理论工作以及我们所做的计算工作中，存在严重的不足”。问题是，用激光对称地压缩核聚变燃料颗粒仅对理论家来说是容易的。理论物理学家乐观地假设，高水平的对称性可以使对激光功率的要求降低。但在原子能委员会内部，专家们早已知晓实现对称性非常困难。这就是为什么实验室花了这么多时间试图开发出功率足够大的激光器和规避不对称性的方法，而布吕克纳从来没有真正地考虑过这个问题，而且原子能委员会知道他注定会失败。例如，自 20 世纪 60 年代以来，间接驱动的方法配合靶腔的使用，一直是利弗莫尔研究项目的主攻方向，但显然布吕克纳从未朝着这个方向努力。布吕克纳告诉我，他知道氢弹设计中的辐射箱，但他们从未考虑将其用于激光核聚变，因为他们认为无此必要。事实证明，对激光功率的要求比布吕克纳计算的结果要大得多。聚变没有捷径可走。布吕克纳一直深陷错误之中。基莫西工业公司的此项研究注定是要失败的。

1974 年，布吕克纳离开了基莫西工业公司，重新回归学术研究工作。他再也没有回到激光核聚变领域。布吕克纳的某些关于激光核聚变的专利最终获得解密和批准，但一直被拖延到了 20 世纪 80 年代中期，他从未靠这些专利赚到钱。位于安娜堡市的基莫西工业公司仍在苦苦经营，但不确定性越来越大。公司的目标不断降格：他们不再制造激光核聚变电站，而是专注于为原子能委员会制造核聚变燃料颗粒，并拼命寻找方法使自己的研发工作得到资金回报，尽管他们知道公司永远不会实现“收支平衡”。基莫西工业公司一位高管给一位记者提供了公司严峻现实的评估情况：“每件事都悬而未决。我们公司其实是在逐月地挨着过。”

1975 年 3 月，西格尔在国会原子能联合委员会的一次公开会议上作证时要求政府提供财政援助。但发生了戏剧性转折，西格尔在作证时话说到一半就中风了，随即被送往医院。第二天早上，医院宣布了他的死讯。在报刊媒体看来，死于为美国国会作证是他最后一次轰动性的活动，对一个愿意赌上一切的人来说，这算是一个合适的、值得一书的结局。基莫西工业公司在他离开后继续运营，但最终变成了一家平凡无奇的政府承包商，做一些支持美国国家实验室核聚变项目的辅助任务，但这与1969年夏天西格尔和布吕克纳的梦想相去甚远。

核聚变技术从未像同样用于和平目的的核裂变技术那样实现突破，许多人今天仍然认为，还需几十年的努力才可能实现这一目标。除了技术上的困难（这些困难是巨大的），在冷战中期，针对该领域的信息，要在保密和公开之间划出一条明确的界限其实非常困难。其中，激光核聚变的相关研究被认为是对冷战思维的严重挑战，因为它体现了乌托邦式的能源生产和热核武器设计技术扩散这两个对立的极端。

激光核聚变案例展示了这一时期特定领域最深刻的复杂性。这不仅仅在于该技术本身具有双重用途，也不仅仅因为在保密制度下形成了鼓励激烈竞争和偏袒利益攸关方享有优先权的社会环境。复杂性就在于，冷战时期保密思维所要求的整齐划一的制度已不再适合新时期不同类型、各具特性的人。这不仅仅是针对原子能委员会与基莫西工业公司。例如，利弗莫尔的武器设计师与原子能委员会的委员有着不同的核心关注点，而武器设计师是推动解密的强大力量，这与人们对其工作的预期相反。在布吕克纳身上尤其体现了冷战后期国防科学家身份的复杂性。在国家安全科学的漫长职业生涯中，他曾戴上过许多“帽子”（学术的、政府的、工业领域的），根本无法对他的身份做某种简单的归类。

原子能委员会试图利用保密制度的力量来发挥优势，却被私人公司的粗暴宣传搞得措手不及。最后，私人公司的努力有部分被原子能委员会通过宣传手段所瓦解。通过解密纳科尔斯的激光核聚变研究成果，原子能委员会能够对基莫西工业公司的地位造成沉重打击。基莫西工业公司则不时地利用自己所享有的保密属性（专有商业秘密）来扩大自身影响力。这种战术和角色的混淆是冷战后期国防科学状况的象征，而且这种混淆当时尚未被认识清楚，尚未按照冷战时期的核保密思想合理对应解决。此时，一些美国政府官员似乎意识到：这不仅仅是一个能够影响特定科学领域的案例，而且有可能会成为关乎科学保密全局性管理的一条解决之道。

基莫西工业公司事件发生在原子能委员会的困顿时刻，当时它作为核能的推动者和监管者，其家长式的作风正面临着广泛的批评。该委员会最终被解散，在 1975 年重组为能源研究与发展管理局，后又于 1977 年重组为能源部。导致这些巨大变化的力量，可以说正是在基莫西工业公司事件中使原子能委员会的立场发生复杂变化的那股力量。具体而言，战后早期关于核能的管理似乎可享有无限的授权，而今在宣传话语上和法律上的那些特权都不再像以前那样令人信服，核管理在美国的政治生态系统中逐渐变为更加平常。到了冷战后期，即使是原子能委员会也很难成为铁板一块，各实验室主任、科学家和委员会核心行政领导在保密和安全领域相互交织的问题上难以统一意见，各方都在利用该系统的机制图谋己方的部门及个人利益。

令人恐惧的原子

在冷战时期，核保密工作的核心关切，就是看谁会滥用危险的涉核信息。起初，毋庸置疑的敌人就是苏联。正如我们所见，到了 20 世纪 60 年代，这一范围扩大到了“第 *N* 个大国”和新生的核国家。这一变化也是戏剧性的，因为苏联造成的威胁，与朝鲜等国构成的威胁不同。20 世纪 50 年代初，“和平利用原子能”的努力之所以能够有所回报，部分原因在于该计划对苏联的关注，这使得美国能够做出审慎的判断，对苏联已经获得的“粗糙”技术实施解密，转而将重点放在对新的、复杂的核应用知识技术加以保护上。虽然将威胁扩大到欠发达国家的做法稍稍改变了这种应对方式，但这种做法仍然只关注了国家行为体。

然而，在 20 世纪 60 年代末至 70 年代初，有人提出了一种新威胁，即非国家行为体，或核恐怖分子。如何认真对待这一威胁，在当时是有争议的，并且时至今日仍然存在。不过，兴起于 20 世纪 60 年代至 70 年代的有关美国国内和国际恐怖主义的言论，往往与核武器可能造成的攸关人类生存风险的话题联系起来。而且，奇怪的是，关于核恐怖主义的讨论往往聚焦在冷战后期徒劳无功的保密工作上，人们往往将这种新恐惧的根源归咎于 20 世纪 50 年代初的和平政策。

关于公共领域的核武器信息可能被邪恶的非国家行为体所利用的观点，最早可以追溯到《史密斯报告》和早期关于原子能“秘密”性质的辩论。在 1945 年 11 月的《纽约时报》书评漫画中，一对狡猾的人物（其中一人脚踏一双翼尖鞋，身着彰显逆反情绪的“阻特装”）问图书管理员：“有关于原子能的书吗？”“秘密其实已不是秘密”的例子不少，主要围绕着类似的非科学行为者——尤其是儿童——自己摸索出制造核弹的办法。也许最早的例子是在 1946 年 1 月，当时美国合众社报道了一个来自密西西比州杰克逊市的 9 岁儿童吉米的故事，吉米写了一篇“关于原子弹的 25 页论文，他希望能够‘为像我这样的孩子’发表”。虽然“只有核物理学家和吉米自己完全理解他作品第二章的内容”，但其中确实涉及了原子弹的建造和具体操作步骤。这样的故事印证了早期“科学家运动”坚持的观点——原子弹没有秘密可言——如果一个孩子都能弄明白，还有谁能不明白？

围绕着“第 N 个国家”问题的讨论，以上述论调一直持续到 20 世纪 50 年代至 60 年代。在讽刺作家汤姆 · 莱勒 1965 年的歌曲《谁是下一个？》中，亚拉巴马州加入了核俱乐部。在 1963 年的《纽约客》漫画中，一对忧心忡忡的父母，一边看着自家像疯子一般的青少年用化学装置制造蘑菇云，一边说道：“我们当然希望能在他做出炸弹之前控制住他！”1967 年《星期六晚报》的一篇短篇小说《阿尔比·沃特金斯》探讨了 42 岁的笨蛋阿尔比·沃特金斯在地下室制造氢弹的故事。这种观念并不局限于大众媒体。1964—1966 年，利弗莫尔武器实验室进行了一项试验，观察几位不熟悉核武器，但能接触到非机密技术的物理学博士后，能否做出可靠的核武器设计。该研究的结论很难解析，因为后来的解密版本被大量删减。但大意是，虽然他们的设计达不到核武器的国家标准，但也可能会达到几千吨梯恩梯当量。在这项研究中，官方的关注点并不在于恐怖主义，而在于核扩散问题：它被称为“第 N 个国家的试验”，而这些受试者被模拟为服务于某个国家的科学家。

在 20 世纪 40 年代至 50 年代，也有关于“走私”原子弹的讨论。人们总是假设原子弹本身仍由国家行为体（如苏联）制造，而走私被认为只是一种非常规的运载机制。但是，现实的核恐怖主义威胁——非国家行为体获得并使用核武器——是后来才被从这些话语中提炼出的观点，同时也逐渐引起了全社会对恐怖主义作为暴力活动形式的重视。

从 20 世纪 60 年代起，几乎所有关于核恐怖主义的讨论都源于武器设计师西奥多 · 泰勒。他在 1948—1956 年在洛斯阿拉莫斯工作，并成为核裂变武器的主要设计者之一。1965 年，他开始担心核裂变武器的设计是否过于简单。他想知道，设计出一种核裂变武器，使其爆炸当量至少达到千吨级的 1/10，会有多难？这样的武器仍然会对人口密集的地区造成破坏性影响。西奥多·泰勒的结论是，对于某人（或某个小团体）来说，完成这样的事情并不十分困难。唯一需要保证的是，裂变材料仍然需要以铀浓缩或大量投资开发一个反应堆为基本条件。但是，如果有人偷了裂变材料，或以其他方式秘密地获得裂变材料，会发生什么？看看美国民用核工业在 20 世纪 60 年代末的状况，西奥多·泰勒得出结论，对于一个目标明确、组织良好的恐怖组织来说，完成这样的盗窃任务并不难。

从 1969 年开始，西奥多·泰勒便向媒体倾诉自己内心的恐惧，而美国媒体认为这个想法很刺激。那一年，西奥多·泰勒成了《时尚先生》杂志一篇文章的主题人物，文章的标题颇具挑衅性——“请不要偷窃原子弹”。文章中西奥多·泰勒认为，“制造原子弹的全部工作可以在某人的地下室完成”，只要他们先偷取到裂变材料。1973 年 12 月，西奥多·泰勒成为约翰·麦克菲在《纽约客》杂志上发表的一系列文章的主题人物，这些文章随后被汇编成《结合能曲线》一书，并被重新出版。麦克菲的书获得了广泛评论和赞扬。《华尔街日报》《纽约时报》和《芝加哥论坛报》的评论员对炸弹制造的“容易程度”感到震惊和好奇。《华盛顿邮报》的评论员则质疑该书是否弊大于利：

> 你应当假设，西奥多·泰勒和麦克菲决定，提醒人们注意危险的最好方法是把制造细节都写出来，但是……满心愤怒地想搞核讹诈的流氓或政治疯子（原文如此）都可以好好地利用这本书了。希望他们千万不要这样做。

即使在今天，关于核恐怖主义的讨论依然令人不安，人们担心公开谈论这个话题会使之成为能够自我实现的预言。但西奥多·泰勒认为，原子能委员会仅对这种可能性表示不安是不够的，它对裂变材料的安全管理措施过于松散，其实他在实验室工作时就提出过这个问题。在没有公众压力的情况下，这个问题如何能得到纠正？而且，如果粗糙的武器设计真的没有重大秘密可言，那么这种沉默能欺骗谁呢？我们可以推断，恐怖分子并不依赖《时尚先生》和《纽约客》来实现他们的野心。

西奥多·泰勒就此话题与法律学者梅森·威尔里奇合著了一本书。他们于 1974 年出版的作品《核盗窃：风险和保障措施》本来是供专业人士参考使用的，但因为写得简单明了，连没有经过技术培训的人也能轻松理解。该书试图以冷静和理性的态度评估一个“非法的炸弹制造者”是否能转移美国的裂变材料，并利用裂变材料杀死成千上万的人。不出所料，该书认为这个判断是可信的。作者预测，如果美国民用核电产业按照预期的方式发展，因松散或不负责任的管理流出的裂变材料的数量将提高一个数量级，特别是在美国大规模地放松对钚的后处理（该处置办法可从民用反应堆的废燃料中实现化学分离钚）管理之后。

西奥多·泰勒的核心论点是，从 20 世纪 40 年代到 70 年代，情况已经发生变化。曾几何时，必须依靠洛斯阿拉莫斯的天才科学家和整个“曼哈顿计划”的力量才能制造出少量的原子弹武器。但那是因为当时尚在初创时期，而且存在很多不确定因素，裂变材料也很稀缺。

西奥多·泰勒认为，到了 20 世纪 70 年代，已出现两个重大转变。第一个转变，是“和平利用原子能”计划以及其他解密工作的进行。人们只需要借助公共领域的信息就可以设计出“粗糙”的核武器。美国因为只着眼于氢弹等“复杂”武器，错误地解密了与“粗糙”核武器有关的设计信息，例如摧毁广岛的原子弹的相关信息。

第二个转变，是民用核能工业的发展，导致了大量以吨计的乏燃料的产生，以及较大数量的高丰度浓缩铀流通于各地科学研究性质的反应堆。现在世界上以吨计的分离钚和浓缩铀存在于非军事设施中，而制造炸弹只需要公斤级的数量。西奥多·泰勒担心，全球这些设施中的工作人员（即“内部威胁”）可能愿意并能够在不被注意的情况下偷运出少量的钚和浓缩铀，并在黑市上交易。他还担心，某个狡猾的恐怖组织可能会想办法拦截各基地之间裂变材料的运输。最可怕的是，由于炸弹所需的裂变材料数量相对于现存的全部裂变材料而言比例其实很低，因此，已丢失的材料可能无法被发现，即便发现有失窃的情况，也可能为时已晚。

西奥多·泰勒明白，其他武器设计者会对现在原子弹容易制造的想法持怀疑态度。他提醒这些批评者扪心自问：“如果有足够的裂变爆炸材料来组装出两三个达到正常密度临界质量的核裂变弹芯，我能想到的最简单方法是什么？”或者，正如他对麦克菲所说：“放弃所有复杂的东西，试着做出一个最简单的核弹，只要能够炸了美国世贸中心大楼即可。”他提醒批评者，虽然“有核国家”希望做出高度可靠的设计，可以大量生产并与导弹或轰炸机“配套”使用，但恐怖分子可能只要一个不那么可靠的、能塞进面包车后备厢的一次性武器即可。

另一位资深的洛斯阿拉莫斯武器设计师卡森·马克在几年后的美国国会听证会上对西奥多·泰勒提出了强有力的反驳。他同意西奥多·泰勒的观点，即仅仅按照公共文献的内容，基本的、可行的武器设计很容易做出来。然而，问题在于实际制造出的东西：

> 设计问题的关键在于，需要有一个量化配置，或者一个实际的设备，可以做你所设定的应该做的事情。在这里，人们会遇到广泛的复杂性和各种困难，而这些细节并没有被记录下来。

即使一个人拿着步骤明确的指示，例如将氧化钚（反应堆中最常见的形式）还原成金属钚（这是核弹所必需的）的全套说明，在进行实际操作时的困难也不小。即使是有经验的钚化学家，也可能要么会破坏用于核弹的钚，要么一不小心让自己丢掉性命，要么在行动中被抓住，这些可能性都相当高。

但是，在自制原子弹的思考方面，早已存在对核知识可能造成的危险的恐惧，以及面对惨淡现实状况的无能为力，居然让前者与后两者产生了共鸣。“和平利用原子能”变成了“恐怖挟持原子能”，照此观点，民用的原子能就成了吊死我们自己的一根绞索。印度用事实印证了这一点，1974 年 5 月，该国非常巧合地引爆了一枚号称以和平为目的的核弹。这下“贫穷”国家拥核的威胁与核武器贴上“和平”标签的虚伪性巧妙地融合在了一起。首先，冷战时期的核制度通过其自创的“和平”行动又制造出了新问题；其次，关于危险知识普及程度的流行舆论让人担忧，人们将这两者结合在一起思考，又形成了一个很有市场的新认识。

在美国政府内部，核恐怖主义的威胁直到 20 世纪 60 年代末至 70 年代初才真正地发展成为一种能够影响政策的力量。在美国国内和国际恐怖主义已演变为重要力量之后，人们认识到其直接副产品就是核恐怖主义威胁。在美国，主要由右翼和左翼的极端政治团体实施的恐怖主义行为的数量自 20 世纪 60 年代以来一直在增加，特别是爆炸事件的数量一直在增加。根据美国联邦调查局数据，仅 1971 年，美国本土就发生了 110 起出于政治目的的实际（并非恶作剧且成功实施的）爆炸事件。然而，直到 1972 年慕尼黑奥运会人质劫持和杀戮事件发生后，美国的国内政策制定者才将恐怖主义纳入主要关注范畴。1972 年 9 月，尼克松总统下令成立内阁反恐委员会，以协调美国政府所有部门和机构的工作，总统表示要“充分响应国务卿的号召，以各种方式协助其全力做好政府的整体性反恐工作”。

原子能委员会作为内阁级机构，密切参与了这项工作，以此为契机审查了该机构对核材料的实际控制管理情况，并对其解密标准做出了重大调整。从 1972 年起，在评估核信息解密的危害时，原子能委员会不仅要考虑相关措施是否有助于某外国势力，还要考虑是否会对恐怖分子有所助益。然而，在西奥多·泰勒和他的拥趸看来，保密制度已经不再是抵御各地自产原子武器所带来的威胁的缓冲手段，而且原子能委员会本身也认为“重新保密”，即将解密的信息重新指定为秘密，即便不算是非法之举，也是毫无实际意义的。

自 1965 年以来，原子能委员会一直在内部讨论核材料安全保障措施，当时在宾夕法尼亚州阿波罗的一家后处理厂有大量的铀（一些浓缩丰度已达到核弹级水平）下落不明。尽管原子能委员会在调查后确信失踪的铀未被转用他处，但他们拿不出绝对可靠的证据（他们的理论基本上是，由于后处理化学过程中的工艺低效，铀材不可避免地出现了耗损。即使每次操作中损失的材料不到 1%，对于一个大型工厂来说，这种材料损失量很快就会累加到一个惊人的数字）。有人（特别是美国中央情报局官员）怀疑，这些铀是被另一个有抱负的核大国以色列偷走的。如果一个小国能够从美国的民用工厂偷取高丰度浓缩铀，这可不是个好兆头。

1970 年 10 月发生的一件事也让原子能委员会大为震惊，当时佛罗里达州奥兰多市警察局收到一封信，说写信人拥有“一个通常被称为氢弹的核聚变装置”，并要求提供 100 万美元的小面额钞票和离开美国的安全路径。“这可不是虚张声势，”信中声称，“如果不相信，去问问原子能委员会，那些涉及从未送达目的地的铀-235 货物到底是怎么回事。”第二天，他们又收到一封信，是用意式草书体精心写就的，威胁如果不尽快满足这些要求，“奥兰多将变成一片废墟”。

为了证明威胁的真实性，写信人附上了一张所谓的氢弹图纸，并指出警方可能需要“一位核武器专家来告诉你这是不是真的，但相信我，它是真的”。警方联系了美国联邦调查局，后者又联系了原子能委员会，以了解他们的核弹级材料是否有被盗或丢失的报告。但是，原子能委员会所保存的记录（即使是核弹级裂变材料的记录）无法迅速地检索到相关信息，因此难以快速地确定这一威胁是否真实。与此同时，美国联邦调查局将图纸交给了美国麦考伊空军基地的一位专家，他表示凭借这张设计图纸“可能会成功”做出氢弹。

4 天后，在确定的现金交易地点，警方逮捕了肇事者：一个对科学感兴趣的 14 岁男孩。他从公共资源中拼凑出了“氢弹”图纸，并将讹诈信件寄出。若是警方没有及时查明他的身份，该市已打算支付赎金了。一位参议员在一年后听到这个故事时说，“相比这个学生编造的氢弹的真实性，他那 100 万美元的骗局诱惑力更强一些”。但他很快又承认，“男孩在这两方面都做得相当好”。原子能委员会既不能质疑肇事者是否有足够的能力制造出这种武器，也难以驳斥裂变材料丢失的说法，各方都明白原子能委员会正面临着严峻的问题。

在整个 20 世纪 70 年代，原子能委员会采取了新的措施，以更好地保护和记录其裂变材料，但这些措施是以提高核电行业成本为代价的。安全保障措施包括物理意义上的保障（栅栏、掩体、警卫）、更完善的裂变材料运输程序（减少设施之间被拦截的可能性），以及更好的库存跟踪能力（包括更好地识别材料位置的能力）。然而，这套安全措施除了在失败之时，原子能委员会并没有办法评估其有效性。从社会角度来看，在最坏的情况下（恐怖主义核攻击）后果极其严重，问题根本无法得到有效解决：正如历史学家塞缪尔·沃克所指出的，美国政府永远无法做到“足够完备”。到了 20 世纪 70 年代末，卡特总统无限期地中止了核废料的再加工，部分原因是扩大民用分离钚的产量存在安全隐患。

西奥多·泰勒提出的核武器制造保障措施，如同宗教福音一般，通过麦克菲的畅销书传播给了广大读者。在这 10 年中，人们对核材料安全保障措施问题的关注有增无减，但西奥多·泰勒坚持不懈地强调自己的观点，将核心议题与当时的大型核辩论联系起来。一个反复出现的现象也给了他一臂之力，即相关专业的大学生就可以画出核武器设计图，这足以证明他的论点。而这其实是“儿童就能制造出原子弹”这一老话题的新版本。

第一个相关案例是波士顿公共电视公司制作的一期科学电视节目，该节目试图证明西奥多·泰勒的论点，为此雇用了“波士顿著名大学”（麻省理工学院）一名 20 岁的化学专业学生来设计一个“粗略的裂变式爆炸物”。学生姓名被隐去（他显然是害怕自己被绑架），在 5 个星期内完成了钚内爆式武器报告。他的基本设计被显示在屏幕上，不过所有数字都被遮掩了。扮演学生的演员甚至在镜头前绘制了颇有戏剧性的炸弹示意图—— 一组同心圆。他解释说："真的，就这么简单。"瑞典国防部的一位专家审查了该设计，并得出结论，虽然它大概率不会成功地爆炸，但也有相当大的可能性做出威力达到 100 吨梯恩梯当量左右的炸弹，虽然按核武器标准来说很小，但足以杀死成千上万的人。1975 年 3 月播出的《钚的关系》节目调侃了"信息应该被重新加密且应该更加保密"的论点。该节目还指出，核武器信息早已偷偷渗入了公共领域。节目中插播了一条用家用录像机录制核武器有趣视频的小建议，该建议为："利用学校图书馆里的资料，去尝试复制出原子弹的设计。"

这类事件中，最著名的一起发生在 1976 年。当时参加了美国军备控制研讨会的普林斯顿大学大三学生约翰·亚里士多德·菲利普斯读到了《结合能曲线》。菲利普斯后来回忆，这本书引发了关于原子弹是否真的容易被设计出来的激烈讨论。菲利普斯决定，通过一个独立设计原子弹的项目来检验西奥多·泰勒的论点：

> 假设一个普通的（以我个人为例，其实是低于平均水平的）大学物理系学生能够在纸上设计出一个可行的原子弹。这将极有力地证明这一点，并向美国政府表明，必须在钚的制造和使用过程中采取更严格的安全保障措施。简言之，如果我可以设计一枚原子弹，那么任何聪明人都可以做到。

菲利普斯请物理学家弗里曼·戴森做项目导师。戴森是西奥多·泰勒的同事和朋友，在他职业生涯中有相当长的一段时间担任美国政府顾问，他曾接触过核武器和反应堆设计，他同意做菲利普斯的导师，但他声明只给菲利普斯提供基本的、非机密的信息。

结果是菲利普斯写出了一份长达37页的报告，题为《原子弹设计基本原理》。菲利普斯梳理了关于原子弹的公共文献，包括华盛顿特区国家技术信息服务局的解密文件，以及一部完成于1943年，汇集了在洛斯阿拉莫斯举行的原子弹设计早期会议研讨成果的著作——《洛斯阿拉莫斯入门》。在菲利普斯即将完成项目时，还专门联系了杜邦公司的一位炸药专家，他与菲利普斯分享了现代内爆式武器中使用高爆炸药的细节。菲利普斯在报告结论中断言，他开发的内爆设计武器的威力大约是广岛原子弹的一半。戴森给菲利普斯的论文评为"优秀"，并且悄悄地做了安排，禁止传阅该论文。

菲利普斯并没有寻求公众的关注，而是《特伦顿时报》一名记者的报道引起了公众的关注，该记者曾与课程中的另一名学生有过交谈。其时已在普林斯顿工作的西奥多·泰勒曾向菲利普斯表示，媒体一旦公开，就将使他的工作失去隐私，但这对美国核武器制造的保障措施而言极其重要，特别是考虑到法国即将向巴基斯坦出售一个反应堆。菲利普斯的故事很快就出现在了其他主要报纸上，人们对普林斯顿大学学生设计核弹的做法感到兴奋，而且大家都乐于将"设计"与"制造"混为一谈。关于菲利普斯的工作和他政治动机的报道从1976年10月开始在美国和世界各地的一些期刊上刊登，特别是《纽约时报》和《洛杉矶时报》。这个故事在1977年2月再次成为新闻热点，当时菲利普斯声称（美国联邦调查局也证实了这一点），巴基斯坦大使馆的工作人员与菲利普斯联系，希望得到一份他的核弹设计文稿。这一离奇且充满幻想意味的转折引发了更多的新闻报道，他还得到了一份图书出版合同和一份演艺合同，甚至一部由菲利普斯本人主演的电影也被提上议事日程。

在这一事例中，包括菲利普斯在内的每个人，都认为原子弹的设计会成功。然而，情况显然并非如此。正如戴森后来所解释的：

> 菲利普斯已经快速地掌握了冲击波动力学的原理。但他的原子弹草图太过粗略——“它真能爆炸吗？”这个问题并没有什么意义。对我来说，他的论文中令人印象深刻且可怕的是第一部分（他描述了自己是如何获得信息的）。一个 20 岁的孩子能够如此迅速，且不费吹灰之力就收集到这样的信息，这让我感到不寒而栗。

这些说法中最具挑战性的部分是如何确认这个设计是否真的可行。任何人都可以画几个同心圆并宣称它是内爆式的核弹。但要知道任何特定的设计是否会对应实现预测的结果是很困难的——这就是为什么要进行核试验。这并不是说“从零开始”设计一种武器是不可能的，但人们确实很难做到“从零开始”就认可任何武器设计，并对其产能充满信心，尤其是在没有丰富的武器设计、测试和模拟经验的情况下。

另一个“学生设计原子弹”的事例是哈佛大学经济学专业的德米特里·罗托。罗托看到了围绕菲利普斯的宣传，他认为绘制原子弹设计图“是一种获得声誉的手段，也许可以获得研究公共政策问题的资金或其他什么东西”。他还认为，“这将成为杂志文章的好素材，甚至可能成就一本书”。罗托表示，自己也是考虑到核武器制造安全保障措施问题，并受到西奥多·泰勒论文的启发。他从 1977 年底开始做了研究并参与撰写了一本关于裂变武器设计的书，他完成了其中 8 个章节的内容，书中提出了超过 20 种设计方案。1978 年 3 月底，他将此事报告给美国能源部，即原子能委员会的继任机构，该机构没收了所有文本并宣布其为机密。

罗托因为此事而使自己在美国参议员约翰·格伦召开的关于核武器制造安全保障措施的听证会上成为明星证人，并亲耳听到了西奥多·泰勒对自己研究的公开评估。西奥多·泰勒对罗托的工作赞不绝口：

> 罗托的手稿中关于设计核武器、核裂变武器时需要考虑的问题以及如何考虑这些问题的阐述，是我在机密文献之外见到的最为广泛和详细的……然而，总的来说，我对于一个聪明且富有创新能力的人，在没有经过全面的核物理学培训的情况下，能独立完成这样一份文稿并不感到惊讶。不过我必须得说，我对他只花了这么短的时间就得出了研究成果感到震惊。

格伦本人清楚地看到了罗托工作的重要性，也明白了利用保密政策来阻止恐怖主义威胁是不可能的。此外，仅在 1977 年，美国能源部就收到了 4 份来自非官方机构研究人员的材料，“这些材料的性质与罗托完成的文件相似”，从更多的材料中得出这些材料都“反映出作者的方法没那么复杂”的结论。

在包括美国能源部代表在内的其他证人的鼓励下，格伦将责任完全归咎于艾森豪威尔时代试图“驯服”原子能的做法。20 世纪 50 年代在解密工作上所做的努力，现在被指责为给恐怖分子提供了一种可以在瞬间杀死成千上万美国人的手段。出于“和平”目的的原子能有可能转化为“恐怖”的原子能，这成了最大的讽刺。让“业余人士设计核弹”的行为越发引人瞩目，而当时反核电运动在主流舆论中声势越来越大，人们认为核技术管理就是一种不合时宜的家长制。

设计自制原子弹已成为人们对外发表声明，宣称自己拥有秘密力量的一条便捷通道。起初是为了支持西奥多·泰勒在加强核武器制造保障措施方面的呼吁，现在已经演变成一种独立现象，其根源在于“设计”“制造”和“拥有”之间的区别始终模糊不清。大学生不仅设计，而且试图制造核武器，这一主题甚至成为菲利普斯事件发生前几个月出版的一本广受瞩目的小说的灵感来源。小说大意是，普林斯顿大学几位本科生参与了一项愚蠢的计划，迫使美国政府帮助他们为贫穷的非洲国家制造更多的核弹，这些非洲国家打算用这些核弹向富裕的阿拉伯国家勒索援助资金。“西奥多·泰勒简直是在求着别人制造核弹。”小说中的人物在传阅《结合能曲线》一书时，说了这句话。

许多人把业余人士设计核弹和社会运动联系起来。1978年夏，一份略显激进的关于妇女解放的地下报纸——《多数派报告》刊登了一张精心制作的图表，内容是“如何制造原子弹并与父权制相抗衡”。这篇文章在很大程度上显得口无遮拦，但它非常细致地介绍了关于核武器制造的精确技术的细节。这位不愿透露姓名的作者试图用女性的日常家务来类比核弹制造中平庸的技术细节和病态的工程理念（核弹的爆炸透镜模型是用一本名为《烹饪的乐趣》的书制作的）。但这篇文章显示出一种对待技术知识与政治权力之间联系的严肃态度。一开始是为了表明作者没有掌握核技术秘密（只是为了宣传强化核武器制造安全保障措施的理念），但很快就演变成了持有反体制政治观点的人宣称自己拥有核技术秘密的反抗思潮。

西奥多·泰勒呼吁，将强化核武器制造的安全保障措施作为控制核武器的方法，首先要以放弃保密为前提。尽管如此，被公开的相关信息缺乏应有的保密属性，特别是出现在报纸评论和参议院证词中的信息，人们最常见的反应是希望赋予相关信息更多的保密性。在菲利普斯和罗托向全世界证明大学生可以设计出粗糙的原子弹时，他们的设计立即被置于保密状态，两位学生在这一点上都很配合，也许是因为这有助于证明他们自己的研究成果是危险且有效的。主流媒体上关于原子弹设计难度低的报道常常附有免责声明，声称已对关键部分做了删隐处理，以免有人对此过于担忧。因此，从某种意义上说，不再含有任何秘密的新闻报道变得很难成为吸引人的噱头。学生们被说成是拥有专业知识的炸弹设计者，比如菲利普斯，甚至受到有野心的核国家的追捧。然而，这种说法与他们自己的论点相矛盾，即任何人都可以在几周内设计出这样的炸弹，而且资料均可以在公共图书馆查阅到。此番操作表明，核炸弹可以由不具备专业知识的人设计出来，但具有讽刺意味的是，这反而强化了保密工作的神秘感。

在20世纪60年代至70年代，冷战时期的保密制度开始显示出其顾此失彼的内在不足。在构建该保密制度的思维模式中固有的两极化假设——信息和人员可以被一刀切地划分为安全和危险两类，对此进行适当管理将达成技术优势和安全的双重目标——越来越受到质疑。

气体离心机的案例表明，这些散乱无章的矛盾话语很可能转化成危险的结果。铀浓缩技术正在蔓延传播，其范围比任何人预测的都要广，甚至让美国的盟友遵守保密限制也变得越来越困难。最终，美国默许了欧洲盟国对民用铀浓缩技术的追求，英国、联邦德国和荷兰三方合作，成立了铀浓缩公司Urenco。

1972 年，出生于巴基斯坦、在荷兰接受教育的冶金学家阿卜杜勒·卡迪尔·汗开始在物理动力学研究实验室工作，该实验室是铀浓缩公司中荷兰这一方的承包商。尽管阿卜杜勒从未得到过批准，但他在雇主的许可下多次参观了阿尔梅洛的超速离心机设施。1974 年，在印度第一次原子弹试验几个月后，阿卜杜勒被委以重任，将德国的离心机设计翻译成荷兰语。在两周的时间里，他可以完全不受监督地接触到这份材料。尽管荷兰人十分怀疑他的行为，并于 1975 年将他调到了其他工作岗位，但为时已晚。12 月，他离开荷兰前往巴基斯坦，随身携带着设计蓝图和多家制造离心机部件公司的信息。在帮助巴基斯坦推进原子弹计划之后（该国很可能在 1986 年就具备了核能力，但直到 1998 年才进行武器试验），他还在巴基斯坦政府可能知情的情况下，建立了一个离心机供应商的国际黑市网络，并将铀浓缩技术传播给了伊朗、利比亚和朝鲜，可能还有其他一些国家。

激光核聚变最初看起来是一个很有意思的故事。没有证据表明哪个国家利用了激光核聚变研究来发展该国原本不存在的热核能力，当然没有证据并不代表没有发生。一位研究激光核聚变的先驱私下里告诉我，他希望激光核聚变最终能够为人类带来一种新的能源形式，因为如果不是这样的话，他会为在这些问题上发布了这么多信息而感到遗憾。今天，人们对依靠激光核聚变技术来提供清洁能源的期望并不高。尽管美国和法国对该技术进行了大量投资，耗资数十亿美元建造了几个大型设施，但科学上的“收支平衡点”仍然遥不可及。不过美国和法国的设施主要用于研究，以便在当前核试验已经成为禁忌的世界中保持自身热核武器的研发能力。

而核恐怖主义的威胁蕴含着一种获得控制权的新意义：这种控制权不是基于保密管理的考虑（从保密管理的角度来说，“相平利用原子能”已经造成了一些问题），而是基于物质管理的考虑（裂变材料保障措施）。回看奥本海默在20世纪40年代末提出的减少保密管理的改革举措，这种转向显然是一种有趣的重复，这一次针对的重点不是核不扩散问题，而是非国家行为体。业余“炸弹设计者”被美国各大媒体热炒，并成功地吸引了大众。成功的部分原因是这种表演属性似乎直接击中了冷战时期话语控制的弱点。但除了公共关系方面，对低技术核威胁的恐惧本身也开始迫使美国政府进行重新思考，因为如果敌人不仅仅是某个国家，那么原本被归为“安全”类别的信息也会突然变得“危险”。

本章谈及的内容体现出3个问题：第一，国家层面的低技术水平的核扩散。第二，热核领域技术知识的逐步解密。第三，普通人可以拼凑出比较粗糙的核机密所引发的担忧。这种担忧将在20世纪70年代末期达到顶峰，因为“仅存的秘密”——泰勒-乌拉姆构型也将不保，而该构型居于冷战时期保密制度的意识形态和法律基础的核心位置。以下这3个方面几乎同时受到了挑战：第一，为保密工作敲响丧钟的话语体系；第二，控制保密信息的各种实际操作；第三，自视能对危险信息做出仲裁的机构。

第八章

秘密的求索：冷战末期的反保密举措，1978—1991年

> 我过去认为保密与新闻自由是不相容的。但现在看起来，我们的媒体靠挖掘各种有关保密问题的新闻做得风生水起。
>
> ——爱德华·泰勒，1971年

20世纪70年代末，美国的保密政治经历了一场变革。这与原子弹关系不大，但与其他因素紧密相关：越南战争的幻灭，“五角大楼文件”案暴露了官方公然撒谎，“水门事件”丑闻和理查德·尼克松总统辞职，再加上过去和当下一系列被冠以国家安全名义的丑恶行径被一一揭露，这使大部分美国人对官方保密制度产生了强烈的质疑。

“反保密”是我对这种持续涌现的舆论类型的统称。它的起源已在前文有过描述：不同的保密制度出台时，就会出现与之对应的关注和逆反效应。“反保密”舆论在20世纪40年代体现为科学理想主义，在20世纪50年代体现为“坦诚公布信息”和反麦卡锡主义的思潮。“反保密”舆论首先在20世纪40年代由艾

奇逊与利连撒尔推动，后来在20世纪60年代通过强化裂变材料安全保障措施得到彰显。但直到20世纪70年代，这些批评性意见才被整合为一种连贯的政治观念，开始促使一些社会人士和敢于挑事的机构（如新闻媒体）不仅直接挑战保密制度的理念，而且针对保密制度的具体实践和执行机构发起挑战。

“反保密”舆论应该与“透明度”或“信息公开”的观念区分开来。“透明度”和“信息公开”都指向某种固定的行事模式，通过支持保密制度的对立面来明确地否定保密制度。相比之下，“反保密”舆论则持一种对抗性和反对性的立场，旨在破坏瓦解现有的保密制度。从政治角度来看，我们可以认为，“反保密”舆论是必要的革命，有助于社会各界考虑清楚新秩序到底是什么。然而，“反保密”舆论与保密制度改革并不完全是一回事。改革意味着解决系统中的问题，而20世纪70年代及以后的“反保密”舆论则几乎是对制度系统整体性的反对。从政治角度来看，“反保密”舆论是激进的，而保密制度改革则带着自由主义特性。两者可以共存，如影随形，但真正的反保密者总是认为改革还不够充分。

在“五角大楼文件”案暴露官方撒谎和“水门事件”丑闻发生后，美国政府确实尝试开展保密制度改革，包括在核武器领域。“五角大楼文件”案促使原子能委员会进行一场大规模的解密。1971—1976年，为期5年的“解密运动”反映了保密钟摆的新动向，正如该机构的一份官方新闻稿所说，信息“应该解密，除非有充分的理由须保持其机密属性”。数以百万计的文件被迅速地解密。原子能委员会在一系列新闻稿中自豪地宣布了自己的行动，甚至还作秀似的把刚解密文件的崭新照片分发给了媒体。

尼克松总统的第11652号行政令（1972年3月）进一步鼓励了这一计划，该命令基于一项跨机构合作研究的建议，修订了美国联邦保密准则，此次修订将对保密制度产生长期性影响，威廉·伦奎斯特领头撰写了该研究报告。保密文件现在有了一个解密的“时间表”，这意味着它们将在发布之前于规定的时间内被审查，而且要求官员对文件做“局部标记”，在文件中标明每个段落的不同保密级别。而且，这是美国政府第一次明确禁止利用保密来掩盖错误或避免困窘局面。通过这一点，再加上对《信息自由法案》(该法案在20世纪60年代经过长期斗争后获得通过)的修订可以看出，美国政府正在创造条件，以期避免过度保密或滥用保密的做法。

但这些做法不仅不能使批评保密制度的人满意，反倒为新形式的反保密实践提供了“弹药”，我称为“秘密的求索”，即故意暴露自称的秘密，使之变成一种政治行动。当这种活动在20世纪70年代末进入核领域时，被证明是对冷战时期保密制度的一种强有力的攻击形式。从话语的角度来看，它试图表明冷战时期保密制度在正确识别和保护秘密方面的失败。从实践的角度来看，它利用新的方法(包括《信息自由法案》)从美国政府的垄断中挖掘出所谓保存良好的“危险”信息。它还利用自由新闻机构作为反对法律保密机构的有力武器。尽管反保密的攻击未能成功地瓦解冷战时期的保密制度，但它的确使得该制度的坚固壁垒开始出现裂痕。

绘制氢弹设计图

对美国政府保密工作和核技术基础设施的批评自20世纪40年代就已经存在。然而，直到20世纪70年代，来自核机构和核工业之外的针对核专业技术的挑战才开始逐步形成势力，并且在不同程度上得到了主流媒体的支持，这些媒体自身也愿意对保密机构发起挑战(如图8-1所示)。

注：这是美国情报委员会1971—1976年“解密行动”的一部分。

图8-1 美国中央情报局局长查尔斯·马歇尔正在解密一份文件

资料来源：原子能委员会新闻稿，《原子能委员会在解密行动中》（1973年后），核试验档案馆（NTA），文件NV0148015。

这其中有些只是几个独立因素因缘际会形成的合力，其中之一就是“五角大楼文件”案。1971 年，兰德公司的一名前雇员丹尼尔·埃尔斯伯格故意向《纽约时报》泄露了大量美国早期参与越南战争的机密文件。五角大楼文件，也就是后来以其来源地命名的文件，包含了大量关于战争起源的揭露性文件，并揭示了约翰逊政府在冲突升级的理由上系统性地对美国国会和公众撒谎。尼克松政府要求对《纽约时报》下达禁令，认为公布这些文件将对国家安全造成严重且直接的损害。此案被提交到美国最高法院，结果美国最高法院做出了有利于《纽约时报》的裁决。法院认为，这些文件对战争的审议具有重要意义，而反对公布的意见则非常模糊，在这种情况下，传统的保密制度不能凌驾于宪法第一修正案对相关权利的保护之上。美国司法部的反应是对埃尔斯伯格泄露文件的行为提出刑事指控，但最终在法庭上发现美国政府对埃尔斯伯格的案件管理行为严重失当（例如，在没有搜查令的情况下闯入负责诊疗他的精神科医生的办公室），这些指控随即被撤销。

此案在社会上引起了广泛的关注，美国政府被认为是在利用保密措施掩盖自身所处的窘境，以推动一场得不到民意支持的战争，而现在人们普遍认为这场战争从一开始就是不正当的。有趣的是，虽然在“五角大楼文件”案的讨论中没有提及核武器，但埃尔斯伯格过去在兰德公司的工作与核战争计划有关。根据他自己的说法，他对五角大楼文件的披露只是他的第一个行动，他计划对有关核武器政策的材料做更大规模、影响更为深远的信息披露，但一些奇怪的情况导致关于核战争的文件丢失，因此这些文件并未被泄露。

在“五角大楼文件”案丑闻之后，1972 年，尼克松总统因发生了闯入水门大厦并企图掩盖真相的“水门事件”丑闻而引咎辞职。这些事件为媒体和美国政府之间的关系定下了新的基调：调查记者现在是极富魅力的捍卫美国宪法第一修正案的英雄，而美国政府官员则是企图用“国家安全”的托词来掩盖自身错误和过失的两面派。这也标志着一拨新的活动家的产生，他们将美国政府的保密制度视为某种邪恶，必须针锋相对并予以根除。

这些公开案件都与核武器没有任何直接联系。事实上，即使在这种环境下，美国最高法院也不难裁定，在某些情况下，美国国会可以被排除在敏感的核武器信息之外。但是，对美国政府和新闻界作用的态度变化与对原子能委员会的尊重下降之间存在着相互影响。在 20 世纪 60 年代，核技术的大部分“神秘感”已经消失，具有讽刺意味的是，正是原子能委员会试图“驯服”原子能的各种举措造成了这样的转变。早在 1963 年，就连曾经将原子能视为文明转折点的戴维·利连撒尔也表明了自己的观点，也许应该废除原子能委员会了，他表示，“原子能的发展并没有证明，美国国会在 1946 年赋予原子能委员会独立和独特的地位是合理的”。

到了 20 世纪 70 年代，对原子能委员会的攻击导致了一次重大改革。1974 年，它被拆分为两个机构：核管理委员会和美国能源研究与发展管理局，前者接管了所有对民用核能的监督职能，后者接管了剩下的职能，包括武器开发。1977 年，美国能源研究与发展管理局被彻底地取消，其职能被吸收到新成立的内阁级机构——美国能源部。随着原子能委员会组织程序的固化，核技术的特异性不同以往，该委员会已退出历史舞台，而美国能源部则步步为营，登上了顶峰：一个庞大的官僚机构，除了满足其自身持续存在的需求，没有任何意识形态上的动力能够使它做出改变，而且在“能源”的名义下，该部门可以设立广泛的发展目标，随着时间的推移，公众会忘却它与原子弹的历史渊源。

西奥多·泰勒*在20世纪60年代末至70年代初倡导的核武器制造保障措施推动了这样一个概念，即没有什么尚未公开的秘密可以阻止一个有能力的业余人士建造一个粗糙的核裂变武器。但这并不意味着不存在尚未为人所知的武器设计秘密。尽管泰勒-乌拉姆构型氢弹的具体细节多次出现过行将披露的情况，但基本上仍处于保密状态。可以肯定的是，有许多人基于非保密的文献，试图猜测氢弹的设计原理。早在当初辩论是否要启动氢弹项目时，很多研究者就在猜测这种武器会是什么样子。人们想象它可能是一个用聚变燃料包裹的裂变炸弹，这与《时代》周刊中一位艺术家在1950年所做的设想一样。或者，人们可以想象，氢弹的设计像1950年《伦敦新闻画报》刊载的一位艺术家的设想，大量的聚变材料被简单地拴在裂变炸弹的侧面。这两张图似乎都不是基于任何秘密的知识，但它们都体现了武器实际设计的两种基本概念：美国和苏联各自独立构思而成的“千层饼”和“闹钟”设计（该设计于1953年由苏联造出并成功引爆），以及由美国构思并通过间谍活动带到苏联的“超级经典”设计（该设计没有成功）。一些评论员还提出了更复杂的武器设计。1955年底，“布拉沃”核试验事故表明，该氢弹在最后的裂变阶段，很可能是铀-238被激发并参与了裂变反应。基于这个消息，《生活》杂志发表了“3-F炸弹”（即裂变—聚变—裂变三相弹）设计的整版图表。这个不同寻常的术语从未被人接受，其目的是要表明它并不是真正的氢弹，而是裂变—聚变—裂变三相弹中的裂变反应会点燃聚变反应，而聚变反应会点燃并激发更多的裂变反应。这个

* 作者后文称泰德·泰勒。——译者注

想法是精确的，但图表本身并不精确：它描述了一团聚变燃料的内部排列方式，这团聚变燃料由几个小的裂变炸弹环抱，被安放在一个铀-238箱体之内。

这些假想的氢弹示意图的出版方并没有声称揭示了秘密，或者声称是泄密，或暗示享有接触机密信息的特权。它们都是写给普通读者的推测性文章：这些图纸都没有采用真正的工程装置的图画样式（如完美的直线、精确的测量、模仿蓝图），都明确标出是“假设的”和“理论的”。他们没有受到原子能委员会的谴责，原子能委员会对私人猜测采取“不予置评”的态度，在任何情况下都不会确认或否认，因为这样做可能会泄露真实信息。这些图画也不会被引申联系到某个特定行动上，它们不同于基于假设的恐怖主义核弹图纸，那种核弹图纸经常采用真实工程装置的图画样式，恐怖主义者以此炫耀自己对核知识有所了解。

但是，在20世纪70年代末，人们如何判断氢弹设计是否如《时代》周刊、《伦敦新闻画报》、《生活》杂志或其他媒体通过推测想象所描述的那样？人们可以尝试从物理学角度进行推理，但如果不能获得比较充分的信息，尤其是在公共领域不太容易获得其他相关信息时，就很难做出科学判断。最简单的方法是知道它具有官方属性，或者具有进行官方审查的资质，以确定这种或那种推测性设计是真实的。在1950年发生了汉斯·贝特和《科学美国人》的文章出版事件之后，原子能委员会及其继任机构一直小心翼翼地让那些知道秘密的人明白泄露秘密会招致何种惩罚，并尽可能地避免为公共领域的信息出具验证性意见，但过去几十年来，这种做法暴露了其局限性。

霍华德·莫兰是一名记者，他在求学期间意识到自己“一开始错误地”选择了埃默里大学物理学方向之后，转而选择了经济学方向。莫兰曾是美国空军飞行员，由于对越南战争的幻想破灭，他个人也发生了转变，并自诩“和平活动家”。在战争结束后，他将反战努力转向了对核武器的关注。

从 1976 年开始，他制作了关于美国核武器生产制造体系的幻灯片，努力地找出从大规模毁灭性武器中获利的生产基地和非军方承包商，并宣传即将到来的世界末日的威胁。莫兰是后越战时期的众多活动家中的一员，他们认为反战运动的精神如果希望延续下去，就需要有所转变，他从正在兴起的反核电运动中得到了启发，该运动也是基于类似的转变（例如，忧思科学家联盟也发生了同样的转变）。莫兰希望揭开核武器生产制造体系的复杂性和隐秘性，向美国民众表明这个问题并不是那么抽象、隐蔽或遥不可及。

当莫兰试图吸引其他反战人士关注核战争问题时，他开始觉得保密政策本身就是问题的一部分。它不仅产生了极为消极的影响，而且保密的观念导致那些消息灵通的人都觉得核武器问题本质上是不具参与性的。他们因为无法充分地了解它而无法对它采取行动。正如莫兰后来所说的那样：

> 大多数人只准备从最普通的角度考虑军备问题。我认为，他们的犹豫怯懦源自一种普遍意识，即他们自认为没有资格讨论那些不为人知或可能为人知的问题，因为美国国家安全的一个必要条件是这些问题只能向特定的少数人透露。

利弗莫尔国家实验室武器部门第一任主任赫伯特·约克于 1976 年出版了一本关于氢弹的著作，莫兰受到了该书的启发，这本书将泰勒-乌拉姆构型的发明描述为“在所有仍保密的技术中唯一真正的核心秘密”。莫兰将这一论断视为对社会活动家的挑战，“除对美国政府拒绝提供这一信息的不满，我觉得氢弹的秘密还象征着所有的秘密，一个局外人对它的破解将拆穿重重遮盖之下的氢弹武器的神圣性”。他认为，如果能弄清泰勒–乌拉姆构型的秘密，他就能制造出一个真正的氢弹玩具模型，作为一种吸引人的展示方式，使核武器的秘密变得一览无余，从而消除其秘密性。莫兰不同于那些学生“核弹设计者”，他不仅想让人知道他能做到这一点，还想让所有人知道氢弹的秘密。只有他一个人了解这个秘密是不够的，他还必须把它说出来。

因此，莫兰从“安全栅栏”的外部出发，他没有接受过高级工程学科或科学培训，他的假设是，截至 1978 年公共领域已经存在足够的信息，他通过一些研究设计出氢弹。他从自认为最权威的资料开始：田纳西州橡树岭 Y-12 设施的参观手册中刊载的照片。该设施是在“曼哈顿计划”期间创建的一个巨大的综合性生产基地，但在 20 世纪 70 年代，它在核武器生产中的作用仍未被人充分地了解。据莫兰说，这本小册子“包含了超过 100 张机器和工作空间的图片，以及解释它们用途的说明……我可以推断出某些类型的零件、某些材料可能用于氢弹之中”。他的逻辑是正确的：官方发布的信息肯定会包含一些真材实料。

但莫兰的下一步更令人好奇：他开始从各种百科全书中收集关于氢弹的描述。虽然百科全书有很多内容，但它通常不会被视为寻找秘密信息的地方。但关于核武器的条目经常是由科学家撰写的，包括现任或前任武器科学家，所以这个想法并不像它看起来那么牵强。莫兰指出，1974 年版《美国大百科全书》中关于“氢弹”的条目是由爱德华·泰勒撰写的，因此尽管它可能不包含秘密，但它所包含的内容可能是准确的。这篇文章附带一张设想性的氢弹设计插图，引人思考。在一个子弹形的外壳内，一端装有球形裂变炸弹，另一端装有椭圆形的聚变燃料。然而，莫兰当时并不知道，这类出版物的插图很少是由文章作者负责完成的。后来人们发现，《美国大百科全书》的插图，不仅与爱德华·泰勒无关，而且该插图基本上是对10年前出版的另一本百科全书的剽窃，原图附在汉斯·贝特写的一篇文章上。

在搜索公共领域信息的过程中，莫兰很快就发现了文章附图表的规律。《美国大百科全书》中的“爱德华·泰勒”式插图是一种方法，但他也很快发现了一种不同的方法，即曾参加过“曼哈顿计划”的物理学家拉尔夫·拉普在《世界百科全书》中发表的一种方法。“拉普”式插图基本上是1955年《生活》杂志“3-F炸弹”（即裂变—聚变—裂变三相弹）设计的翻版，但莫兰并不知道这一点。把这些互不相容的图放在一起所引起的摩擦与碰撞，在他的脑海中激发出了有成效的思考，“它们不可能都是对的，但我知道它们也不可能都是错的”。他意识到，氢弹的秘密在某种程度上必须是一连串的事件，一帧与另一帧之间以纳秒*为单位分开，每一帧都显示了如何从前期的设置，发展到后期的百万吨级爆炸威力。按顺序思考这些图形使莫兰得出结论，氢弹秘密的关键不在于特殊材料，而在于一种精心安排，这种安排将使裂变炸弹引爆聚变材料，然后产生进一步的裂变反应。

作为一个缺乏技术知识，无法深入研究武器性能理论模型的人，莫兰不得不采取一种奇特的调查方法。他根据每张图的假定作者（后来发现是这些假名字都是障眼法）、视觉风格和明显的逻辑一致性特征来评价它们的贡献，以分辨出是有意义的论述，还是胡言乱语：

> 爱德华·泰勒（依照图像顺序研究）的推测是更权威的，但对它们的内容故意做了模糊化处理，似乎更像是原子弹点

* 1纳秒为十亿分之一秒。——编者注

燃垃圾桶内大量氢气的想法的图片，而不是真正的氢弹设计元素。拉普的文章更详细，但在我看来并没有什么意义。我曾经问过核弹工业的半官方科学作家、《核武器的影响》的作者塞缪尔·格拉斯通，他说这些图表显示了人们在思考氢弹时可以有多么丰富的想象力。

正如莫兰后来告诉我的："我想，要做出不包含任何信息的图纸是很难的，同样，要所有的图纸都能准确地表达核心概念也难以实现。"

莫兰花了一年时间来研究这个问题。他不再囿于以各种百科全书为基础的方法，而是查看了更多来自武器工厂的宣传册子，查阅已出版的关于原子武器的文献（通常以图表为重点），而且更重要的是与人交谈。这些人有的与核武器生产制造体系有联系，有的则没有，他向这些人讲述了自己正在进行的项目和他对武器工作原理的想法。从莫兰的叙述中可以看出，他们中的许多人都觉得自己是在以一种幽默玩笑的方式对待他。他们对一个非理工科专业人士试图根据百科全书中的图表来解释像氢弹这样的技术问题，同时又能厚着脸皮与他们侃侃而谈感到惊讶。他甚至能够与爱德华·泰勒和乌拉姆谈论他们的工作，但是他们二人并不配合。莫兰总结了一套与知道秘密的人交谈的技巧，现在回想起来，这就是典型的间谍技术，比如通过提供猜测来"引诱他们上钩"。如果他们证实了他的猜测，他就学到了一些东西；如果他们纠正了他，他也学到了一些东西。他发现科学家尤其喜欢纠正他人的错误观念。

在对他各种尝试的叙述中，莫兰曾表示，自己并不对试图诱骗科学家和美国政府机构，使其"无意中透露了更多信息"的事实感到尴尬。对他来说，这只是一个游戏，他不认为这会对国家安全造成损害。毕竟，如果像他这样一个好奇但不懂技术的人都可以了解关于氢弹的一些真实情况，那么显然，一个拥有大量资源的国家也可以获得这些信息，而且尚未有人认真考虑过，恐怖分子可能造得出氢弹。

最终，莫兰将他认为是氢弹秘密的信息汇集整理成一张注解图，以 7 帧按照视觉流程排列的小图描述了氢弹的引爆过程。第一帧描绘了一个类似于“爱德华 · 泰勒”插图的剖面图，一个子弹状的天然铀外壳，一端装有裂变炸弹的“触发器”（“初级”爆炸），另一端是一个棺椁状容器，代表聚变燃料筒（“次级”爆炸部分）。在引爆的过程中，裂变炸弹起火，被来自外部发射器的中子辐照，发出伽马射线和 X 射线进入辐射箱外壳。外壳向内反射引起“次级”爆炸，将其向内压缩，导致聚变反应。聚变反应释放中子，导致外部的铀壳本身裂变，然后“开始形成一个火球……”（如图 8-2 所示）。

这个方案体现了他与人交谈的过程中了解到的情况，也符合他在研读氢弹发展历史之后提炼出的两个重要标准：第一，氢弹的“秘密”有一些并非显而易见的因素（因为研发耗费了数年时间）；第二，它不可能过于复杂，因为像奥本海默这样的怀疑论者曾赞赏该技术“甜蜜”且优雅。莫兰所设想的是一种“分阶段引爆”的武器（其聚变和裂变燃料被物理分离）并使用一个辐射箱来实现“辐射内爆”，似乎符合要求。

莫兰在制作好图表并完成解释性说明的最终版本后，给社会活动家和科学家，还有在项目一开始就保持沟通的各方人士发去了草案，并打算先发表这些完成的内容，并在后续发表更全面的

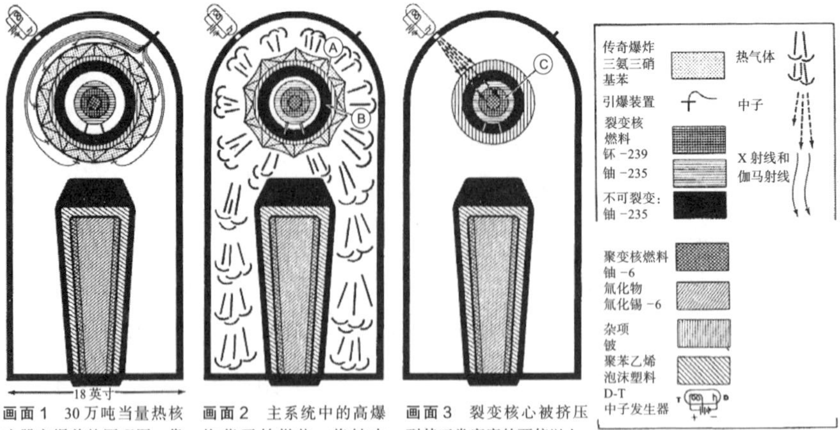

画面 1　30 万吨当量热核武器启爆前的原理图。靠近顶部的同心球体构成了主系统，或裂变触发器。其余的是二级系统。

画面 2　主系统中的高爆炸药开始燃烧，将铍中子反射器（A）和高浓度铀 -238 推送—反射层（B）向内推向可裂变核心。推送—反射层和核心之间的空间促使推送—反射层在撞击核心之前产生动量。

画面 3　裂变核心被挤压到其正常密度的两倍以上，进入超临界状态。从高压真空管中发射的中子在裂变材料中产生链式反应。链式反应首先集中在快速裂变的钚 -239（C）中。

画面 4　链式反应扩散到缓慢裂变的铀 -235（D）。位于裂变核心的聚变燃料向其核心喷射中子，以“提高”裂变效率。当核心膨胀到其原始尺寸时，反应停止，完成爆炸的第一阶段。到目前为止的能量释放为 4 万吨。伽马射线和 X 射线瞬间以光速向外传播。

画面 5　武器外壳（E）将辐射的压力反射到厚厚的辐射屏蔽层（F）周围以及聚变推送—反射层（G）的侧面，由此使推送—反射层向内坍缩。此时产生的热量和压力促使聚变燃料“棒”的氚化部分（H）开始发生聚变。氚在燃料棒中的精确位置取决于设计者打算从哪里开始聚变反应。此次聚变活动产生的中子会在聚变燃料棒中继续生成氚。

画面 6　聚变燃料在整个燃料棒中几乎同时发生反应，释放出 13 万吨能量来完成爆炸的第二阶段。聚变产生的高能中子被铀 -238 吸收，在截至目前的一系列反应活动中，铀 -238 一直充当着裂变推送—反射层、辐射屏蔽器、辐射反射器和聚变推送—反射层的角色。此时，铀 -238 的作用是裂变燃料。

画面 7　铀 -238 发生裂变，在爆炸中又增加了 13 万吨能量，其裂变产物足以使 150 平方英里范围内的所有人都因放射性尘埃而亡。爆炸第三阶段由此结束。一个火球开始形成……

图 8-2　霍华德 · 莫兰对“氢弹的秘密”的最初表述

资料来源：霍华德 · 莫兰，“氢弹的秘密”，《进步》杂志（1979 年 11 月），第 3-12 页。

有关核武器危险性的文章。然而，他得到的鼓励寥寥无几。《华盛顿邮报》的一位科学领域作家告诉他，“现在你还无法讲述一个完整的故事，只有这些漫画还不够”，而伯克利的一位物理学家告诉他，“这些信息以前都发表过”。他还偶尔收到警告，说这么做会让他出丑，甚至可能因披露限制性数据而遭受可怕的法律制裁。

在遭到数次拒绝后，莫兰把文稿投给了左翼期刊《进步》杂志。编辑对这篇文章的价值也心存疑虑。总编辑小塞缪尔·戴多年后回忆说，这篇文章的原始形式简直就是“小学生在背诵核军备竞赛历史”，其中“掺杂着讲得不清不楚的原子弹技术”。而在其他人开始告诉小塞缪尔，此文内容可能比较危险后，他才有了发表这篇文章的兴趣。这些“其他人”不是隶属于美国政府的科学家或“亲核”人士，他们是具有技术背景的反核活动家，他们相信消除核机密的神秘感是一个崇高的目标，但他们并不认同鼓励传播热核武器设计信息能对无核世界做出贡献。小塞缪尔的一位联系人鼓励他将文章图表寄给麻省理工学院的一名研究生，这位研究生又将图表转交给了麻省理工学院的政治学教授乔治·拉斯金斯。

拉斯金斯是美国军备控制领域受人尊敬的专家，他经常在教学过程中向自己的研究生提出挑战，激励他们去发现氢弹的秘密，但还没有人取得成功。在收到莫兰的图表后，拉斯金斯于1979年2月15日给《进步》杂志的编辑打电话。据戴说，拉斯金斯表示认可文章的反保密主旨，但不相信这些技术信息会推动反保密事业。他解释说，“我觉得这些信息可能会被人用于恶作剧”“可能会产生灾难性的影响”。小塞缪尔没有被说服，尽管他承认不了解技术细节，但他已经得出结论，这些信息“对于一个一心想要发展氢弹的国家来说，不可能有更多的价值，只有一时半刻之用”。拉斯金斯“出于良心之责”，将莫兰的图表提交给美国能源部审查，并向美国联邦法院提交了一份书面证词，即宣誓书，认为应该阻止该文章发表。

但美国能源部没有立即做出回应。小塞缪尔问了另一位读过该文章的科学家西奥多·波斯托尔，并向他征求意见。美国阿贡国家实验室的波斯托尔从未接触过机密数据，但他认为莫兰的设计可能是准确的。对于一个训练有素的物理学家来说，研发起来并不难，因此，他也建议不要发表。4 天后，《进步》杂志的编辑得出结论，能源部一定不同意拉斯金斯的评估，并担心“我们心目中的这部卖座大片可能是个‘哑弹’”。据莫兰说，《进步》杂志的编辑埃尔温·诺尔曾乐于接受这篇文章被宣布为秘密：“这将使我们登上全美所有报纸的头版！”2 月 21 日，《进步》杂志将文章的另一份副本寄给能源部，请求它们帮忙“核实材料的准确性”。到 2 月 26 日小塞缪尔没有收到任何答复，于是他给能源部的公共事务主任打电话，但是主任表示没有听说过这篇文章。他们用挂号信的方式又给他寄了一份。

《进步》杂志的编辑对能源部穷追不舍，告诉能源部官员他们出版在即，但实际上他们已经开始准备一篇替代性文章了。最后，能源部还是上钩了。能源部的总顾问给编辑打电话，要求他们不得刊登这篇报道，因为能源部已经确定这篇文章含有限制性数据，但他说能源部很乐意帮助《进步》杂志修改出一个“过滤”后的版本。能源部自认为这是一个慷慨的提议，是在他们“不予置评”政策下做出的例外之举，他们预感《进步》杂志会答应这样的安排，过去许多其他出版物都是如此。正如当时的能源部部长詹姆斯·施莱辛格后来所说，不披露具体的热核设计信息，“同样可以提出‘核保密政策会造成各种危险’的政治观点”。如果《进步》杂志继续推进的话，能源部决定向美国最高法院申请禁令，禁止其出版，这会是美国罕见的“事先审查”案例。

《进步》杂志的编辑很兴奋：他们一直期待的斗争已经到来，他们无意改变这篇文章。“无论从什么时候开始，”小塞缪尔后来说，“无论以什么方式发表，莫兰的文章都将达到其主要目的——引起人们对核机密问题及其对公共政策影响的关注……我们当时斗志昂扬。”

事后看来，美国能源部显然误判了《进步》杂志的态度。无论是能源部，还是其前任机构原子能委员会，都没有遇到过记者仅仅为了反抗审查制度而要求审查的情况。尽管能源部遇到过某些出版物愿意将受审查之事变成良好的宣传机会，但他们从未被如此厚颜无耻的手段“诱骗”过。如果他们不理会《进步》杂志的编辑，这篇文章很可能永远不会被发表，即使发表了，也只不过是一篇猜测性质的氢弹设计小文章而已。官方审查是能源部可能采取的最糟糕的选择：审查不仅给了《进步》杂志一个有新闻价值的理由，而且让外界以为莫兰的研究含有正确的内容。即使能源部赢了官司，信息被公开的可能性也很大，而且有可能激发所有模仿者循着莫兰的做法闹起来。而如果能源部败诉，监管限制性数据的法律权力就有可能受到质疑。这一法律权力从未在法庭上被检验过，而且正如美国司法部的律师在20世纪60年代做出的论断，假设美国政府有权力禁止私人言论，必会涉及严重的宪法问题。

施莱辛格后来判断，他“当时对法律抱有过高的、天真的信任”，以为如果他们申请美国最高法院禁止令，就会得到批准。他们完全没有准备好去面对一波反保密行动浪潮，也没想到美国最高法院或其他新闻界人士会为披露氢弹的秘密而斗争。施莱辛格认为，《进步》杂志的各项目标，还有“其立场基本上都是不负责任的”，虽然他对《1954年原子能法案》持保留意见，但他认为自己有责任执行法律的规定，在他看来，寻求禁令是正当选择。在这里必须强调的是，卡特政府及其官员并不认为自己是保密的代理人：在核政策、武器和公众信任问题上，他们自认是自由主义者。

3月7日，《进步》杂志的编辑告诉能源部，他们不会接受对该文章的任何修改建议。3月9日，能源部的律师向美国地方法院第七巡回法庭申请临时禁令，禁止该文章发表。该申请包括一份由美国能源部负责保密工作的约翰·格里芬主任撰写的书面证词，文中指出莫兰的文章包含限制性数据，传播该文将在实质上增加热核武器扩散的可能性，会对“美国国家安全造成严重和不可弥补的伤害”。

针对《进步》杂志采取的诉讼行动不是轻率之举，也并非没有认真考虑过可能产生的后果。采取行动的决定是最高层做出的。美国最高法院总检察长格里芬·贝尔站在了施莱辛格这一边，他亲自参与进来。贝尔给卡特总统提交了一份备忘录，主旨是要对《进步》杂志展开新闻审查而且分析了这么做可能产生的后果，并希望总统卡特能批准该举措。备忘录的结论很尖锐，既涉及出版后可能造成的危险，也涉及美国政府方败诉的可能性：“我们虽然不能保证会在这场诉讼中获胜，但如果这些数据得以披露，美国和整个世界的安全可能都将面临显而易见的、令人恐惧的严重后果。”卡特在备忘录上写了答复：“此招甚妙。继续。J（吉米·卡特）。”

美国最高法院副助理检察长托马斯·马丁第一个接到了能源部的电话，询问禁令的可能性。马丁的直接反应是：“这办不到。”政府从未赢得过“事先审查”案的官司，因为美国宪法第一修正案摆在那里。但这并非不可能：美国最高法院为这种尝试提供了先例，有两个主要案件，即“尼尔诉明尼苏达州政府”案（1931年）和“五角大楼文件”案（1971年），政府方都没有赢得官司。

但在这两个案件的否决意见中，美国最高法院就政府如何合理实施“事先审查”提出了建议。在马丁的回忆中，司法部对赢得“事先审查”案件很感兴趣，特别是在“五角大楼文件”案中失利之后，司法部希望通过诉讼来为其权力设定界限。但它不希望政府再次成为“败诉方”。马丁对氢弹的技术细节一无所知，但他告诉能源部，如果他们能得到一位诺贝尔奖获得者和所有内阁高级官员的书面证词，证明《进步》杂志文章中的信息尚未见于公共领域，而且如果公布会威胁到美国国家安全，美国司法部将支持他们的案件。当美国能源部表示对他们的能力有信心时，马丁回忆说：“我被说服了。”

“绝佳案件”：“《进步》杂志诉美国政府”案

“《进步》杂志”案将首次检验“限制性数据”到底是不是“长着牙齿”的法律。尽管美国能源部和司法部的律师一开始很乐观，毕竟，如果不是为了保护美国核机密皇冠上的宝石，“事先审查”还能用来做什么呢？但他们很快就会发现，尽管《1954年原子能法案》已经颁行了几十年，但核保密的法律基础比它看起来的更脆弱。

政府方律师提出禁止《进步》杂志发表莫兰文章的法律依据是，美国能源部的要求与美国最高法院在“五角大楼文件”案中被驳回的要求之间存在区别。具体来说，在“五角大楼文件”案中，美国最高法院对以白宫为代表的行政部门试图限制《纽约时报》进行相关报道提出批评，因为白宫并不享有法律明确赋予的限制出版的权力。而在该案中，美国能源部辩称，《1954年原子能法案》非常明确地赋予了他们这种权力。事实上，瑟古德·马歇尔法官在其关于“五角大楼文件”案的意见中指出，《1954年原子能法案》是国会批准的“禁止和惩罚非法信息传播的法定条款”的事实例证。

1979年3月9日，地方法院法官罗伯特·沃伦在政府方申请临时限制令的听证会上听取了政府方和《进步》杂志律师的陈述。他批准了这一请求，并下令在八九天后举行有关初步禁止令的听证会。他在做出裁决时，详细地阐述了自己的考虑，基于对核扩散和恐怖主义的担忧，他以非正式的语气解释道：

> 我想……在把氢弹给乌干达独裁者伊迪·阿明之前，我需要认真考虑很久……我还是想说，通过努力摸索出自制氢弹的方法并将其公之于众，与揭露我们军事机构的某些成员没能认清自己应如何在越南尽职尽责，在本质上是两回事。

随着审判的进行，沃伦的言论受到了批评（莫兰的文章不涉及“自制氢弹的方法”），但很难看出他是否真的能负责任地做出裁决。此时尚处于诉讼的早期阶段，漠视美国政府方的主张就等同于认为美国能源部缺乏识别威胁性核武器信息的专业知识。

在接下来的几周里，控方和辩方都在为一场战斗积极准备。双方都有大量的书面证词涌入法庭。由美国政府官员准备的书面证词都是按照大致相同的思路作证的：

> 1. 莫兰的文章包含限制性数据；
>
> 2. 上述限制性数据并不像莫兰的文章所说，是以正确或暗示的形式出现在公共领域的；
>
> 3. 公布这些限制性数据会大大地缩短一个国家在获得裂变武器后发展热核武器所需的时间，因此会对美国国家安全构成威胁。

书面证词来自科学家、武器实验室负责人和美国政府官员。从某种意义上说，这些都是对莫兰工作的高度赞扬，证明了莫兰文章的力量、重要性和相对准确性，不过这些证词事实上支持了应从法律上禁止莫兰文章的发表。利弗莫尔国家实验室负责人认为，“尽管文章有一些小的技术错误，但它包含或强烈暗示了氢弹实现其功能的关键概念……以前的出版物中包含了一些正确的提示，其中夹杂着不正确的想法，但绝对达不到这篇文章的水平，它的描述相当接近热核武器的实际运作”。洛斯阿拉莫斯国家实验室的代理主任甚至说，这篇文章“也许与爱德华·泰勒和乌拉姆关于该主题的初始理念一样，暗示了热核武器的使用过程”。美国国务卿认为，这篇文章的发表将“极大地促进其他国家发展热核武器的能力，能够比其他方式更快地研发出这些武器”。美国能源部部长施莱辛格写道，该报告的发表将“对美国国家安全造成不可弥补的损害”。

美国政府方的主要技术分析是由杰克·罗森格伦提供的，他是原子能委员会的资深保密顾问，也是一名热核武器设计师，在原子能委员会内部决定解密激光聚变的相关热核限制性数据时，他是主要参与者之一。罗森格伦认为，虽然公开文献中对泰勒-乌拉姆构型有一些暗示，但“没有任何地方对该设计做出过正确的描述”，尚未见公开文献中存在关于该构型“想法”的系统性整理。他的结论是，莫兰文章“所揭示的美国热核武器设计的核心特征，准确性远超其他出版物”。

同样，美国能源部的保密主任约翰·格里芬认为，自 1947 年以来，美国政府一直在不间断地审查解密的技术数据，尽管如此，“几乎所有关于热核武器设计的重要信息，都被确定为需要继续保密，以确保共同防御和安全”。

《进步》杂志的法律团队提交的书面证词讲述了一个不同的

故事。他们认为，莫兰文章中的所有信息确实已经存在于公共领域，如果像莫兰这样的人都能够从《美国大百科全书》的图表中搜集信息，并将其拼接成完整信息，那么这无论如何也算不上什么秘密。他们还质疑莫兰的文章是否会造成所谓直接的伤害，需将许多事件逐个串接（包括获得核裂变武器），才能想象出莫兰的文章会造成什么样的实际损害。损害的直接性是以前法院案例中针对“事先审查”行为时提出的主要法律问题之一，他们认为其他国家在开发热核武器时节省了一两年的时间，与出版行为的间接联系过于牵强，无法证明其新闻审查执法的合理性。

支持这一论点的是美国公民自由联盟代表《进步》杂志提交的《法庭之友》简报。美国公民自由联盟的辩护文强调，以前的法院案例已经明确指出，除了最特殊和措辞最谨慎的例外情况，美国宪法第一修正案推翻了所有的例外情况，并称美国政府方的辩护状中对损害国家安全的模糊暗示没有确凿的证据支持。美国公民自由联盟的公开立场是，这首先是一个重要的关乎美国宪法第一修正案的问题，而不仅仅是关于核弹和限制性数据的问题。在美国公民自由联盟内部，意见并不一致。在“五角大楼文件”案中，该组织内部没有人质疑他们在反对审查制度方面的立场是否正确。但在“《进步》杂志”案中，由于在核扩散问题上相互矛盾的立场，人们对美国公民自由联盟是否应该支持发表这篇文章产生了很多疑问。

辩护方也有自己的技术性书面证词，是由同情辩护方的科学家提供的。物理学家西奥多·波斯托尔曾是莫兰的早期联系人，他建议编辑不要发表这篇文章，不是因为它在技术层面上有危险，而是因为他担心美国政府方的恐慌反应会给审查制度提供一个危险的法律先例。但是，一旦美国政府方实施新闻审查，他就要努力地推翻它，因为在他看来，莫兰所描述的泰勒-乌拉姆构型其实并无特别之处。这个设计的基本原理已经展示在《美国大百科全书》中爱德华·泰勒的文章所附的插图中。令波斯托尔懊恼的是，美国能源部宣布他的书面证词也属于保密文件。

另一组来自美国阿贡国家实验室的物理学家提交了额外的书面证词以支持《进步》杂志。其中一个名叫亚历山大·德·沃尔皮的人称，美国政府方将莫兰的文章列为机密的做法可能源于一种恐惧，即公开氢弹的秘密将表明他们"粗陋的保密制度和钳制技术传播"的决策是有缺陷的，也表明他们试图扼杀关于美国军备控制政策的讨论。在美国阿贡国家实验室的科学家看来，莫兰的文章绝非仅仅揭露了美国政府方所断言的"这些信息在公共领域不易获得"是否正确的问题。文章也是对美国政府方对于核问题专业知识垄断的一种否定。

美国政府方提交了几份书面证词，直接反驳这些科学家的辩护文。最著名的专家是汉斯·贝特，他在氢弹保密问题上经验丰富。贝特的陈述和之前的许多美国政府方书面证词一样，认为莫兰图纸的"所有基本原则"都是正确的，而且这些原则尚未公开。与其他技术书面证词一样，贝特的陈述对莫兰的工作极尽恭维："手稿中描述的概念与爱德华·泰勒博士和斯坦尼斯瓦夫·乌拉姆博士最初提出的概念一样，是设计热核武器的基础和必要条件。"贝特宣称，根据他作为防止核扩散政策专家和曾担任与此直接相关的美国政府小组负责人的经验，莫兰文章的发表将"大大地加快现在尚不具备热核武器能力国家的研发速度"。

3月26日，沃伦法官维持了对该文的禁止令，认为即使莫兰设计中的各个方面均可在公共领域获得，莫兰自己对信息的综合和汇编仍然形成了对武器设计的第一个"正确描述"。他纠正了自己先前的误解，即这篇文章是一份自己动手制造氢弹的指南。但他强调，对于一个核国家来说，该文仍然可以"提供一张绕过各种错误路径的门票”。他认为，即使保密制度只是减缓了获取信息的速度，而不是直接阻止了获取信息的行为，“在人类历史的法庭上，有些时候时间本身可能是非常重要的”。对于某种政治观点必须通过披露技术信息得到伸张的说法，他并不认同。“本法院找不到任何合理的理由，说明公众为何需要了解氢弹制造的技术细节，并以此对美国政府保密政策展开知情权的辩论。”他再次重申自己的观点，即该案在许多方面与“五角大楼文件”案截然不同。

此时不仅仅是《进步》杂志败诉了，沃伦的论点也被广为传播。这似乎认可了一种被称为“马赛克理论”的保密哲学，即几条非保密信息的组合可以构成保密信息。马赛克理论在其最广泛涵盖范围之下，可以禁止大量信息的披露。结合限制性数据的定义，“马赛克理论”有可能使美国政府在阻止有关核问题的讨论方面享有极大的自由。这并不意味着美国政府正在寻求这种权力。美国能源部和司法部都将自己视为“好人”，反对传播一切他们确信是危险的、无助于促进民主的信息。但人们可以看到，像莫兰这样秉持反保密理念的人是如何看待这样的裁决的：这不仅是个人的失败，而且是对民众应享有知情权的民主理想的侮辱。

《进步》杂志的律师随即开始准备发起一个旨在撤销禁止令的听证会，但被拒绝了。该案随后进入上诉阶段，不同于今天相对快速的节奏，该案随后的审判持续了6个月。双方交锋的各个书面证词很好地描绘了各种立场，但这些书面证词没有将这宗政府官司置于长期的法律审查之下。

美国媒体对案件最初的反应是警惕的，但倾向于美国政府方的论点。在临时限制令下达后,《纽约时报》立即发表了一篇社论，既不完全相信美国政府方关于伤害的说法，也不为“高度危险的秘密武器设计”的信息披露行为加以辩护。尽管《纽约时报》已经通过“五角大楼文件”案积累了相关经验，但这篇社论的态度还是偏向美国政府方。也许《纽约时报》试图表明，正如它一直声称的那样，在反保密方面，它是负责任的一方。巧合的是,《纽约时报》的执行副总裁在5年前就曾以类似的理由为新闻审查制度辩护。1974年8月，詹姆斯·古德尔曾参加过听证会，他坐在持怀疑态度的美国国会委员会委员面前，就自由新闻的局限性作证，当被问及如果原子弹计划被泄露给《纽约时报》，他们是否会公布该计划时，古德尔回答道:“嗯，这就是我所说的经典案例，你要在美国政府保护范围内的信息和不在保护范围内的信息之间划清界限，而后者就是‘五角大楼文件’案。”

相比之下,《华盛顿邮报》的一篇社论认为整个事件是一个充满威胁意味的骗局。这是在“五角大楼文件”案之后，美国政府方加强新闻控制的一个“绝佳案例”。《华盛顿邮报》毫不含糊地指出，它看不出“向所有人提供关于如何制造核武器的信息”有什么公共利益可言，这使得该案成为“宪法第一修正案的真正败诉案”，一场新闻界“毫无胜算”的斗争。

但到了第二次庭审聆讯时，情况发生了变化。《纽约时报》从提交的书面证词中得出结论，认为《进步》杂志才是正确的，而非美国政府方。莫兰的这篇文章，从需要审查的直接意义上而言并不危险，但美国政府方的做法不仅显得过于强硬，而且对潜在危害的解释也过于含糊。《纽约时报》的一篇文章将《进步》杂志编辑诺尔描绘成一个“胡子拉碴、衣衫不整”的知识分子，他不知道这个案子会引起轰动，只是想发表这篇文章，因为它包含“某些我们认为公众应该知道的信息”。他们还转载了波斯托尔提供给他们的《美国大百科全书》中带着插图的、由“爱德华·泰勒”所写的全文。他们相信《进步》杂志的说法：这是一起明显由美国政府方针对无辜的、善意的媒体，侵犯其言论自由的案例。

对一个美国政府不想公开的秘密进行审判是很困难的。由于“事先审查”案件不属于刑事案件，原则上可以闭门审判（不公开），并密封记录。然而，这就要求被告接受安全审查。莫兰、诺尔和戴都拒绝闭门审判，他们指出，即使他们成功地赢得了这样一个案件，用他们的话说，这将成为一个“永久的禁言令”，他们今后自由发言的权力都将被剥夺。因此，该案依循两个平行的审判进程向前推进：一个是公开审判，被告可以出席；另一个是不公开审判，在同意获得必要的许可后，只有他们的律师可以参与审判。从理论上来讲，这一折中方案可以平衡安全和公开辩论的需要。而在实践中，它是一场灾难。它一方面体现了不切实际的操作和法律进程的不严谨、不一致。另一方面，这个过程不利于信息的正常传播。

辩方论证的一个关键部分是，莫兰文章中的信息已经很容易在公共领域中获得，因此，尽管美国官方将其认定为秘密，但它根本不是真正的“秘密”。为了论证这一点，辩方必须大胆地提出他们认为美国政府方声称的“秘密”是什么，然后解释莫兰是如何得出这些信息的。《进步》杂志的一名律师提出，在泰勒-乌拉姆构型的设计中，有三个主要概念存在争议：“反射”（来自初级裂变爆炸的 X 射线被重型外壳反射）；“辐射压力”（上述反射的 X 射线的力量压缩了次级聚变爆炸）；“压缩”（次级聚变爆炸引爆前必须被压缩）。第二天，美国能源部为何为“秘密”提出了三个备选概念："阶段分离"（初级裂变阶段和次级聚变阶段在物理上是分离的，前一个阶段的能量用以引爆下一个阶段）；"辐射耦合"（将"反射"和"辐射压力"更精确地组合成一个物理动作，描述能量从一个阶段转移至下一个阶段）；"压缩"（同前）。美国能源部的澄清文件是以不公开方式提交的，莫兰应该是看不到这些澄清内容的。这些技术上的澄清，为进一步讨论究竟公共领域已经有了什么、还没有什么打开了大门。例如，在"爱德华·泰勒"的图中已明确地指出"阶段分离"，即裂变和聚变部分在物理上是分离的。

代表《进步》杂志作证的最重要的专家是雷·基德尔，他曾在 20 世纪 60 年代负责利弗莫尔实验室的激光核聚变工作。在整个美国武器研发体系内，在了解热核武器设计信息的科学家中，没有谁能比基德尔更了解"辐射耦合"和"压缩"等概念的信息公开情况。自 20 世纪 60 年代初以来，基德尔一直在审查非美国政府组织在激光核聚变方面所做的工作。他密切地参与了 20 世纪 70 年代初相关概念解密的决策工作，并积极地游说解密其中一些内容重复的一般原则。用他的话说，这个案子的成功对他有"很大的利害关系"，如果它成功了，将使得更多的激光核聚变概念解密。

基德尔能够指出莫兰文章中的几十处关键概念在科学文献甚至是大众资料中讨论过。正如他在一份不公开的书面证词中所说："莫兰文章中指出的辐射内爆概念是氢弹的关键秘密，在公开的科学文献中出现的频率越来越高。"他甚至可以举出直接证据：美国能源部的保密部门主任在 1977 年被告知，联邦德国、加拿大和日本的激光核聚变研究人员都已通过各自的研发工作总结出独特的辐射内爆概念。基德尔的参与，使被告有能力与检方安排的武器开发经验丰富的专家展开实质性和权威性的技术论辩交锋。

虽然检方对外展示出的是一个统一阵线的形象，但内部存在异议。负责此案的美国律师之一弗兰克·图尔克海默曾两次请求美国司法部部长贝尔放弃诉讼。图尔克海默认为证据是错误的。美国能源部曾明确表示，莫兰的信息尚未在公共领域中出现，而这显然背离现实。据图尔克海默说，贝尔第一次责备他的立场，认为他是在“对来自他所谓的全美最自由的社区那些人施加的压力做出反应”（具体是哪个“社区”并没有明说）。第二次，图尔克海默说，他设法说服了美国司法部的其他人相信这个案子正走向溃败，但贝尔执意不改，因为“他已经向美国能源部部长施莱辛格做了承诺，这场官司将继续打下去，他觉得必须得履行承诺”。

托马斯·马丁检察官最初是美国司法部里支持推进“事先审查”请求的人，他逐渐意识到该案的演变“令人非常痛心”。随着辩方汇集了越来越多的书面证词，尤其是那些来自科学家的书面证词，他们都认为这些信息已经是公开的了，马丁确信，检方所依赖的那些来做技术论证的美国能源部专家，其实并不清楚哪些信息已经公之于众。他回忆道：“没有人真正地知道，也没有人能够知道，外界已经传播了什么知识信息。”他认为，辩方的书面证词“使我们处于一个比我们最初预期的更为模糊的世界”，但美国司法部已承诺将此案进行到底，因为半路放弃此案将使莫兰文章中的信息更加受人关注。

从一开始，官员就意识到，将此案提交法庭有可能使他们试图保密的东西受到关注。但他们并没有预料到这种关注会发展到何种程度。自 20 世纪 70 年代初以来，受到备受瞩目的“业余核弹设计者”的影响，对核弹秘密感兴趣的民间团体不断地壮大，“业余核弹设计者”我们已在第七章中讨论过。“《进步》杂志”案成为主流新闻圈的焦点，将这些人聚集在一起。莫兰开始收到很多人寄来的文章、理论和图表，随着案件的进展，他利用各方信息，继续钻研改进自己的氢弹设计，不过他已处于监视之下，拿到手的信息也是被过滤了的。

就这样，“《进步》杂志”案对一种新型的反保密行动产生了吸引力。像莫兰这样的活动家不愿意听从科学家的意见，甚至不愿意承认他们在核政策方面更博学。莫兰认为理工科的学位“不过是实践科学的许可证”，他认为科学用途问题的决定权归属于“享有知情权的公民”。怀疑似乎是相互的：科学家和美国军备控制专家大都对莫兰的项目表示怀疑。美国科学家联合会主任杰里米·斯通在 1979 年的一次活动上解释说，他觉得公众感兴趣的有关热核武器秘密的争论“都是胡扯……这就好比说，汽车行业的环境影响研究需要让公众知道火花塞是如何安装的”。

德米特里·罗托是参与“核武器生产的安全保障”辩论的一位“业余核弹设计者”（参看第七章内容），他在“《进步》杂志”案中也发挥了关键作用。罗托此时为一个倡议反核、支持环境保护的组织——自然资源保护协会工作，他与《进步》杂志的工作人员保持着联系。莫兰和罗托见了面，罗托向莫兰展示了自己对泰勒－乌拉姆构型的看法，但莫兰没觉得有何特别。罗托告诉他，之前他在撰写核武器设计的著作时，曾在洛斯阿拉莫斯国家实验室的公共技术图书馆里发现了一些关于裂变武器的有趣且具有揭秘意义的文件。莫兰建议他回到洛斯阿拉莫斯，四处看看，美国公民自由联盟同意支付他的旅费。

洛斯阿拉莫斯国家实验室的公共技术图书馆，即美国国家安全和资源中心，向公众开放，主要面向这个与世隔绝的小镇上众多拥有博士学位的人士。图书馆包含了从美国能源部其他核设施基地收到的解密报告。罗托打开图书馆卡片文件，查找了“氢弹”类目。在那里，他发现了一个交叉列表，上面写着“见武器”。他查了“武器”类目，找到了20多份解密报告。10分钟后，他手里拿着一叠纸，里面是利弗莫尔国家实验室的进度报告，编号为UCRL-4725。

UCRL-4725是一份关于1956年6月在马绍尔群岛举行的“红翼行动”系列核试验的报告。该报告提出的是武器设计的高水平思考和假设，但对罗托和莫兰来说，它清楚地揭示了大量他们之前未曾见过的设计信息。报告包含大量的机密武器数据，包括所用材料的质量和密度，具体的设计计算，甚至是关于泰勒-乌拉姆构型设计的具体信息，这是莫兰以前从未见过的。武器物理学家泰德·泰勒后来在美国国会作证时表示，《UCRL-4725报告》可以被公众接触到，是“据我所知，在这个国家第二次世界大战后核武器发展计划中遭受的最严重的安全破坏”。后来才发现，《UCRL-4725报告》是1971—1976年原子能委员会“解密行动”期间匆匆处理的数百万份文件中的一份。报告中原本只有一小部分打算放在开放式书架上供读者阅读。但是，保密分类的改变导致了一个错误，报告提交人忽略了报告标题旁边的“(EX)”说明，该说明指示只允许发布一份“摘要”内容，这份报告因此被错误地解密了。大约从1977年起，公众就可很容易地借阅到这份报告。

正如被告所希望的那样，《UCRL-4725报告》吸引了很多媒体的关注。美国政府立即下令收回该文件，但损害已经造成。美国参议员约翰·格伦曾在1978年就罗托获取核武器信息的问题举行过听证会，现在他又召开了更多的听证会，以审查此事及其重要影响。罗托再次出现在他面前作证，他很不高兴。他告诉美国能源部代表，“罗托二号”听证会对他来说真是烦不胜烦：“先生们，我不想一年后再坐在这里参加‘罗托三号’听证会。希望你们听明白我的话了。”在整场听证会上，格伦表达了对美国能源部代表的失望，因为他们还处理着正在进行的“《进步》杂志”案，试图谨慎且合法地处理这件事，当涉及热核武器信息时，他们坚持严格按照“法律细节”行事。

“UCRL-4725 事件”对美国政府的官司，即“《进步》杂志”案来说是灾难性的。美国政府声称氢弹的保密工作做得很好，这事让人难以接受。据《洛杉矶时报》报道，参与“《进步》杂志”案的大多数律师都倾向于放弃该案件，而不是闹到最后彻底输掉官司。在第七巡回上诉法院审理此案时，法官对政府方的主张表示怀疑。一个典型的例子是，法官小威尔伯·佩尔对“限制性数据”条款的整个解释提出了质疑：“坦率地说，如果你（美国政府方）只是试图保守我国的秘密，这会让我印象更加深刻。但是根据这个条款，你是在保守全世界的秘密，是不是这样？”

住在加州山景城的计算机程序员查尔斯·查克·汉森是被莫兰的事业吸引的志同道合者之一。汉森也是一位“业余核弹设计者”，他以挖掘核武器秘密为乐趣，并与莫兰保持着联系。汉森主要关注原子弹，深入研究并书写美国特定武器研发的技术历史，他对核历史的兴趣超过了对现代核政治的兴趣。作为一个武器爱好者，他也为喜欢建造比例模型的爱好者写一些文章。当“《进步》杂志”案成为全美头条新闻时，他也开始关注此事，并打算以此来炫耀自己在核秘密侦查方面的技能。他后来告诉记者，在该案发生之前，他“从不关心氢弹的秘密是什么”，但官司开始后他决定依靠自己的能力来探索秘密，以此证明莫兰是正确的。他首先详细地查看了为该案提交的所有公开书面证词，包括那些被美国能源部草率地解密的书面证词文件。

1979 年 4 月，汉森在几家大学的报纸上刊登了广告，为“氢弹大学设计竞赛”做宣传，悬赏 200 美元给第一个能画出被美国能源部宣布为“秘密”的氢弹设计图的人。汉森收到了几份设计图，其中一份来自加州大学伯克利分校的物理学研究生，他看到汉森的广告后，认为“如果霍华德·莫兰没有物理学背景也能做这件事，那我或许也能”。于是他向美国能源部提交了 3 份设计。美国能源部“毫无幽默感”（莫兰的说法）地告诉汉森，因为他涉嫌违反《1954 年原子能法案》，密谋不轨而需要接受调查。

1979 年 8 月，汉森给美国参议员查尔斯·珀西写了一封 18 页的信，概述了他的“秘密”设计版本，其中充满了详细的图表。他还向多家报社，包括学校校报发送了信件副本。莫兰对汉森的信感到失望，因为这些图表显然是错误的。他曾说：“我在信中看到了一堆老错误和一些新错误。可怜的查克·汉森一生的雄心壮志都是为了搞出一份机密信息，却白费功夫了。他们只会对此视而不见。”

与他的判断相反，两个星期后，美国政府宣布这封信为秘密，尽管那时信件内容已经广为流传。他们要求汉森提供一份信件接收人的完整名单，然后要求任何报纸都不得发表。这反而激起了媒体的逆反情绪，多名编辑表示他们不会遵守这份新闻审查令。加州大学伯克利分校的学生报纸《加利福尼亚日报》的编辑威胁要发表这封信，尽管编辑认为信中没有任何有趣的内容，而且他们此前已经违抗了禁止发表西奥多·波斯托尔另外一封信的禁令。汉森信函的吸引力完全来自新闻审查，而不是信中让人费解的、可疑的技术内容。作为回应，美国能源部对该报下发了临时限制令。但到了 9 月 16 日，麦迪逊新闻网上也发表了“汉森信函”特稿。汉森之前没有直接联系过麦迪逊新闻网，因此该媒体不在被美国政府限制出版之列。

令辩方和上诉法院法官感到意外的是，在汉森信函被发表后，美国政府方在第二天突然放弃了对《进步》杂志的起诉，宣布该案“没有实际意义”。他们认为，如果汉森以大致相同的形式发表了同样的信息，那么继续禁止《进步》杂志发表就毫无意义，但他们又警告说，这一决定并不表明他们放弃执行《1954 年原子能法案》。事实上，他们在同一天宣布，将调查是否有接触到美国政府限制性数据的人向莫兰泄露了信息。《进步》杂志现在可以发表莫兰的这篇文章了，因此在 1979 年 11 月的杂志封面印上了莫兰的氢弹设计图，标题为“氢弹的秘密：我们如何得到了它，以及我们为何要将其公之于众”。

具有讽刺意味的是，此时莫兰已经确定他最初的氢弹设计是不正确的。他把美国能源部各种书面证词中关于他的错误的评论铭记在心，并仔细地研究了其他“业余核弹设计者”给他的意见。其中有一篇从 1976 年的《新团结报》上剪下来的文章，该文提到了核聚变物理学家弗里德沃特·温特伯格提出的氢弹机制，文中内容深刻地影响了莫兰对氢弹机制的思考。《新团结报》是美国劳工党的机关报，该党从 1976 年开始为煽动狂热崇拜的阴谋家林登·拉鲁什发文，为他竞选美国总统进行宣传。拉鲁什集团的政治立场多样化且特立独行，而且该集团支持核聚变的研究，温特伯格曾积极参与拉鲁什资助的聚变能源基金会推动的一些工作。1976 年，聚变能源基金会的研究主任乌韦·帕尔帕特发表了一篇关于苏联在热核武器方面的所谓“新突破”的文章，这意味着苏联将能够建造“千兆吨”（1 000 兆吨）级的氢弹。这篇文章包括一张氢弹的单帧图，该图看起来与莫兰的有些不同，但使用了“分阶段爆炸”和“初级爆炸”发射出 X 射线这样的设计。

莫兰没有轻视这篇文章，而是发现了文中很有趣的内容。他从中获得了一个想法，即在聚变体的中心有更多的裂变材料，被称为“火花塞”，当聚变体从外部被压缩时，它将从内部对聚变材料施加压力。而在“《进步》杂志”案诉讼过程中，莫兰得出结论，他原来的压缩“次级爆炸”的机制——仅仅是由辐射压力实现——也是不正确的。在他新的理解中，氢弹壳体的下半部分充满了聚苯乙烯泡沫，来自“初级爆炸”的X射线会将其转化为热等离子体，这反过来会起到压缩作用。他的新认识部分来自一个新的信息来源：“《进步》杂志”案审判中不公开的解密文件，意味着他获悉了原本不应该知道的秘密。

由于历史原因，他在1979年11月的《进步》杂志上发表的文章其实是美国能源部展开审查之时的版本。此后对氢弹机制的修改意见作为勘误表补充在文后，并附有一张新的含有“爆炸泡沫”和钚“火花塞”的剖面图。

在文章发表之前，莫兰在一次新闻发布会上介绍了他的氢弹理论。他穿着一件自己在庭审初期制作的T恤衫，上面画着这个想法的精髓部分，展示了他对“爆炸泡沫”和钚“火花塞”的新发现（如图8-3所示）。记者对此表示漠不关心。莫兰回忆道，“我为之奋斗了几个月才获得的这一启示，对外展示后得到的却是假装礼貌的意兴阑珊”。氢弹设计本就是抽象的，因为它的神秘性和争议性而令人兴奋。就像魔术师的把戏一样，氢弹工作原理的细节一旦被揭示出来，就显得平淡无奇，乐趣不在于了解它，而是在于求而不得。

有关各方都认为“《进步》杂志”案很重要，但其意义并不明确。从某种意义上说，《进步》杂志赢了官司，但只是因为美国政府方自愿退出了。该案在做出裁决之前已被弃置，因此未能建立起一个法律先例。美国政府方并没有失去对私人和私立机构生成的限制性数据的监管能力，尽管执行这种规则的局限性已被

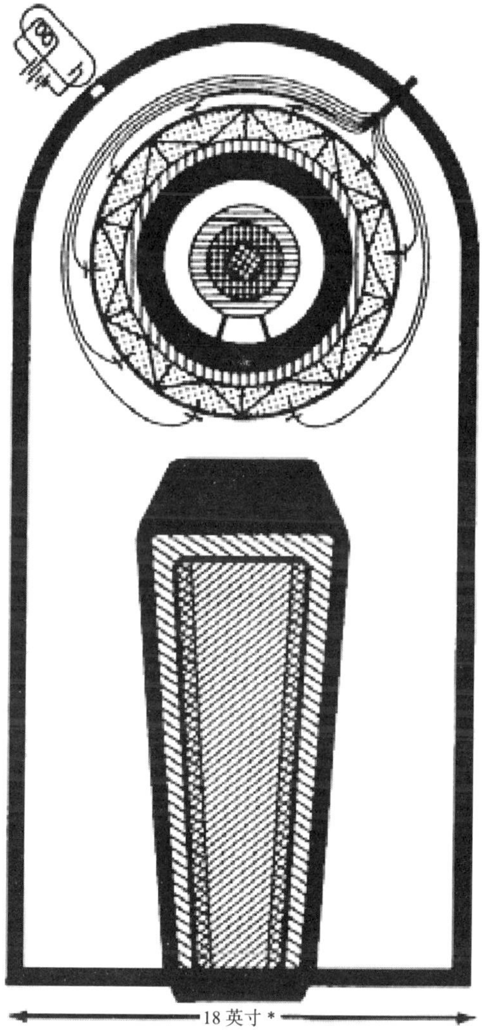

注：莫兰最后修订的氢弹设计图被放在勘误表中，与原文章一起发表在 1979 年 11 月的《进步》杂志上。请注意钚“火花塞”（在中心下方）和“爆炸泡沫”。

图 8-3 莫兰的新发现

资料来源：霍华德·莫兰，“勘误表”，《进步》杂志（1979 年 11 月），第 35 页。

* 1 英寸约合 2.54 厘米。——编者注

展示给外界。几乎所有相关人员都认为，如果美国政府方不理会这篇文章，反而可能更符合其自身利益。因为美国能源部和司法部从一开始就知道，为这篇文章打官司反倒是验证了文章的重要性，并使之成为媒体关注的焦点，而这种关注也凸显了美国政府本身在信息管控方面的诸多错误。回溯此案，无论是关于这个案件本身，还是美国政府控制热核信息的能力，政府显然低估了这些影响最终会有多大的危害。

该案对美国政府对待保密的方式产生了一些长期影响。最重要的是，它将核保密问题从“科学研究自由”的问题重新变为“言论自由”的问题。限制性数据由此转变为关乎新闻界和公民自由，而不仅仅是关乎私营企业或科学家个人的问题。法律学者把握住了这一关键转变，认为《1954 年原子能法案》确实赋予了美国政府威胁公民社会的专制权力。在此案之后，美国能源部竭力地守住其最初的“不予置评”政策立场，并以远非当初那般特殊的方式来对待限制性数据。

今天，我们更容易看到该案所有相关方持有多少种不同的动机。莫兰把自己当成了核领域的丹尼尔·埃尔斯伯格（五角大楼文件泄密者），自诩为反核武器运动的形象代言人，他可以证明核知识并不只掌握在少数有特定背景的“神秘掌权者”手里，他所做的研究也能够获得合法地位并证明他的实力。《进步》杂志编辑诺尔和小塞缪尔显然将此案视为提升其杂志形象的一种方式，也是对其长期以来反核新闻报道的一种有益补充。美国公民自由联盟以及后来的记者团认为此案对于避免毁灭性的法律缺位非常重要，因为这将使美国政府不能动辄以“国家安全”的名义禁止出版相关成果。阿贡国家实验室的科学家将此案视为限制美国政府保密管理的一种手段，即使他们不赞成传播有关核弹的技术信息。利弗莫尔国家实验室的雷·基德尔认为这是一次缩减他所从事的研究领域（激光核聚变）的保密范围的机会，由反对限制的各个派别的动机和期望的结果都略有不同。具体相关方的粗略分类见表 8-1。

表 8-1　对“《进步》杂志”案相关各方的粗略分类

各相关方	动机	期望的结果
霍华德·莫兰	反核和反保密的活动、宣传	成果出版、终结保密制度
《进步》杂志编辑	反核活动、新闻自由、宣传	出版、销售量
阿贡国家实验室的科学家	反保密活动、研究自由	减少保密审查
聚变研究人员	特定目标的解密、研究自由	对科学信息的解密
美国公民自由联盟，《纽约时报》	新闻自由	减少新闻审查

美国能源部和司法部的内部动机是最难揣摩的，不过也是人们猜测最多的。回过头来看，美国政府疯狂地夺取权力的可能性似乎较小，相比较而言更应该是他们做出了严重误判。无论是美国能源部部长施莱辛格，还是司法部部长贝尔，在决定禁止发表这篇文章的时候，似乎都没有做出重大的政治声明。施莱辛格似乎从未意料到，《进步》杂志的编辑很享受这场斗争，而莫兰居然完全不接受美国政府专家做出的“该文有害”的论断。施莱辛格后来也承认，他大大高估了美国政府管控公共信息的能力，没有意识到美国国会在 1946 年对信息管控做出的假设到了 1979 年却并不成立，而这些假设曾经是否成立亦未可知。

对于发起诉讼是否明智或所涉及的法律论据是否有力，在美国司法部内部从未达成一致意见。美国司法部的律师依赖于美国能源部的技术评估，当他们意识到能源部显然未能做到对专业技术的完全垄断，甚至在核机密方面也没有掌控能力时，律师们发现自己陷入了困境。美国检察官托马斯·马丁回忆说，他对美国能源部和司法部被新闻界妖魔化，并被指责玩弄政治阴谋感到尤为沮丧。他一直对我强调："这些人中没有真正的思想家。"他们主要指的是卡特政府的民主党人，美国能源部的民主党政客对核不扩散问题很感兴趣，而美国司法部的民主党政客对肃清尼克松政府流毒，美化该部门的形象极感兴趣。

我请教过的美国能源部保密专家提供了一个独特的视角。其实有许多说法都是反对莫兰文章的，那么那些人反复强调莫兰文章的价值及其独特性的动机是什么？一个颇似悖论的现实是，保密专家自以为非常了解公共领域涉核信息传播的情况，但事实并非如此。他们知道什么应该是法律上的秘密，但那些秘密与实际传播的信息有很大的出入。对保密制度的深入了解恰恰可能会让人难以认清该制度的局限性，因为专家们已将该制度的结构铭刻于心，他们根本看不到制度体系之外的现实。在公共领域出现了秘密信息并不意味着这样的信息就此自行正式解密（如真有此政策将会激励泄密行为，而且在公共领域内出现的事实并不意味着其真相已被公开证实）。但在此前发生的一起"事先审查"的案件中，美国政府有责任证明披露信息会带来严重的危害，"获取信息难度不大"这一事实，则会产生破坏性的影响。

从许多方面来看，"《进步》杂志"案承接了20世纪70年代前半段各类关于激光核聚变、核武器安全保障措施，以及保密和核扩散的争论。该案将这些社会核心关切问题与反保密活动以相当激烈的形式结合了起来，而反保密活动本身就是"五角大楼文件"案和"水门事件"的产物。"《进步》杂志"案不以专家意见为圭臬，反而将美国政府视为一种霸权主义的、僵化的控制形式，此案的参与者巧妙地与"该制度体系周旋"。在这种情况下，此案一开始被美国政府视为"绝佳案例"，因为他们享有审查私人领域信息的能力，而后来居然变成了被告想要证明这种保密制度不可能随意实施的“绝佳案例”。

多疑时代的开源情报

美国政府未能赢得诉讼“《进步》杂志”案，而且这场诉讼验证了霍华德·莫兰对泰勒-乌拉姆构型的描述站得住脚，这两个结果产生了短期和长期影响。最直接的影响是，它导致热核武器的基本概念正式解密。1979 年末，原子能委员会颁布了关于热核武器非机密性说明的新指南：“在热核武器中，来自裂变炸药的辐射可被约束并用于传递能量，以压缩并点燃含有热核燃料的独立部件。”然而，它们警告道，“对这一声明所做的任何阐述都具有保密性质”。泰勒-乌拉姆构型的设计理念（如图 8-4 所示）也在保密之列。

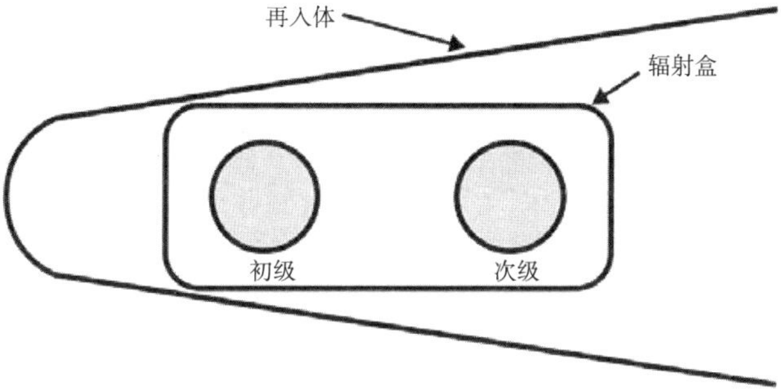

注：至少自 20 世纪 90 年代以来，此图是美国政府雇员获准使用的、符合其最大精确限度要求的图形示例，以说明泰勒-乌拉姆构型的设计理念。此图根据约翰·范登基布姆著《核武器基础》重新绘制，洛斯阿拉莫斯国家实验室报告 LA-UR-11-03126（2011 年 6 月）。

图 8-4　泰勒-乌拉姆构型的设计理念

这体现出美国能源部所做出的让步的局限性，既确认了莫兰的基本构想，又不得做出详细说明，但在泰勒-乌拉姆构型热核设计成为核保密制度“皇冠上的宝石”约30年后，这个让步对美国能源部来说无疑仍是个痛苦的决断。最终，美国能源部的出版物允许说明该设计的基本模式，即在一个长方形的盒子里有两个圆圈（一个标记为“初级”，另一个标记为“次级”），有时可在长方形的盒子外画上再入体。这展示了氢弹引爆顺序单一的、不含描述性内容的框架，与莫兰和其他“秘密探索者”的过分详细、臆测出来的工程图形成强烈对比。在披露这些信息的同时，美国能源部还解密了相关的激光核聚变概念——间接驱动压缩，这预示着20世纪80年代和90年代该领域许多重要信息将要解密，几乎所有的非保密研究领域都将迎来实质上的开放。

长期的影响则更为微妙。到20世纪80年代初，美国公众对保密的态度正在发生巨大变化。“《进步》杂志”案被视作捍卫言论自由的重大胜利，也体现出美国核保密制度缺陷，该案成为新的反保密政治的组成部分。尽管人们最初对反保密世界观持有疑虑，但是“《进步》杂志”案不仅成功地激发了民众的反保密热情，而且验证了这样一个事实：就连氢弹的秘密其实也并不深奥，其秘密不会比你在儿童百科全书中找到的东西高深多少。

在整个冷战过程中，对保密的批评一直存在。但20世纪50年代的尖锐批评更多的是针对麦卡锡主义的弊端和安全保密系统对科学的伤害，而不是针对保密管理实践做出全面的反抗。20世纪60年代也有对“愚蠢的保密管理”的批评，但这些批评更多是针对错误对象进行保密的荒谬做法，而不是反对保密制度本身，那时的反体制政治很少把保密制度视为体制弊端。虽然20世纪70年代的“五角大楼文件”案和“水门事件”丑闻引发了民众普遍的不信任感，由此引发了如火如荼的反保密政治并产生了一些反保密英雄，如丹尼尔·埃尔斯伯格、鲍勃·伍德沃德和卡尔·伯恩斯坦，他们一直关注那些值得揭露的秘密，那些隐藏着谎言、尴尬或罪行的秘密。到20世纪70年代末，特别是20世纪80年代以后，各方力量已经凝聚成一种真正的反保密政治，将各种形式的保密视为一种社会和政府的顽疾，并认为唯一可能的补救办法是彻底拒绝保密制度。

里根总统执政早期迎来了冷战时期核军备立场的回归，一些学者将这一时期称为“第二个冷战期”。寻求国际关系缓和的做法被视为失败，新的武器系统、部署和全球战略均付诸实施。这些新的核计划中最有名的是“战略防御计划”，这是一项雄心勃勃的弹道导弹防御计划，其灵感来自爱德华·泰勒领导的利弗莫尔国家实验室，但该计划也包含其他低级平庸的倒退之举，如部署新的核武器系统和恢复更积极的海外隐秘措施。但与冷战全盛时期不同的是，这个计划遭到了极端的怀疑和蔑视。被戏称为“星球大战计划”的“战略防御计划”，面临着各方要求在公开文献中对其可行性展开细致全面审查的情况。在上述案例中，利弗莫尔国家实验室的一名举报人声称，对该计划实施保密管理是为了掩盖其技术基础不可靠的事实，这完全契合流传已久的说法：美国政府将保密视为一种手段，就是为了获得资金而不受到适当的监督。

对反保密活动人士来说，所有的官方声明都可能是谎言，大多数政策都是骗局。保密本就是腐化堕落之物，它侵袭、伤害着美国政府，是美国政府所有问题的核心。解决之道是通过备受推崇的公开反腐来实施清洗措施，如果有必要，可以通过武力来实现。在这样的环境中，“秘密探索者”可以把自己从威胁挑衅者装扮成英雄，同时他们仍然愿与诡计多端的欺诈者为伍。

伴随着公众对保密制度失去信心，一种新的信息类型越来越多地出现了，它后来被称为“开源信息情报”。记者们从一开始就参与了对秘密事务的调查，无论是否得到美国政府的批准，他们经常做与军事和核设施有关的报道。但在 20 世纪 80 年代，秘密调查的行为，即在保密体制之外的个人试图了解他们不应该知道的东西，从边缘地带进入了主流。曾经由业余大学生“核弹设计者”、像莫兰这样自诩为活动家的人，以及像拉鲁什组织这样的边缘政治团体占据的舞台，现在则由正规的宣传团体和非政府组织占据，并大展手脚。

从事开源信息情报收集的组织正在研究非机密信息，但他们以类似于美国国家情报机构的方式对信息加以整理和汇集。与大多数事情一样，这并不是全新的，但它在 20 世纪 80 年代蓬勃发展。例如，简氏信息集团从 19 世纪末就开始制作有关军事硬件的百科全书，但该公司的业务在 20 世纪 80 年代扩大，开始提供每周评估，甚至首次专门做了核问题报道。自然资源保护协会是一个成立于 1970 年的倡导环保的组织，由于里根时代广泛存在的恐惧感，该协会对核武器相关事务的报道数量急剧增加。自 20 世纪 70 年代以来，自然资源保护协会已经参与了阻止某些类型核反应堆的开发和阻止美国在阿拉斯加进行核试验的诉讼，但在 20 世纪 80 年代初，他们启动了一个披露关于美国核武器的基本事实的项目：“核武器数量多少、是什么样子、被部署在哪里、是如何制造的，以及在哪里制造的。”

这项工作的动力来自一位执着而颇有成就的“秘密探索者”。不同于以往的“秘密探索者”，他所关注的核秘密侧重点比较特殊。威廉·阿金曾是美国陆军情报分析员，从 1978 年开始，他决定弄清楚美国的核武器究竟分布在哪里。问题是，“它们毫无踪迹……核武器的实体性质似乎是不透明的”。虽然核武器在安全、战略和保密的言论中占据了核心地位，但为了遵守保密政策，美国核武库的弹头数量以及冷战期间在世界各地部署的位置均为机密。阿金开始这项工作时，并没有意识到此项工作将会揭示出某种世界局势。纯粹的求知欲就是他的驱动力，而且他意识到，自己身为情报分析员，对美国核体系的认知，反而比不上对苏联核系统的了解。

阿金完全是在公共领域展开工作，他把晦涩难懂的报告、解密文件、美国国会证词，甚至是他开车经过的疑似核武器基地的地点拼接起来。尽管他的方法是非机密的，但看起来非常像过去的间谍活动。例如，阿金找到核武器基地的方法之一是收集美国军事指挥部的电话簿，并将其列表与他依据《信息自由法案》从相关部门获得的缩写加以比较，这些缩写代表该基地部署有核武器。通过这种方法，阿金将具体的细节拼凑起来，以证实之前只是被暗示过的情况，即美国已经将数万件核武器分散到数十个国家，有时这些国家的最高指挥部并不知情，而这些国家的居民更是对此一无所知。阿金发现这一点后大为震惊，因为这种做法将对民主的概念和性质产生极大的影响。

阿金利用这项研究撰写的第一篇重要文章于 1981 年 2 月发表在联邦德国的《明星》杂志上，其中有 3 页描述了美国在联邦德国的核武器部署情况，并附有一张地图，上面大约有 100 个点位，标明各个基地的武器分布状态。这些基地没有标注名称，但读者不费吹灰之力就能看出其中的一些，阿金的工作单位——美国国防信息中心揶揄地说，他们很快就会披露这些名称。然而，要求不得进一步公布细节的压力很快来临，阿金本人也因为坚持公布这些细节而被解雇。

与此同时，美国国务卿亚历山大·黑格要求美国国务院的法律部门研究对阿金公布机密信息的行为提出刑事指控的可能性。在与美国国务院律师联系过后，阿金立即雇了自己的律师，并通过他与对方达成了一项交易，他将向美国军方和能源部的顶级核安全专家介绍自己的方法。如果他们认为阿金只发表了公开文献中的信息，阿金就可以继续做自己的事情；如果阿金看起来有可能获得了被管控的机密，那么可能会受到指控。阿金带着自己的记事本、资料索引卡和参考资料来到了美国国务院。在阿金的描述中，一位上校每念出一个基地的名字，阿金就会展示一摞堆在一起的文件，证明基地有核武器。当上校念了20~30个名字，随着阿金一一展示相关文件，上校“在座位上逐渐蜷缩起来”。最后，上校宣布他已经看够了，而阿金也得到了一份无罪法律证明。

阿金认为自己的工作与莫兰的工作性质不同，莫兰的工作仅算是“恶作剧”，没有具体的、可衡量的、积极的政治后果。他认为开源寻密是撬动政策的一个杠杆。通过使特意设置为抽象的东西变得有形，他试图使核秘密成为政策分析和变革的目标。来自开源信息的“秘密”是针对核工业和核保密制度本身的武器。这项工作的最初成果是《核武器数据手册》第一卷，这是涵盖美国、苏联、英国、法国和中国的核能力和设施的多卷本著作的第一卷。该书出版时正值里根政府的国防部部长卡斯珀·温伯格声称苏联的核武库大幅扩充，他想以此作为增加美国国防开支的理由。该书包含了一些在美国最不为人知的秘密，即核武库规模及已部署核武器的位置和类型。《核武器数据手册》的几位作者认为该书是所有严肃的政策研议所必需的基本事实。

这部作品被许多评论家看好，并得到了媒体的广泛报道，其中大部分报道指出，这些信息属于开源信息。而且，与泰德·泰勒或莫兰的工作不同，新闻界并未在公布这些信息合适与否的问题上发生争议。曾任肯尼迪总统国家安全顾问的麦乔治·邦迪赞扬了这项工作的实用性，同时也深深地慨叹："没有哪一届政府对披露核信息抱有如此坚定不移的执着，但在过去的三年里，情况比以往更糟糕。"不过从历史角度来看，这样的慨叹之情很难得到支持。与前几届美国政府相比，里根政府在处理这些问题上似乎并没有什么不同。但对坦率的期望值发生了变化，这的确是事实。

1987 年，自然资源保护协会集团开始在《原子科学家公报》上开设"核笔记本"专栏，定期发表文章，主要是对他们的书籍加以宣传并做关于核武器问题的短篇新闻报道，也对核武器部署和核武库规模信息做年度更新。这些都不是基于机密信息，而是通过搜集报告、声明、官方讲话以及《信息自由法案》中的信息得来的。如果你相信他们的结果，那么你获得的保密信息不仅有美国的，还有更加保密的国家的，如苏联、中国的相关信息，甚至包括难以摸清其底细的以色列的信息。

阿金在 1985 年出版的《核战场》一书中，将他的方法应用于整个世界，用长长的表格和大量的地图记录了核部署和核储存情况。他联系了世界各地的记者，确保每个司法管辖区都有机会报道这些信息。书中内容甚至被引用到了约翰尼·卡森主持的《今夜秀》节目的独白里，他对加州的核弹头数量在全美领先印象深刻。"我认为现在大多数核弹头都在美国军事基地。但是，如果你碰巧在你家附近的街道上，看到一个大约 25 英尺（7.62 米）宽的井盖——那就可能有问题了。"

虽然公众的反应是积极的，但在自然资源保护协会内部存在着矛盾。与当权者作对可以获得大量新闻报道，但这有可能使该组织面临法律威胁或筹款困难的困境。尽管阿金继续与该组织合作，但他越来越认为自己的工作议程，相比合作方——"由各类和平基金会支持的自由资源保护协会”，显得更为激进、有胆魄。正如另一位自然资源保护协会的前雇员对我说的，该协会在纽约的办事处行事极为拘谨，因为他们负责筹款和议程制定，而华盛顿办事处的分析师都是胆大的“坏小子”，他们之间经常发生冲突。纽约办事处的工作越来越倾向于集中管理，最终导致他们的核项目被取消，该项目转而由美国科学家联合会接手。

在阿金看来，他最成功的活动是与一个更加激进的组织——绿色和平组织，从 1986 年到冷战结束合作开展了“无核海域”活动。阿金认为这“可能是有史以来最成功的社会活动家的维权运动”。这项工作包括确定哪些美国船只载有核武器，并表明这些船只停靠在哪些其他国家港口，包括那些对核武器有抵触情绪的国家，如日本、新西兰、冰岛和瑞典。绿色和平组织将这一信息公之于众后引发了不必要的争议。总统乔治·布什在美国海军的支持下将核武器从船上移走，以避免外交上的麻烦，这正是阿金和绿色和平组织所期望的结果。毫无疑问，这一决定还涉及其他因素，但显然，负面的舆论宣传在美国和其盟友之间造成了相当大的困扰。

长远来看，阿金和他的合作者在这一时期的活动将更多地被活动家（包括反核和其他领域的人士）、记者和学术研究人员借鉴。在关键的政策问题上，如果盲目偏信情报机构和美国政府的消息来源，在这个多疑的时代，显然是危险且天真的行为。

查克·汉森是 20 世纪 70 年代的“秘密探索者”之一，他的工作一直持续到 20 世纪 80 年代，正是汉森出人意料地导致了“《进步》杂志”案的撤案。在此案之前，汉森一直在研究他后来所说的“美国战后核武器计划的全面非保密技术史”。汉森通过对《信息自由法案》的极致利用，设法获取了比以往多得多的细节，据说他经常打交道的官员都以“查克”称呼他。以这些资料为基础，他在 1988 年出版了一本图文并茂的大开本著作《美国核武器：秘密的历史》。后来有传言称，有人看到穿着灰色西装的人在仔细地检查出售该书的书店，而且美国政府买断了许多书店的库存，以限制该书在市面流通，但在 20 世纪 80 年代，这样的故事已变成“秘密探索者”的荣誉和合法性的徽章，而不是什么值得害怕的事情。曾为霍华德·莫兰的作品提供信息的物理学家弗里德沃特·温特伯格在 1981 年出版了关于氢弹秘密的著作，在封底，他骄傲地让编辑印上了美国能源部拒绝评估该书内容的表述：“我们的政策是不对这样的出版物发表评论，因为如果它确实包含了一些机密的东西，那么我们就暴露了秘密。”对于温特伯格的出版商来说，即使是奉行“不予置评”政策的、言辞平淡的声明，也暗示了该书可能的涉密属性，因此也暗示了其内容的准确性和分量。

汉森书中的插图是他所说的“秘密知识和力量”的重要组成部分。他声称核爆炸和核武器本身的照片都是真实的，但没有什么比描述核武器工作原理的详细图表更有说服力。这些图表中包含精细的线条和大量的部件标签。最令人印象深刻的图解是半页篇幅的“原子弹‘胖子’组件图”，展示了汉森所理解的原子弹“胖子”的等距视图，并配有 26 个部件的标签，其细节和清晰度足以让人相信汉森知道它是如何制造的。如果说莫兰通过一个 7 帧的图表展示了自己对热核反应过程的掌握，那么汉森则将其推向了极限，展示了原子弹爆炸的 12 个阶段。

这些详细的炸弹视图（如图 8-5 所示）是由一位名叫迈克·瓦格农的技术美术师为汉森制作的，他为汉森的出版商艾端奥法克斯公司工作。瓦格农直接与汉森合作，“部分根据描述，部分根据一些照片和图画拼接完成”。为了达到理想的效果，它们最初被画得非常大——“胖子”视图的宽度为 1.22 米——然后再缩小。

1. 机头罩
2. 219 系列自毁引信（共 4 条）
3. 前部的两片同质装甲椭圆体
4. 阿尔奇雷达天线（共 4 条线）
5. 导火索填充管（共 4 个管）
6. 带电池的“A”板
7. 安装在“B”板上的发射装置
8. 前锥
9. 软木内衬的硬铝中间连接段（共 5 段）
10. 前部的硬铝电极帽（软木内衬）
11. 高爆炸药“快速燃烧”的成分 B（共 64 份）

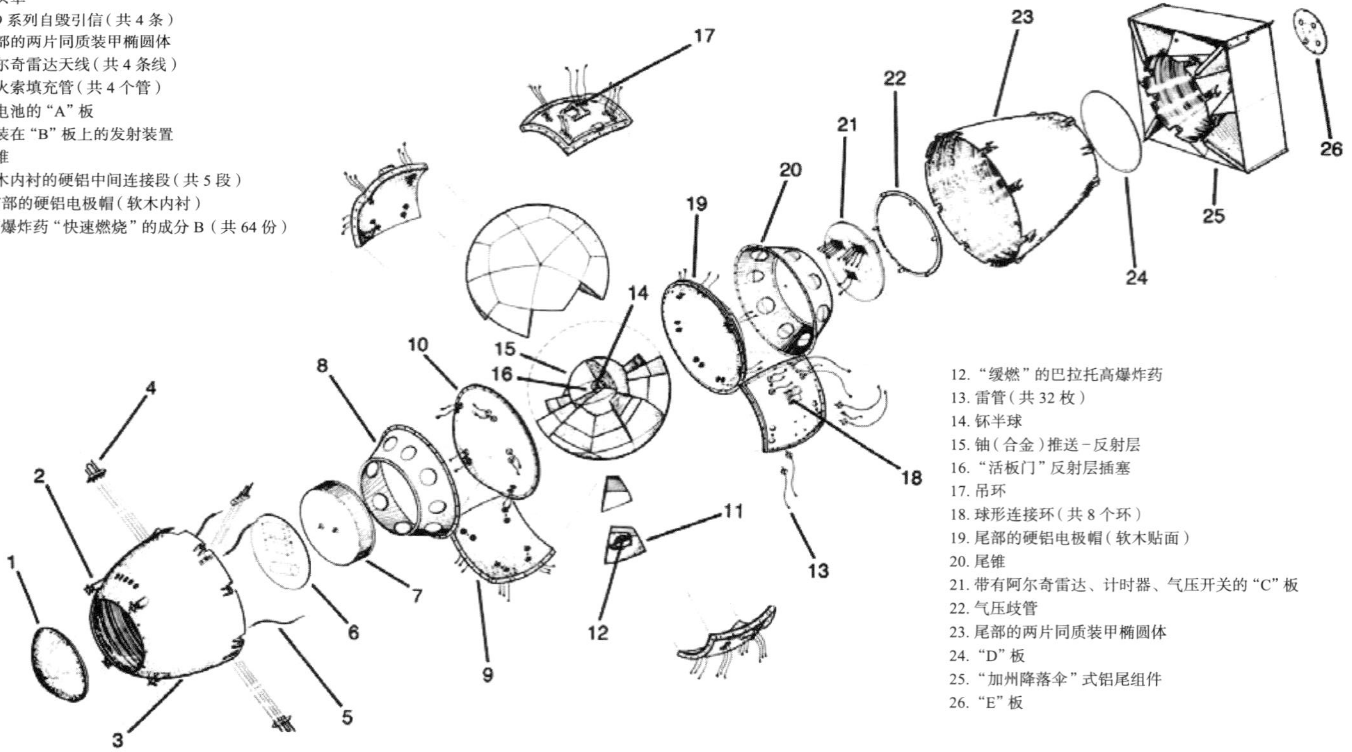

12. “缓燃”的巴拉托高爆炸药
13. 雷管（共 32 枚）
14. 钚半球
15. 铀（合金）推送-反射层
16. “活板门”反射层插塞
17. 吊环
18. 球形连接环（共 8 个环）
19. 尾部的硬铝电极帽（软木贴面）
20. 尾锥
21. 带有阿尔奇雷达、计时器、气压开关的“C”板
22. 气压歧管
23. 尾部的两片同质装甲椭圆体
24. “D”板
25. “加州降落伞”式铝尾组件
26. “E”板

注：本图由技术美术师迈克·瓦格农创作。

图 8-5 “胖子”原子弹细节丰富的等距图

资料来源：查克·汉森，《美国核武器：秘密的历史》，第 22 页。

瓦格农运用他的专业技术能力和推理技巧绘制了图表，用他的话说，“要展现出别人做不到的精确性”，他使用从工程绘图中借鉴来的方法来展现秘密。

汉森的书因揭示了一段不为人知的历史而受到赞誉，汉森也被誉为业余爱好者的典范。他在郊区的房子“充斥着各种资料、杂乱不堪，地板都被核技术文件压得变形”，他对核机密的痴迷被视为一种好奇心，但不构成威胁。在采访中，汉森以反对保密的立场描述了自己的工作，但他的真正动机似乎有着更强的个人倾向：“我喜欢书写那些没有做好记录的东西，因为相关信息难以获得。”他的反保密心态源于自己试图依靠《信息自由法案》获取信息的种种遭遇，处理《信息自由法案》业务的官员滥用他们的法定豁免权、收取各类费用和迟缓低效的官僚作风让他难以实现目的。

汉森在 20 世纪 80 年代似乎并没有受到美国联邦调查局的严格审查。1993 年，美国联邦调查局对他的工作展开了一次小型调查。在汉森向美国国防核机构提出一项依据《信息自由法案》披露信息的请求时，他要求从一份机密文件中获得非常具体的页数，这引起了一名美国国防核机构员工的怀疑。这名员工会见了一名美国联邦调查局特工，后者告诉他们，汉森要求查阅的信息“只能来自机构内部”，他认为有人向汉森泄露了信息。汉森对美国联邦调查局试图与他谈话的回应是要求所有的通信都以书面形式进行，然后他将此情况告诉了报纸媒体，说美国联邦调查局试图恐吓他。汉森通过一名律师告诉美国联邦调查局，他能获得相关信息是因为美国国防核机构对他们已经解密的文件记录的管理疏漏，他是从其他已经解密报告的脚注中获得的信息线索。美国联邦调查局似乎在几个月后就放弃了这个案子。汉森一直在探寻秘密，他后来以计算机程序员的身份获得了访问秘密的安全许可，一直到 1991 年他辞职。一名负责此案的美国联邦调查局特工赞扬汉森的这部著作，是“非常全面和详细的历史记录”。

可以说，早期的里根政府追求在某种程度上回归保密，他们主张回归到艾森豪威尔时代的军事立场。里根总统执政最初几年的情况被内部人士泄密给了媒体，这显然让里根总统本人感到沮丧。美国政府防止泄密的行动却又引起了更多的媒体关注。由里根总统的国家安全顾问起草的国家安全决定指令第 84 号文件旨在以高压手段防止泄密，但遭到广泛谴责。该指令要求所有能接触到秘密和敏感信息的美国联邦雇员签署保密协议，该协议即使在他们离职后仍然有效。该指令还允许在调查泄密事件时使用测谎仪，并有权对拒绝的雇员实施制裁。报纸上的文章和评论专栏经常谴责里根政府对保密管理的痴迷，称这些措施具有“奥威尔式专政”的含义，甚至在不考虑国家安全的情况下压制批评人士。在里根政府执政期间，由于内部和外部的批评，许多变革被缩减或取消。

里根政府的各级官员也充满了始于 20 世纪 70 年代末的疑虑。尽管面临一些批评人士的担忧和指责，但这并不意味着要完全回归艾森豪威尔时代。这种回归杂糅着“五角大楼文件”案的影响，在这个充满泄密、怀疑和阴谋的时期，保密制度每一次的调整转向总是受到批评。可以肯定的是，秘密是存在的，战后的每一位美国总统任内都是如此。但公众对保密制度变得极为怀疑。在每一个丑闻中，都有阴谋的存在，无论是美国侵略格林纳达、“伊朗门”事件，还是出台新安全指令（新指令往往是为了进一步隐瞒真相）。当里根政府将一部加拿大反核电影称为“外国的煽动性宣传”时，它得到了特别回应——这部电影获得了奥斯卡奖（尽管它本质上是海伦·卡尔迪科特的一场大学演讲，充满不准确的信息，但也算得上宣传之作）。这些原本可能是一个个孤立事件，但让人感觉里根政府试图出台各类政策以操纵和控制美国民众。舆论沸沸扬扬，把这些保密政策的颁行变成了一种“秘密崇拜”的主流叙事。美国政府的行为有些幽默，如刻意调高依据《信息自由法案》查询、申请、复印文件的价格，拒绝向少数明确反美的外国人发放签证，以及重新推动执行既有的出口管制要求。正如一篇专栏文章所说，“自《权利法案》通过以来，在和平时期实施如此大规模的审查，在这个国家前所未见”。

核领域管理机构也在此列，和其他部门别无二致。美国能源部试图设立一个新的“非机密受控核信息”类别，对应那些尚未正式保密，但可能对有意破坏或攻击敏感设施的恐怖分子有用的信息，此举引起了各方的恐惧和蔑视。美国能源部官员试图向美国国会议员和监察团体保证，他们并没有这样的意图，他们希望使世界变得更安全，但基本上被置若罔闻。

里根政府继续援引核武器适用保密政策的最终理由。在美国律师协会主办的一场辩论中，一位被称为里根反泄密政策“首席设计师”的美国司法部官员辩称，保密是必要的，因为这是一个“危险的世界……我们面对的对手，拥有比我们国家在战争时期所面对的任何敌人都强大的军事力量。我们生活在无处不在的核战争威胁中，核战争可以摧毁我们所知的世界”。

这并不是说里根政府没有朝着强化保密的方向前进。但要想查清并阻止内部泄密是一个让人非常困扰的难题，而且机密信息的处理方式也总是时松时紧。对里根总统的反保密工作的批评，与其说是基于他的政策细节，不如说是源于想象中的“倒退”（它假定前几届政府一直在朝着减少保密的方向发展）。这些断言的可信度值得怀疑，不过这并不是重点。在这方面，20 世纪 80 年代的真正有趣之处在于，任何触及保密的事情都可能招致批评。这是新兴并且持续演进的反保密政治的本质，这种新的批评舆论逐渐成为主流意见。与 20 世纪 70 年代不同，那时公众勉强承认有“出于国家安全需要，不应该谈论”的内容。同时，开始对美国政府做出的决定缺乏信心。一个监督团体宣称，里根政府是自原子弹发明以来最糟糕、最注重保密的一届美国政府，这种说法似乎难以成立，但这样的批评能够存在并产生较大影响的事实表明，有关保密的公共话语发生了深刻的变化。

20 世纪 70 年代的事件清楚地表明，试图监管外部人士会导致美国政府在公开舆论上的失败。里根政府的保密管理就是试图小心翼翼地在内部人士和外部人士之间划清界限，这或许是吸取了相关事件的教训。内部人士是那些曾为美国政府工作、签署过保密令或保密协议的人，这些人为了得到一份工作承担了法律义务，在法律上处于劣势且易受伤害。当《简氏防务周刊》——一家成立于 1984 年的军事刊物——公布了美国间谍卫星的照片时，里根政府查出并起诉了泄密者（美国海军情报支持中心的一名雇员），他被判犯有间谍罪和盗窃政府财产罪，并被处以两年监禁。审查或谴责《简氏防务周刊》是不可能的，但可以让泄密者罪有应得。

具有讽刺意味的是，当反保密理念被应用于苏联时，即使是里根总统也能接受它。1986 年的“切尔诺贝利事故”发生后不久，在日内瓦举行的一次峰会上，他声称美苏两国的主要区别在于：“‘世界自由’国家的领导人在峰会上公开讨论国际社会共同关心的问题，而苏联政府则是秘密行事，顽固地拒绝向国际社会通报这场灾难带来的普遍性危险，双方的反差是如此鲜明。”里根总统的助手向媒体表示，里根总统亲自在演讲中加入了这句话，以此展示他对苏联的强硬立场。可以肯定的是，苏联在对内、对外掩盖切尔诺贝利的秘密，这与米哈伊尔·戈尔巴乔夫的公开化政策相矛盾，这也是造成事故及其后果的一个主要因素。美国对外将自己描绘成不受保密制度限制的样子，但又激进地加强国内的信息管控，其机会主义特点和伪善的本质暴露无遗，特别是在应当公布事故详情和披露核武器体系时，美国从来不会如实地、完整地展示信息。

从 20 世纪 70 年代开始到冷战后期，随着 1989 年柏林墙的倒塌和 1991 年苏联的解体，反保密行动的浪潮日益高涨，反保密的核心原则也逐渐占据主流。随着美国国家安全状态的变化，以及越来越多的人认为核武器是一种独特的生存威胁，保密已不仅仅是一个表征，而是许多国家和全球政治问题的根源。保密可能被视为冷战时期美国社会症结的决定性因素，任何冷战时期的恐惧和弊病都可以部分归咎于它。以前人们认为，由于世界变得日益危险，其结果就是保密被视为一种可能需要被容忍的邪恶，而现在保密已被明确地视为造成全世界身处危险的原因。

保密和反保密政治力量的划分与美国党派的分野并不完全相同。在冷战期间，历届美国政府为了实现其目标都信奉保密政治，就像各国政府都要保障国家安全一样。但是反保密政治倾向于以自由主义的批判方式出现，也许是因为它的核心论点，即国家的安全主张不可信。当然也有少数保守派人士批评保密政治，但他们的发声往往是令人惊讶的例外情况。特别是到了后冷战时期，人们曾试图将保密重新定义为一种“政府监管”形式，但并未取得实际的结果。

令人惊讶的是，保守派中最坚定的反保密倡导者是“氢弹之父”爱德华·泰勒。早在1945年，他就宣布保密制度是一种需要被推翻的邪恶，在整个冷战期间，他写过社论和专栏，反对对核武器基地实施保密管理。但爱德华·泰勒对保密的批评与其他反保密斗士不同。在他看来，保密之所以是一个问题，是因为它阻碍了科学的发展，而科学是推动技术发展的必要条件。1986年爱德华·泰勒在一篇比较核武器和计算机发展的社论中略显含混地指出：

> 核武器是在高度保密的情况下发展起来的。苏联现在很可能领先于美国。在计算机的发展过程中，美国政府基本上没有实施保密管理，只实施了较少的专利限制。毫无疑问，美国当前在计算机方面领先于苏联。这说明保密并不会带来安全。

苏联核项目在比美国更保密的情况下得到了快速发展。如果撇开这一矛盾现实不谈，那么爱德华·泰勒的论点就显得十分简单而一致，即如果不那么保密，美国将拥有更多、更好的核武器。赫伯特·约克是爱德华·泰勒的老同事（也是对手），他对爱德华·泰勒的反保密观点持怀疑态度：

> 我无法认同他反对核武器保密的原因，他坚信保持领先于苏联的方法是让每个人都投入武器设计工作之中。不只是在洛斯阿拉莫斯，而是所有人！所以他希望解密，这样他就可以让美国应用科学的每个部门都去研究核武器，甚至其他武器。

爱德华·泰勒的提法与“曼哈顿计划”实施过程中常见的反

保密批评意见没有太大差别，后者认为保密会阻碍美国在武器领域以及和平利用核能领域的科学发展。更不同寻常的是，美国在武器上的主导地位被证明持续了很长一段时间。在爱德华·泰勒的同事已将他们的努力方向转变为美国军备控制之后很久，他仍坚持这一观点。无论如何，爱德华·泰勒关于解密的保守观点，始终是模糊和迟滞不前的，他的观点从来没有对权力结构发起有意义的挑战或招致对方真正的愤怒。

各个国家不是同质的实体，美国如果不能给予拥有不同世界观的各个国家自由发展的空间，就将一事无成。在美国政府内部，即使面对反保密活动人士的攻击，冷战时期的保密制度仍在继续。“《进步》杂志”案揭示了一些关于热核武器设计的信息（这让激光核聚变科学家很高兴），但它并没有从根本上改变美国政府的基本立场。唯一在操作模式上的改变，就是恢复了“不予置评”政策，这一政策自20世纪40年代以来一直占据主导地位，只有“《进步》杂志”案使其违反了自身的政策。不管人们如何看待莫兰的案子以及它取得的成就（时至今日，当事人仍各持己见），它最终并没有打破美国的保密政治，即使它引发了一种新批判形式，不过实质上仍是冷战时期的那套东西。

但冷战不会永远持续下去，它终结的速度超过了世人的预期。其中一个促成因素恰恰是保密政治的改革，但不是在美国。戈尔巴乔夫的公开化和改革政策是导致苏联迅速解体的重要因素之一。1991年，苏联解体，但美国的保密政治、核秘密与核解密将持续存在。

第九章
冷战后的核信息保密与解密

当前应以一种新思路来思考核保密问题。
——《莫伊尼汉报告》，1997 年

对大多数美国人来说，冷战的结束让人松了一口气。过去几十年的生存危机几乎在一夜之间就不复存在了。世界仍然是复杂的，威胁和恐惧无所不在，但就在此刻，核毁灭的可能性似乎已经降低。也许，很多人希望，美国紧绷的国家安全状态可能就此彻底地改变，或者起码可以稍有缓和。

冷战结束之初，出现了一些可喜的迹象。乔治·布什总统确实做了一些大刀阔斧的改革，1991—1992 年，他通过大幅削减战略和战术武器，将核武器储备几近减半。美国能源部开始全面审查既定的限制性数据准则，并在 1992 年夏天完成的报告中得出结论：新的国际环境允许对美国能源部的保密制度进行一些根本性的改革。正如该报告所指出的，现行的保密制度是冷战的产物，“迄今已发生了很大变化”。《1954 年原子能法案》已在美国实施了多年，“鉴于迅速变化的世界形势”，现在是“对核武器和核武器相关信息的保密政策进行根本性审查的时候了”。报告的总体结论是，虽然保密政策的主要目标应该是阻止核扩散和核恐怖主义，但未来需要进一步推进国际合作，更加重视保密政策对“环境保护、技术商业化、成本降低等其他美国国家发展目标”的影响。

虽然新当选的克林顿总统曾在竞选中提出了与冷战时期完全不同的优先事项，但核保密制度的改革未能列入其中。然而，在他当选仅仅几个月后，呼吁推动相关改革的舆论声量渐起。“应该有人告诉美国中央情报局和联邦调查局，冷战已经结束。”一位专栏作家这样写道。在执政数月之后，克林顿总统就发出总统令，启动为期两年的国家保密制度审查进程，目标是起草“一个新的行政令，满足后冷战时期国家安全信息保密制度的需要，维护国家安全信息”。1993 年，为进一步推动变革，他任命黑泽尔·奥利里为冷战后的首位能源部部长。奥利里是律师出身，曾在卡特政府任职，刚从北方电力公司执行副总裁的职位卸任。奥利里不走技术性路线，而是在现实操作和发展规划上双线并进，以推动美国能源部实现现代化。其外表也异于他人，当时的评论家都注意到了这一点，在这个由白人男性主导的决策机构和科学领域，黑泽尔·奥利里是一位非洲裔女性。

1993 年 12 月，奥利里启动了一项对美国能源部来说具有标志性意义的计划，即推行《涉核信息公开倡议》，该倡议力图把 1992 年研究报告的许多建议付诸实践，强调对核保密制度和解密程序进行更广泛的改革。特别强调了所公布的历史资料与“利益攸关方”之间的关系，包括环保主义者、反核活动人士、政府核设施周围的社区、历史学家、其他活动家、非政府组织和智库，这些人士自 20 世纪 80 年代起就支持核保密制度改革。奥利里在美国能源部总部举行的记者招待会上宣布：“冷战已经结束。”她略带歉意的言辞，将此刻与不堪的过去分隔开来：“我们曾被一种隐秘的气氛笼罩着。我曾经的感受尤甚——我称之为压抑。”

为了配合《涉核信息公开倡议》的启动，奥利里公布了一系列关于原子能计划的史实。第一，美国 20% 的核试验是在未正式宣布的情况下进行的，目的是使苏联无法监控；第二，美国到 1988 年为止生产的分离钚总量为 89 吨；第三，她宣布在激光核聚变领域大规模解密，到审查结束时，美国在该领域将只有大约 20% 的研究仍属机密；第四，她发布了有关橡树岭的美国 Y-12 国家核军工综合性生产基地周围汞的使用信息，该信息关乎当地环境安全和健康问题；第五，她宣布美国能源部将公布冷战期间实施的数百项人体辐射实验相关信息，这是一项极不寻常、不同以往的揭露过去恶行的举措。

其实，人体辐射实验被公之于众的时间稍早一些。此前，《阿尔伯克基论坛报》刊登了一篇获得普利策奖的关于“人体钚注射”实验的长篇报道，18 名此前被诊断出患有严重疾病的美国人于 1945 年 4 月至 1947 年 7 月参加了该实验并被注射钚溶液，而他们只获得了最低标准的知情权，该实验的目的是更好地了解人体对钚的吸收代谢情况，以确立工厂的安全标准。即使早在 1947 年，这种隐瞒不告的行为也会让此类实验成为丑闻，所以当时原子能委员会以保密为名掩盖事实，这样就不用担心事实披露会造成负面影响。奥利里闻知此类实验时，感到“恐骇、震惊且极度悲痛”，她公布了约 800 项在冷战期间进行的人体辐射实验，大多数是根据当时的知情权标准进行的。但令人遗憾的是，受试者所享有的知情权，远低于 20 世纪 90 年代的实验标准。

奥利里还致力于重塑核宣传相关的话语。从保密转变为赢得公众信任、尊重“利益攸关方”意见。她解释说，所有未来的保密政策都将在与这些外部组织广泛讨论后确定。她宣布，美国能源部正在审查约 3 200 万页的解密文件，并计划对《1954 年原子能法案》做实质性的修订。她认为，在冷战后的世界，最重要的是，美国政府要保证透明度，并重建公众对能源部的信任。在接下来的问答环节中，记者追问奥利里有关人体辐射实验的更多细节。这位美国能源部部长解释说，如果由她决定，她会立即公布所有信息，但律师们一直在阻止她，他们认为，需要等到隐私和责任问题完全解决后才可公布。

奥利里领导的美国能源部努力地重塑自身形象，使之有别于以行事隐秘和家长式作风闻名的原子能委员会。在 1994 年 5 月的一次活动中，她说："从爱德华·泰勒到绿色和平组织，我们听取了每个人的意见。"多年来，信息披露一直受到媒体的广泛关注，且是民主党政府在后冷战时期关注的焦点。民主党自视为开放的典范。对丑闻的关注是否真有成效令人怀疑，这么做也许只是把更多的注意力集中在政府的不当行为上，这更是助长了各方对奥利里领导的美国能源部和该部以前的核保密工作的批评。

1994 年 6 月，奥利里在第二次"解密"新闻发布会上宣布，仅在那一年，美国能源部已解密"119 个独立的秘密事项"，但没有详细说明这可能意味着什么。她表示，美国能源部将公布多年来核试验对马绍尔群岛造成的长期性环境破坏的信息，以及科罗拉多州洛基弗拉斯核武器制造工厂造污排污的信息。她还表示，解密的速度比以往任何时候都要快：以前需要数年才能审查完毕的文件，现在只需数月即可完成。在 20 世纪 90 年代，"开放"提供了一个契机，使保密政策可以获得更大程度的松绑，美国能源部在信息传播和宣传方面都扩大了范围。具有象征意义的是，美国能源部在 1993 年将保密办公室更名为解密办公室，体现了该部门新的优先事项和重大使命。该保密机构的目标是公布信息，而非隐瞒信息。1996 年，美国能源部核心保密政策小组向美国政府提出了堪称终极目标的建议：彻底抛弃核武器"天生机密"

的概念，取消自1946年以来授予核武器机密的特殊地位，将之降为普通级别的保密国防信息。

但“开放”的工程最终陷入停滞。新闻发布会上看似一团和气，立场颇为统一，但是有迹象表明，美国政府内部的官员对信息公开的态度是复杂的。在美国的各核武器实验室，人们都对彻底结束核试验感到焦虑（美国最后一次核试验是在1992年9月进行的）。在洛斯阿拉莫斯和利弗莫尔国家实验室的保密室里，人们开始讨论如何将实验室里的更多工作转移到非保密领域，从而保持实验室工作的相关性。但那些从事核武器设计工作的人似乎更希望继续对工作保密，他们认为这对遏制核扩散来说至关重要。在1994年1月召开的“利益攸关方”会议上，解密办公室主任布莱恩·西伯特告诉与会人员，美国能源部内部对这种新观点存疑。西伯特从1992年起就一直在推动这项政策的修订。正如西伯特所说，美国能源部已经习惯了国防部是唯一的“利益攸关方”，他们唯一的“客户”。长久以来他们已被训练成以保守秘密的方式思考问题，这样做既是一种强迫，也是因为他们喜欢这种排他性带来的感受。他们被灌输的就是必须接受这种“保密的哲学”。根据西伯特在1996年所说，在奥利里任期内，美国能源部解密的信息远超以往，超过能源部及其前身机构所做工作的总和，已审查约3亿页材料，但这“仍未触及问题的根本”。

当然，对冷战时期遗留下来的保密工作的改革内容，并不限于核武器。1997年3月，由丹尼尔·帕特里克·莫伊尼汉主持的美国参议院委员会在对保密工作的历史、实践，甚至指导思想进行了数年的调查后，向公众发布了《关于保护和减少政府涉密工作的专门委员会报告》，即《莫伊尼汉报告》。该报告的最终结论是，保密产生了负面效应，它对国家有害，且扭曲了美国政治，需要重新审视和规划保密制度。莫伊尼汉在报告导言中说：“如果说本报告旨在达到什么有意义的目的，那就是让公众知晓，保密其实是一种监管模式。”在这个保守派总是拿监管当作攻击对象的时代，搭建保密制度改革的框架可被视为民主党和共和党都需努力做好的工作。

但无论是解密，还是保密的政治依然是政治，而冷战后的政治，党派色彩浓厚。1994 年，共和党控制了国会两院，开始持续攻击克林顿政府。他们的主攻方向是所谓的“国家安全存在隐患。”

于是，在冷战结束不到 10 年时间，对核机密的失密和泄密的恐惧重新出现，而且是报复性地卷土重来。克林顿时代的“开放”被理解为松懈和草率。即使是解释基本武器概念的看似无害的尝试也被视为不当之举。《考克斯报告》指出：“参观洛斯阿拉莫斯国家实验室的人得到了一份 72 页的出版物，其中就包含关于热核武器设计的入门知识。”该报告展示了泰勒–乌拉姆构型的简单版本（一个正方形中的两个球体），该设计在“《进步》杂志”案之后被解密。其时奥利里已经出局，她因为卷入一个无关紧要的丑闻而辞职，而“公开”的想法越来越被视为一种不良的政治责任，它安抚了少数批评者，却引发了人们对过去美国政府错误行为的广泛关注。

对中国拥有核武器的恐惧已经填补了苏联留下的空白，巴基斯坦和印度这两个新的核大国（两国都在 1998 年测试了核弹）清楚地表明，冷战结束后的任何局势缓和都是短暂的。1998 年底，美国国会通过了一项新法律，要求美国能源部审查所有解密文件，以发现可能“无意中披露”的“限制性数据”。这是一个耗费人力资源和公共财产的工程，可能需要对此前公开的无数文件做“重新加密”。20 世纪 90 年代甚至发生了不折不扣的核间谍丑闻。李文和是来自中国台湾的计算机程序员，他的案子最终以美国政府失败告终，他被发现对机密数据处理不当，不过没有参与间谍活动。但对许多人来说，该案件意味着冷战的常规范式的回归。由于以上这些因素，保密制度改革最终陷于停滞。

另一个新的影响因素是网络数字技术的廉价和普及性。这一表述听起来很积极，当前信息自由流动的规模在几十年前是不可想象的，这对信息管控有着深远的影响。自由流动的信息往往会流向令人不快的地方，切尔西·曼宁和爱德华·斯诺登的大规模泄密尤其令人不安。而在这些泄密案发生之前很长一段时间，武器实验室就一直在努力解决一个难题，即一个体积很小的硬盘驱动器可以存储大量机密信息的难题。2000 年中，洛斯阿拉莫斯国家实验室丢失两块硬盘的消息成了全美的头条新闻，引发了美国联邦调查局的调查，甚至连测谎仪和审问手段都用上了。结果最终在一台复印机后面发现了这两块硬盘。

2001 年 9 月 11 日针对美国的恐怖袭击引发了新的恐惧浪潮和对保密制度新的关切。和以前一样，这两种情况就是如影随形：每当新的信息限制举措出台，都会引起我们对是否会重回冷战的质疑，或担忧这样是否会造成更坏的状况发生。这种在核领域的焦虑表现为对其他国家机密的恐惧，但这些国家与美国的传统敌人不同。

人们对核恐怖主义再一次产生恐惧，但这回有了新的方向。苏联解体使原加盟共和国陷入 10 年内乱，其核武器基础设施也处于混乱的状态。美国努力向这些国家输送资金，以帮助它们维持对其核库存和裂变材料的控制，并努力使其核专家衣食无忧地在岗就业，以免他们被人以高薪挖走。由于担心这些举措实施得太晚，人们对浓缩铀与“不受控核弹”的担忧加剧，更担心“不受控核弹”已经流入全球地下市场。有关涉核保密问题的讨论，在这一时期已基本上完全集中在美国境外的威胁上。

事实上，核黑市也悄悄地出现了。巴基斯坦冶金学家 A. Q. 汗在20世纪70年代曾受雇于荷兰一家商业离心机浓缩工厂，他被认为是向所谓的“无赖国家”出售核专业知识、技术和武器设计的关键代理人。A. Q. 汗提供的很多东西都是实物，比如巴基斯坦核计划中废弃的离心机，他还提供了一些核武器设计信息。各种问题似乎最终都归结于物流方面，即制造专业部件所必需的跨国关系网。

2003年，美国发动了伊拉克战争，表面上是为了寻找大规模杀伤性武器。尽管没有找到任何证据，但美国对伊拉克早已中止的核计划的厂房遗址做了详细分析。该项目作为秘密计划的一部分，由伊拉克官方负责修建维护，随着萨达姆倒台而彻底终止了（许多伊拉克的记录甚至被美国政府短暂地放到了互联网上，直到西方专家指出，这些文件包含美国政府认为的核机密）。伊拉克核项目似乎严重依赖已公开的核科技信息，甚至选择了当时就已过时的电磁分离浓缩法，因为这种方法在20世纪50年代就已解密，是最容易获取的方法。

2003年，朝鲜退出了《不扩散核武器条约》，并开始对宁边核反应堆的钚进行再加工。2006年，朝鲜引爆了6枚核弹头中的第一枚，2017年，朝鲜声称其中一枚是热核弹头。与其他拥有热核武器的国家不同，朝鲜向国际媒体展示了弹头外壳的形状，包括一个外形有趣的花生状氢弹，声称它适配远程导弹弹头。这种表演性的展示当然有其目的。朝鲜要让全世界，尤其是美国相信其核能力是真实而危险的，以打消国际社会一切针对该国采取军事行动的想法。当然，这种宣传不应该被理解为朝鲜真的打算公开相关信息（该国仍然在本能地实施保密），而应该理解为朝鲜当前的核宣传，与冷战早期美国摸索出来的那套选择性“信息管控”措施别无二致。

过去几十年来，伊朗核计划及其保密性质一直是国际社会关注和猜测的焦点。秘密的语言加上“保密意味着邪恶企图”的推论，总是萦绕着伊朗核问题的政治讨论。伊朗宣称它过去有一个秘密武器项目，不过后来中止了，但外界的怀疑导致各方要求其开放秘密基地并接受检查。伊朗则声称，虽然这些地点是秘密的，但它们并不是核机密。《不扩散核武器条约》只允许对核基地实施检查，而“常规”军事机密和基地有权保密。科学测量可以对这种说法提出疑问（比如土壤样本能够揭示铀浓缩的存在），但最终的测量结果出来后，各方仍然有争议，一方说伊朗处于当前境地必须要证明自己不会继续核项目（如果你同情他们的说法），另一方说部署保密措施为的是进一步使其目标扑朔迷离（如果你持怀疑态度）。时间终将证明哪种解释是对的。

在宣传所谓的“伊朗核机密”这件事上，表现最积极的国家是其地缘竞争对手以色列。它一直不遗余力地宣传伊朗的“死亡计算机”，据称是一台做了系统修复的伊朗计算机，里面充满了机密。其中一些所谓的秘密看起来平平无奇，如显示核武器如何随时间释放能量的功率曲线图，内爆式核武器的“球中球”示意图，以及美国各种已解密的核知识。这就是现代保密状态的奇怪之处——解密的图画可以被用来从事危险的工作，同时以色列还声称这些图画在美国仍处于保密状态。

以色列本身仍然处于保密和公开两难的窘境。众所周知，以色列是拥有核武器的国家，尽管它从未公开承认过。这种“不透明”的核政策，在外界看来，像是一种两全其美的尝试。通过拐弯抹角地让世界知道自己拥有这种武器，以色列可以从核威慑中获益。以色列通过非正式方式承认拥有核武器，获得了作为美国盟友的外交利益，尽管它并不是《不扩散核武器条约》成员。正如学者埃夫纳·科恩所称，以色列的核弹“保密效果最糟糕”，恰恰是“曼哈顿计划”保密管理的反面例证。但具有讽刺意味的是，这可能是以色列所处的特定国际政治环境中最有用的秘密。

然而，当保密制度重新回到政治舞台上时，信息公开的工作往往也紧随而至。乔治·布什总统倾向于保密，其在任期内一直遭受批评，鉴于此，巴拉克·奥巴马的竞选宣传和总统任期初期都明确地将重点放在达到“前所未有的美国政府公开程度”上，这是奥巴马总统写给所有行政部门和机构的备忘录中的原话。到了2010年，“政府公开”导致美国有史以来第一次公布了其当时的核武器库规模。在媒体的高度关注下，美国国防部公布了一张显示效果不佳的美国核武器库示意图，以及并不让人惊讶的核弹数量（5 113枚），这也许是一个令人扫兴的冷笑话。但是，就像以前数次由社会各界推动的“信息公开”一样，政治局势也会显现出相应的反作用力。受泄密事件的困扰，特别是那些轻易通过数字和网络技术传输数据造成的泄密事件（如2010年通过“维基解密”网站大规模泄露美国国务院电报的案件，以及美国政府防务承包商爱德华·斯诺登造成的美国国家安全局各种信息遭到泄密的事件），在历届美国政府中，奥巴马政府发起了数量最多的诉讼，起诉泄密者和告密者，这种做法令他的许多支持者感到失望。

正如我们所看到的，美国的保密制度表面上可见的东西，往往只是对其内部发生事情的苍白反映。21世纪初的保密制度似乎是若干事物的组合体，新旧内容都蕴含其中。在“旧”的类别中：法律和限制似乎与冷战期间为管控信息（以及人和空间）而制定的法律和限制基本相同。对它们所做的修改，如《爱国者法案》，似乎主要是为了加强这些模式的运作。执行保密制度的做法只是略有变化，意在涵盖数字网络时代带来的一些新情况。机构也略有变化，但并不让人觉得有什么特别的意义：美国能源部将其部分武器管理职能拆分给了美国国家核安全局，但其总体管理方法与以往别无二致。如果非要说有什么变化的话，那么最引人注目的恰恰在于，冷战虽已结束数十年，但发生的变化微乎其微。

在“新”类别中，出现了一些话语上的转变。反保密言论已经成为主流，各阶层的主要政治人物都引用了此类言论，而外界并不清楚他们使用这种言论的真实意图。在政治光谱的两极，反保密政治已经与一种偏执的政治形式融合在一起，反保密的言论中满是各种想象出来的阴谋论（当然这并不意味着阴谋不存在），而泄密事件也往往起到了火上浇油的作用。涉及核机密的舆论主要是针对其他国家的问题（如朝鲜或伊朗），很少有针对美国国内核问题的讨论。目前，关于核保密的讨论似乎算不上是美国国家安全状态的关键议题了（除非一个政治人物被指控错误地处理了核秘密而受到政治攻击），反倒是经济不端行为成了更广泛社会层面的关注点。对可能存在的中国科学和工业间谍活动的恐惧，主要体现在其是否能够利用保密制度来提高对美国的竞争。最近有越来越多的人呼吁限制中国学生来美国大学学习，不是因为他们可能学到的信息是机密，而是担心他们会获得那些对中国有用的享有专属权的商业信息。作为一名历史学家，我经常指出，科学开放精神一直都体现为宽宏的胸襟，而非某种确定的规范，但让人震惊的是，政策制定者和分析者居然放弃了开放精神，转而迅速地接受了这样一个前提条件，即他们应该按照美国国家框定的路线来限制非保密知识的交流，尤其是在大学里。

核武器作为终极秘密的想法仍然存在，但它是以种种奇怪的方式表现出来的：在社交媒体上谈论任何与核机密有关的事情，难免会有人评论“我们现在都在监视名单上了”，或者暗示美国国家安全局、美国联邦调查局或美国中央情报局也是社交媒体中沉默的一方。上述这些都是打趣的玩笑，但这表明在21世纪的今天，我们已经处在保密和隐私相互连接，互为彼此关切的时代。而各界也有充分的理由认为美国政府获得了新的审查权和监视权。

结语

核保密的过去和未来

> 第二次世界大战已经结束，但原子能之战仍在继续。
>
> ——美国国会议员沃尔特·安德鲁斯，1946 年

当美国国会议员安德鲁斯写到原子能之战仍在继续时，他仅是在讲述美国原子能立法过程的明争暗斗。但正如我们所看到的，《1946 年原子能法案》及其限制性数据的概念并没有让这场争战停歇。如果说法案起了什么作用，那就是为后续的原子能之战奠定了基础。我们生活在一个因核武器以及对其控制（或缺乏控制）生发出的各种恐惧和希望所困扰的世界，这种恐惧和希望在原子弹本身被研制出来后不久就开始造成困扰，并在随后的几十年里一直持续着。第二次世界大战已经结束，甚至冷战也已结束，但原子能之战其实仍在继续，而保密问题仍然是这场战争的核心。

阅读本书至此，我们已经纵览了这段大约 80 年的历史。我们看到，核保密的想法最初是源于一种非常具体的恐惧：那些拥

有邪恶想法的国家可能获得核武器，获得这种可能毁灭世界的力量。在经历了诸多转变后，核保密需要将更普遍、更广泛的问题纳入考量。不仅美国的敌对政权成为这种保密工作的目标，盟国、私营企业、民主机构和美国民众也被视为目标，保密的原因有些是合理的，有些则并不是。核弹问题之所及，即可见保密问题，而这两者之间的关系确实十分密切。对核知识实施管控的愿望使核保密工作变得无所不包，因为核知识失控造成的威胁过大。对控制权的渴望和对失去控制权的恐惧被禁锢在一个恶性循环之中，彼此驱动着对方。

尽管如此，核保密制度虽然有时相当强大，但在美国的现实情境中，它也可被证明是很脆弱的。将这种恐惧转化为现实确实很困难，因为阻碍实施完全保密的力量也很强大。言论自由这一理想，作为公民价值的核心被写入美国宪法，这个理想从来都不是绝对的，但它会永远存在。科学公开的理想，虽然从未像科学家有时声称的那样强大或无所不包，但它确实存在，而且确实体现了另一种对抗绝对保密的力量。从最早的核保密开始，科学公开的理想就为那些反对保密的人提供了一个带有修辞色彩的答案：无论知识是否具有危险性，过度的保密都会扼杀知识的创造。美国社会希望和平利用原子能并获取利益，这也阻碍了保密制度的实施，其结果有好有坏，并随之产生了一个持久的、可能存在缺陷的制度，这一制度力求在这些相互对立的意图之间达成一种谨慎的妥协。

因此，保密和反保密的话语从一开始就彼此纠结缠斗着，而两者间的张力似乎是美国保密政治语境中最明确、最具衍生效应的部分。有一些国家采用更高的开放标准，当然也有一些国家实施更强有力和全面的保密制度。在美国，人们发现这两种思想都趋于极端：两种强大的、引人注目的思想不断交锋，争夺话语权和政治权力，产生争议、冲突，甚至还能制造出它们之间相互作用的奇怪的“混合体”。这部分事实让人觉得典型的美国人就是如此，因为这些事体现了价值观的冲突，而美国如果不是建立在价值观的矛盾冲突之上，那它将一无所有。就其本质而言，美国就是高尚的理想主义和丑陋的、令人恐惧的权力的混合体。

在冷战结束后的这些年里，美国意识到自身处于一种不安的境地。核武器并没有消失，核威胁和以前一样糟糕，甚至可能更糟。当今世界，核扩散依然是重大关切，超级大国的竞争和军备竞赛仍在美国、俄罗斯和中国之间进行，而核恐怖主义的风险似乎既不可知，又极有可能存在着。然而，在冷战过程中发展起来并逐步部署实施的保密制度，自冷战后期直到今天一直被很大一部分美国人和美国各政治阶层视为是权责归属不清、不可行、昂贵且无效的。在美国的政治思想中，针对保密制度普遍存在着一种有如阴谋论，并与两党制有瓜葛的、深深的疑虑。美国政府以国家安全的名义管控信息的合法性，也受到社会各界的种种质疑。这种质疑致使普通的信息管控也会让人以为“奥威尔式”的惨境将会到来。

然而，尽管美国为系统性改革做出了种种努力，但保密制度一直存续着。没有迹象表明它将会消失，尽管在某种程度上，所有与之牵涉的各方都承认，在这个世界上存在着多种多样有技术能力的实体，同时又难以做到对这些实体实施全面控制，维持一个永久有效的技术信息保密制度更是无法实现的。对人类生存造成潜在威胁的技术数量已经大为增加，越来越多的人在从事合成生物学、人工智能和地球工程等各种新兴科学领域的工作，他们也在思考着保密问题，希望从核技术的历史中汲取经验教训，以减轻人们对技术滥用的恐惧。

因此，我们要提出一个问题：刚刚迈入 21 世纪第 3 个 10 年的我们应该如何看待这一切？要指出过去对现在的影响是很容易的，这些参考资料相当直白。同样的问题、主题、地点、技术，甚至是历史人物（如一直保持存在感的爱德华·泰勒），在保密和核武器问题上陷入了一轮又一轮的循环往复。在这一点上，大家都很清楚，冷战的结束并没有带来人们所希望的万能药：一些东西改变了，一些东西被重新配置了，但最终许多权力结构能够重新适应、存续。核机密作为其中之一，也一直存续至今。

原因何在？部分原因在于，世界上从来不存在一个简单、单一的核保密制度。我们所说的"核保密制度"其实是由许多不同的想法、欲望、恐惧、希望、活动和机构关系组成的，它们随着时间的推移而发生变化，有时甚至是巨大的变化。最初是源于两位科学家（西拉德和费米）之间的对话，后来扩展成一个系统，现在对数以百万计的美国人来说是例行的制度，而且它已经变得如此理所应当，以至于许多人根本无法想象出某个截然不同的核保密制度。

一种经济制度不会轻易地退出历史舞台，与此类似，根深蒂固的核保密制度也不可能简单地退出历史舞台。值得注意的是，对某些国家来说，大规模保密制度的唯一解决之道是国家的彻底崩溃（如民主德国、萨达姆统治下的伊拉克），而在某些情况下，即使出现了这样的结果仍不足以解决问题（如苏联解体后的俄罗斯）。保密制度不是一系列可以开启和终止的政策举措，相反，它已经深深地嵌入国家的运行体系之中。因此，想象出消除核武器的办法或许比想清楚如何消除围绕着核武器的保密制度要容易得多。

虽然改革者做出过改革的尝试，但一旦他们进入这个系统内部，往往会发现自己面临的任务比预想中的要困难得多。最突出的例子莫过于戴维·利连撒尔的退出。在1945年，利连撒尔坚信保密制度愚昧不堪，必须保持政治透明度。但他在 1946 年接触到了秘密之后，就不再那么确定政治透明度将如何发挥作用了。到 1947 年，他所倾力投入的各项事务恰恰是自己曾深恶痛绝的。到 1949 年，他在痛苦中辞去职务。这就是理想主义者不可避免的道路吗？扭曲利连撒尔内心的绝不仅仅是制度，而是伴随着视角的变化，使他从一个认知和责任均极为有限的局外人，突然转变为必须直面高风险的现实世界，且需要以一己之力为这个世界扛起责任的局内人。

这并不是说改革是不可能实现的，也不是说“保密的钟摆”注定要永远无效地来回摆动。但是，所有对核武器保密问题深思熟虑或想要采取行动的人，所有希望为之做出严肃而持久变革的人都应该吸取这段历史的教训。最重要的是，核武器的理念，从始至终都将与“知识就是力量”这一理念紧密相连。至于是否应该如此，并不是问题，大众和专家对核武器的理解都与科学和工程建设紧密相连，而专家和普通人对科学和工程建设的理解都围绕着“知识”这个核心。相应的结果就是，对核信息的任何处理方式，无论是主张保密还是解密，都具有内在的争议性和政治性，因为它总会被人诠释为可能造成可怕后果的决策。

直截了当地讲，如果知识就是力量，那么核知识就是极大的力量。有一些人反对这种观点，比如奥本海默在 1946 年试图将对技术的控制重塑为对物质材料的控制，或者如后来的科学社会学家所强调的，“知识如果不处于使之具有实质操作性的必要社会情景之中，就不会构成威胁”。但这些提法更违背直觉，而且各有所短。虽然相对组织环境和政治意愿等其他因素，信息在核扩散中的确切作用存在着巨大的学术性分歧，但几乎没有人质疑确实存在着一定数量的危险信息。各方都认可，应以避免核扩散、保护创新或者以反对恐怖主义的名义实施信息管控。

即使仅对信息管控或信息披露发表看法，也可以成为政治争端中的有效武器。在这个仍然惧怕核武器、对政府的过度行为抱有极大怀疑的时代，没有什么立场是真正地不可动摇的。我们所处的政治世界充分体现了这两个因素，并经常将这两个因素作为武器。

20 世纪 70 年代，反保密政治获得了社会主流舆论的有力支持，但仍未能产生深刻的结构性变化。尽管它偶尔也获得了重要的胜利，比如《信息自由法案》，它虽然有缺陷，但提供了一些制度性的保障，可对特定的保密情况强制实施审查（不过仍无法挑战美国政府将信息列为机密的权力）。最终，反保密的主张往往会演变成彼此对立的专业知识问题，这使其难以获得解决办法。举例来说，我采访过的每一位持反保密立场的人士基本上都同意：当然有“一些秘密需要做好保密”——谁要是敢说相反的话就显得天真到了危险的境地。但该由谁来决定哪些需要保密呢？答案总是不尽如人意。做决定的人就不该是正在从事相关保密工作的人，因为基于推定可以发现，那些从事保密工作的人要么做得不好，要么就是抱持着某种特定的意识形态。

但当我们打开文件，以管控信息的文档删减者视角来看待这些问题时，我们会发现事情并不简单。可以肯定的是，我们能找到许多滥用保密和“愚蠢保密”的案例（后者是一个广泛的类别，包括“事实上众所周知的事情”，“从一开始就不是秘密的事情”和“可笑的政策，比如让科学研究者远离他们自己创造的‘秘密’”）。但在大多数情况下，判定安全信息和不安全信息之间的界限是很棘手的事情，它取决于对伤害和利益的预判能力，同时又受到缺乏预判能力的困扰。尽管刘易斯·施特劳斯的保密哲学大多显得可憎且偏执，但他的理念是，一旦秘密以某种方式被揭示，这个秘密就不能轻易地恢复到它原有的状态，这似乎是令人沮丧的事实，而在我们这个无时无刻不要做好存档工作、严审细查、网络化的时代更是如此。人人皆知信息难以控制，这似乎意味着保密的无效性，不过这也提醒我们在披露信息时必须谨慎行事。

那些设法进入系统内部的保密制度批评者往往会发现，不仅有强大的制度力量在维持现状，而且一些秘密确实“需要保守”。这说起来很容易，但当保密制度的批评者看到实际的保密案例时，他们很快就会发现保密制度是具有“黏性”的。设想一下，我们原则上都同意，应该对恐怖分子觊觎的、有实质性帮助的核武器信息做好保密。但哪些信息属于这一类别？裂变材料的储存位置以及材料安全保存方式的信息是否属于这一类别？关于恐怖分子如何保护偷来的铀-235而不被发现的信息属于这一类别吗？如果铀-235的基本信息就是对最后这个问题的解答，那么它也会被纳入保密范围吗？该信息如果有可能拯救生命，会被纳入保密范围吗？如果说信息与我们所担心的威胁可能有着间接关联，那么我们愿意在弯曲狭窄的“兔子洞”般的未知世界中摸索着走多远？我们是否会被拉入“核安全措施与保密的关系”的辩论中，深入探讨“信息”到底是不是需要关注的最关键因素？我们在多大程度上愿意将关乎成千上万的——在某些情况下可能是数百万的——生命寄托在某个关于信息披露的决定上？我们在多大程度上愿意将我们的国家命运寄托在此类决定上？信息披露带来的积极正面价值是否有可能与假设的、最坏情况下的消极负面结果相抗衡？就个人而言，我们可以想象人们在这些问题上展现出的智慧；而为国家考虑，很明显我们已将此与国家命运维系在了一起。我们如果试图颠覆现状，就需要有一个非常令人信服的办法来取代保密制度这种控制方式，并启用一种能够随时部署实施的办法。

我们可以很容易地看到，即使是一群消息灵通、意图正当的人也会明白这是一个难题，即使他们有着相同的价值观。正如奥本海默在 1949 年一次闭门会议上毫不客气地说道：“有些人臆想着存在某种最高级智慧，可以把危险涂成红色，把谨慎涂成绿色，这显然大错特错。我不相信一个毫无智慧的机构能对关于公开哪些信息做出明智的决定。”但是，如果我们确实需要划清界限，那我们该怎么做？这就是改革者所意识到的自身的窘境，即一旦他们被迫要把自己的言论转化为实践，他们就得接受被保密制度同化，进而转变为另一种类型的保密官员。

任何围绕“平衡”来重新构建这个问题的尝试都将是极其乏力且无效的。在一个民主社会中，需要在安全和透明之间做出权衡，这种想法本身并没有错。但是，这种想法有心无力的本质恰恰是它的致命之处：从美国公民自由联盟到美国国家安全局都认可这种想法，因为它们不用真正做决策。“平衡”本身平平无奇，它基于一个假设，即保密或公开有着可以轻易权衡决断的简单属性。可是如我们此前所见，保密和公开都有着很多形式。例如，做安全许可审查时需采取的“平衡”方法是什么样子？是否意味着不要过于深入地探查某人的个人生活？如何制定法规准则，并由开展审查工作的数以千计的联邦调查局特工来执行？

一个更好的方法是避免“平衡”之举，并试着直接解决问题。因此，人们可能会说，一个人的性取向不应成为授予安全许可的考虑因素（目前，性取向不是拒绝授予许可的标准，但性行为是，因为它被视为表明性格稳定性和可靠性的依据）。这种方法的主要问题在于它在很大程度上是零散的，而且经常是无效的。为使一项法律得以通过，规定“不得为掩盖效率低下、违法或行政错误而对信息实施保密”是一回事，而实际执行该法律又是另一回事。据我所知，从来没有人因为做事过度保密而入狱。如果保密所造成的伤害是系统性的和大规模的，那么就需要一个系统性的、覆盖面较大的解决之道。

美国核保密体系历史演变的结果也为推动实质性1917年改革造成了困难。正如我们所看到的，立法方面可做的相对有限：美国国会（通过《1954年原子能法案》和《1917年间谍法案》）定义了信息监管的重要性，对被监管的信息类型给予了一些指导，并考量了在违犯法律的情况下适用的刑事和民事处罚。但是，这种"高层次"的方法最终会下放并体现在美国政府行政部门颁布的法规中，既包括美国总统行政令的"高层次"要求，其内容往往是要求定期改变行政事务的程序，也包括各个行政机构制定的相对"低层次"的法规。这意味着在实践中，任何改革都很容易被废止，执行改革所需达成的共识远远少于制定法律所需达成的共识，而且美国司法部门通常给予美国行政部门非常广泛的自由裁量权限。这就是"保密的钟摆"有时似乎可以自由摆动的原因之一。美国历届总统保密的立场总有不同，可是无论历届总统保密的立场怎样摆动，似乎都无法摆脱"钟摆"本身。

当然，值得一问的是：核保密工作是否真的有效？正如我们在研究格罗夫斯于"曼哈顿计划"期间的保密动机时所看到的，"何谓有效"本身就是一个复杂的问题。在冷战时期及冷战之后，保密的公开理由主要在于差异性优势（相对于苏联、中国等）、核扩散和核恐怖主义。如前所述，要判断在这些情况下保密工作是否有效并不容易：苏联和中国设法发展自己的核能力，显然没有受到美国保密工作的阻碍，有时甚至将美国的成果转化吸收为自己的。核扩散得到抑制或核扩散得以避免是否应归功于保密工作尚不能确认，因为敏感信息的重要性可能比不上许多其他因素，如对难以制造的技术部件的出口限制、外交干预和国际条约的限制，以及其他事项。而对于核恐怖主义来说，涉核材料的保障措施很可能是非国家行为体没有获得此类武器的主要原因，而不能将其归因于保密管理。

这使反保密立场更有说服力：核保密制度充其量是一种“维稳表演”，旨在使从业者和美国民众感到安全，但不带来任何好处。最糟糕的是，它竟然是通过禁止美国民众讨论国家核政策来发挥作用的。但是，在这个问题上出错的风险是极其巨大的。如果核机密减缓了事态的发展，或完全防范了敌对势力获取核武器，那又该如何评价它？这是否可以抵消保密制度对美国的民主、科学和触及了保密制度的美国民众所造成的种种伤害？我们又怎么能完全了解这种伤害的后果呢？尽管我已经为此思考了很久，但我不得不承认，我仍然不了解，也不确定今后是否会完全了解。在不确定的情况下，我们又能有什么其他选择？

利用保密信息来源进行研究工作的人，很容易与美国政府形成对立、对抗的关系。想要了解一些信息，却在文件上看到了标示着“已删除”的字眼，这当然与无法找到希望找到的信息是不同的。这意味着：信息是已知的，但不允许你知道该信息。为什么？因为它很重要、危险。如果在某时某地的某位官僚决定，他可以知道某信息，却不让我知道，这会令人感到沮丧。我们面对着美国政府显然没能正确地处理机密信息或公正地划分机密和非机密界限的诸多实际案例，却被告知美国政府在这些问题上最了解情况，这同样令人沮丧。因此，我们很容易形成这样一种想法：有一个邪恶的、管控信息的删减者，躲在保密的高墙后面，居高临下地阻止我深入研究，但它学习着我研究发现的真理，分享着我认为重要的故事。

但身处保密制度之外的人，最好不要轻信这种描述。关注保密制度在过去如何运作，并与今天的制度参与者交谈，可以让我们清楚地看到保密工作的现实远没有这么戏剧化。我们现代的保密系统平平无奇：它背后不再是有趣的意识形态，有的只是早已完备的法律和法规。当然，这本身就是一种意识形态，即接受了系统起源中所包含的意识形态以及延续至今的状况。但这与冷战初期各种围绕着保密发生的激进且富有想象力的斗争大相径庭，当时人们似乎还期许着各种可能的未来。

今天，臃肿的美国官僚机构力求管理好海量的信息，美国官员确信，如果其中一些信息误入他人之手，会造成极为严重的危害，有些说法确实有着充分的理由。而对于安全审查制度之外的每个人来说，不幸的是，“他人”指的就是我们，要区分“自己人”和“他人”就需要一个审查制度。我们可能对某一事实、想法或文件是否仍应保密持不同意见，但其基本设置——一些人可以接触到秘密，一些人则不能——意味着这种分歧将持续到保密制度完全瓦解之时。除非国家被彻底地重组或遭到毁灭，否则似乎难以消弭这种分歧。这并不是说某些制度比其他制度“更好”或“更坏”，也不是说不能做出改变。随着时间的推移，美国核保密制度已经发生了微妙却巨大的变化，这些变化有好有坏。如果说过去预示着未来，那么这些变化将继续下去，同样会有好有坏，既能反映出历史背景下的其他变化，也能对各种变化产生影响。

保密制度不是一堵高墙，尽管对体系之外的人来说，它像是一层阻隔。如果非要说它是某种阻隔，那么可以将保密制度比作一扇门，门上有锁，而钥匙的配发是有选择性的。门就其本质而言，不过是一堵临时的墙，一堵可以被控制管理并可适时修葺、改变的墙。如果秘密有其功用，就必须始终存在获取秘密的方式，也必须保证信息可以传输。一个只有墙而没有门的房间能有什么作用？从功能上讲，它与坟墓别无二致。纵览历史学家在过去几十年里对核弹的描述，就可以清楚地看到，虽然这扇门并没有像我们希望的那样敞开着，但多年来它确实放出了很多东西。这并不是呼吁人们接受现状或沉醉于自满状态——即使是在面对美国政府拒绝公布信息时——而是要让人们明白，从长远来看，尽管保密制度看起来很牢固，但终会土崩瓦解。

近年来，新兴技术似乎再次掌握了生命和死亡的秘密，人们在思考这些技术时，也唤起了对核保密历史的思考。生物学的新兴领域（如合成生物学，它位于纳米技术和细胞生物学的交叉领域）特别容易引发这种深刻的反思，因为科学家和非科学家都在想，纯粹依靠信息制造病毒的能力是否会催生新的恐怖？2006年，当病毒学家用数字化的遗传密码制造出活生生的合成脊髓灰质炎病毒并在《自然》杂志上发表了他们的研究方法之后，这种理论上的呼吁变成了非常实际的关切，利奥·西拉德提出的自我审查制度似乎被赋予了新的意义。类似的问题也出现在其他仍处于相对初级阶段但潜力巨大的领域，如人工智能领域。

我偶尔会被问及，当保密制度被用来管控非核领域的具有潜在危险性的科学研究工作时，核保密历史是否给我们提供了有益的经验和需要吸取的教训。关于是否“可以”（而不是“应该”）使用保密制度的答案，似乎在很大程度上取决于相关领域的技术特性。就核武器而言，保密对防止其扩散的作用似乎很小，获得核武器的主要困难不是在信息方面，而是在物质材料和政治因素等方面。信息当然起着一定的作用（你不可能仅凭零件就能制造出离心机，更不用说洲际弹道导弹了），但总体而言，秘密的价值似乎被夸大了。有核国家与无核国家之间的区别，并不在于一国掌握了另一国不了解的特定信息，为发展技术而建立的基础设施以及建立这些基础设施的政治选择才是决定性因素。这绝不是说信息本身不具备危险性。关键在于，信息本身并不足以构成充分必要条件，而且看起来远不如其他因素重要。

试图利用保密制度来阻止核扩散的做法总体上并不成功，最多只能说是增加了获取核武器的时间和成本，但很难确切地弄清楚保密的实际效用。例如，人们无法真正地了解富克斯的间谍信息在加速苏联核计划发展方面的价值——所有的估计都是基于不确定的假设。富克斯可以提供的任何信息，如武器的设计细节，最终只是制造这种武器所需的整体研发工作的一个微小的组成部分，而且往往是外国科学家可以相对容易获得的信息。更难以获得的是工业技术、隐性知识、经验、组织基础设施、运载工具等。有志于从事核事业的人是否能够确定，缺乏秘密知识确实是阻止他们研发出核武器的一大障碍，或者说是导致他们失败的真正原因，时至今日，我们完全不知晓这一问题的答案。

然而，在其他科学技术领域，将与威胁有关的信息转化为威胁本身的做法则更为直接，这方面最极致的案例是网络攻击和数字病毒。2010 年，黑客用超级工厂病毒发起对伊朗的攻击后警告道：现在世界上每个人都可以获得“武器级”的代码，这些代码可用于编写攻击基础设施网络系统的病毒，并可利用既有的模型对其改编以实现新的目的。最近的破坏性网络攻击是利用美国国家安全局泄露出来的代码以及学术研究人员提供的信息来实施的。在此情形下，“信息”和“武器”之间的界限完全不存在。

值得注意的是，在这一领域，许多网络安全研究者并不认为保密是一种有效的对策，他们倾向于激进的信息公开政策，因为这些“信息武器”其实可以被其他“信息政策”反击。对这些技术实施保密也意味着对漏洞实施保密，只有在没有其他人发现同样的问题，或者你自己的秘密是完全安全的情况下才有效。而在密码学领域，信息公开不仅代表一种社会利益，而且是真正的美德善举：一个真正安全的加密算法之所以成功，是因为它经过了同行评议，并被大量的研究人员攻击而未果，而且加密算法根本不依赖任何“秘密”来发挥功用（除了用于解密信息的“秘钥”），其真正能够依赖的只有安全的数学基础。

生物学在这一规则体系下的地位如何？目前似乎只有一小部分专家可以实现合成脊髓灰质炎病毒的病毒学成就，而且此类成就受限于隐性知识（经验、关键技术），而不是靠获得材料（对于生物工作来说，材料获取是相当开放的）和信息（脊髓灰质炎、天花、鼠疫等的遗传密码都可以在网上轻易地获得）就可达成的。保密可能确实有助于延缓这些信息的扩散，或将其控制在少数人的手中和头脑之中，但从长远来看，这些发展成果似乎只是初步的进展。生物学许多无辜的发展成果可能适用于邪恶的目的，可能随着时间的推移，滥用生物学研究成果的风险也会上升。如果同样是这些研究人员生产出了高度便利化的仪器和工具，可将对隐性知识的要求降到最低，并且能够简化原本复杂的信息输出转化流程。这些仪器和工具的广泛流通，使普通人都能用随心所欲地制造出经过编辑改造的流感病毒，那么我们确实是在朝着一个可怕的未来行进。

换句话说：如果隐性知识是防止生物信息被武器化的唯一屏障，那么，无论是隐性知识的传播，还是开发出能够消除或降低隐性知识必要工具，都会增加风险。保密可以起到预防作用吗？也许能，也许不能。但到目前为止，信息并不是这些技术被武器化的关键因素。这意味着，任何可导致信息被轻易武器化的技术都应该受到相当严格的监管，如果仍有信息尚未纳入监管，就必须采取措施。这些事情是否能够发生或将会发生仍有待观察。我认为，人们不能把这看作简单的“保密或不保密”的问题，保密只是众多技术控制手段中的一种，核物理学和合成生物学之间的技术差异足够大，从两个不同领域中得出有关保密的经验教训，将比从单一经验中获得的经验教训更有意义。

有些人问，我们是否可以不保密，而只是确保允许“合适的人”使用上述工具或信息。我希望本书的读者会明白这是多么愚蠢的想法。一旦我们问出“由谁来决定哪些是合适的人”，以及“如何保证那些有权限的人不违反协议”的问题，实际上就指向了保密制度。而这也许是核保密历史在这些领域能够借鉴作用的原因，即一旦管控手段介入，它们就不会迅速地消失。虽然保密制度甚至做不到很好地防止技术的扩散，但它能在其他方面发挥作用，它能将世界分割成多个部分，创造出内部社区和外部社区，对从事这些工作的人进行审查监督并垄断出资方给予的全部资源。其他科学领域可能有恰当的理由接受保密制度。比如，如果有关信息确实不太可能被独立发现，同时这类信息被应用于消极用途的可能性远远高于积极用途，并且可以对这类信息实施有效控制，那么保密制度可能是一个备选项。但他们如果接受我的建议，就应深入地考虑并从长计议采取什么类型的保密活动，同时确保他们的保密改革不会让其他价值观处于被动受压制的地位。

从技术角度来看，核武器应该是非常容易控制的。正如奥本海默在 1945 年所认识到的，获得核武器材料的渠道相当多，而控制好它们（铀、铀浓缩设施、反应堆）就意味着能够控制核武器的扩散。核军备控制一直难以实现，这应该让我们静心沉思。控制核武器的问题现在不是，也从来不是一个真正的技术问题。事实上，它是一个政治问题，而政治问题的技术解决方案很少是完美无缺的。

如果核保密制度从未被建立起来会怎样？很难想象“曼哈顿计划”在没有保密制度的情况下会取得成功（当年对美国国会取消“曼哈顿计划”的担心并非没有道理）。但人们会问，战后不久所做出的决定是否会有所不同，当时那些赞成采取有限的科学保密制度或彻底地废除科学保密制度的人似乎都有相当大的影响力。如果在这段历史中存在某个可以选择走另一条道路的时间节点，那可能就是那段时间，即第二次世界大战结束后，但在冷战思维尚未真正地形成之前。当时，那些贤能之士仍在位，他们能以严谨之心对核保密制度、核武器政策和原子能国际控制等问题采取行动。如果范内瓦・布什、詹姆斯・科南特和罗伯特・奥本海默所主张的保密愿景在 1945 年末至 1946 年夏这一时期得到实现，情况又会如何？

显然，难下定论，我们确实难以对如此重大的历史问题给出解答。我们也无法像进行物理学实验那样，通过调整变量来让历史重新演绎，但我们可以做出明智的猜测。冷战能否避免？答案可能是否定的。美国方面的保密工作可能在其中发挥了作用，但美国和苏联之间的不信任和恐惧的力量仍广泛存在。而且我们对当时苏联领导人的了解可以证明，他们绝不会放过美国核信息披露的契机，因为那会是极好的潜在情报来源。需要多么天真的想象力，才能设想出一个由美国领导，而且为苏联所接受的政策，该政策能说服苏联不发展自己的核武器，并避免产生超级大国之间的对峙。

如果循着该假设展开思考，核扩散的速度是否会因此而加快？似乎也不太可能。从其他国家核计划的发展历史来看，几乎没有证据表明，缺乏核知识会极大地影响这些国家核计划的进度，或影响它们获得核武器。启动核武器发展计划的政治决定从来都是复杂的，而且不只是与技术能力有关（那些可以轻易达到制造核武器所需的技术能力的国家没有做到，而那些技术能力不足的国家却做到了）。这些项目的进度似乎主要与建设裂变材料生产设施的工程难度和建设成本有关，而且要做好保密工作，不因其他国家的阻挠而受到影响，还要不被行政安排拖慢工作进度。因此，我看不出有什么理由认为，核武器建设的时间进度会受到很大的影响（在这个分析中，我假设没有形成原子能国际控制的机制。如果原子能国际控制的机制能以某种方式更早地实现，20 世纪很可能会是另一番景象）。

美国能否避开与保密和核恐惧有关的国内政治异常阶段，如麦卡锡主义时期？核保密制度和日益强烈的美国国家安全意识是相互关联的，即使它们在某些方面具有相当的独立性。核保密制度的演变与美国国家安全意识的变化并行，虽然前者向覆盖面更广泛的美国国家安全系统输出了一些做法（如解密指南），但其最大的贡献似乎是为扩大保密范围和实施永久保密提供了话语上的支撑。核武器的形象为 20 世纪 50 年代的阴谋论和偏执狂政治提供了有力支撑，而秘密的概念及各种泄密事件则放大了社会各阶层新的“红色恐慌”。1919 年的“红色恐慌”表明，苏联造成的攸关国家存亡的恐惧足以产生强大的力量，但那与技术威胁无关，因此很难给出定论。

虽然国家安全状态和核保密制度在某些重要方面有所重叠，但它们也保持了一些独立的特征。例如，原子能委员会及其后续机构，与美国军方、国防部和中央情报局相比确实有着非常不同的保密文化。原子能委员会的做法似乎官僚特征更明显，更注重正规化，更愿意展现其作为科学管理机构的本质属性（更倾向于独立而且认真地评估每项待解密信息）。但正如我们所看到的，在20世纪的发展过程中，原本处于核心地位的“核保密制度”似乎已被“国家安全制度”所取代。到了21世纪的今天，核保密已成为国家安全体系中的一个子集，早已不再是某个保密机构背后的驱动力。核武器作为一种“终极”力量形式仍将存续下去，“核机密”作为一种特别表述也仍然存在（不过通常是与美国国外的涉核事务相关联，而不涉及美国国内），但国家安全涵盖的范围已经大大地超过了对核基础设施的管控。

如果能消除对原子弹的秘密被披露或窃取的恐惧，并恢复到战前对科学信息的态度，能否降低有关冷战的各种争议的热度，或能否让各种争议有所改变（例如，谁能想到物理学家一直以来备受攻击），我对此深表怀疑。但我这个悲观主义者想知道，是否会有其他的恐惧来填补这个空缺，有人以美国国家安全的名义来操纵舆论，到处散播恐惧。虽然原子弹的秘密便于操控，但它绝不是唯一的可操控对象。典型的麦卡锡主义并不仅仅利用了核机密，还通过渲染“渗透者”和“腐化者”的形象，让美国受害、让苏联受益，并煽动起了民众的恐惧情绪。在冷战氛围中，这总能成为一个有力的指控理由。历史上有多个政治迫害的例子就在美国，而且早在核武器出现之前就已发生。

那么，如果核保密制度在第二次世界大战结束时就被彻底地废止了，会有何不同？这也许是最有意义和最能引发思考的问题，但这取决于我们能做出多大程度的推测。例如，我可以想象，如果当时没有控制参与民用核电研究的人数，民用核电开发没有被刻意推迟10年，该领域可能会快速发展。但我并不清楚这是否会从根本上改变时间线。可运行的核电站会在1952年出现，而不是直到1958年才问世吗？若真如此，那又如何？这是否会更好、更坏，或者两者都不是？如果每个博士生都能在不需要获得许可的情况下展开核研究，是否会如爱德华·泰勒所愿，美国的核武器设计能够实现快速创新？也许能，但那只是泰勒的一厢情愿，反保密人士并未将此作为共同目标。“苏联间谍”案的影响是否会小一些？同样，这似乎取决于社会中更广泛存在的冷战思维。如果没有保密制度，美国民众是否会享有更多的机会参与制定核政策的进程？也许会，但谁也说不清楚这将推动政策朝哪个方向发展，有人认为享有更大知情权的美国民众会在此问题上推动政策向某个特定方向发展，但这种判断毫无根据，坦率地说，这仅是乐观的臆想而已。

如果美国人了解苏联的原子能计划，而且苏联间谍活动日益猖獗，美国不实施保密制度的状态还能维持下去吗？热核武器的发明是否会使我们重新建立对秘密的认知？如果没有对美国政府信息公开的价值保持非常坚定的立场，很难想象这种制度会在一个个丑闻曝出后幸存下来。这也许就是问题所在：尽管美国的启蒙运动证明了透明管理和信息公开的好处，但美国还是非常心甘情愿地走上了保密的道路。在原子弹成为现实之前，美国就已经走上了这条道路，但随着核武器带来了攸关人类生存的威胁，这条道路就铺展得更远了。尽管美国社会表面上是开放的，尽管多年来人们对保密的怀疑越来越多，但事实证明，保密制度很好地适应并契合了美国的现实情况，特别是原子弹为保密制度提供了无尽的驱动力。

这一切听起来非常悲观，就好像我即将得出结论，“核保密将永远存在”，而且也许早已以某种形式扎根于美国社会了。在某种程度上，这可能不可避免。当然，正如我们所见，这个制度演进成为现在这样是极具偶然性的。例如，如果格罗夫斯没有在麦克马洪委员会审议《麦克马洪法案》时泄露那一桩间谍丑闻，我们今天可能就见不到限制性数据条款。如果没有奥本海默的谋划，我们可能不会有今天这样的解密系统，诸如此类不一而足。

但是，我们仍会看到，在美国冷战时期的政治背景下，因时事所迫，原子弹所有相关因素必须被视为危险知识（而不仅仅是危险物质材料）。

因此，请允许我以一个略显不同的观点来结束本书。美国的核机密之所以值得研究，是因为它并不总是完美契合美国的现实。美国拥有多元的声音、价值观和政治力量。美国的建国原则要求美国政府公开和透明，即使这些理想没有成为一定之规，而且像许多其他的建国原则一样，理想有时会遭到颠覆和破坏。美国立国之初，并不存在保密制度，而它经过多年的发展，在各个阶段、各种场合经受了挑战。在其他拥核国家（尤其是俄罗斯、中国、法国、以色列、巴基斯坦和朝鲜），核计划基本上都处于完全保密的状态下，其社会内部不存在真正强大的、敢于质疑的挑战者。尽管举世皆知美国实施了严格的保密制度，但同时美国也是向国内民众和世界公布其核活动信息最多的国家，并且对美国民众要求公布更多核信息做出了回应（尽管回应得很迟缓）。

在美国国内，保密工作一直处于紧张状态，而核保密工作，因为它攸关人类生存的属性，也因为它是科学技术攻关的重要领域，一直以来都处于特别紧张的状态。我希望这种情况一直持续下去，因为这是一种富有成效的紧张状态，它创造了来自不同方向的政治压力（并不总是正面、积极的），它迫使政治人物、官僚和民众必须做出艰难的决定。正如我们所看到的，他们不会总是做出最好的决定。这些紧张状态会产生丑闻、错误和争论，但偶然间也会从中衍生出伟大的启示，激发深刻的理解，甚至催生英明的政策，能够推动社会向着和平正义的方向发展。核保密和反保密看起来都将持续存在，我们也应该期待两者间的争斗在未来仍将持续。

致谢

15 年前的某一天，我坐在加州大学伯克利分校莫菲特图书馆的地板上，翻阅着核武器方面的重要典籍，那是我第一次读到查克·汉森的《美国核武器》(1988 年版)。吸引我的不是他的文字，也不是照片，而是他绘制的核弹“胖子”(如前文图 8-5 所示)的透视图、部件分解图、超注解视图和等距图的细致展现和描述，这让我很受启发。这张图中有多少是真实的？他是如何得到这些信息的？信息是什么时候发布的？你能不能一点一滴地精确找到这张图存在的必要条件？还有一个问题，更是我本能的感受：为什么这张图感觉如此强大？

这些问题吸引着我，从那时起，我就想方设法地提出基于《信息自由法案》的档案文件查询申请，搜集查询文件数据库、PDF 文件、“秘密”图表，研究各城市地图上核爆的同心“死亡圈”，无暇顾及生活中的其余事情。

撰写这本书如同完成了一段漫长的旅程，在这一过程中，有许多人直接或间接地帮助了我，以下的感谢对象难免挂一漏万。

首先，我要感谢那些鼓励、鞭策、提升我能力的各位导师。如果没有他们对我的信任和倾力教导，我不可能走到今天。凯瑟琳·L. 卡森也许比任何人都更能激发我对科学史和核历史的兴趣，她让我成为一个痴迷于资料来源的学者。彼得·加利森总是激励我对保密的认识论意义做深入思考。戴维·凯泽尔教给我冷战时期科学史的研究方法；马里奥·比亚乔利鼓励我超越核武器的细节去思考针对知识保密的各类实践举措。最后，同样重要的是，希拉·贾萨诺夫在不断推动提升我的思维和写作能力的同时，也教会了我如何将微妙的政治敏感性融入关于知识和权力问题的思考之中。

在哈佛大学的那段时间，我有幸持续数年与一群极其优秀的研究者工作并展开互动，通过与他们的谈话和交流，对我的思维方式产生了不可磨灭的影响：TalArbel, Jeremy Blatter, Alex Boxer, Janet Browne, Luis Campos, Jimena Canales, Lisa Crystal, Alex Csiszar, Stephanie Dick, Paul Doty（已故）, Sam Weiss Evans, Tope Fadiran, Megan Formato, Jeremy Greene, Orit Jean Francois Gauvin, Adam Green, Halpern, Anne Harrington, Daniela Helbig, Benjamin Hurlbut, Louis Hyman, Andrew Leifer, Rebecca Lemov, Deborah Levine, Andrew Mamo, Daniel Margocsy, Aaron Mauck, Ernest May（已故）, Everett Mendelsohn, Matthew Meselson, Grischa Metlay, Latif Nasser, Cormac O'Raifeartaigh, Katherine Park, Sharrona Pearl, Christopher Phillips, Chitra Ramalingam, William Rankin, Lukas Rieppel, Hanna Rose Shell, Steven Shapin, Alistair Sponsel, Hallam Stevens, Judith Surkis, Leandra Swanner, Will Thomas, Jenna Tonn, Elly Truitt, Matthew Underwood, David Unger, Heidi Voskuhl。我想特别感谢纳赛尔·扎卡里耶，他倾注了无限的耐心阅读书稿，与我深入地讨论并帮助我厘清自己想要表达的想法。

还有与我分享（文件、思想、见解、想法、评论等）的学者、历史学家等各界人士，多年来在我思考这个研究项目和完成各项目标的过程中，他们为我提供了许多的帮助，其中包括：Steven Aftergood, Elena Aronova, Emma Belcher, Barton Bernstein, Jeremy Bernstein, Kai Bird, Ellen Bradbury, Marisa Brandt, Joan Bromberg（已故）, Thomas Burnett, William Burr, Lila Byock, Alan Carr, Eugene

Cittadino, John Cloud, Avner Cohen, Matthew Connelly, Campbell Craig, Angela Creager, Gene Dannen, Michael Dennis, Paul Edwards, Terrence Fehner, Ann Finkbeiner, Paul Forman, Francis Gavin, Edward Geist, Slava Gerovitch, Lisa Gitelman, Alexander Glaser, Skip Gosling, Susan Groppi, Benjamin Gross, Hugh Gusterson, Barton Hacker, Jacob Hamblin, Tsuyoshi Hasegawa, Gabrielle Hecht, Evan Hepler-Smith, Gregg Herken, Toshihiro Higuchi, Stephen Hilgartner, David Holloway, Ann Johnson（已故）, Matt Jones, Cindy Kelly, R. Scott Kemp, Daniel Kevles, Timothy Koeth, Alexei Kojevnikov, John Krige, Hans Kristensen, Robert Krulwich, William Lanouette, Milton Leitenberg, Jeffrey Lewis, Allison Mac Farlane, Kristie Macrakis, Sean Malloy, Glenn McDuff, Priscilla McMillan, Zia Mian, Alexander Mikhalchenko, Erika Milam, Mary X. Mitchell, Alexander Montgomery, Teasel Muir-Harmony, Allan Needell, Ingrid Ockert, Kathryn Olesko, Benoit Pelopidas, Martin Pfeiffer, Pavel Podvig, Martha Poon, Rebecca Press Schwartz, Joanna Radin, B. Cameron Reed, Richard Rhodes, Carl Robichaud, Cheryl Rofer, Robert S. Norris, Silvan S. Schweber（已故）, Scott Sagan, Eric Schlosser, Sonja Schmid, Stephen Schwartz, Suman Seth, Sam Shaw, Martin Sherwin, Leo Slater, Matt Stanley, Abel Streefland, Nina Tannenwald, Kathleen Vogel, Frank von Hippel, J. Samuel Walker, Jessica Wang, Zuoyue Wang, Spencer Weart, Anna Weichselbraun, Stephen Weldon, Peter Westwick, Benjamin Wilson, Audra Wolfe, Dan Zak。我想特别感谢迈克尔·戈丁和帕特里克·麦克雷两位学者，他们不仅给予我富有成效的支持、鼓励和建设性的批评，还屈尊俯就花了不少时间来阅读和聆听我的作品。

2011—2012 年，我有幸在哈佛大学肯尼迪学院的“原子与国际安全管理项目”学习了一年，回想起来，这对我学习与政策领域有关人士的沟通（尽管有些笨拙）绝对是至关重要的。感谢Tom Bielefeld, Matthew Bunn, Neal Doyle, Martin Malin（已故），Rolf Mowatt Larssen, Nicholas Roth, Karthika Sumar, William H. Tobey，感谢他们给予我的见解和友情。

我在美国物理学会的那3年时间里，有比较充裕的时间完成这份书稿，并有幸与Joe Anderson、Charles Day、Gregory Good和Melanie Mueller一起工作。他们不仅宽容待我，而且鼓励我创建“限制性数据：核机密博客”，对此我非常感激。

我现在的工作单位是斯蒂文斯理工学院的艺术与文学学院，我有幸在这里遇到了非常友好和有趣的同事。感谢他们给予我的支持、友谊，为我提供了很多引人深思的材料，我要感谢：Lindsey Cormack, David Farber, Bradley Fidler, Edward Friedman, Hamed Ghoddusi, John Horgan, Kristyn Karl, Ashley Lytle, Theresa MacPhail, Christopher Manzione, Jen McBryan, James McClellan III, Billy Middleton（他也竭尽所能地帮助我校订书稿）, Gregory Morgan, Samantha Muka, Nicholas O’Brien, Anthony Pennino, Julie Pullen, Andrew Russell, Yu Tao, Kelland Thomas, Jeff Thompson, Lee Vinsel。

多年来，我有幸在几所高校与许多有才华的本科生（和一些研究生）一起工作。我很感激我的学生，我认为教学是我实践中的一个重要部分，特别是哈佛大学和斯蒂文斯理工学院的几位能干的本科生，他们协助我展开资料收集和研读工作，以相当直接的方式为本书写作做出了贡献：Emma Benintende, Max Rizzuto, Benjamin Sakarin。

在写作这部书的过程中，我还有幸与一些“历史亲历者”交谈和合作，向他们咨询，求证文献，了解他们的经历。有些是正式的口述历史的形式，但大多数情况下是非正式的交流。我衷心地感谢他们拨冗与我展开交流，他们是：William Arkin, Benjamin Bederson, KeithBrueckner（已故）, Alan Carr, Robert Christy（已故）, John Coster-Mullen,Tony deBrum（已故）, Hugh DeWitt（已故）, Freeman Dyson（已故）, Daniel Ellsberg, Erik Erpelding, Bill Graham（已故）, Michael Hayden, Donald Hornig（已故）, “Jimmy” the child prodigy, Lawrence Johnson（已故）, George Keyworth（已故）, Ray Kidder（已故）, Peter Kuran, Howard Morland, Philip Morrison（已故）, John Nuckolls, John Aristotle Phillips, Theodore Postol, Thomas S. Martin, Carey Sublette, Wendy Teller, Kenneth W. Ford, Mike Wagnon, Herbert York（已故）, Peter Zimmerman。

我还要感谢多位帮助我搜索资料的档案员，特别是在美国国家档案与文件管理署的立法机构档案中心工作的威廉·戴维斯，他不遗余力地帮助我寻找新披露的材料，还有核试验档案馆的玛莎·德马雷，她现在案头上还有好几项我的申请待处理。还有好几位处理《信息自由法案》业务的官员（特别是美国能源部、美国联邦调查局、美国国家档案与文件管理署的官员），他们忍受了我一次又一次的“无礼申请”，并偶尔做出慷慨的回应。

芝加哥大学出版社的凯伦·达林给予了我极大的耐心和配合，并给出了极好的修订建议。而审阅我手稿的匿名学者给了我有史以来最具有建设性的同行评审意见。

我时刻感受着我的家人为我所做的努力，感谢他们在我获得成功的过程中起到的极其重要的作用。对我而言，永远支持我的父母（杰夫和旺达）和我的姐姐（罗宾）意味着全世界。

我生命中的动物伙伴们永远不会阅读这部作品，它们中的几位已离开，但我仍然觉得有必要感谢它们的贡献：难相处的芝诺、亲爱的雪莱和古怪的小林登，它们也以自己的方式做出了贡献。

最后，我要感谢我的妻子埃伦·贝尔斯，为我全心谋划，与我全程相伴，感谢她给我的爱，感谢她操持家庭并提供物质支持，感谢她贡献出自己作为科学史研究者的智慧——她几乎每天都愿意和我谈论核武器，至今已超过 15 年，我还要感谢她激励我成为更好的历史学家和教师，督促我精进写作，她的博学、智慧和倾情投入，每天都激励着我。如果没有她，就没有这本书！本书献给她（谢谢你，亲爱的）！

译者说明

本书以美国核领域保密史为主题展开研究，内容丰富且自成一体。作者亚历克斯·韦勒斯坦以严谨的学术态度全面挖掘史料，广泛查阅核科学、法律规章、史学学术资料、行政司法和立法文件档案和社会媒体报道，运用法律赋予的权利获取了部分尚未公开的美国政府行政文件和美国国会听证会记录，利用10多年时间，采访了数十位美国80余年来核保密历史的当事人。全书以过去100年时序为经，以各个历史时期影响美国核领域发展进程的重要人物和事件为纬，经纬交织，内容涵盖美国核保密领域与科技、政治、法律、外交、军事、思想、媒体、工业发展、社会生活等领域彼此牵连、互动的方方面面，使广大读者能够更清晰地了解这一独特领域的历史发展脉络。

本书展现了作者极强的思辨能力、严谨的逻辑推理过程和较为鲜明的批判立场。他考据细致入微，能从纷繁复杂的历史事实和人物关系中凝练出清晰而且有说服力的判断。

书中内容所涉知识领域远超两位译者能力范围，工作强度和难度远超二人以往的史学和文学翻译工作。在整整一年的翻译过程中，译者为克服核领域知识难点所做的资料研读占据了至少半年时间，其间译者也与作者保持了良好沟通。

在翻译和修改的过程中，两位译者（均为第一译者）倾力合作完成全书近40万字的翻译量。但限于时间和二人知识能力，书中不当之处恳请读者指正。

编者按：由于篇幅所限，本书注释部分以线上电子文件的形式供读者阅读，请扫描下方二维码获取参考文献与注释具体内容。对于由此给您的阅读带来的不便，我们深表歉意。

扫码进入中信书院页面，查看
《天生机密》注释